실전 경매의 고수 최원장이 알려주는
부동산 경매
이렇게 하는 거야

저자 프로필

- 부동산학과 졸업
- 한양대학교 공공정책대학원 법무학과 재학중
- 전)다온자산관리(주) 대표 역임
- 전)대한법원경매학원 대표강사
- 현)영통애플경매학원 원장
- 저서) 경매와부동산이야기(삼성인쇄)
- 실전경매2개월완성(삼성인쇄)

- 영통애플경매학원 : www.gapple.co.kr
- 이메일 : g-apple@naver.com
- 네이버 카페 : 애플경매학원
- 교육상담 : 031 202 5557
- 유튜브 : 최원장의 경매이야기(준비중)

위 저서는 교재이나 출판 등록한 것 입니다. 비매품입니다

실전 경매의 고수 최원장이 알려주는
부동산 경매 이렇게 하는 거야

초 판 1쇄 2020년 10월 5일

지은이 | 최 준 식
펴낸곳 | (주) 채움과 사람들

판매처 | (주) 채움과 사람들 Chaeum and People, Inc.

출판등록 | 2016년 8월 8일 (제 2016-000170호)
주   소 | 서울시 서초구 사평대로 52길 1, 3층(서초동)
전화번호 | 02-534-4112~3
팩스번호 | 02-534-4117

이 책의 저작권은 저자와 출판사에 있습니다.
서면에 의한 저자와 출판사의 허락없이
책의 전부 또는 일부 내용을 사용할 수 없습니다.

ISBN : 979-11-88541-24-9-13320

저자와 협의에 의해 인지는 붙이지 않습니다.
잘못 만들어진 책은 구입처나 본사에서 교환해 드립니다.

실전 경매의 고수 최원장이 알려주는
부동산 경매
이렇게 하는 거야

저자 | 최 준 식

채움과 사람들

 책 읽기 전에

나만의 부동산 재테크 방법을 만들어 보자!

부동산 재테크의 방법은 다양하다. 그중 경매는 부동산 투자 방법 중에서도 기대수익을 높일 수 있는 좋은 방법이다.

일반 매매는 누구나 쉽게 접근할 수 있지만, 경매 시장은 일반인들이 쉽게 접근할 수 없어서 남들보다 싸게 살 수 있다. 이러한 이유로 경매를 배워 부동산을 저렴하게 취득하면, 높은 수익을 올릴 수 있으므로 경매에 관심을 갖기 위해 노력하는 사람들이 증가하고 있는 추세다.

이는 일반 매매 취득에 비해 투자의 수익이 높기 때문에 경매시장으로 눈을 돌리는 것이다.

그러나 경매 지식 없이 경매를 시작한다는 것은 위험한 일이며 실패할 확률도 높다.

이러한 시장상황을 알고 있다는 것은 분명 행운이다. 그러나 알고 있다고 해서 누구나 투자에 성공하는 것은 아니다. 제대로 알고 투자하는 습관이 필요하다. 그러기 위해서는 이 책 『부동산 경매 이렇게 하는 거야』를 통해 기본에 충실하고, 심도 있는 학습을 해야 한다.

필자가 경매를 시작한지 벌써 15년이 훌쩍 지났다!

15년 전, 회사를 퇴사한 후 제2의 인생이라 생각하고 경매 공부를 시작했던 때가 생각이 난다. 어떤 일을 할까 고민하다가 지인과 함께 경매를 시작했다.

처음엔 내 종자돈을 직접 투자하기도 하고, 지인들에게 컨설팅도 하면서 경매를 시작하게 되었는데, 처음 시작할 때는 너무 신기했지만 얼마 안가 내가 지쳐가는 것을 느꼈다.

개인적으로 가지고 있는 돈이 적다 보니 소액투자가 가능한 물건만 찾았기 때문이다. 그것도 최저금액만 써서 높은 수익을 기대하다보니 입찰에서 계속 실패를 맛보게 되었다. 아마 10번 정도 떨어지고 나서 깨달았던 것 같다. 소액투자가 가능한 물건에서 기대수익금을 낮추는 방법을 말이다.

기대수익금을 1,000만원만 생각하고 입찰하다 보니 성공할 확률이 높아졌고, 그 다음은 용기를 내 2,000만원 ~ 3,000만원에 도전하고, 자신감이 붙은 나는 3,000만원 ~ 5,000만원, 그 다음 부터는 권리가 어려운 물건인 특수물건에 도전해서 보다 큰 수익을 올리는 전략으로 투자를 시작했다. 필자는 지금도 이렇게 투자해서 종자돈을 늘리고 있다.

필자는 그동안 많은 것을 이루고 살았지만, 그중 잘한 것이 있다면 이 책을 쓰고 출간한 것이다. 필자의 경험을 많은 독자 분들께 전달할 수 있기 때문이다.

부동산 경매로 성공하는 사람은 도전을 두려워하지 않는다!

결단도 빠르고 생각을 행동으로 옮긴다. 이런 사람들은 목표를 설정하여 원하는 경매물건을 취득한다.

이렇게 여러 번 경험을 축척하게 되면 나만의 재테크 방법을 만들 수 있다. 부동산 경매야말로 재테크의 시작이며, 부동산 부를 축척하는 하나의 방법이기도 하다.

바로 경매를 통해 나만의 재테크 방법을 만드는 지름길이다.

부동산 경매가 일반 매물보다 실패할 확률이 적은 이유는?

경매는 초보자가 바로 투자하기 어렵다. 그래서 먼저 경매 공부를 시작하고 투자해야 한다. 그에 반해 일반매물은 부동산 중개업소에서 소개를 받아 투자를 할 수 있지만, 이것은 그만큼 부동산을 모르고 투자하는 것과 같다.

경매 공부를 하면서, 현장조사를 통한 부동산 가치분석, 경매물건 권리분석, 경매취득에서부터 매매까지의 수익성 창출(양도소득세 계산 방법 포함) 등 부동산 투자에 대해 많은 것을 배운다.

경매로 진행되는 물건은 다양하다. 이렇게 다양한 물건을 경매로 접하다 보면, 그만큼 더욱 다양한 투자 방식을 배우게 된다. 한마디로 부동산을 폭 넓게 배우게 된다는 뜻이다.

이렇게 투자의 폭이 넓어지면 경험이 쌓이고, 상황에 따라 어디에 투자해야 되는지 보이기 시작한다. 말 그대로 경험과 이론을 습득하면 투자가 쉬워진다는 것이다.

이제 경매를 시작해보자. 작은 물건 또는 쉬운 것부터 도전하여 경험을 만들어 보자. 그러다 보면 부동산 투자가 쉬워지고 즐겁게 된다.

부동산 경매 이렇게 하면 된다!

부동산 경매투자로 성공하려면 두 가지 방법을 선택해야 한다.

첫째, 가격이 상승하는 지역의 부동산을 경매로 취득해야 한다.

개발로 인해 가격이 상승하는 지역(재건축, 재개발, 도시개발계획 등), 지하철, 철도, 고속도로 등 교통이 개선되는 지역이나 호재가 있는 지역의 부동산을 취득해야 가격이 상승한다. 그러기 위해서는 부동산 정보에 항상 귀를 기울이고 관심을 가져야 한다.

둘째, 경매 감정가 대비 반값으로 떨어진 부동산을 취득해야 한다.

이런 경매 물건을 반값경매라 한다. 이런 물건은 권리가 복잡하여 소송으로 풀어야 하는 물건과 비인기 부동산 두 가지이다.

권리가 복잡한 물건은 경매 고수 또는 전문가들이 하는 경매물건이다.

비인기 부동산은 사람들의 관심에서 멀어져 반값으로 떨어진 물건들이다. 이런 부동산들은 현장조사를 통해 옥석을 잘 고른다면 좋은 투자가 될 수 있다. 시세 대비 싸게 취득한다면 더 높은 수익을 낼 수 있기 때문이다.

이제 경매를 시작하는 분들도 관심과 열정을 가지고 부동산을 취득할 수 있기를 바란다.

이렇게 시작해서 경험을 쌓아 간다면 독자분들도 필자와 같은 경매 전문가가 될 수도 있다.

이 책은 경매 기초부터 특수물건까지 알기 쉽게 기술했다!

시중에 경매에 관한 책들은 많다. 그 종류 또한 다양하게 편집되어 판매되고 있다.

자서전 같은 소설 이야기보다는 현실적인 경매 투자를 위해 꼭 알아야 되는 기본적인 이론을 책에 담아 두었다.

이 책은 경매에 처음 입문하는 분들을 위해서, 또는 경매를 체계적으로 배우기를 희망하는 분들을 위해서, **PART 1에서 PART 18까지는** 경매의 기본적인 이론부터 실전투자 방법을 체계적으로 기술했다.

후반부의 PART 19부터 PART 29까지는 집합건물에서 대지권미등기와 토지별도등기, 법정지상권 성립여부 실전투자 비법, 유치권 완전정복, 지분경매 실전투자 비법, 재개발과 재건축, 수도권 광역철도망 등에 투자하는 방법을 알려준다. 이 책은 기초부터 특수물건까지 한 권에 정리한 것이다.

부동산에 관심 있는 사람과 없는 사람은 10년 후가 분명히 다르다!

　마포구에 거주하는 김○○는 부동산에 관심이 없던 터라, 전세로만 살면서 보증금 올려주기를 10년간 반복했다. 반면 친구 서○○는 돈이 없어서 대출을 받아 작은 빌라를 샀고, 비과세 혜택을 받으면서 팔기를 반복했다. 그리고 동작구에 있는 현대아파트 34평형을 4년 전 60%의 대출을 받아 5억원 주고 샀다. 이 아파트는 시세가 2020년 1월에 7억5,000만원으로 거래되다가 2020년 9월 현재 9억5,000만원으로 올랐다. 이렇게 오르는 부동산에 관심을 가지고 꾸준하게 도전하는 사람과 그렇지 못한 사람과는 차이가 많다.

　이렇게 오르는 부동산을 경매로 싸게 구입할 수 있다면, 취득당시 시세차익과 올라서 시세차익을 보는 두 마리 토끼를 잡을 수 있다.

　마지막으로 이 책을 선택해서 끝까지 정독하신 분들이 부동산 재테크에 성공할 수 있기를 바란다. 그리고 이 책이 세상에 출간할 수 있도록 도움을 준 많은 분들과 가까이에서 항상 내 편이 돼준 나의 아내에게 감사를 표한다.

2020. 09. 28.

애플경매학원장 **최 준 식**

차례

PART 01 실패하지 않는 투자와 성공적인 투자

01 실패하지 않는 부동산 투자 … 34
- ◆ 투자란? … 34
- ◆ 부동산 투자의 성공과 실패 … 34

02 부동산 시장에서 성공적인 투자 비법! … 39
- ◆ 주거용 부동산 투자 … 39
- ◆ 토지 투자 … 39
- ◆ 수익형 부동산 … 40
- ◆ 부동산 투자로 성공하려면! … 40
- ◆ 경매 시장은 이렇게 투자해야 성공할 수 있다! … 41

PART 02 초보자가 경매를 시작하는 방법

01 경매 물건 검색 방법 … 44
- ◆ 유료 경매 정보사이트 … 45
- ◆ 경매 물건 찾기 … 46

02 경매를 이렇게 시작해라! … 47
- ◆ 경매 물건 검색을 많이 하자! … 47
- ◆ 현장 조사는 기본이다! … 47

- ◈ 입찰에 참여해 봐라! ... 48
- ◈ 분석은 철저하게 해라! ... 48

03 경매의 투자 방법은? ... 49
- ◈ 가격이 오를 수 있는 부동산에 입찰해라 ... 49
- ◈ 반값경매 물건에 관심을 가져라! ... 49
- ◈ 경매물건을 낙찰 받아 보자! ... 50

PART 03 경매 진행절차와 입찰해서 명도하는 과정

01 경매란 무엇인가? ... 52

02 경매의 종류 ... 52
- ◈ 임의경매 ... 52
- ◈ 강제경매 ... 52
- ◈ 임의경매와 강제경매의 차이 ... 53

03 경매 진행 절차 ... 54
- ◈ 채권자의 경매신청 ... 55
- ◈ 경매개시결정등기 ... 55
- ◈ 경매 준비 절차 ... 55
- ◈ 매각기일의 공고 및 통지 ... 58
- ◈ 매각의 실시 ... 58
- ◈ 입찰의 종결 ... 58
- ◈ 매각기일 및 매각 허가/불허가 결정 ... 59
- ◈ 매각 허가결정 및 즉시 항고 ... 59
- ◈ 매각대금의 납부 ... 60
- ◈ 매각대금 미지급에 대한 법원의 조치 ... 60
- ◈ 매각대금 납부 및 소유권이전등기 ... 60
- ◈ 인도명령 신청 ... 61
- ◈ 강제집행 신청 ... 61

- ◈ 배당절차　61
- ◈ 채권계산서의 제출　61
- ◈ 배당표의 작성과 확정 및 배당 실시　61

04 낙찰 받고 쉽게 명도하는 방법　62
- ◈ 인도명령 신청 방법　62
- ◈ 낙찰 받고, 인도명령으로 강제집행 신청 및 집행하는 방법　64

PART 04 부동산 온비드 공매

01 부동산 온비드 공매란?　71

02 매각대상 재산의 종류　71
- ◈ 압류재산　72
- ◈ 유입재산　72
- ◈ 수탁재산　72
- ◈ 국유재산　72
- ◈ 기타일반재산　72

03 공매절차는 어떻게 진행되나?　73
- ◈ 공매의 접수　74
- ◈ 공매공고 등기기입 및 공매 준비　74
- ◈ 공매의 배분요구 종기일　74
- ◈ 공매일의 입찰실시(입찰, 개찰)　75
- ◈ 매각결정　75
- ◈ 매각대금 납부 최고　76
- ◈ 배분계산서 작성과 배분 방법　76
- ◈ 소유권 이전등기　77
- ◈ 부동산의 인도 및 사용　77

04 공매 시작하기 　　　　　　　　　　　78
　◈ 회원가입 　　　　　　　　　　　78
　◈ 공인인증서 발급 　　　　　　　　79
　◈ 공인인증서 등록 　　　　　　　　80
　◈ 온비드 물건 검색방법 　　　　　　81
　◈ 물건 검색 페이지 　　　　　　　　82
　◈ 공매 입찰정보 　　　　　　　　　83
　◈ 공매재산 명세서 　　　　　　　　84
　◈ 입찰하는 방법 　　　　　　　　　85
　◈ 입찰화면에서 입찰서 작성하는 방법 　86
　◈ 입찰서 제출 　　　　　　　　　　87
　◈ 입찰서 확인 　　　　　　　　　　88
　◈ 입찰결과 확인 　　　　　　　　　89
　◈ 낙찰 후 절차안내 　　　　　　　　90
　◈ 매각통지서 및 잔대금 납부 영수증 출력 　91

05 경매와 공매의 차이 　　　　　　　94

PART 05 물권과 채권, 등기부에서 권리를 분석하는 방법

01 물권과 채권에 대해서 알아보는 시간 　98
　◈ 물권이란? 　　　　　　　　　　98
　◈ 채권이란? 　　　　　　　　　　99

02 등기부 구성과 등기부에서 권리를 분석하는 방법 　100
　◈ 부동산 등기사항증명서 　　　　　100
　◈ 부동산 등기의 구성 　　　　　　101
　◈ 부동산 등기부의 권리 순위 　　　103
　◈ 임차인과 등기권리자의 권리순서 정하기 　103
　◈ 물권과 채권은 어떻게 배당 되나? 　104

PART 06 경매의 시작

- **01 부동산 경매는 어떻게 시작하나?** 108
- **02 경매로 인수되는 권리와 소멸되는 권리** 108
  - ◆ 인수하는 권리 108
  - ◆ 소멸되는 권리 109
- **03 인수권리와 소멸권리는 어떻게 결정되는가?** 109
- **04 말소기준권리** 110
- **05 말소기준권리의 종류** 111
  - ◆ 근저당 111
  - ◆ 가압류 112
  - ◆ 압류 112
  - ◆ 담보가등기 112
  - ◆ 경매개시결정기입등기 114
  - ◆ 전세권등기 115
- **06 말소기준권리 찾기** 117
- **07 다양한 사례에서 권리 분석 방법** 120
  - ◆ 낙찰자 인수사례 120
  - ◆ 인수되지 않는 사례 123

PART 07 주택임대차 보호법

- **01 주택임대차 보호법** 126
- **02 주택임대차 보호법의 적용대상** 126
- **03 주택임차인의 권리 취득** 127
  - ◆ 대항력이 발생하는 시기 127
  - ◆ 대항력의 의미 127

- ◆ 임차인의 대항요건은?   128
- ◆ 대항력의 존속시기   128
- ◆ 대항력이 발생하지 않는 유형   128

04 확정일자제도   131
- ◆ 주택임차인의 확정일자 제도   131
- ◆ 우선변제권의 행사 요건   131
- ◆ 확정일자 제도   131

05 전입과 확정일자의 효력발생 시기   132
- ◆ 주택임대차보호법 주요내용(개정 포함)   133
- ◆ 임차인 계약갱신 요구(주택임대차보호법 제6조의3)   134
- ◆ 차임의 증감 청구권(주택임대차보호법 제7조)   136
- ◆ 묵시적 갱신의 계약 해지   136

06 임차인이 배당 받으려면   137
- ◆ 임차인의 배당 요건   137
- ◆ 임차인의 배당 예시   137

07 가장 임차인   142
- ◆ 가장임차인의 유형   142
- ◆ 가장 임차인 선별 요령   143

08 사례로 보는 권리분석   146
- ◆ 대항력 있는 임차인 배당사례   146
- ◆ 대항력 있는 임차인 인수사례   148
- ◆ 인수하지 않는 사례 1   150
- ◆ 인수하지 않는 사례 2   152

PART 08 경매 배당 및 배당 순위

01 부동산 경매의 배당   155
- ◈ 배당기일의 통지   155
- ◈ 배당 받을 채권자의 범위   155
- ◈ 배당표의 확정   156
- ◈ 배당표에 대한 이의   156

02 부동산 경매배당 순위   157

03 부동산 경매 배당 연습   159
- ◈ 물권과 채권   159
- ◈ 당해세와 일반세금   160
- ◈ 경매기입등기 이후의 권리자   161
- ◈ 임차인의 배당   162

PART 09 주택임대차 소액임차인

01 소액임차인 최우선변제금   164
- ◈ 최우선변제금 지급조건   164
- ◈ 최우선변제금 지급내용   164

02 최우선변제금 지급 기준   166

03 최우선변제금 지급 예시   168

PART 10 주택임차인 경매 배당 사례

01 대항력 있는 임차인의 배당   171

02 확정일자가 늦은 선순위임차인   173

03 소액임차인 배당   175
04 선순위 전세권 배당   177

PART 11 상가건물 경매 투자 비법

01 상가건물에 투자는 이렇게 해라!   182
- ◈ 상권은 계속해서 변하고 있다!   182
- ◈ 우량한 상가건물을 고르는 방법   183
- ◈ 상가건물의 장·단점   184
- ◈ 상가건물 투자시 주의할 점   184

02 부동산 상가건물 경매   187
- ◈ 상가건물 임대차보호법 적용   187
- ◈ 상임법 적용 대상   187
- ◈ 환산보증금 산정 방법   187
- ◈ 대항력 발생 시기   188
- ◈ 확정일자   188
- ◈ 상가 임차인의 배당   188
- ◈ 소액임차인의 최우선변제금   189

03 상가건물임대차보호법 적용 대상 및 최우선변제 지급기준   190

04 상가건물 임대차 보호법 주요 내용   193
- ◈ 상가임차인의 계약 갱신요구권   193
- ◈ 임대인의 계약갱신 거부   194
- ◈ 상가건물 임차인의 묵시적 계약갱신   195
- ◈ 상가건물 임차인의 권리금 보호 규정   195

05 부동산 상가건물 경매 실전사례	200
◆ 대항력 있는 임차인 배당	200
◆ 대항력 없는 임차인 배당사례 1	203
◆ 대항력 없는 임차인 배당사례 2	205

PART 12 소유권 취득이전 허가대상 부동산

01 경매로 농지를 취득한 경우	210
◆ 무엇을 농지라 하나?	210
◆ 농지를 소유하려면	210
◆ 경매로 농지를 낙찰 받으면	210
◆ 농지취득자격증명 제도 개요	210
◆ 농지 취득시 주의 사항	211
◆ 농지취득자격증명원 신청	211
◆ 전자 민원 신청방법	212
02 사회복지법인의 재산 취득	213
◆ 사회복지법인	213
◆ 사회복지법인 재산 취득시 유의사항	213
◆ 기본재산의 처분 제한	213
03 학교법인의 기본재산 취득	214
◆ 학교법인	214
◆ 학교법인의 재산	214
04 전통사찰의 기본재산 취득	216
◆ 전통사찰	216
◆ 전통사찰의 처분 제한	216

PART 13 경매로 진행되는 불법 건축물

01 불법 건축물이란?   219
- ◆ 형식적 불법 건축물   219
- ◆ 실질적 불법 건축물   219

02 경매에 나오는 불법 건축물 확인 방법   220
- ◆ 건축물 대장에 위반 건축물로 표기되는 경우   220
- ◆ 건축물 대장에 위반 건축물 표기되지 않는 건축물   224

PART 14 등기된 임차권(임차권등기와 임대차등기)

01 등기된 임차권의 효력과 종류   227
- ◆ 임차권등기의 효과   227
- ◆ 등기된 임차권의 종류   227

02 임차권등기권자가 경매신청한 사례   229
- ◆ 임차권등기권자 경매를 신청한 물건 정보내역과 분석   229

PART 15 부동산 가처분

01 가처분의 목적   232

02 가처분의 유형   232
- ◆ 다툼의 대상이 되는 가처분   232
- ◆ 선순위 가처분은 인수한다   233
- ◆ 후순위 가처분은 소멸한다   234
- ◆ 예외적으로 인수하는 후순위 가처분   234

03 부동산 가처분 경매 사례 236
　◈ 인수하지 않는 선순위 가처분　236
　◈ 선순위 가처분 사례　237

PART 16 부동산 가등기

01 부동산 가등기란? 240
02 가등기의 유형 240
　◈ 담보가등기　240
　◈ 소유권보전가등기　240
03 가등기 구별하기 242
　◈ 선순위 가등기　242
　◈ 인수하는 선순위 가등기　243
　◈ 인수하지 않는 선순위 가등기　244
　◈ 후순위 가등기　244
04 가처분과 가등기의 차이점 245
　◈ 선순위 가등기와 가처분　245
　◈ 후순위 가등기와 가처분　245
05 선순위 가등기 경매 사례 246
　◈ 인수되는 가등기 경매 사례　246

PART 17 부동산 채권가압류

01 부동산 채권가압류 목적 250
02 채권가압류 신청 250
03 채권가압류의 명령 251

04 가압류채권자에게 배당 방법 — 251
- ◆ 가압류 –〉 근저당 — 252
- ◆ 가압류 –〉 근저당 –〉 가압류 — 252
- ◆ 가압류 –〉 근저당 –〉 가압류 –〉 근저당 — 253

05 전소유자의 가압류 — 254
- ◆ 전소유자의 가압류 배당 1사례 — 254
- ◆ 전소유자의 가압류 배당 2사례 — 255

PART 18 부동산 전세권

01 등기된 전세권 — 257
- ◆ 전세권자의 계약갱신 — 257
- ◆ 전세권의 존속기간 — 258
- ◆ 전세권자의 권리 — 258
- ◆ 전세권자의 처분 및 임대차 — 258
- ◆ 전세권과 확정일자의 차이 — 258
- ◆ 전세권의 말소기준 요건 — 259
- ◆ 선순위 전세권과 선순위 임차권 — 259

02 전세권 경매 사례 — 261
- ◆ 전세권 소멸과 보증금 인수 사례 — 261
- ◆ 전세권 인수 사례 — 263

PART 19 집합건물에서 대지권미등기

01 집합건물 대지권미등기란? — 268

02 구분소유자의 대지권은? — 268

03 대지권미등기가 발생하는 사유 — 269

04 대지권이 없는 경우   **269**
   ◈ 어느때 대지 지분이 없나?   270
   ◈ 대지권이 없는 물건 처리 방법   270

05 대지권미등기 경매 권리분석 방법   **270**
   ◈ 대지권미등기이나 감정 가격에 평가된 물건   270
   ◈ 대지권이 없는 물건   271
   ◈ 대지권미등기 대처 방법   271

06 대지권미등기 경매 사례   **273**
   ◈ 대지권이 감정평가 가격에 포함된 경우   273
   ◈ 대지권이 없는 건물 매각   274

PART 20 집합건물에서 토지별도등기가 있는 경우

01 집합건물의 토지별도등기   **277**
02 토지별도등기가 있는 아파트 경매 사례   **279**
   ◈ 인수하지 않는 토지 별도 등기   279
   ◈ 인수하는 토지별도등기   281

PART 21 경매에서 제시외 물건이 있는 경우 대응 방법

01 경매에서 제시외 물건이란?   **284**
02 경매물건의 부합물은?   **284**
03 주물과 종물은 어떠한 관계인가?   **285**
04 경매물건에서 종물은?   **285**
   ◈ 종물의 특징   286

법정지상권 성립 여부와 실전투자 비법

01 지상권의 권리 — 288
- 지상권 존속기간 — 288
- 지상권의 취득 — 289
- 지상권 계약 갱신 — 289
- 지상권이 성립하면 — 289
- 지상권이 성립하지 않으면 — 290
- 지료의 지급 — 290

02 지상권과 토지임대차 계약의 종류 — 290
- 약정지상권 — 290
- 담보지상권 — 291
- 구분지상권 — 291
- 법정지상권 — 291
- 토지 임대차계약 — 291

03 법정지상권 성립 여부에 대한 분석 — 292
- 법정지상권 성립요건 — 293
- 법정지상권이 인정이유 — 293
- 법정지상권의 성립과 성립하지 않는 예시 — 294
- 법정지상권 성립시기 — 297
- 법정지상권이 인정되는 범위 — 297
- 법정지상권 성립 후 건물의 소유권 양도 — 297

04 토지 또는 건물만 매각되면 법정지상권을 분석해라! — 299
- 토지만 매각 사례 — 299
- 건물만 매각 사례 — 301

05 관습법상 법정지상권의 성립 — 304
- 관습법상 법정지상권 성립 요건 — 304
- 관습법상 법정지상권 성립과 성립하지 않는 경우 — 307
- 법정지상권과 관습법상 법정지상권의 비교 — 309

06 관습법상 법정지상권 경매 사례 310
　◆ 관습법상 법정지상권 성립 사례 310
　◆ 관습법상 법정지상권이 성립하지 않는 사례 312

PART 23 임야 투자 시 분묘기지권은?

01 분묘지기권은 무엇인가? 316
02 분묘기지권 성립요건은? 317
03 분묘기지권의 존속기간 318
04 분묘기지권 효력의 범위는? 318
05 장사 등에 대한 법률 개정 내용 319
06 분묘도 공시해야 된다 320
07 분묘기지권의 소멸 321
08 무연고 묘면 이장이 가능하다 321
09 분묘기지권 성립을 확인하자! 322
10 분묘가 있는 토지인지 확인하고 입찰하자! 322

PART 24 유치권이 있는 경매물건 실전투자 비법

01 유치권이란? 324
02 유치권의 종류 325
　◆ 동산 유치권 325
　◆ 부동산 유치권 325
03 유치권의 특성 326

04 유치권이 성립하려면	326
05 유치권자의 권리와 의무	327
◆ 유치권자의 권리	327
◆ 유치권자의 의무	327
06 유치권 소송 및 인도명령	328
◆ 원칙 – 인도소송	328
◆ 예외 – 인도명령	328
07 유치권의 유형	329
◆ 공사대금	329
◆ 토지공사	329
◆ 하수급인의 공사대금채권	329
◆ 필요비, 유익비의 유치권	330
◆ 상가점포	330
08 유치권 성립하지 않는 경우	330
◆ 건물 신축을 위한 사전 공사 대금	330
◆ 자재대금, 설계, 감리, 용역대금채권	331
◆ 건물자체로부터 발생한 채권이 아닌 경우	331
◆ 유치권 시효소멸	331
◆ 압류 효력 발생 후 점유	332
09 유치권 확인 방법	333
10 유치권 경매 사례	335
◆ 허위 유치권	335
◆ 성립 안되는 유치권	340

PART 25 공유물의 지분경매와 법정지상권

- 01 무엇을 지분이라 하나? — 343
- 02 지분을 피하는 이유는? — 343
- 03 지분의 문제를 해결할 수 있어야만 투자할 수 있다! — 344
- 04 공유자 우선매수 제도 — 344
- 05 공유지분 취득 후 사후 처리 방법 — 345
    - ◆ 현물분할 — 346
    - ◆ 가액분할 — 346
    - ◆ 소송 — 346
- 06 공유물의 취득 관리 — 347
    - ◆ 공유물의 사용 수익 — 347
    - ◆ 공유물의 처분 변경 — 347
    - ◆ 공유물의 관리 행위 — 347
- 07 공유지분의 법정지상권 — 348
    - ◆ 공유관계에서 법정지상권이 성립하는 경우 — 349
    - ◆ 공유관계에서 법정지상권이 성립하지 않는 경우 — 352
- 08 부동산 지분경매 입찰 사례 — 355
    - ◆ 아파트 10분의 1지분경매 입찰물건 — 355
    - ◆ 대지 2분의 1지분경매 입찰물건 — 357

PART 26 재개발과 재건축사업구역내 실전투자 비법

- 01 정비구역과 지구단위계획구역 — 359
    - ◆ 정비구역 — 359
    - ◆ 지구단위계획구역 — 359

02 주택 재개발사업 — 360
- ◈ 재개발 지정 요건 — 360

03 주택 재개발사업 진행 절차 — 361

04 재개발사업구역 내에 투자하는 방법 — 365
- ◈ 재개발 물건 고르는 법 — 365
- ◈ 간단한 재개발 투자 수익 계산법 — 366

05 재개발사업에서 조합원 자격을 취득하려면 — 367
- ◈ 재개발지역 조합 자격 — 367
- ◈ 주택의 구분 등기시 분양대상 조합원 자격 (서울시 조례기준) — 369
- ◈ 재개발사업의 특수한 사례에서 분양자격 유무 — 370

06 가로주택정비사업 — 371
- ◈ 사업대상지의 조건 — 371
- ◈ 사업시행 범위 — 372
- ◈ 사업비 지원 — 372
- ◈ 가로주택정비 활성화에 따른 제도 개선(1999년12월) — 372
- ◈ 소규모 주택정비사업보완(2020년5월) — 373
- ◈ 역세권 민간 주택사업 활성화 — 374

07 재건축사업이란? — 375
- ◈ 개발 지정 요건 — 375
- ◈ 재건축사업의 투자 — 375
- ◈ 재건축사업 투자에서 주의할 점 — 376
- ◈ 재건축사업 진행 절차 — 377
- ◈ 재건축사업에서 조합원 자격 — 381
- ◈ 재건축사업에서 분양권 — 381
- ◈ 재건축과 초과이익 환수제 및 부과대상 — 381
- ◈ 재건축 초과이익 환수 방법 — 382
- ◈ 간단한 재건축 수익계산법 — 383

08 재개발, 재건축사업구역 내에서 경매투자 사례　384
- 토지만 공매로 매각된 사례　384
- 재개발사업구역 내에서 주택이 경매로 매각된 사례　385
- 앞으로 재개발과 재건축사업의 전망　387

PART 27 수도권 교통망 추진 계획

01 수도권 광역철도망 GTX　390
- 수도권 GTX　390
- GTX 영향이 부동산에 미치는 효과　390

02 GTX A노선　391
- 운정역　392
- 킨텍스역　393
- JDS지구(장항, 대화, 송포)　394
- 대곡역　395
- 대곡 역세권 개발　396
- 연신내역　397
- 서울역　398
- 삼성역　399
- 영동대로 복합 환승센터　400
- 수서역　401
- 수서역세권 개발　402
- 성남역　403
- 용인역　404
- 용인 플랫폼시티　405
- 동탄역　406

03 GTX B 노선　407
- 송도역　408
- 인천시청역　409

◈ 부평역 410
◈ 부천종합운동장역 411
◈ 신도림역 412
◈ 여의도역 413
◈ 용산역 414
◈ 용산국제업무도시 415
◈ 서울역 416
◈ 청량리역 417
◈ 망우역 418
◈ 별내역 419
◈ 왕숙신도시 420
◈ 평내호평역 421
◈ 마석역 422

04 GTX C 노선 423
◈ 수원역 424
◈ 금정역 425
◈ 과천역 426
◈ 양재역 427
◈ 삼성역 428
◈ 청량리역 429
◈ 광운대역 430
◈ 광운역세권 개발 431
◈ 장위 뉴타운 432
◈ 창동역 433
◈ 창동역 복합 환승센터 434
◈ 의정부역 435
◈ 동부간선도로 지하화 436
◈ 덕정역 437
◈ 양주 택지개발 지구 438

PART 28 수도권 2030광역철도 계획

01 2030 광역철도 추진 배경 — 441
02 광역철도 추진 계획 — 441
03 동북권 철도계획 — 443
- ◆ 별내선 — 443
- ◆ 진접선(4호선 연장) — 444
- ◆ 7호선 연장 — 445

04 동남권 철도 계획 — 446
- ◆ 하남선 5호선 연장 — 446
- ◆ 동탄인덕원선 — 447
- ◆ 위례신사선 — 448
- ◆ 과천위례선 — 449
- ◆ 3호선 연장(오금 ~ 덕풍) — 450
- ◆ 9호선 연장(하남미사) — 451
- ◆ 신분당선 연장(강남~신사) — 452
- ◆ 성남 1호선 — 453
- ◆ 성남 2호선 — 454
- ◆ 화성시 트램 — 455

05 서남권 철도계획 — 456
- ◆ 신안산선 — 456
- ◆ 월판선 — 457
- ◆ 수인선 — 459
- ◆ 원종 홍대선 — 460
- ◆ 인천 2호선 — 461
- ◆ 7호선 연장(인천 청라지구) — 462
- ◆ 제2경인선 — 463

06 서북권 철도 계획 — 464
- ◆ 인천 1호선(검단연장) — 464

- ◆ 인천 2호선(검단, 일산 연장)   465
- ◆ 김포한강선 예상노선   466
- ◆ 3호선 연장 예상노선(파주운정)   467
- ◆ 고양선 예상노선(새절~고양시청)   468
- ◆ 대곡소사선   469

07 대도심권 2030철도 계획   **470**
- ◆ 부산, 울산권   470
- ◆ 대구권   472
- ◆ 광주권   473
- ◆ 대전권   474

PART 29 경매 입찰 시 주의 사항과 입찰서를 제출하는 방법

01 입찰하는 방법   **476**

02 입찰할 때 필요한 서류   **476**
- ◆ 본인 입찰 시   476
- ◆ 대리인이 입찰 시   476

03 입찰서 작성 시 주의 사항   **477**

04 입찰서를 작성하는 방법   **478**
- ◆ 본인이 입찰할 경우(본인란 기재사항 마킹부분 기재)   478
- ◆ 대리인 입찰할 경우   479

05 매수보증금 및 입찰 봉투 작성   **480**
- ◆ 매수신청 보증금 봉투 작성   480
- ◆ 입찰봉투 작성   481

06 공동입찰신고서를 작성하는 방법   **483**
- ◆ 공동입찰자 입찰 법정에 참석 시   484
- ◆ 공동입찰자 중 갑돌이 대리 입찰 시   485

PART 01

실패하지 않는 투자와 성공적인 투자

실패하지 않는 부동산 투자

◈ 투자란?

확정된 이자를 받는 저축과 달리 불확실성이 수반된 곳에 이익을 얻을 목적으로 돈을 대는 것을 투자라 한다.

투자는 돈을 벌기 위해서 하는 것이다.

부동산에 투자해서 돈을 버는 방법은 다양한 형태가 있다.

단기 매매를 목적으로 하는 시세차익형 투자가 있고, 주택과 상가건물 등에서 일정한 월세가 나오는 수익형 부동산 투자도 있다.

또 개발 목적으로 토지를 취득하여 주택, 상가건물, 공장 등을 건축하여 분양하는 개발형 투자와 주거용 부동산 취득을 하는 부동산 투자 등이 있다.

◈ 부동산 투자의 성공과 실패

우선 내가 부동산 투자에 성공한 사람인지, 자기 자신에 질문을 던져보자!

집을 사서 10년 동안 두 배 오른 사람도 있고, 누구는 오르지 않고 그대로인 사람도 있다.

부동산 자산이 늘어나지 않는 사람들의 대부분은 부동산에 " 운이 없어서 " 라고 말한다.

이런 분들은 왜, 부동산을 취득해도 수익을 내지 못하는 것일까?

부동산은 운에 맡기면 안 된다. 물론 부동산 투자에 운도 작용을 하지만 가장 중요한 것은 가격이 상승할 수 있는 부동산을 취득해야 수익이 나는 것이다.

가격이 상승할 수 있는 부동산은, 개발계획 호재 및 수요가 증가하여 부동산 가격을 상승시키는 부동산을 말한다.

부동산 취득 이전에 그 지역의 향후 개발 가능성과 앞으로 호재가 무엇이 있는지 면밀하게 파악해야 한다. 그냥 보기 좋아서 구입하는 감성적인 부동산 취득은 부자가 될 수 없는 부동산 투자 방법이다. 아무 생각 없이 취득하는 부동산은 운에 맡기는 수밖에 없다.

누구나 부동산으로 부자가 되고 싶어 한다. 그러나 다 부동산으로 성공하는 것은 아니다. 대부분의 부동산 부자들은 부지런하다.

부동산에 많은 관심을 가지며 현장조사를 많이 다닌다. 부동산 현장을 많이 다니면 많은 정보를 취득할 수 있다.

그리고 구매할 때에 망설임 없이 바로 투자한다.

이렇게 결단력이 빨라야 한다. 내가 고민하는 동안 그 부동산은 이미 다른 사람 손에 넘어갈 수 있기 때문이다.

이런 결단력은 정확한 정보분석에서 나온다.

내가 시장과 정보에 눈이 어두우면 주위에 부동산 전문가와 친하게 지내야 한다 그 전문가를 통해 많은 정보와 조언을 구할 수 있기 때문이다.

1) 한국인의 자산구조

한국인 재산의 75%가 부동산, 비금융 자산에 편중되어 있다.

이웃나라 일본의 경우 절반 이상이 금융 자산에 편중되어 있고, 미국은 43.3% 편중되어 있다.

여기서 금융자산은 현금. 유가증권. 보험. 신탁 등을 말하며, 비금융 자산은 토지자산, 지하자원 등 토지나 부동산 같은 실물 자산 등을 말한다.

그럼 나의 자산은 어디에 편중되어 있나?

나의 자산이 부동산에 편중되어 있다면, 부동산 자산관리를 잘해야 한다.

돈 안 되는 부동산은 팔고, 오르는 부동산은 장기 보유해야 한다. 즉 가격이 오를 수 있는 곳에 투자해야 성공할 수 있다.

2) 부동산 투자 어떻게 할 것인가?

부동산은 시장을 잘 읽어야 한다. 기본적으로 부동산은 수요와 공급에 따라 시장이 움직인다. 공급보다 수요가 많으면 가격이 상승하고, 반대로 수요보다 공급이 많으면 가격은 하락한다. 또한 경기 변화와 부동산정책에 따라 움직인다.

우리나라 부동산 시장의 가장 큰 단점은 과도하게 정부가 개입을 하여 인위적으로 시장을 규제한다는 점이다. 이로 인해 부동산 정책 후 혼란과 후유증이 많이 발생하여 부동산 시장이 혼란에 빠지는 경우가 많다. 특히 2017년부터 2020년 현재까지 이런 현상이 더욱 심하다.

부동산은 수요와 공급, 경기 변화와 정책에 따라 가격이 상승 또는 하락을 반복하고 있다. 부동산도 주식과 비슷해, 상승시기에 팔아야 기대이익을 극대화 시킬 수 있다.

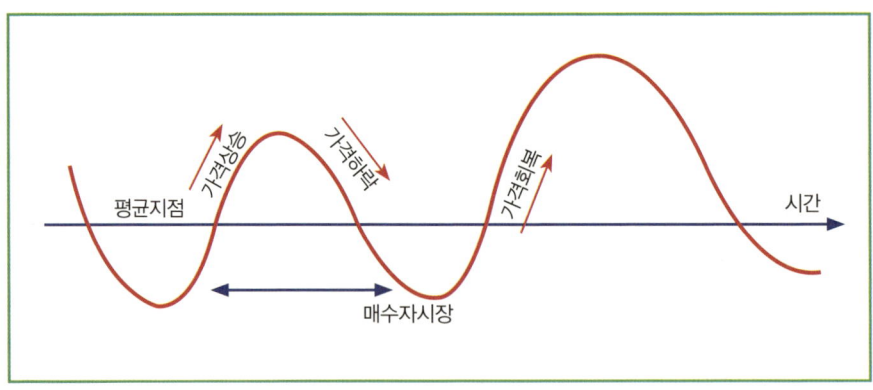

부동산이 주식과 다른 점은 실물 자산이라는 점이다!

주식은 잘못 투자하면 휴지조각이 되지만, 부동산은 그렇지 않다. 그래서 안전자산이라 생각 된다.

이런 부동산도 시장 흐름을 잘 분석해서, 어느 시점에 사고, 언제 팔아야 하는가를 꿰뚫고 있어야 한다.

따라서 현재 부동산 시장이 위 변동 그래프 중 어디에 있는가를 알고 투자해야 한다.

3) 부동산 흐름을 읽어야 한다!

부동산 시장은 상승 시점과 하락 시점이 있다. 먼저 상승기인지 하락기인지 판단해야 한다. 주택의 가격 요인은 수요와 공급에 따라 오르내림을 반복하고 있다.

수요보다 공급이 많으면 부동산시장은 하향 시장에 접어 들고, 공급보다 수요가 많으면 가격은 상승기에 접어든다.

현재 시점은 2020년 8월이다. 지금까지의 부동산 시장은 지역간 편차가 많이 벌어졌고, 수도권 지역은 가격이 크게 상승하였다.

그 중 수도권 주택 시장은 그 어느 때보다 가격이 많이 상승했다.

특히 서울 주택가격은 2017년부터 2020년까지 큰 폭의 상승을 가져왔다.

가격상승의 주 요인은 수요에 비해 공급이 부족했기 때문이다.

서울은 2018년 기준 30년 이상 된 단독 노후 주택이 차지하는 비율이 40%가 넘는다.

노후된 공동주택도 12% 이상된다. 이는 서울에 새집이 부족하다는 것이다.

사람의 삶의 질이 상승하고, 소득 증가로 주택의 수는 증가하는데 신규 주택의 공급이 원활하게 이루어지지 못해서 가격 상승에 주요한 원인이 된 것이다.

여기에 부동산 규제로 주택가격을 안정화시키려는 정부의 정책이 잘못되어 가격상승은 진정 되지 않고, 지속적으로 상승하고 있다.

결론적으로 시장 수요보다 공급이 부족해서 가격이 상승하는 것이다.

서울지역의 가격 상승 및 규제로 인해 비규제 지역인 수도권으로 가격 상승이 확산되었고, 일부 수도권지역은 가격이 급등한 지역도 많다.

이는 서울 주택 가격 상승이 수도권으로 이어지는 것이며, 정부의 서울지역 부동산 규제로 투자자들이 비규제 지역으로 눈을 돌렸기 때문이다.

수도권 및 전국 주요 도시의 가격이 상승하여 정부에서는 수요억제를 위한 각종 규제를 발표하지만, 현재는 서울만 가격이 상승하고 있다.

서울의 부동산시장은 당분간 흔들리지 않을 것이다. 이유는 공급이 부족하기 때문이다.

서울은 택지를 조성하여 주택을 공급할 수 있는 토지가 별로 없어, 신규 주택을 공급하기 위해서는 재개발, 재건축 밖에 달리 방법이 없다

재개발, 재건축 구역을 지정해도 준공되기까지는 10년 이상 소요되기 때문에 단기간 신규 주택 공급이 어렵다. 그래서 최소 5년 정도는 경제가 아주 악화되지 않는 한 가격 상승이 예상된다.

그러나 수도권 시장과 주요 지방은 가격이 더 오를 수 있는 여건이 되지 않는다.

이유는 앞으로 많은 주택이 공급되기 때문이다. 정부에서 3기 신도시 계획을 발표했다. 수도권지역에 30만호 공급이 된다. 여기에 정부에서 13만가구 추가 공급 계획까지 발표했다. 3기 신도시 분양은 본격적으로 2021년부터 시작된다.

그러면 향후 공급량은 늘어나고 현재 주택 수요자들의 구매 폭이 넓어질 것이다.

또 새로 조성된 신도시의 수요로 기존 주택의 인지도는 떨어질 것이고, 이주 수요도 발생하여, 분양주택 입주 시점에 기존 주택을 팔아야 하는 역 현상도 발생할 것으로 예상된다. 이처럼 수도권에는 많은 가구를 공급하기 때문에 향후 가격 조정이 불가피 할 수밖에 없다는 것이 필자의 생각이다.

토지 시장은 주택 시장과 달리 수요자가 많지 않다. 그래서 개발지역이나 개발 예정지 이외는 가격 상승폭이 크지 않다.

토지의 가격이 상승하려면 도로가 확충되어, 도심 접근 성이 좋아야 한다. 또는 지역 개발로 인해 지역 전체가 개발 호재로 인해 가격이 상승하는 것이다.

토지도 잘만 투자한다면 주택의 수익보다 더 높은 결과물을 만들 수 있다.

신규 고속도로 및 지방도로가 확충이 되어 교통여건이 좋아지면, 그 지역은 개발압력으로 토지의 가격은 상승한다.

세종고속도로, 제2외곽순환고속도로 IC 예정지 인근 토지는 현재 가격이 급등한 상태이다. 교통이 개선되어 서울 및 수도권 진입이 수월하여 주변 토지의 수요가 증가했기 때문이다.

부동산 시장에서 성공적인 투자 비법!

부동산 투자에 성공하고 싶다면 호재가 있는 지역 또는 앞으로 호재가 발생할 지역에 투자를 해야 한다. 부동산은 호재가 있어야 가격이 상승한다. 부동산 투자에 수익을 내기 위해서는 부동산 시장의 흐름과 개발로 호재가 있는 곳에 투자해야 수익이 높일 수 있다.

◈ 주거용 부동산 투자

주택투자는 교통망을 보고 투자해야 한다. 역세권과 비역세권의 주택은 가격 차이가 많이 발생한다. 특히 향후 개통될 예정노선을 보고 투자하면 미래가치를 높일 수 있다.

수도권 주택시장에 가장 큰 호재는 GTX 개통이다. GTX는 수도권 위성도시에서 서울로 20분대 진입하게 만든 고속철도망이다. 이렇게 대중교통망이 개선되면 그 지역은 큰 호재로 작용하여 부동산 가격이 상승한다.

또 2030년 광역교통계획을 활용하여 투자하면 좋은 투자가 될 것이다. 신규 철도망은 개발호재로 주변 주택 가격을 상승시키기 때문이다.

◈ 토지 투자

토지는 신규 도로망을 보고 투자해야 한다. 또는 주변 개발 호재가 있어야 한다
고속도로, 지방도로가 개통이 되어 교통이 크게 개선되면, 주변 토지의 가격은 상승한다.

도로 교통망이 좋아 지면 공장, 주택 등 수요가 증가되어 토지의 수요가 늘어나기 때문이다. 항상 수요가 있는 곳은 가격이 상승하기 마련이다.

토지도 수요가 있는 지역에 가격이 상승한다. 수요가 있다는 것은 입지가 좋거

나, 개발 호재가 있는 곳이다. 입지가 좋은 곳은 타지역에 비해 가격이 상대적으로 높다.

그러나 개발 호재가 있는 지역에 미리 투자하면, 수요가 급증하여 가격이 상승하게 된다. 토지의 호재는 도로가 개통되어 교통망이 좋아지거나, 주변 개발로 호재가 발생하는 것이다. 이런 호재를 미리 읽고 투자한다면 실패는 있을 수 없다.

◈ 수익형 부동산

수익형 부동산은 월세가 발생하는 부동산을 말한다. 수익형 부동산에 투자하려면 수익률이 좋아야 한다. 수익형 부동산은 다양하다. 주택. 상가. 공장 등 다양하다.

상가는 입지 및 상권을 보고 투자를 해야 한다. 입지가 좋아야 임대가 잘 되기 때문이다. 임대가 잘되면 수익률이 높아지고 높은 수익률로 인해 시세가 상승하기 때문이다.

수익형 부동산은 수익률이 높아야 한다. 수익률은 시세를 반영하기 때문이다. 수익률이 높으면 매매할 때 높은 가격을 받을 수 있다.

수익형 부동산은 항상 수익률을 보고 투자를 해야 한다. 수익률이 낮으면 시세가 떨어지기 때문이다.

◈ 부동산 투자로 성공하려면!

부동산 가격이 상승하기 위해서는 개발호재가 있어야 한다. 그럼 개발 호재는 어디서 수집할까? 이런 개발 호재는 여러 방법으로 취득이 가능하다. 요즘 정보 발달로 인해 인터넷 등에서 정보를 취득할 수 있고 부동산 현장을 다니면서 취득할 수도 있다.

그러나 모든 사람이 정보를 수집하는 것은 아니다. 부동산에 관심 많은 사람들이 정보를 취득한다. 부동산에 관심이 없으면 어디가 개발이 되고, 어디가 호재가 있는지 모른다. 즉 부동산에 관심이 많은 사람이 투자 수익을 낼 수밖에 없다.

이런 개발 호재가 있는 곳에 투자를 한다면 실패는 있을 수가 없다.

부동산 투자는 정보를 바탕으로 개발될 곳에 투자를 하는 것이다. 주택을 투자하려 해도 신규 역세권 지역 및 개발 예정지에 투자를 해야 수익을 만들 수 있다.

부동산 투자는 가격이 상승할 수 있는 곳에 투자해야 된다.

◆ 경매 시장은 이렇게 투자해야 성공할 수 있다!

경매로 투자해서 성공하려면 가격이 상승할 수 있는 곳에 경매물건을 낙찰 받아야 한다.

또는 반값 경매로 시세보다 싸게 낙찰 받아 남들보다 싸게 매도하여 수익을 내는 방법도 있다. 경매로 반값으로 떨어지는 부동산은 크게 두 가지이다.

하나는 비인기 부동산으로 가격이 떨어지는 것이고, 또 다른 하나는 권리가 복잡하여 초보자들은 접근하기 어려운 부동산이다.

첫째, 비인기 부동산은 선호하지 않거나, 비인기 지역의 부동산이다.

일반상품도 좋아 보여야 잘 팔린다. 부동산도 마찬가지로 눈에 들어오지 않고, 선호하지 않는 부동산이면, 구매자로부터 주목을 받을 수가 없다. 이런 비인기 부동산은 저렴하게 낙찰 받아 시세보다 싸게 매매하여 수익을 만들면 된다.

그래서 경매에 입문하는 분들에게는 가격이 상승할 수 있는 부동산을 낙찰 받거나, 비인기 부동산을 반값으로 낙찰 받아 수익을 만드는 것을 추천한다.

이 방법이 경매로 투자해서 돈을 벌 수 있는 방법 중 하나이다.

둘째, 권리가 복잡한 특수물건에 투자해서 높은 수익을 얻는 방법이다.

특수물건은 남들이 쉽게 접근할 수 없기 때문에 싼 가격으로 낙찰 받을 수 있다. 이는 곧 투자 수익의 증가로 이어진다.

경매는 일반물건에 비해 대출이 잘되고, 규제도 덜 받고, 저렴하게 취득할 수 있기 때문에 많은 장점을 가지고 있다. 또 일반 매매로 나오기 힘든 물건들이 경매로 매각되는 경우가 많다. 이런 경매를 활용한다면 높은 투자 수익 구조를 만들 수 있다.

부동산 투자는 이익을 남기기 위한 투자이다.

따라서 경매로 가격이 상승할 수 있는 지역에 투자하거나, 특수물건 등으로 시세보다 저렴하게 낙찰 받아 높은 수익을 만들어야 한다.

PART
02

초보자가
경매를 시작하는 방법

권리가 복잡한 특수물건에 투자하면 남들이 쉽게
접근할 수 없기 때문에 싼 가격으로 낙찰 받을 수 있다.
이는 곧 투자수익의 증가로 이어진다.

01 경매 물건 검색 방법

경매는 채권자가 채무자의 재산을 법원에 매각신청하여 법원이 채무자의 재산을 매각하여 채권자들에게 배당을 해주는 제도이다.

법원 경매는 여러 종류의 부동산 및 동산이 매각되고 있으며, 매각되는 물건은 대한민국 법원경매정보에서 경매로 진행되는 물건 정보를 제공하고 있다.

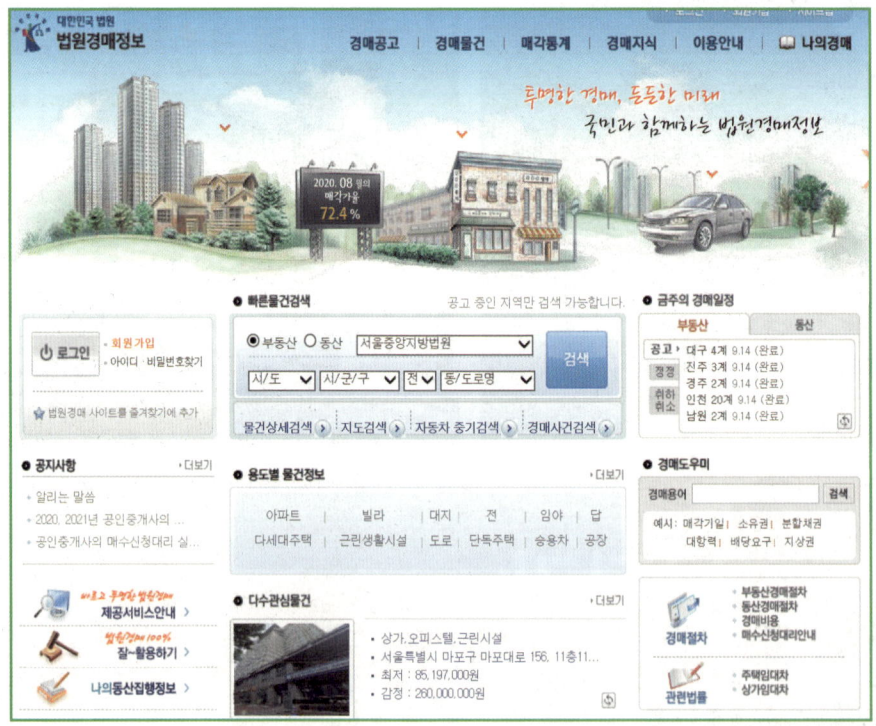

자료 : 대법원법원경매정보

대한민국법원 경매정보는 무료로 법원에서 경매진행되는 물건정보를 제공하나 일부 공적장부[1]가 빠져 있다. 여기서 제공되는 자료를 가지고는 권리 분석에 어

---

1) 공적장부 : 부동산에 관해 국가에서 작성한 장부(등기부등본, 건축물대장, 토지대장, 지적도, 토지이용계획확인서)

려움이 있어 경매에 관심있거나, 경매를 하시는 분들은 대부분 경매 유료정보 사이트를 이용하고 있다. 경매 유료 사이트는 업체마다 가격도 틀리고 경매물건의 제공되는 정보의 질도 달라 본인에 맞는 업체를 선택하여 가입하는 것이 좋다.

◆ 유료 경매 정보사이트

경매 유료정보 업체는 많다. 그 중에 부동산태인, 지지옥션, 굿옥션 등이 대표적인 유료정보 업체로 경매 물건정보를 유료로 제공해주고 있다.

이런 유료정보 업체는 매각에 관련된 공적장부 및 각종 정보를 제공하여 주어 권리 분석이 쉽고, 제공된 정보를 통해 투자 가능한 물건인지 객관적으로 판단하기가 쉽다.

부동산태인

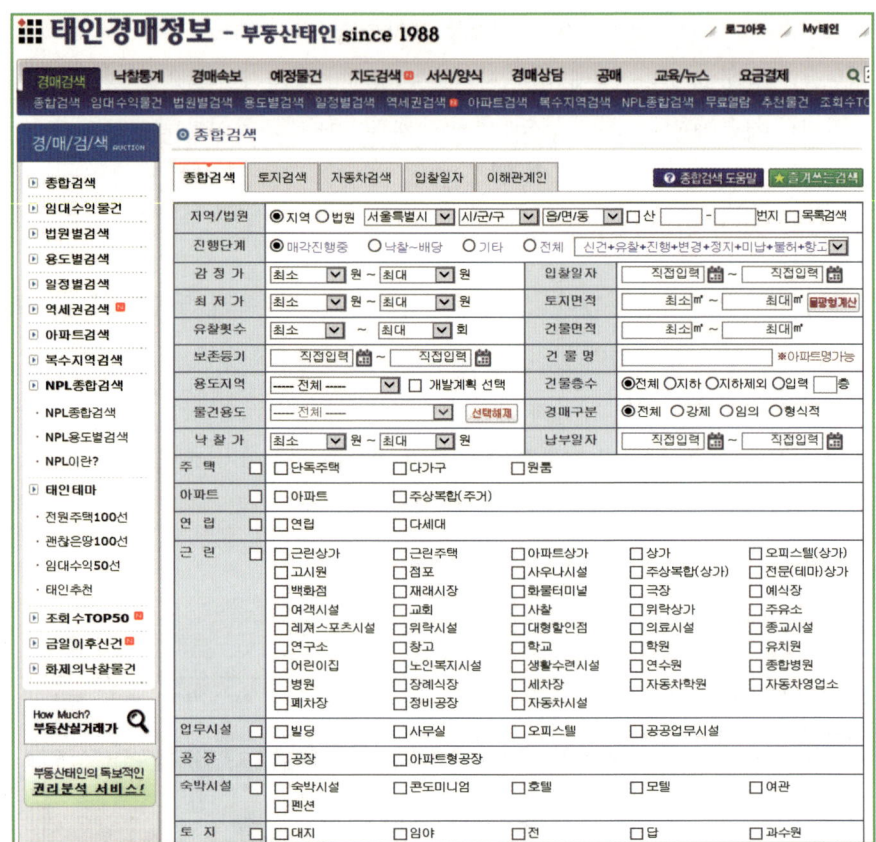

자료 : 부동산태인

◆ 경매 물건 찾기

경매를 처음 시작한다면, 내가 사는 지역 및 내가 잘 아는 지역에 먼저 관심을 가져라.

내가 사는 곳과 내가 잘 알고 있는 지역은 나도 지역 전문가이기 때문이다.

내가 잘 알고 있는 지역에 어떤 종류의 부동산이 경매로 진행되는지 관심을 가져라. 그리고 관심 있는 부동산을 먼저 집중적으로 검색해 봐라.

경매에는 많은 부동산들이 매각된다. 많은 정보를 다 확인하기는 힘들다.

그래서 내가 잘 알고 있는 지역의 관심 부동산을 먼저 검색하여 경매를 시작해 보도록 하자!

경매를 이렇게 시작해라!

◈ 경매 물건 검색을 많이 하자!

관심 대상 부동산경매 물건 검색을 많이 하고 그 관심 물건이 어떻게 낙찰되는지 확인하자. 얼마에 낙찰이 되고 유찰이 되는지 확인해야 경매 낙찰금액을 예상할 수 있고 분석이 되기 때문이다. 또 다른 사람들이 낙찰 받은 부동산도 평가하여 보자. 이런 것을 반복 학습하면 부동산 경매를 보다 쉽게 접근할 수가 있다.

◈ 현장 조사는 기본이다!

경매물건 중 관심 물건이 있다면 꼭 현장에 가서 확인해야 한다. 경매정보업체에서 제공하는 정보도 좋지만 현장에 가보면 안 보이는 것이 보이기 때문이다.

반대로 인터넷 경매정보에서는 별로인 물건이 현장에 가보면 좋은 물건인 경우도 있기 때문에 현장 조사는 필수다. 현장조사를 통해 지역 정보와 부동산의 가치를 판단할 수 있기 때문이다.

현장조사는 물건마다 조사 방법이 다르지만, 기본적으로 매각 부동산의 정보를 수집하고 제공된 경매 정보에 빠진 다른 것이 있는지 확인하기 위해 현장조사를 하는 것이다. 또 부동산시세, 전월세가격, 주변개발 호재정보, 주변 교통여건과 기반시설확인 등 부동산의 가치가 상승할 수 있는 요소들을 확인하는 것이다.

이렇게 하는 이유는 가격이 상승할 수 있는 부동산을 경매로 취득하기 위해서이다.

◈ 입찰에 참여해 봐라!

　경매로 돈을 버는 사람들은 적극적이다. 공부는 평생 가지 않는다. 그러나 한번 해본 경험은 평생 가며 잊혀지지 않는다. 경매 입찰에 참여해 보자. 낙찰을 못 받아도 큰 경험이 된다. 입찰을 하려면 물건 검색도 많이 해야 되며, 현장조사도 해야하기 때문에 한번 입찰참여를 하면 많은 것을 배울 수 있다. 그리고 좀더 적극적으로 입찰에 참여해야 한다. 내가 낙찰을 받기 위해서는 남들보다 더 적극적으로 입찰에 참여해야 한다.

　저자는 처음 경매를 수강하는 분들에게 10번 떨어져야 경매가 보인다고 말한다. 10번 떨어지면 얼마에 입찰해야 되며, 어떤 물건에 입찰할 것인지 부동산에 대한 가치를 평가할 수 있는 첫 단계가 된다.

◈ 분석은 철저하게 해라!

　입찰하려는 부동산에 대해 권리분석을 철저하게 해라. 권리분석이 않되면 주변 전문가 도움을 받아라. 법원에 입찰을 다니다 보면 아무것도 모르고 입찰에 참여하는 사람들이 있다. 정말 용감한 사람들이다. 경매사건을 보면 권리분석을 잘못하여 보증금을 미납하는 사례가 적지 않다. 이는 아무것도 모르고 입찰에 참여하는 사람들이다.

　경매는 권리분석을 못하면 입찰에 참여하면 안된다. 한번의 실수로 보증금 또는 그보다 큰 금액을 손해를 볼 수가 있기 때문이다.

경매의 투자 방법은?

◆ 가격이 오를 수 있는 부동산에 입찰해라

경매나 매매나 부동산 취득의 목적은 같다. 경매는 법원에서 입찰하여 낙찰 받는것이고, 매매는 부동산중개를 통해 취득하는 것이다. 그렇다면 어떤 부동산을 취득해야 하는가? 즉 가격이 오를 수 있는 부동산을 경매로 취득해야 한다.

부동산 가격이 상승하려면 호재가 있어야 한다.

앞으로 개발되는 지역, 철도, 도로 등이 신규 개설되는 지역 등 호재가 있어야 한다.

개발 및 호재지역의 부동산을 취득하려면 개발정보에 대한 습득을 열심히 해야 한다.

이는 현장조사를 통해 취득하거나, 아니면 인터넷 등에서 부동산 정보를 취득하여 어느 지역이 개발이 되는지 많은 관심을 가져야 한다.

취득한 정보를 바탕으로 경매물건 검색을 하여 입찰 대상 부동산을 선별해야 한다. 호재가 있는 지역의 투자는 실패가 없다.

호재로 인해 부동산의 가치가 상승하기 때문이다.

◆ 반값경매 물건에 관심을 가져라!

반값경매는 감정가 대비 50%이하로 떨어진 물건 들이다.

이런 물건들은 둘 중 하나이다. 하나는 권리가 복잡하여 반값으로 떨어진 것이고, 다른 하나는 비선호 부동산이다. 다른 사람들이 쳐다보지 않는 비인기지역의 부동산들이다.

권리가 복잡한 물건에 경험이 없는 사람들은 입찰에 참여하지 못한다. 복잡한 권리를 풀어낼 줄 알아야 한다. 경매 전문가들만 입찰할 수 있는 물건들이다.

경매에 경험이 많지 않은 분들은 비선호 부동산을 추천한다. 이런 부동산이 반값으로 유찰된 것은 다른 사람들의 관심에서 멀어졌기 때문이다.

이런 물건을 잘만 고르면 저렴하게 취득할 수 있는 기회가 많다.

남들보다 싸게 사서 싸게 팔면 된다. 이런 물건들은 경매에서나 만날 수 있는 물건들이다. 이렇게 반값 이하로 떨어진 물건들은 다양하게 있다.

반값으로 떨어진 경매물건은 현장조사를 철저하게 해야 된다. 현장 조사를 잘하면 이 속에서 진주 같은 물건을 찾아낼 수 있기 때문이다.

경매 초보가 돈을 벌려면 부동산 가격이 상승할 수 있는 물건을 취득하던지, 반값 이하로 떨어진 물건을 취득하여 수익을 내는 방법을 찾아야 한다.

이 두가지 방법으로 경매 투자를 한다면 실패하지 않는다. 부동산 투자로 수익을 내려면 감성적인 부동산 취득으로는 수익을 내기 힘들다. 이런 부동산은 운에 맡겨야 한다.

◆ 경매물건을 낙찰 받아 보자!

개인마다 관심 물건이 다 다르다. 취득 목적도 다르다. 우선 경매를 시작하려면 작은 부동산 하나를 경매로 낙찰 받아 명도까지 해보면 많은 공부가 될 것이다.

보통 경매를 시작하는 사람들은 빌라를 먼저 시작한다. 무엇이든 본인에 맞는 작은 경매물건을 낙찰받아 명도까지 하면 많은 경험이 된다. 이렇게 경매를 세 번만 하면 자신감도 붙고, 낙찰과 명도 과정에서 많은 것을 배우게 된다. 이런 경험은 평생 가기 때문에 잊혀지지 않는다.

투자도 해본 사람이 하는 것이고 경매도 해 본 사람이 잘 하는 것이다.

경매의 좋은 점은 평생 할 수 있다는 것이다. 경매는 정년이 없다.

그래서 경매를 잘만 활용한다면 용돈이 될 수 있고, 월급이 될 수 있고, 목돈이 될 수 있다.

PART 03

경매 진행절차와 입찰해서 명도하는 과정

01 경매란 무엇인가?

국가기관이 진행하는 경매는 채권자와 채무자 간의 금전적 거래관계에 있어, 채무자가 채무변제 이행을 하지 않았을 경우, 변제 받고자 하는 채권자가 채권원인증서(근저당권, 집행권원 등)에 기하여 관할 법원에 채무자의 부동산을 강제 매각하여 줄 것을 신청하는 것이다.

02 경매의 종류

◆ 임의경매

담보물권의(근저당, 담보가등기, 전세권 등) 채무자가 변제를 할 기간이 지났을 경우 채무자가 변제[2] 의무를 이행하지 않으면, 담보설정자(채권자)는 임의적으로 관할 법원에 경매를 신청할 수 있다. 즉 담보권자는 집행권원 없이도 경매 신청권이 있다.

◆ 강제경매

강제경매는 채권을 원인으로 채무자가 채권변제 할 시기가 지났는데 변제하지 않으면 집행권원(확정판결. 집행력 있는 공정증서 등)을 가지고 채무자의 부동산에 대하여 관할 법원에 경매를 신청할 수 있다.

---

2) 변제 : 남에게 진 빚을 갚음.

◈ 임의경매와 강제경매의 차이

임의경매와 강제경매는 채권자의 채권을 회수 목적으로 국가가 강제적으로 부동산을 경매한다는 점에서는 같다.

임의경매는 담보물권자가 채권 변제시기가 지나, 변제를 못 받을 경우 담보물권자가 임의적으로 법원에 경매를 신청할 수 있지만, 강제경매는 담보 설정이 아닌 일정한 계약 관계 및 금전적 거래 관계 의하여 발생한 채권이므로 법원에 집행권원을 받아 이를 근거로 부동산을 매각 신청하게 된다.

또한 임의경매는 담보로 설정된 물건에 대하여만 경매를 신청할 수 있고 강제경매는 법원의 판결을 받아 채무자의 재산 어느 곳에나 경매를 신청할 수 있다.

03 경매 진행 절차

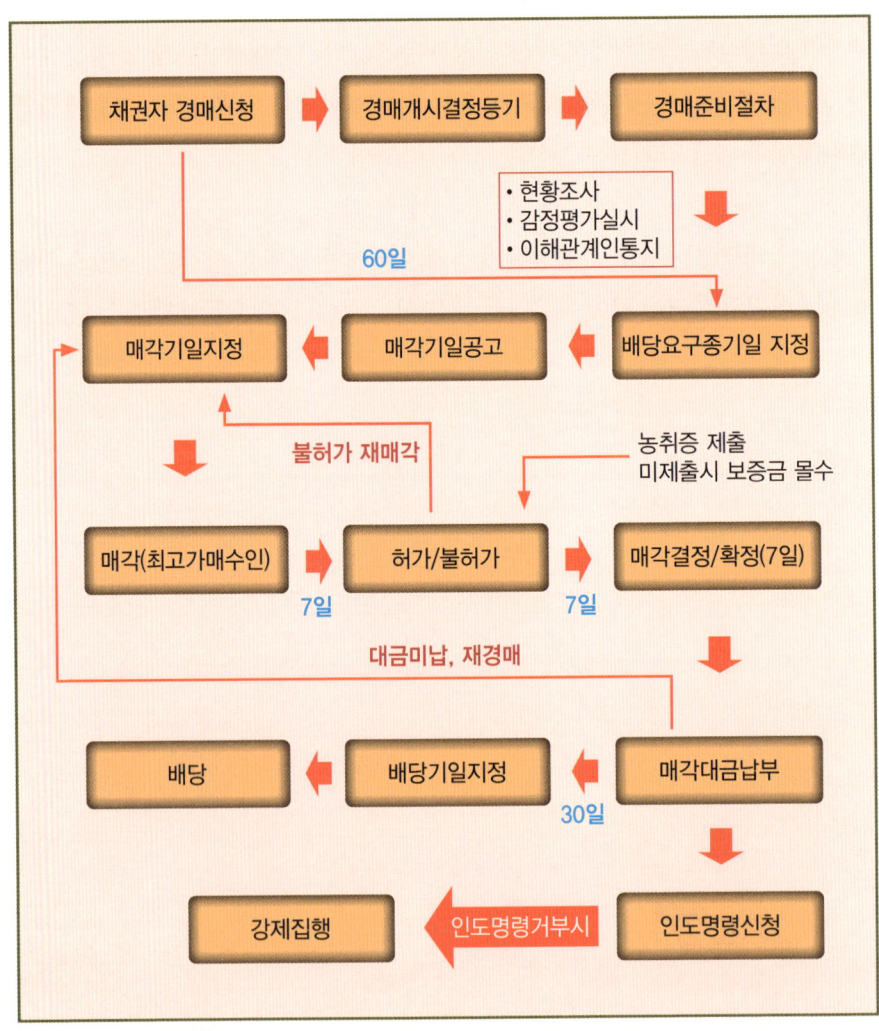

◈ 채권자의 경매신청

담보물권자의(근저당, 담보가등기, 전세권 등) 임의경매 신청 또는 집행권원에 (확정 판결문 등) 의한 강제경매 신청시, <u>경매신청채권자는 경매 신청과 경매비용을 납부하여야 한다.</u> 경매신청채권자의 경매비용은 감정비용, 현황조사비, 등기비, 송달료 등으로 사용된다.

◈ 경매개시결정등기

경매가 접수되면 <u>3일 이내 법원은 경매개시결정기입등기를 한다.</u> 경매개시결정등기가 경료[3] 되면 이때부터 압류의 효과가 발생하여 부동산처분금지 효력이 발생한다.

◈ 경매 준비 절차

1) 현황조사

법원은 경매개시결정을 한 뒤에 바로 집행관에게 부동산의 현상, 점유관계, 차임 또는 임대차 보증금의 액수, 그 밖의 현황에 관하여 조사하도록 명하는데, 매수희망자는 집행관이 작성한 현황조사보고서를 통해 부동산에 관한 정보를 얻을 수 있다.

2) 감정평가

법원은 경매가 접수되면, 매각대상 물건에 대해 감정평가 명령을 내린다.
이때 감정평가서에서 해당 매각대상 부동산을 방문하여 감정평가를 실시하고, 감정평가서를 작성하여 법원에 제출한다. 이때 감정평가의 금액은 최초 매각금액으로 결정된다.

---

3) 경료 : 마치다. 완료하다.

3) 이해관계인[4]에 대한 채권신고의 최고

법원은 등기기록에 기입된 부동산 위의 권리자 등에 대하여 자신의 채권의 원금, 이자, 비용, 기타 부대채권에 관한 계산서를 배당요구 종기까지 제출하도록 통지한다.

4) 공과를 주관하는 공무소에 대한 최고

법원은 조세 기타 공과를 주관하는 공무소에 대하여 경매할 부동산에 관한 채권의 유무와 한도를 배당요구의 종기까지 통지하도록 최고한다. 주관 공무소로 하여금 조세 등에 대한 교부청구의 기회를 주기 위한 것이다.

5) 배당요구의 종기공고

압류의 효력(경매개시결정기입등기)이 발생하면 법원은 1주일 이내에 배당요구종기일을 공고해야 한다.

배당요구종기일은 경매 접수 후 2~3개월 이내 배당요구종기일을 지정한다.

가. 배당요구를 하지 않아도 배당 받을 수 있는 채권자

첫 경매개시결정등기 전에 이미 등기를 마친 담보권자, 임차권등기권자, 체납처분에 의한 압류등기권자, 가압류권자, 배당요구의 종기까지 한 경매신청에 의하여 이중경매개시결정이 된 경우 이중경매신청인

나. 배당종기일까지 반드시 배당 요구해야 하는 채권자

- 집행력 있는 정본을 가진 채권자
- 민법, 상법 기타 법률에 의하여 우선변제청구권이 있는 채권자(주택임대차보호법에 의한 소액임차인, 확정일자부임차인, 근로기준법에 의한 임금채권자, 상법에 의한 고용관계로 인한 채권이 있는 자 등)

---

[4] 이해관계인 : 이해관계인이란 특정한 사실에 관하여 법률상의 이해를 가진 자를 말한다. 채권자(등기상 권리자 – 근저당권, 가압류, 압류 등, 임차인) 채무자 등

- 첫 경매개시결정등기 후에 가압류한 채권자
- 국세 등의 교부청구권자 국세 등 조세채권 이외에 국민건강보험법, 산업재해보상보험법, 국민연금법에 의한 보험료 기타 징수금의 청구권을 갖는 자

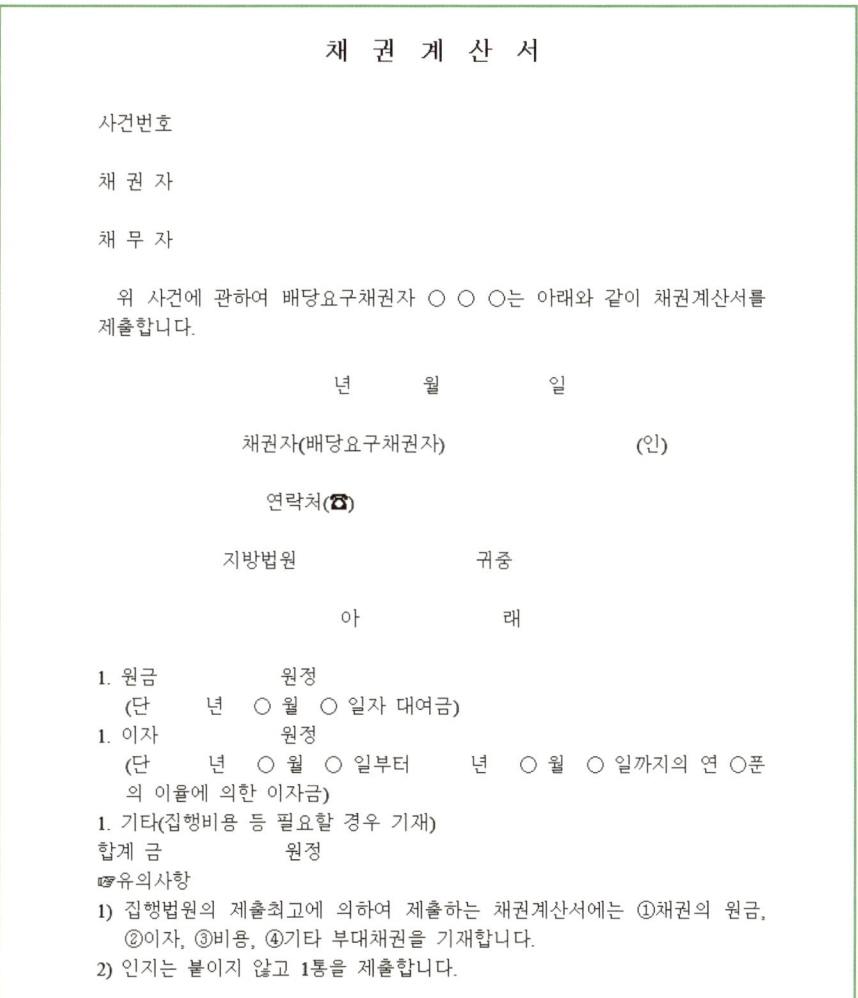

배당요구종기일까지 배당요구해야 되는 채권자는 채권계산서 및 배당요구서를 작성하여 배당요구종기일 이전까지 제출해야 한다. 배당요구를 하지 않으면 법원에서 배당을 받지 못하거나, 배당에 불이익을 받는다.

◈ **매각기일의 공고 및 통지**

매각기일과 매각결정기일을 지정한 때에는 법원은 이를 공고한다.

◈ **매각의 실시**

기일입찰의 경우, 집행관이 미리 지정된 매각기일에 매각장소에서 입찰을 실시하여 최고가매수신고인과 차순위매수신고인을 정한다.

◈ **입찰의 종결**

개찰 결과 최고의 가격으로 매수신청을 하고 매수신청 보증을 제출한 것으로 판명된 사람을 최고가매수신고인로 결정한다.

그런데, 최고의 가격으로 매수신고를 하고 매수신청 보증도 제출한 사람이 2인 이상일 경우에는 2인만 추가 입찰을 실시하여 최고가 매수인을 정한다.

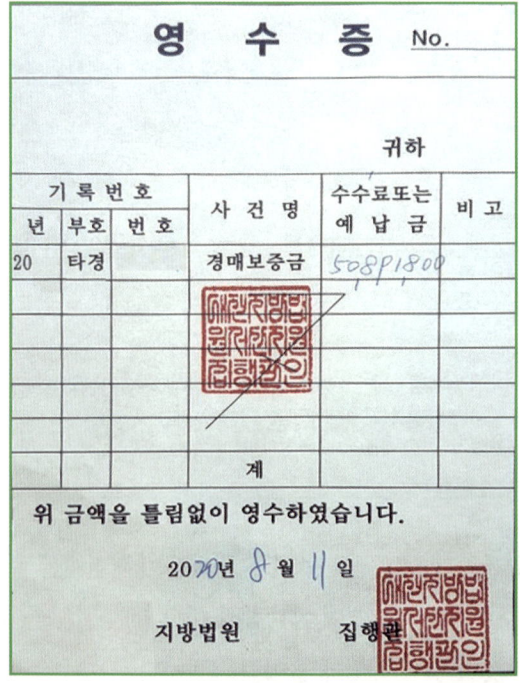

법원은 최고가 매수인에게 입찰보증금 영수증을 발급하여 준다. 최고가매수인은 보증금영수증을 입찰법정에서 수령 받는다.

차순위 매수신고제도

차순위매수신고란, 최고가매수신고인이 대금지급의무를 이행하지 아니하는 경우에 차순위매수신고인이 최고가 매수인의 자격을 취득하는 제도이다.

차순위매수신고인의 결정은 최고가매수신고인의 입찰가격에서 입찰보증금액을 뺀 나머지 금액을 넘는 가격으로 입찰에 참가한 사람이 차순위매수신고를 할 수 있다.

차순위매수신고를 할 경우에는 입찰보증금을 납부하여야 한다.

차순위매수신고를 한 자가 2인 이상인 때에는 입찰가격이 높은 사람을 차순위매수신고인으로 정하고, 입찰가격이 같을 때에는 추첨으로 차순위매수신고인을 정한다.

◈ 매각기일 및 매각 허가/불허가 결정

법원은 매각결정기일에 매각허가에 관한 이해관계인의 의견을 듣고 직권으로 법이 정한 매각불허가 사유가 있는지 여부를 조사한 다음, 매각허가결정 또는 매각불허가 결정을 선고한다. 기간은 낙찰일로부터 7일 이내 결정한다.

농지를 매각하는 경우 농지취득자격증명원을 낙찰 받은 날로 7일 이내 제출해야 한다.

◈ 매각 허가결정 및 즉시 항고

이해관계인이 매각허가 또는 매각불허가의 결정에 의하여 손해를 볼 경우에는 즉시항고를 할 수 있습니다.

즉시항고를 하려는 항고인은 매각허가 여부의 결정을 선고한 날부터 1주일 안에 항고장을 원심법원에 제출하여야 합니다.

매각허가결정에 대하여 항고를 하고자 하는 사람은 보증으로 매각대금의 10분의 1에 해당하는 금전 또는 법원이 인정한 유가증권을 공탁하여야 한다.

◆ 매각대금의 납부

매각허가결정이 확정되면 낙찰자는 30일 이내에 매각대금을 납부하여야 한다.

매수인이 지정된 지급기한까지 매각대금을 모두 납부하지 아니하면, 법원은 차순위매수신고인이 있는 때에는 그에 대하여 매각을 허가할 것인지 여부를 결정하고, 차순위매수신고인이 없는 때에는 재매각을 실시한다.

◆ 매각대금 미지급에 대한 법원의 조치

최고가매수신고인에 대한 매각허가결정 후 대금지급기한까지 대금납부의무를 이행하지 아니할 경우 차순위매수신고인이 정해져 있으면, 법원은 차순위매수신고인에 대한 매각허가 여부를 결정하게 된다.

재매각은 매수인이 대금지급기한까지 매각대금을 모두 내지 않는 경우에 법원이 직권으로 다시 실시하는 매각을 말한다. 차순위매수신고인이 있는 경우에는 차순위매수신고인에 대하여 매각허가결정을 하고 대금지급기한을 지정하게 되며, 차순위매수신고인이 대금지급기한까지 대금을 내지 않으면 재매각을 하게 됩니다.

종전의 매수인은 재매각 절차에 참가하여 매수신청을 할 수 없다. 다만, 종전 매수인이 재매각기일의 3일 이전까지 매각대금, 연 1.5할의 지연이자와 재매각절차의 비용을 낸 때에는 재매각절차를 취소하게 된다.

◆ 매각대금 납부 및 소유권이전등기

매수인이 매각대금을 모두 내면 매각부동산의 소유권을 취득하므로, 법원은 매수인 명의의 소유권이전등기, 매수인이 인수하지 아니하는 부동산 위의 부담의 말소등기를 등기관에 촉탁하게 된다.

◈ 인도명령 신청

매수인이 매각대금을 모두 낸 후에는 매각 부동산의 점유자를 상대로 인도명령을 신청할 수 있다. 인도명령의 신청 기간은 대금 납부 후 6개월 이내에 할 수 있다. 인도명령은 점유자 상대로 부동산을 인도 받을 목적으로 신청한다.

◈ 강제집행 신청

매각부동산의 점유자가 점유 이전을 거부할 경우 법원에 강제집행 신청을 할 수 있다. 강제집행은 법원 집행관 사무실에 신청해야 하며, 신청 후 점유자를 상대로 집행예고를 거쳐 강제집행을 실시한다.

◈ 배당절차

매수인이 매각대금을 모두 납부하면 법원은 배당기일을 정하고 이해관계인과 배당을 요구한 채권자에게 그 기일을 통지하여 배당을 실시하게 된다.

◈ 채권계산서의 제출

채권자는 배당기일 전까지 채권계산서를 제출하는데 미제출시 법원은 직권으로 배당받을 금액을 조사하여 배당표를 작성한다.

계산서를 제출하지 아니한 채권자는 배당요구의 종기 이후에는 추가적으로 발생한 채권을 배당 신청하지 못한다.

◈ 배당표의 작성과 확정 및 배당 실시

집행법원은 미리 작성한 배당표 원안을 배당기일에 출석한 이해관계인과 배당 요구한 채권자에게 열람시켜 그들의 의견을 듣고, 즉시 조사할 수 있는 서증을 조사한 다음, 배당표 원안에 추가·정정할 것이 있으면 추가·정정하여 배당표를 완성, 확정한다.

배당은 최고가 매수인이 매각대금을 납부한 후 30일 이내에 배당기일을 지정하여 채권자들에게 배당을 실시한다.

04 낙찰 받고 쉽게 명도하는 방법

명도는 매각 부동산의 점유자를 상대로 부동산을 인도 받기 위해 하는 것이다. 보통 낙찰을 받고 점유자를 만난다. 그러나 대부분 부동산 인도를 거부한다.

경매를 처음 하는 대부분의 사람들은 명도를 어렵게 생각하고 부담스러워 한다.

그러나 명도는 어렵지 않다. 경매가 진행되면 점유자들은 법무사 또는 변호사를 통해 법률자문을 받는다.

매각 부동산의 점유자들은 부동산을 낙찰자에게 인도해 주어야 하는 것을 알고 있다. 그러나 인도를 거부하고 무리한 요구를 많이 한다.

저자는 강의 때 명도를 쉽게 하는 방법을 이야기해 준다. 명도는 내가 하는 것이 아니라 법원에서 해준다고 생각해라. 명도를 하기 위해 인도명령과 강제 집행을 순차적으로 신청하여 집행예고를 하면 명도를 쉽게 할 수 있다.

◆ 인도명령 신청 방법

낙찰 받고 14일 후 매각이 확정되면 30일 이내 대금을 납부한다.

대금납부와 동시에 점유자를 상대로 인도 명령을 신청한다.

인도명령은 점유자 상대로 부동산을 인도 받을 목적으로 신청하며, 점유자가 대항할 수 있는 권리가 있을 경우에는 신청할 수 없다.

인도명령의 신청 기간은 대금 납부 후 6개월 이내 할 수 있고, 이 기간이 지나면 명도소송을 해야 한다. 인도명령은 명도소송과 같은 법적 효력을 가지고 있다.

법원경매는 인도명령제도가 있어 집행권원을 빨리 받을 수 있다. 보통 소유자(채무자) 상대로 신청하면 14일 이내 인도명령결정문을 받아 볼 수 있다. 임차인을 상대로 인도명령을 신청할 경우에는 배당기일에 인도명령결정문을 받아 볼 수 있다.

인도명령 신청 시 첨부서류
- 매각대금 완납증명서 사본
- 부동산 표시 목록
- 송달료납부영수증
- 수입인지

인도명령을 신청하여 인도명령결정문을 받는 이유는 법에 따라 명도를 하기 위해서이다.

인도명령서는 법원에 있는 신청서를 작성하여 법원 경매계에 제출하면 된다.

인도명령 신청 후 인도명령결정문은 우편으로 송달된다. 낙찰자에게 송달이 되면 경매계에 연락하여 점유자에게 송달되었는지 확인 후 강제집행 절차에 들어간다.

부동산인도명령 신청

사건번호
신청인(낙찰인) 홍길동
　　경기도 ○구 ○동 ○번지
피신청인(임차인) 이상해
　　서울시 ○구 ○동 ○번지

　위 사건에 관하여 낙찰인은 2020 . 09 . 10. 에 낙찰대금을 완납한 후 채무자에게 별지 입찰부동산의 인도를 청구하였으나 채무자가 불응하고 있으므로, 귀원 소속 집행관으로 하여금 채무자의 위 부동산에 대한 점유를 풀고 이를 낙찰인에게 인도하도록 하는 명령을 발령하여 주시기 바랍니다.

　　　　　　　2020　년　　09월 00일

　　　　　　　　　낙 찰 인　　　홍길동　㊞
　　　　　　　연락처(☎) 010 -0000-0000

　　　　　00 지방법원　　　　　귀중

☞유의사항
1) 낙찰인은 대금완납 후 6개월내에 채무자, 소유자 또는 압류효력 발생 후에 점유를 시작한 부동산 점유자에 대하여 부동산을 낙찰인에게 인도할 것을 법원에 신청할 수 있습니다.
2) 신청서에는 1,000원의 인지를 붙이고 1통을 낙찰법원에 제출하며 인도명령정본 송달료(2회분)를 납부하셔야 합니다.

◆ 낙찰 받고, 인도명령으로 강제집행 신청 및 집행하는 방법

　강제집행신청은 인도명령결정문이 점유자에게 송달된 것을 경매계에 확인 후 집행관사무소에 신청하면 된다. 강제집행을 신청하는 이유는 매각 부동산의 명도를 빨리하기 위해서이다.

낙찰자가 점유자에게 점유이전을 요청하면 점유이전을 거부하거나 무리한 요구를 한다. 이로 인해 이를 절충하려고 자주 만나면 일이 더 꼬이는 경우가 많다.

점유자는 낙찰자가 수용하지 못할 정도로 무리한 요구를 한다. 이를 장기간 협상하게 되면 감정만 상하고 협상이 어려워지는 경우가 많다.

이러면 낙찰자도 정신적으로 힘만 들고 지치게 된다. 점유자를 자주 만나지 마라. 명도를 빨리 하기 위해서는 자주 만나지 마라. 그리고 정중하게 이야기해라.

첫번째 방문은 낙찰받고 14일 이전에 매각 부동산을 방문하여 연락처를 교환한다. 집의 상태를 확인해라.

두번째 방문은 인도명령신청 후 송달되면 이사비용에 대한 금액 제시와 언제 이사 갈지 결정하여 연락해달라 요청해라.

이후 강제집행을 신청하여 집행예고를 하면 명도를 쉽게 끝낼 수 있다.

명도는 자주 만나서 되는게 아니다. 내가 명도를 하는 것이 아니고 법원에서 명도를 해준다 생각해라. 그래야 빨리 명도가 이루어 진다.

강제집행은 법원 집행관 사무실에서 신청하면 된다. 강제집행 신청을 하면 집행관 사무실에서 강제집행 금액 고지서를 발급해 준다. 그럼 당일 은행에 납부한다.

납부하면 7일 이내 집행관사무실에서 연락이 오며, 집행예고일자를 알려 준다.

집행예고일자를 받으면 점유자에게 연락하여 예고일자에 만나기로 약속을 잡아 집행관과 같이 방문한다. 이때 집행관은 경매 계고장을 붙이고 점유자에게 강제집행일을 예고 통지한다. 이렇게 집행관이 통지하고 가면 점유자는 낙찰자가 제시한 금액과 일자를 수용하여 이사일정을 잡아 이사를 나간다.

이사 일정이 맞지 않으면 점유자와 조율하여 최대한 빨리 내보내면 된다.

명도는 자주 만나서 해결되는 것이 아니다. 강제집행 신청하여 집행관으로부터 명도를 요청하는 것이다. 낙찰자가 10번 이야기하는 것보다 집행관이 한번 이야기하는 것이 점유자는 더 크게 받아들인다.

만약 집행예고일자에 점유자가 없으면 집행관은 문을 강제 개문하여 명도 대상 부동산 안에 계고장을 붙이고 계고한다.

집행예고 후 점유자와 협의가 잘 되었다면 집행관사무실에 연락하여 집행일정을 연기 요청한다. 점유자 이사 후에 강제집행을 취소하면 수수료를 공제하고 나머지 집행신청 금액은 돌려준다.

점유자를 상대로 강제집행을 신청하여 실제 집행까지 하는 경우는 그리 많지 않다.

점유자는 강제집행을 당하면 손해를 보게 되므로 낙찰자가 제시한 이사비를 받고 이사를 간다. 강제집행을 실시할 경우 가재도구는 보관장소로 이동하며, 점유자는 보관장소로 가서 보관비를 내고 찾아가야 하기 때문이다.

간혹 경매사건에 점유자가 나타나지 않는 경우가 있다. 이때는 강제집행을 하여 매각부동산의 가재도구를 이동시켜 일정기간이 지나면 동산매각신청을 하여 매각하여야 한다.

강제집행 신청 첨부서류

가. 인도명령결정문 : 인도명령 신청 후 결정문이 나오면 다음과 같이 인도명령결정문을 발급 받을 수 있다!

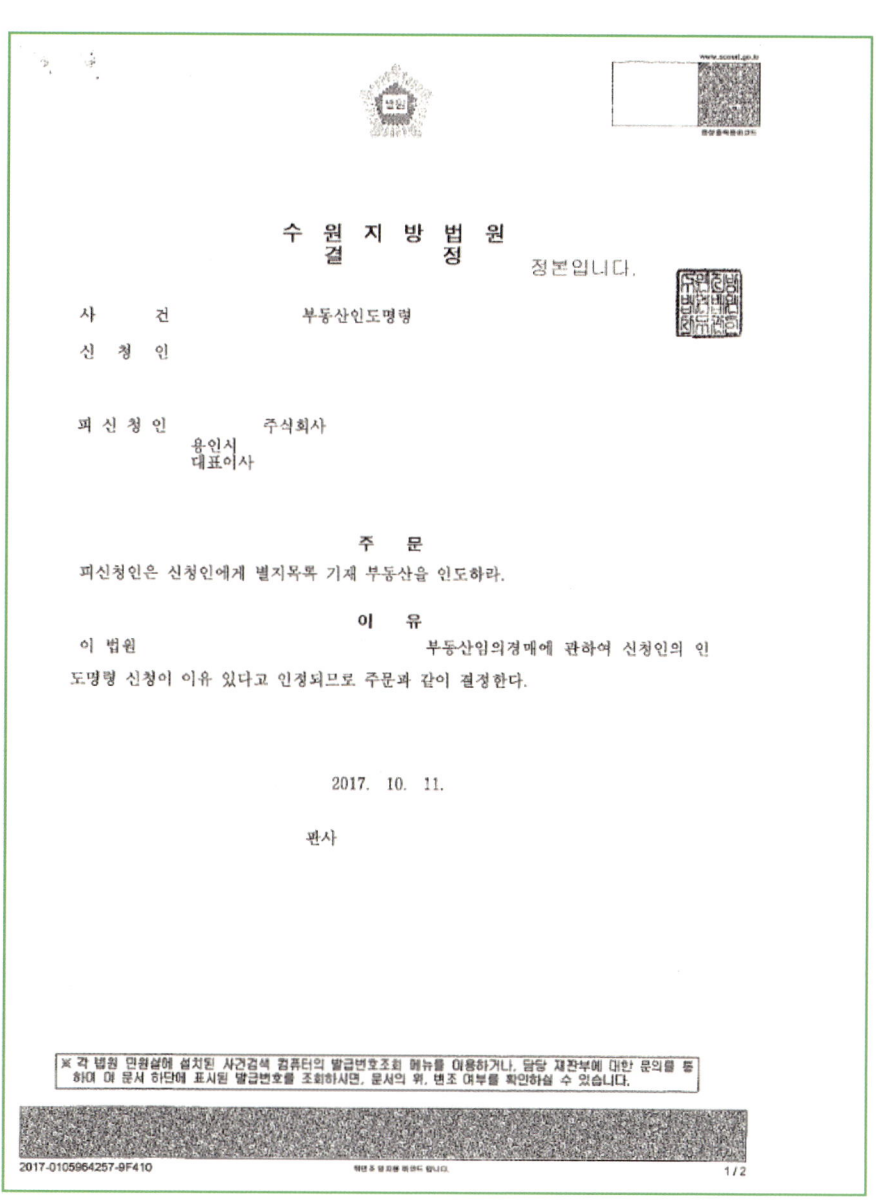

나. 집행문

집행문은 인도명령결정문이 발급되면 신청인으로부터 점유자의 강제집행을 허가하여 주는 법원의 문서이다. 법원으로부터 받은 집행문이 있어야 강제집행이 가능하다.

집 행 문

사 건 : 수원지방법원   부동산인도명령

이 정본은 피신청인   주식회사에 대한 강제집행을 실시하기 위하여 신청인   에게 내어 준다.

2017. 11. 9.

수원지방법원

◇ 유 의 사 항 ◇

1. 이 집행문은 판결(결정)정본과 분리하여서는 사용할 수 없습니다.
2. 집행문을 분실하여 다시 집행문을 신청한 때에는 재판장(사법보좌관)의 명령이 있어야만 이를 내어줍니다(민사집행법 제35조 제1항, 법원조직법 제54조 제2항). 이 경우 분실사유의 소명이 필요하고 비용이 소요되니 유의하시기 바랍니다.
3. 집행문을 사용한 후 다시 집행문을 신청한 때에는 재판장(사법보좌관)의 명령이 있어야만 이를 내어줍니다(민사집행법 제35조 제1항, 법원조직법 제54조 제2항). 이 경우 집행권원에 대한 사용증명원이 필요하고 비용이 소요되니 유의하시기 바랍니다.
4. 집행권원에 채권자·채무자의 주민등록번호(주민등록번호가 없는 사람의 경우에는 여권번호 또는 등록번호, 법인 또는 법인 아닌 사단이나 재단의 경우에는 사업자등록번호·납세번호 또는 고유번호를 말함. 이하 '주민등록번호등'이라 함)가 적혀 있지 않은 경우에는 채권자·채무자의 주민등록번호등을 기재합니다.

다. 송달 증명원

송달 증명원은 인도명령 신청의 인용결정문이 점유자에게 송달이 되었는지 증명해주는 문서이다. 강제집행을 하기 위해서는 법원의 인도명령결정문이 점유자에게 송달이 되어야 집행이 가능하기 때문에 강제 집행신청에 필요한 문서이다.

PART 04

부동산 온비드 공매

01 부동산 온비드 공매

　부동산 공매란 법률의 규정에 의하여 법원을 제외한 세무서와 같은 국가기관 등이 한국자산관리공사(KAMCO, 캠코)에 이를 위탁하여 인터넷의 온비드(On-Bid, 이하 "온비드"라 한다)로 진행되는 공개적인 강제매각을 말한다.

　부동산 공매는 압류재산, 유입재산, 수탁재산, 국유재산 등으로 구분하여 매각하며 매각의 대부분은 압류자산 매각이다.

02 매각대상 재산의 종류

구분	압류재산	유입재산	수탁재산	국유재산
재산소유자	체납자	한국자산관리공사	금융기관, 기업체	국가가 소유함
명도책임자	매수자	매도자 (한국자산관리공사)	매도자 (소유자)	한국자산관리공사
권리분석 필요여부	매수자가 분석 해야 한다	권리분석 필요없음	권리분석 필요없음	권리분석 필요없음
대금납부	일시불 납부 분납 불가능하다	일시불 또는 낙찰금액에 따라 최장5년 기간 내 분할 납부 가능	위임기관에서 정한 계약금 10%선납 후 잔금은 매6개월마다 분할납부 가능	선납 및 일괄납부 단, 연간 대부료50만원 이상인 경우에는 년4회 분할 납부 가능.
유찰시 수의계약	원칙적 불가능	수의계약 가능	수의계약 가능	2회 유찰시 다음 대부 공고일 이전까지 가능
낙찰후 명의변경	명의변경 불가능	명의변경 가능	명의변경 가능	명의변경 불가능
점유사용 가능여부	대금납부 전 점유 사용 불가능	1/3이상 선납경우 점유 사용 가능	1/3이상 선납 경우 점유 사용 가능	불가능 대부물건 일부 가능

◈ 압류재산

온비드 공매를 통해 매각되는 부동산 중 가장 많이 매각되는 것은 압류재산이다.

압류재산은 세금체납으로 인해 징수기관이 온비드를 통해 체납자의 재산을 매각하여 세금을 환수한다. 명도소송을 통해 매각 부동산을 인도 받아야 하는 단점이 있다.

◈ 유입재산

한국자산관리공사가 금융기관이나 정부로부터 매입한 부실 자산이다.

이러한 자산을 온비드를 통해 매각을 실시한다.

◈ 수탁재산

금융기관이나. 기업체. 공기업 등이 보유한 자산을 위탁 받아 매각을 실시한다.

공기업 지방 이전시 사옥 및 보유 자산을 매각하거나, LH 등이 보유한 임대주택을 매각하는 등 기업들 보유자산을 온비드를 통해 매각을 한다.

◈ 국유재산

국가가 보유한 자산을 매각 및 임대를 한다. 국유자산인 경우 주로 토지가 많이 매각이 되며, 임대물건의 경우 국가가 보유한 부동산을 일정기간 임대 받아 사용할수 있는데 모두 온비드를 통해 입찰을 실시한다.

◈ 기타일반재산

신탁공매

KB신탁, 코람코, 한국자산신탁 등 신탁기관에서 채권자의 신청에 의해 신탁된 물건을 자체적으로 공매를 진행하는데 이를 신탁공매라 합니다.

요즘 신탁 공매는 현장 입찰보다 온비드를 통해 매각하는 경우가 많고 낙찰시 신탁사와 계약을 체결한다.

03 공매절차는 어떻게 진행되나?

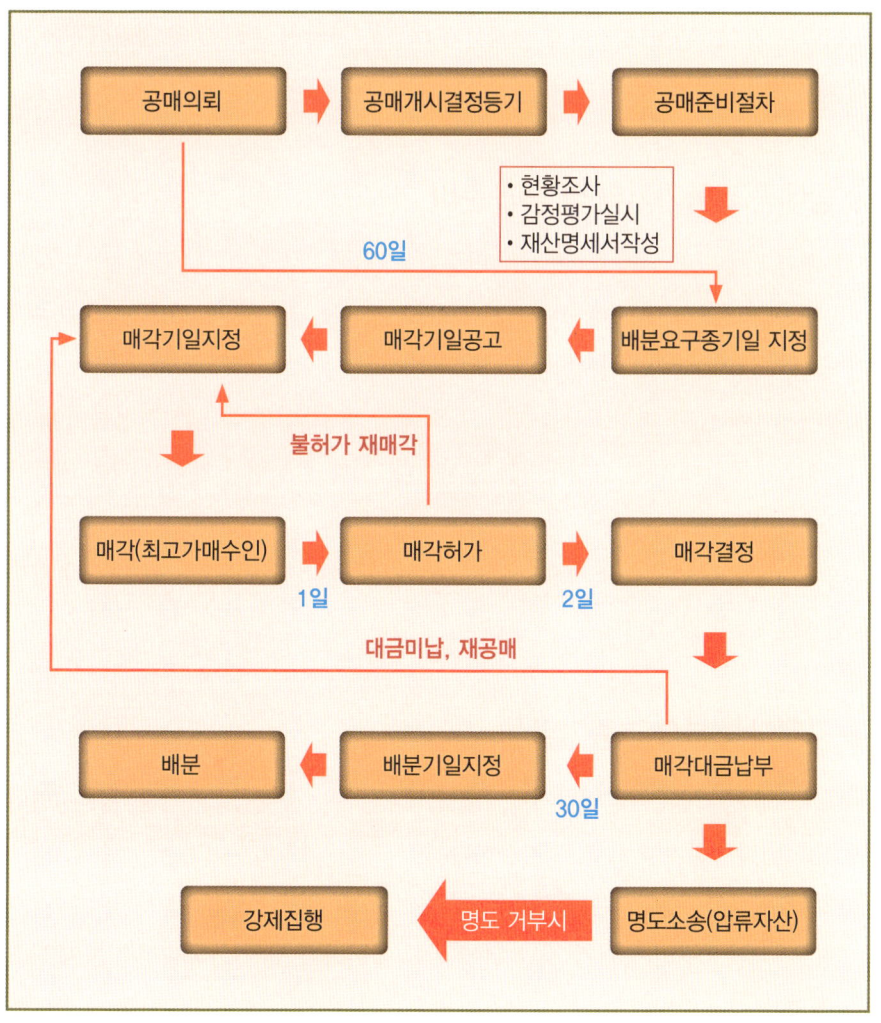

◈ 공매의 접수

공매는 압류재산, 유입재산, 수탁재산, 국유재산 등을 매각하는 절차로 대부분의 공매 매각은 압류재산이 가장 많다. 압류재산은 세금체납으로 인해 징수기관이 한국자산관리공사에 의뢰한 후 매각하여 체납된 세금을 환수한다.

이렇게 징수기관이나 기업체 등에서 공매를 신청하면 공매 준비 절차에 들어가게 된다.

◈ 공매공고 등기기입 및 공매 준비

공매가 접수되면 공매공고개시 촉탁등기를 한다.

공매 대상 부동산에 대해 현황조사를(재산의 현상, 점유관계, 차임 또는 보증금의 액수, 그 밖의 현황) 실시한다.

공매재산에 대한 현황조사를 기초로 하여, 「공매재산명세서」를 작성하여야 하며, 매각 부동산에 대한 감정평가를 실시한다. 이때 감정평가 가격은 최초 매각가격으로 결정된다.

공매재산명세서는 입찰 시작 7일 전부터 입찰 마감 전까지 게시되므로 이 기간 동안 열람할 수 있다.

◈ 공매의 배분요구 종기일

배분요구 종기일은 첫 입찰기일 이전으로 정하며, 공매공고촉탁등기가 지연되면 최초 입찰기일 이후로 연기 가능하다.

배분요구 철회의 제한은 배분요구자는 매수인이 인수하여야 할 부담이 달라지는 경우, 배분요구의 종기가 지난 뒤에 이를 철회하지 못한다(국세징수법 제68조의2제3항).

배분 받을 채권자는 배분요구 종기일까지 배분요구를 해야 매각대금에서 배분받는다.

배분요구 종기일 이후에 배분요구하면 채권자는 배분을 못 받거나 배분에 불이익을 받을 수 있다.

임차인은 배분요구 종기일 이전 배분요구를 해야만 배분을 받을 수 있다.

◈ 공매일의 입찰실시(입찰, 개찰)

공매일의 입찰기간은 월요일 오전 9시부터 수요일 오후 5시까지 3일간 실시하고, 개찰은 목요일 오전 11시로 정한다.

입찰보증금은 압류재산의 경우 최저매각가격의 10% 이상을 「계좌이체 등의 방법」으로 인터넷공매 입찰 마감시간까지 캠코가 지정하는 가상예금계좌에 납부해야 한다.

매각결정기일 전까지 공유자우선매수신고를 할 수 있음(국세징수법 제73조의2)은 법원경매와 같다. 공매는 1회당 매각예정가격의 10%씩 저감된다.

◈ 매각결정

매각결정은 개찰일로부터 3일내 한다.

매각결정이란 낙찰자에게 공매에서 매수의 청약을 한 부동산을 매각(허가)결정 매각하기로 결정하는 처분을 말한다.

- **매각불허결정사유** – 공매중지사유, 공매참가제한자가 낙찰을 받은 경우, 공유자 우선매수신고시, 기타 중대한 사유
- **매각결정의 취소** – 대금납부 전에 체납자가 매수인의 동의를 받아 체납액을 납부하거나, 납부최고를 하여도 낙찰자가 대금을 미납하는 경우에는 매각결정을 취소하여 한다.

공매취소

다음 사유가 발생한 때에는 개찰한 후 매각결정을 하기 전까지는 「매각불허결정」을 하고, 매각결정을 한 후에는 공매취소로서 그 「매각결정을 취소」하여야 한다.

① 체납자 등 이해관계자로부터 이의신청, 심사청구, 심판청구를 받은 경우
② 관서의 장으로부터 공매대행의 해제 또는 중지의 통보를 받은 경우
③ 체납자, 이해관계자 등에게 송달 불능이 된 경우
④ 매각결정 전에 체납한 조세를 완납하여 공매중지를 하는 등 공매를 진행할 수 없는 사유가 있는 경우(국세징수법 제71조)

공매중지

체납액을 완납한 경우와, 일괄공매 시 일부 대금으로 체납액 전액을 충당한 경우에는 공매를 중지하여야 한다(국세징수법 제71조).

◆ 매각대금 납부 최고

매수대금의 납부기한 – 매각결정을 한 날부터 매각대금이 3천만원 미만이면 7일 이내 납부해야 한다. (국세징수법 제75조제4항 본문).

단, 매각대금이 3천만원 이상인 경우 납부기간은 30일 이내 납부해야 한다. (국세징수법 제75조제4항 단서).

매수인은 매수대금을 납부한 때에 매각재산을 취득하며, 매수인이 매수대금을 지정된 기한까지 납부하지 아니하면, 매수대금의 납부기한을 최고하여야 한다(국세징수법 제76조).

이 경우 그 최고일로부터 10일 내에 납부하도록 기한을 지정하여야 한다.

◆ 배분계산서 작성과 배분 방법

낙찰자가 완납한 금전을 받은 날부터 30일 이내에서 배분 기일을 정하여 배분해야 한다(국세징수법 제80조의2제1항).

낙찰자가 완납한 금전은 체납액과 채권에 배분한다. 다만, 배분요구의 종기까지 배분요구를 하여야 하는 채권의 경우에는 배분요구를 한 채권에 대하여만 배분한다(국세징수법 제81조제1항).

배분계산서에 대한 이의

배분기일이 끝나기 전까지 채권액, 순위에 대하여 이의제기를 할 수 있다(국세징수법 제83조의2제1항).

◈ 소유권 이전등기

법원 경매와 같이 매각대금 납부 기일로부터 30일 이내에 대금 납부와 관련 취득세 등을 납부한다.
- 부동산공매에는 법원경매와 다르게 인도명령신청 제도가 없다.

◈ 부동산의 인도 및 사용

압류재산의 매각 부동산에 대해서는 낙찰자가 명도에 대한 책임이 있어, 점유자가 부동산 인도 거부 시 명도소송을 통해 부동산을 인도 받아야 한다.

법원경매와 달리 공매에는 인도명령제도가 없어 명도소송을 통해 부동산을 인도 받아야 한다.

04 공매 시작하기

◈ 회원가입

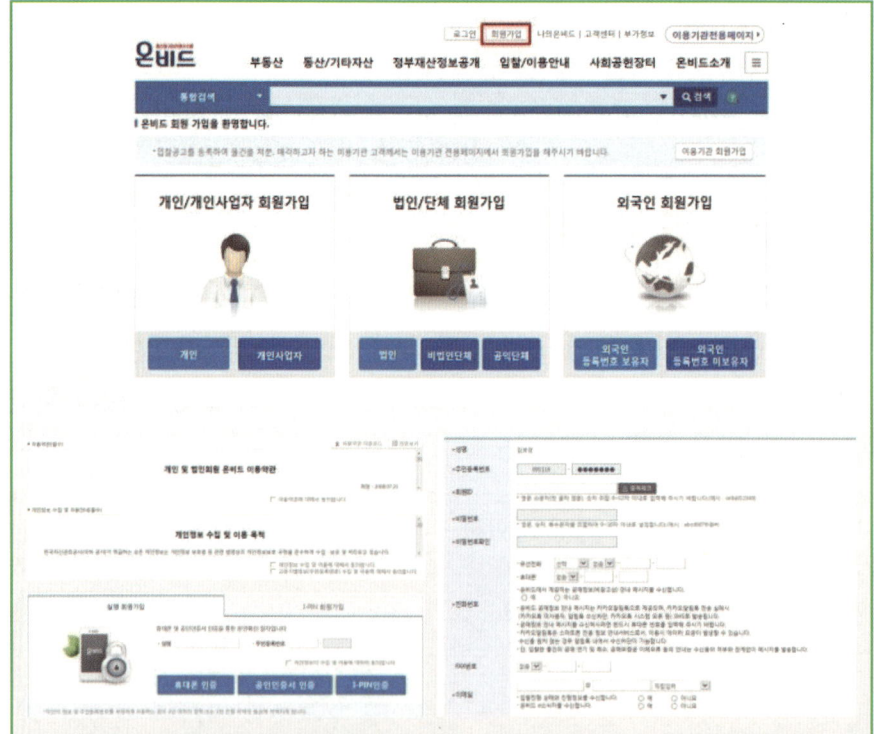

자료 : 온비드

    온비드 홈페이지 메인 화면에 회원가입 절차에 따라 개인 및 법인에 맞추어 회원 가입한다. 개인사업자 및 법인은 관련 서류 제출 후 별도 승인 필요하다.

◆ 공인인증서 발급

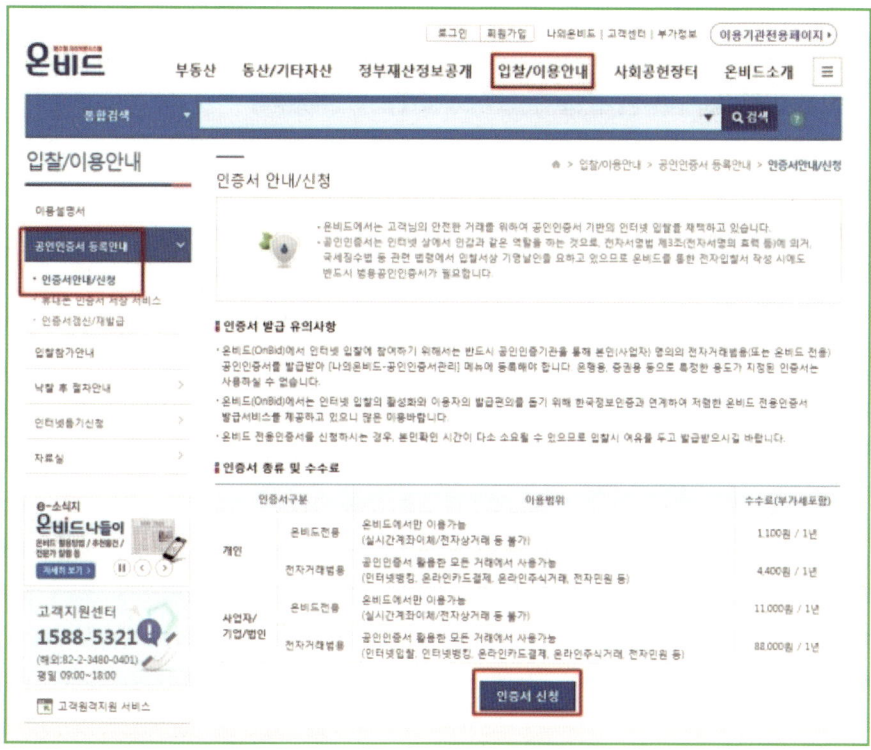

자료 : 온비드

　공매 입찰을 위해서는 공인 인증서가 필요하다. 공인인증서는 인터넷뱅킹 무료 공인인증서는 온비드에서 사용할 수 없다. 인터넷뱅킹 인증서는 범용 공인인증서만 사용 가능하다(유료 공인인증서). 위 공인인증서 등록 화면에서 인증서 신청을 클릭하면 한국정보인증 홈페이지 인증서 신청 화면으로 연결된다. 온비드 전용 공인인증서를 신청하여 우체국 또는 기업은행을 방문하여 발급받는다.

　온비드 전용 공인인증서는 1,100원(1년)이면 발급 가능하다.

◈ 공인인증서 등록

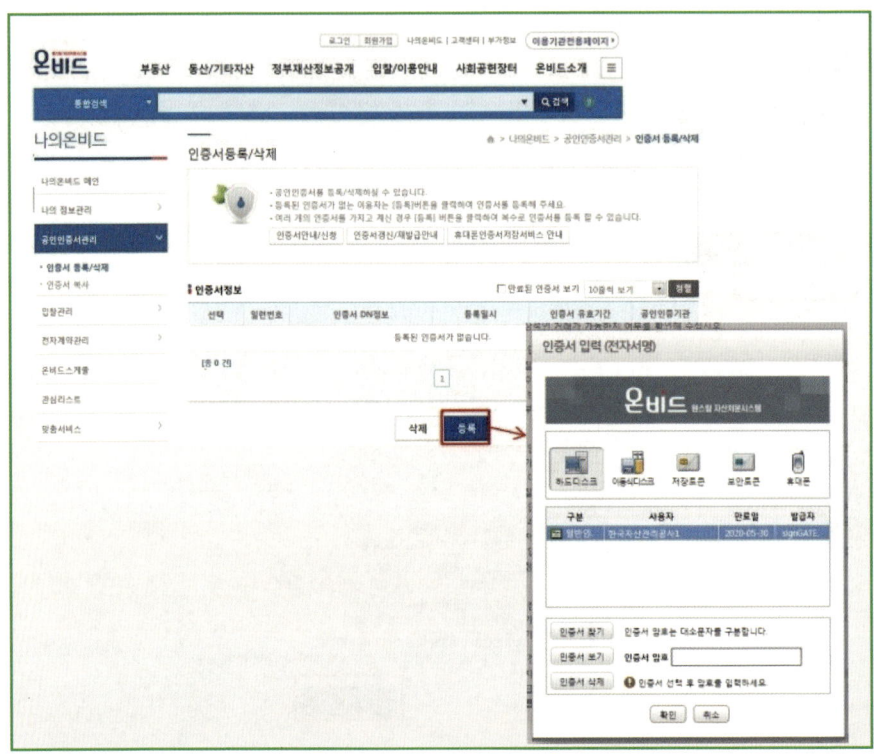

자료 : 온비드

발급받은 공인인증서를 등록시킨다.

기존에 보유하고 있는 범용 공인인증서를 등록시키거나 신규 온비드 전용 공인인증서를 등록하면 된다.

◆ 온비드 물건 검색방법

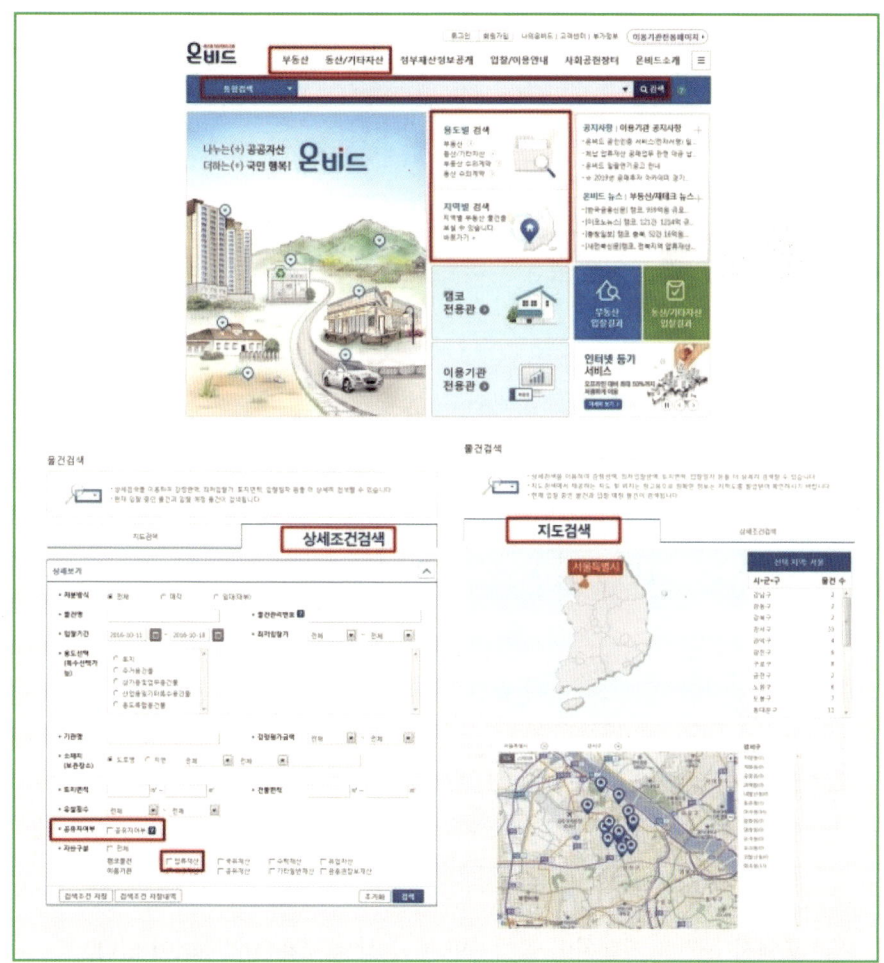

자료 : 온비드

　온비드 홈페이지 검색창에 부동산 또는 동산/기타자산을 클릭하여 관심물건 대상 화면으로 이동하여 검색을 실시한다. 부동산의 경우 상세조건검색을 눌러 지역, 용도, 자산구분 등을 선택하여 검색을 한다. 또는 지도검색을 눌러 지역 단위로도 검색이 가능하다.

◈ 물건 검색 페이지

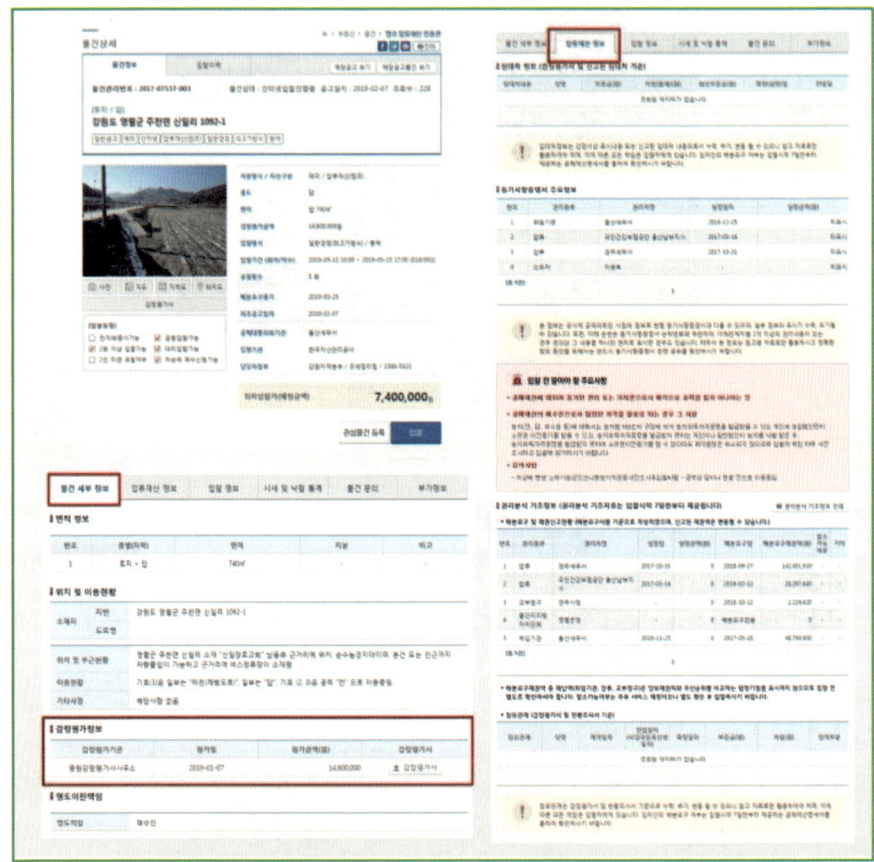

자료 : 온비드

　온비드에서 물건을 선택하여 들어가면 매각 상세 내용이 기재되어 있다.
　물건세부내용, 압류재산정보, 입찰정보 등의 세부메뉴가 있어 내용 확인하여야 하며 기타 세부 내용까지 확인하여 입찰한다. 입찰 버튼은 입찰기간 월요일~수요일까지만 생성되어 있다.

◆ **공매 입찰정보**

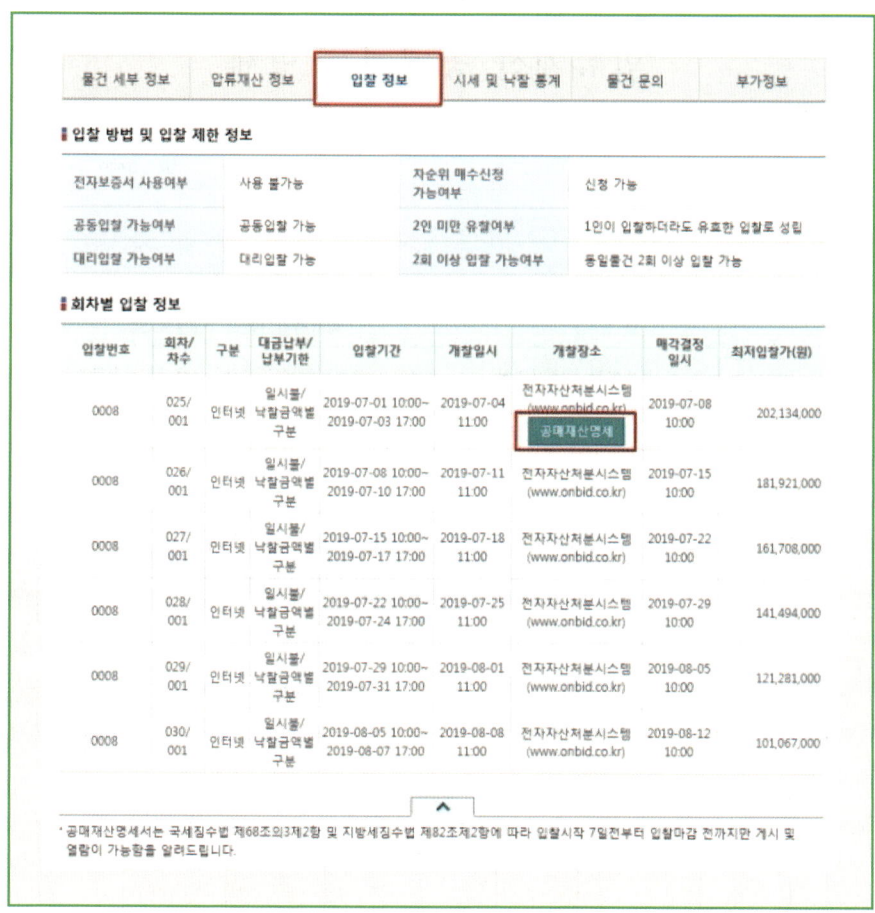

자료 : 온비드

경매에서는 매각물건명세서를 꼭 확인해야 하고 공매에서는 재산명세서를 확인해야 한다. 재산명세서는 입찰 대상 부동산의 권리를 파악할 수 있는 중요한 내용이다.

재산명세서에는 점유관계, 배분요구 및 채권신고현황, 기타사항 등 권리 분석에 중요한 내용들이 있어 입찰 전에 꼭 확인해야 한다.

◆ 공매재산 명세서

압류재산 공매재산 명세

처 분 청		관 리 번 호	
공매공고일	2020-07-01	배분요구의 종기	2020-07-27
공매재산의 표시	강원도		
매각예정가격/입찰기간/개찰일자/매각결정기일		온비드 입찰정보 참조	
공 매 보 증 금		매각예정가격의 100분의 10	

공매재산 이용 및 점유현황 [조사일시: 0000-00-00 / 정보출처 : 현황조사서 및 감정평가서]

공매재산의 현황 이용현황(감정평가서)	
위치 및 부근현황 (감정평가서) 공매재산기타	

점유관계	성명	계약일자	전입신고일자 (사업자등록 신청일자)	확정일자	보증금	차임	임차부분	비고
조회된 데이터가 없습니다.								

임차인 배분 요구 및 채권신고 현황

임대차구분	성명	계약일자	전입신고일자 (사업자등록 신청일자)	확정일자	보증금	차임	임차부분	배분요구일자	채권신고일자	비고
임차인	홍길동		2016-08-06	미상	20,000,000	500,000	미상			

배분요구 및 채권신고 현황

번호	권리관계	성명	압류/설정 (등기)일자	법정기일 (납부기한)	설정금액(원)	배분요구 채권액(원)	배분요구일
1	임차인				0	20,000,000	
2	교부청구			2011-12-31 ~ 2012-12-31	0	1,329,759,030	
3	물건지지방자치단체			2012-06-14 ~ 2013-09-10	0	1,684,117,330	
4	위임기관		2020-03-30	2012-06-14 ~ 2013-09-10	0	1,684,117,330	

* 채권신고 및 배분요구현황은 배분요구서를 기준으로 작성하였으며 신고된 채권액은 변동될 수 있습니다.
* 배분요구일자 미등록 건에 대해서는 담당자를 통해 배분요구 여부를 반드시 확인하여 주시기 바랍니다.

◈ 입찰하는 방법

자료 : 온비드

　입찰 물건에 들어가 입찰 버튼을 누르면 입찰자 정보로 화면이 넘어간다.
　공고내용 확인 및 입찰자 참가 준수규칙에 동의하고 다음 단계 버튼을 눌러 다음 페이지로 이동한다.
　입찰버튼은 매주 월요일~수요일까지만 생성되어 있고 입찰 마감은 매주 수요일 오후 5시이다.

◆ 입찰화면에서 입찰서 작성하는 방법

자료 : 온비드

입찰방법에 해당사항에 체크하고 입찰금액을 입력한다.

보증금계산과 납부총액확인을 누르면 보증금액이 자동 계산되어 보증금액에 자동으로 표기된다. 보증금 납부계좌는 위 5개 은행 중 한 곳을 선택해야 한다.

그리고 환불계좌 및 잔대금 납부은행을 선택하고 매각결정통지서, 잔대금영수증 수령방법을 전자송달로 선택한다.

◈ 입찰서 제출

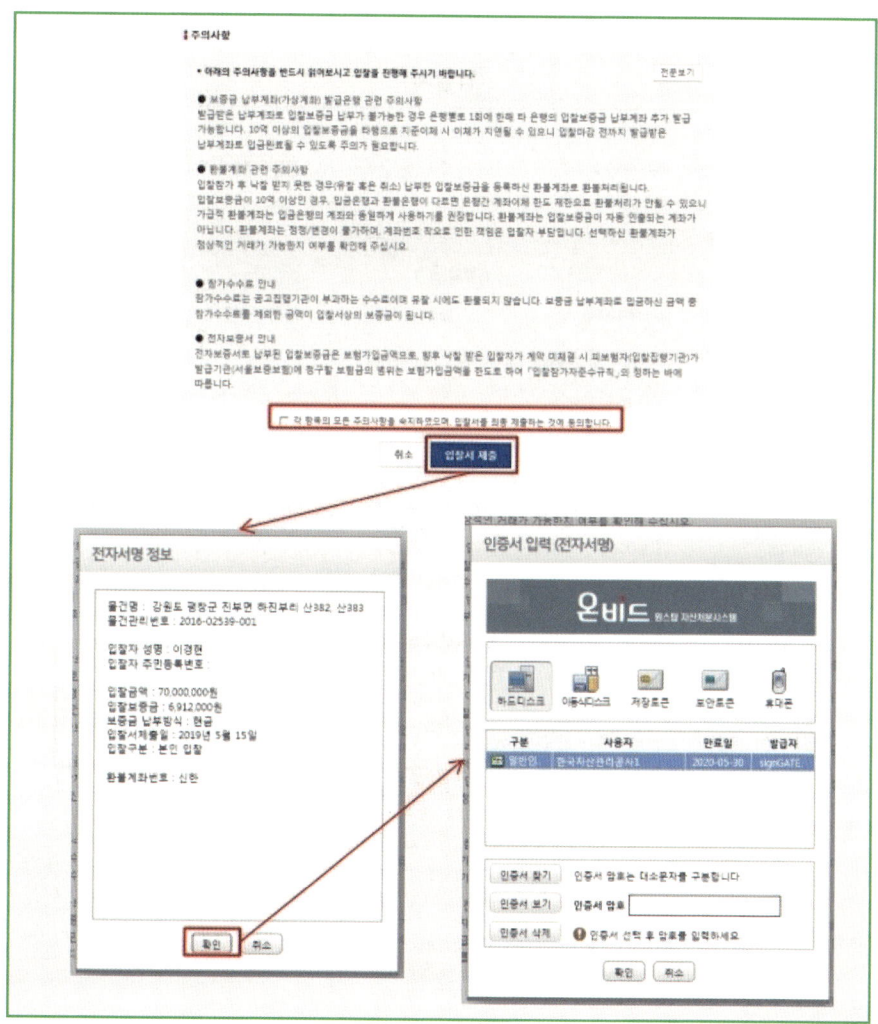

자료 : 온비드

주의사항 동의서 선택 후 입찰서를 제출한다. 입찰서 제출은 공인인증서를 입력해야만 제출된다.

◆ 입찰서 확인

자료 : 온비드

　입찰서를 제출하면 입찰서가 화면에 나온다. 입찰서에는 보증금 납부 계좌와 납부기한이 표기되어 있고, 보증금을 해당 계좌로 납부기한 내 입금시켜야 유효한 입찰이 된다. 보증금 납부금액은 정확하게 맞추어 입금시켜야 한다. 추가로 납부하거나 부족금액은 납부가 불가하다. 보증금 미납 시에는 입찰은 무효 처리된다.

◈ **입찰결과 확인**

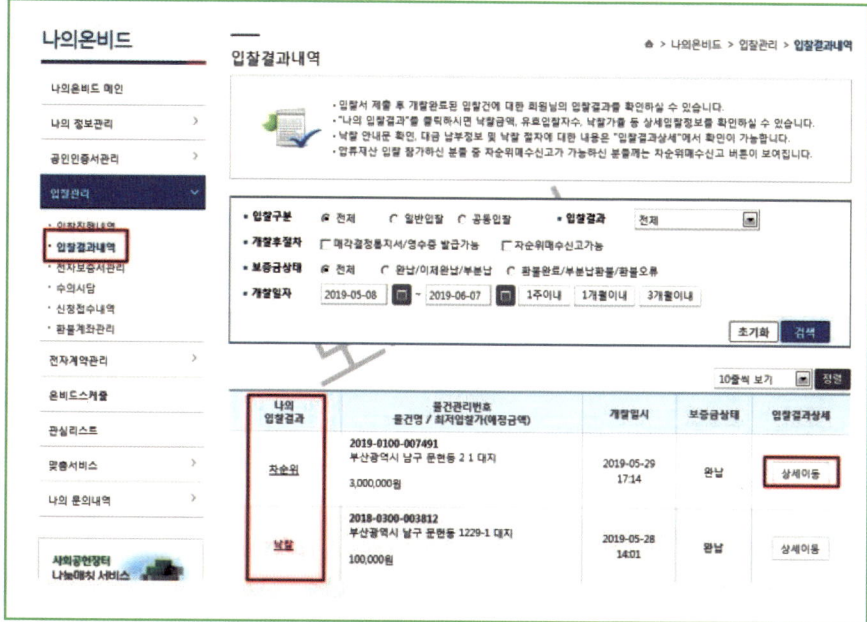

자료 : 온비드

나의 온비드로 이동하여 입찰결과 내역을 확인하면 낙찰 유무에 대해 확인이 가능하다.

여기서 상세이동을 누르면 입찰에 대한 자세한 내용을 확인할 수 있다.

◆ 낙찰 후 절차안내

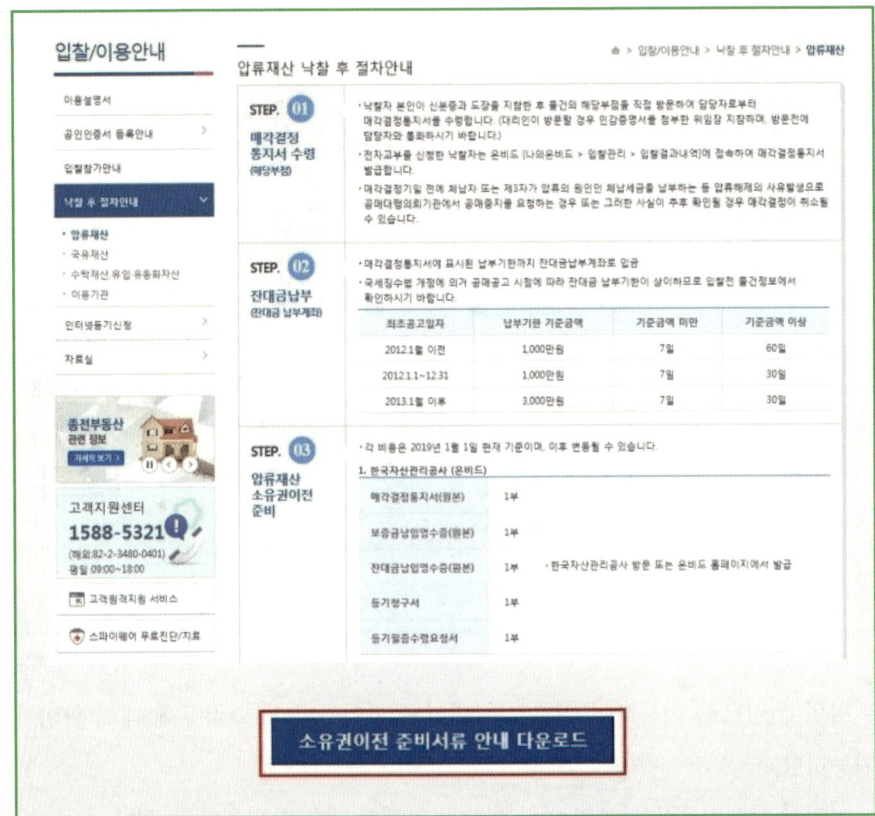

자료 : 온비드

　낙찰 후 소유권이전에 대한 준비서류 안내를 다운받아 소유권이전에 따른 준비서류를 준비한다.

◈ 매각통지서 및 잔대금 납부 영수증 출력

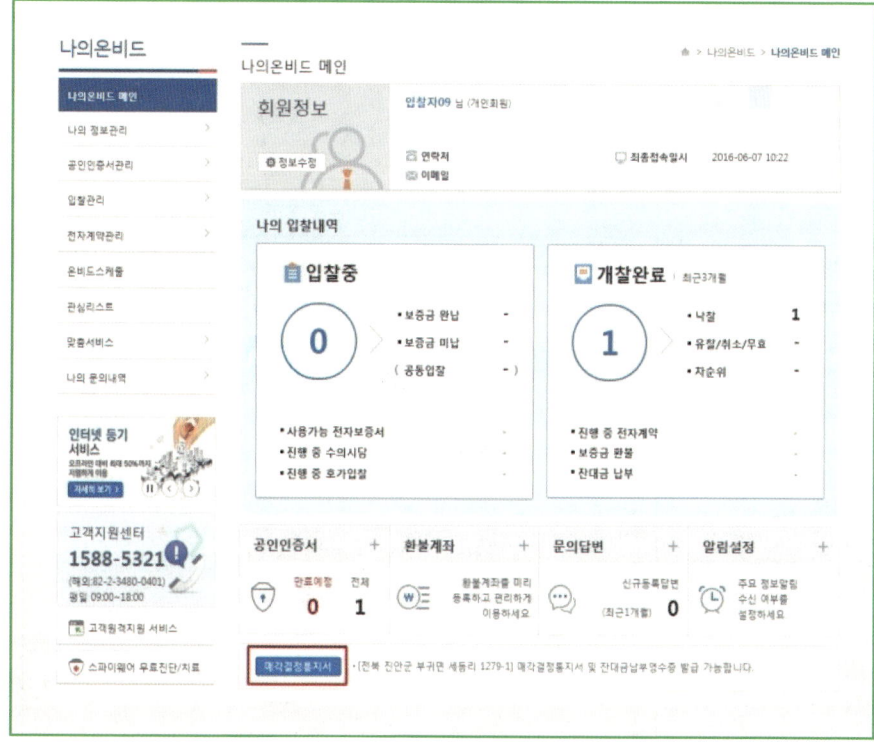

자료 : 온비드

매각통지서, 잔대금영수증 수령방법을 전자송달로 신청한 경우 나의 온비드 메인 화면에서 매각결정통지서와 잔대금영수증 발급이 가능하다.

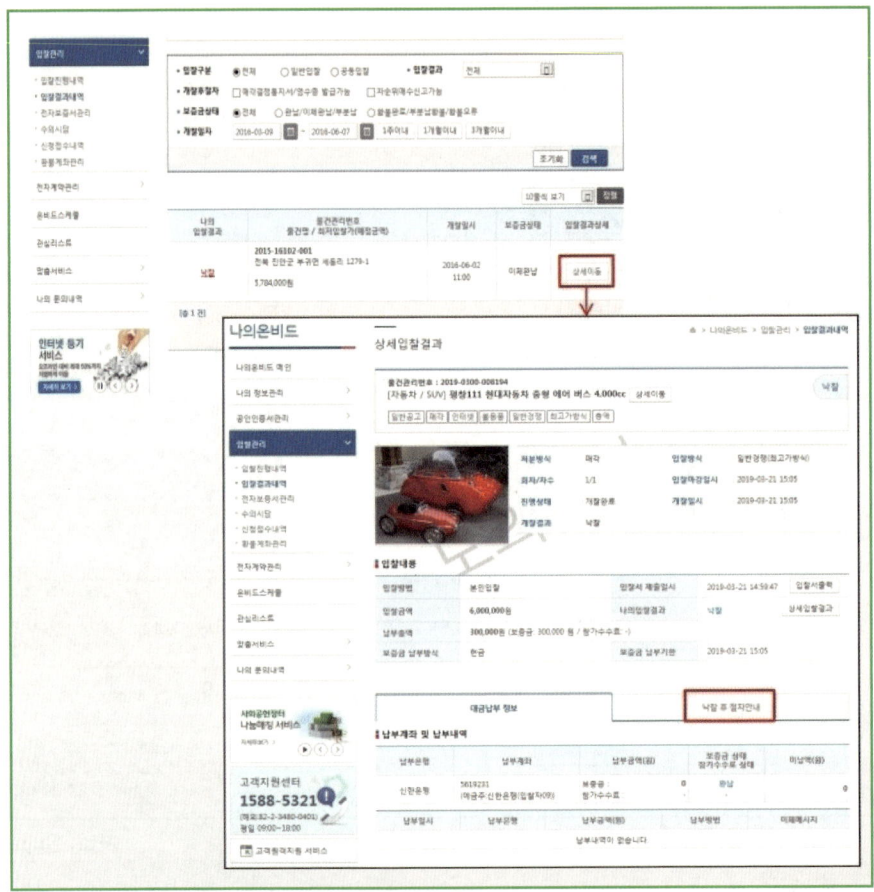

자료 : 온비드

　　나의 온비드 메뉴 입찰관리 - 입찰결과상세의 상세이동을 클릭하면 대금납부 정보 및 낙찰후 절차안내에 대한 내용을 볼 수 있다.

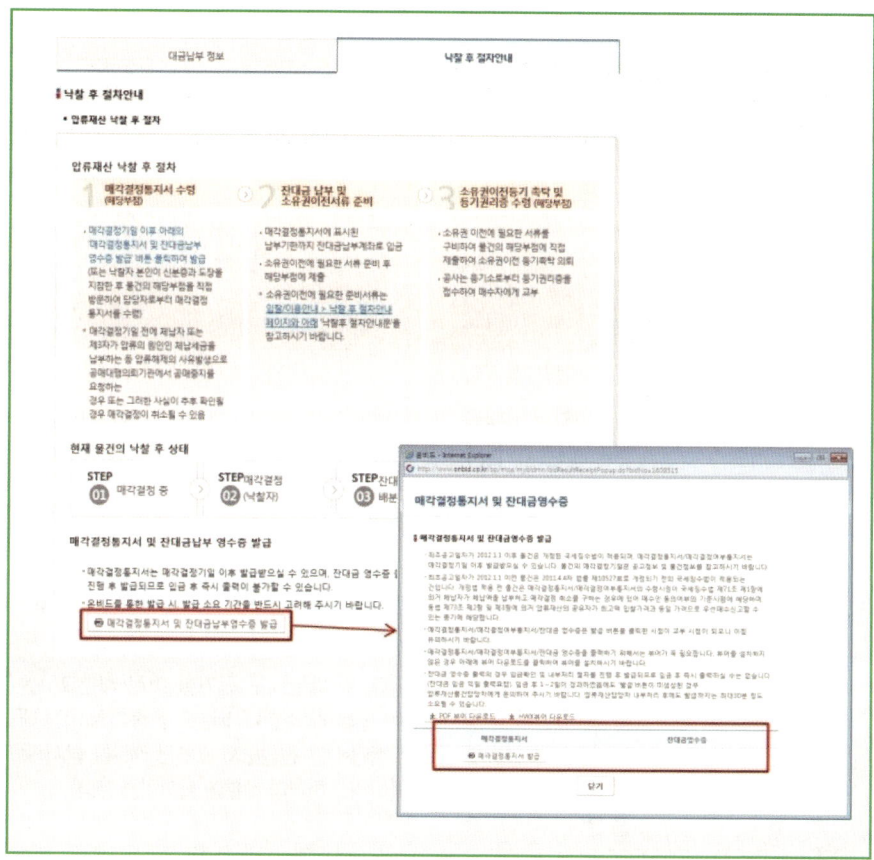

자료 : 온비드

매각통지서 및 잔대금 납부영수증을 발급 받는다.

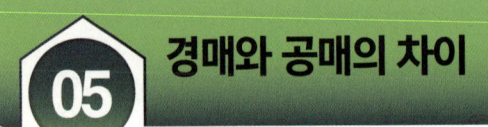
05 경매와 공매의 차이

차이점 구분		법원 경매	인터넷에 의한 온비드 공매 (압류재산)
		차이점의 내용 분석	
1	법적 근거	민사집행법 제78조	국세징수법 제68조
2	입찰보증금액과 설정기준	최저가격의 10%를 입찰봉투에 현금 또는 자기앞수표로 넣으면 된다.	전자입찰을 마치면 입찰(희망)가격의 10%를 부여받는 지정계좌로 온라인 등으로 입금을 하면 된다.
3	유찰에 의한 매각가격의 저감 정도	1회당 20% 또는 30%씩 저감시킨다. 약 1개월 후에 매각기일 지정함. 50% 이하로도 저감시켜 진행한다.	1주 1회당 10%씩 저감시킨다. 1주일 후에 계속 공매 진행한다. 50%까지 저감시켜 진행한다(원칙).
4	배당요구 종기일의 지정시기	배당요구 종기일 이전 배당요구를 해야 한다. 배당요구 종기일 이전 배당신청하지 않으면 배당을 받지 못하거나 배당에 불이익을 본다.	배분요구 종기일 이전 배분요구를 해야 한다. 배분요구 종기일 이전 배분 신청하지 않으면 배분을 받지 못하거나 배분에 불이익을 본다.
5	최고가 매수인이 2인 이상인 경우	재매각에 따른 재입찰 후 동일한 금액이면 추첨으로 결정한다.	추첨의 방법으로 결정한다.
6	매각허가결정일	낙찰 후 7일	낙찰 다음날
7	매각기일(입찰일)과 입찰시간	기일입찰에 있어서 월요일부터 금요일까지 매각기일 중 매각시간을 법원에서 지정한다.	입찰기간은 월요일 오전 9시부터 수요일 오후 5시까지의 3일간으로 하고, 개찰일 시는 목요일 오전 11시로 한다.
8	매각대금의 납부시기와 납부 방법	매각허가결정의 확정 후 잔액 전부를 납부한다. 대개 낙찰 후 약 45일 이내에 납부한다.	낙찰가격이 3,000만원 미만이면, 매각결정일로부터 7일 이내에 매수대금을 납부한다. 낙찰가격이 3,000만원 이상이면, 30일 이내에 매수대금을 납부한다. KAMCO에서 지정한 예금계좌로 납부 기한 내 납부를 한다.

9	입찰서의 제출 제한횟수	1회에 한한다. 입찰가격은 수정할 수 없다. 만약 수정하면 입찰무효가 된다.	입찰서를 2회 제출할 수 있다.
10	매수자금의 미납시의 조치방법, 납부최고제도의 유무 등	약 1개월후에 재매각 한다. 입찰보증금은 최저가격의 20%이다. 보증금은 몰수한다. 몰수된 보증금은 배당금에 포함시킨다. 종전 매수인은 재매각의 매수 인이 될 수 없다.	납부기한을 10일 이내로 정하여 납부를 최고한다. 그 최고 후 매수자금의 미납이 있으면, 매각결정을 취소한다. 보증금은 국고로 몰수한다. 종전 미납자도 재공매의 경우에 입찰 참가를 할 수 있다.
11	항고제도의 유무	낙찰대금의 10%를 공탁한 후 항고 할 수 있다.	없다
12	차순위매수신고 제도의 유무	있다	있다
13	농지취득자격증명 제출시기	매각허가결정 전에 이를 제출해야 한다. 만약 미제출시에는 보증금이 몰수된다.	소유권이전등기 전까지 이를 제출해야 한다. 미제출시 보증금이 몰수되지 않는다. 미제출시 소유권이전이 불가능하다.
14	인도명령제도의 유무	있다.	없다.
15	대항력 있는 임차인의 조사 근거자료	매각물건명세서.	재산명세서
16	소액임차인의 배당요구 자격 요건의 구비시기	경매개시결정등기 전에 대항요건을 갖춘 임차인	최초 공매공고일 전의 대항요건을 갖춘 임차인
17	매각불허신청 제도의 유무	있다	없다

자료 : 부동산경매테마100선(저자 : 박상배)

　매각되는 공매물건의 종류는 다양하다. 대부분의 매각은 압류 재산으로 경매물건에 비해 매각되는 수는 적지만 다양한 부동산이 매각되므로 공매도 관심을 가져야 한다. 경매와 공매는 매각 방식만 다를 뿐 권리분석에 있어서는 차이가 별로 없다.

매각물건이 적어 보통 사람들은 공매에 많은 관심을 갖지 않는다. 경매보다 입찰자의 수가 적어 입찰 경쟁력이 좋은 것이 장점이다. 또한 공매는 대부분 관심을 가지지 않아 현장 조사하기도 좋다. 경매가 진행되면 주변 부동산은 경매물건을 잘 알고 있으나, 공매가 진행되면 잘 모르기 때문이다.

공매도 꾸준하게 진행되는지는 물건을 검색해서 좋은 물건을 찾아 입찰해야 한다.

압류재산의 경우 명도소송을 통해 부동산을 인도 받아야 하는 단점이 있지만, 점유자를 법적으로 압박하여 빨리 내보내는 방법을 찾으면 명도소송판결 이전에 명도를 할 수 있다.

공매는 최소 1주일에 한번은 물건검색을 하여 좋은 물건을 찾아 입찰에 참여하길 바란다. 공매는 숨은 진주가 많다. 보통 사람들의 관심이 적어 좋은 물건을 취득할 수 있는 기회가 경매보다는 많다.

PART 05

물권과 채권, 등기부에서 권리를 분석하는 방법

물권과 채권에 대해서 알아보는 시간

경·공매에 있어서 물권과 채권은 수도 없이 나오는 단어들이다. 물권과 채권에 대해 간단하게 설명하자면 금전적 거래 관계에서 담보가 설정된 것이냐 아니냐에 따라 물권과 채권으로 나눈다. 그럼 물권과 채권에 대해서 알아보자.

◆ **물권이란?**

특정한 물건을 지배하여 이익을 얻을 수 있는 권리를 말한다. 현행 민법이 인정하는 물권은 크게 본권[5]과 점유권으로 구분되며, 본권은 다시 소유권과 제한물권으로 구분된다.

<u>제한물권은 일정한 목적을 위하여 타인의 물건에 대해 제한적 지배를 허용하는 물권이다.</u> 제한물권에는 용익물권[6]과(지상권, 지역권, 전세권) 담보물권[7](유치권, 질권, 저당권, 전세권)이 있다.

점유권은 물건을 사실상 지배하는 사람에게 주어지는 물권이다. 점유는 소유권이나 지상권 등의 어떤 권원(權原)에 의거하여 이루어지거나 도둑의 점유처럼 권원이 없어도 이루어지는 경우가 있으나, 점유권은 권원의 유무와는 관계없이 오직 점유라는 사실에 의해서만 인정된다. 따라서 점유권은 사실상의 지배를 상실하면 소멸되고 만다.

이 물권의 권리 순서는 먼저 성립한 물건이 후에 성립한 물건에 우선한다. 이를 물건 상호간 우선적 효력이라 한다.

이는 해당 부동산이 경매로 매각될 경우 등기상의 우선적 효력으로 먼저 등

---

5) 본권 : 점유하는 것을 법률상 정당하게 하는 권리를 말한다
6) 용익물권 : 타인의 토지 또는 건물을 일정한 목적을 위하여 사용·수익할 수 있는 물권
7) 담보물권 : 채권을 담보하는 물권

기된 권리가 후순위보다 우선적으로 배당 받는 것이다. 이것을 우선변제권[8]이라 한다.

물권은 경매신청권 과 우선변제권이 있다.

담보 물권은 채무자가 채권을 변제하지 않을 시에 경매를 신청할 수 있는 권리가 있다. 이것이 바로 담보물권자의 임의경매이다.

경매에서 임의경매의 대부분은 채무자의 부동산에 근저당을 설정하여 부동산을 담보로 대출을 해주었는데 채무자가 근저당 설정 계약내용대로 이행하지 않아 근저당권 설정자가 경매를 신청한 것이다.

◈ 채권이란?

채권은 당사자간 금전적 거래 및 일정한 계약관계에 있어 발생하는 일정한 채무내용을 요구하는 청구권이다. 채권자는 자신의 채권을 가지고 채무자에 대해서만 이를 주장할 수 있을 뿐, 제3자에게는 이를 주장(=대항)할 수 없는 상대적 권리이다.

즉 담보 설정 없이 당사자간 금전적 거래 및 계약관계에 발생한 채권이다.

채권자가 채무자에게 청구를 하여 채권을 회수 못하면 채무자의 동산 및 부동산을 경매로 매각하여 회수할 수 있다. 법원에 채권에 대한 판결을 받아 경매를 신청할 수 있다.

채권자가 법원에 판결을 받아 채무자의 재산을 경매 신청하는 것이 강제 경매이다.

채권은 물권과 달리 우선변제권이 없다. 우선변제권이 없다는 것은 후순위 권리자보다 배당을 먼저 받을 수 없다는 것이다. 그래서 채권자들은 후순위와 안분비례배당[9] 받는다. 이것이 채권과 물권의 차이점이다.

---

8) 우선변제권 : 채권자가 채권의 담보로 받은 물건에 대하여 다른 채권자에 앞서 자기의 채권을 변제받는 권리
9) 안분비례배당 : 일정한 비율에 따라 고르게 나누어 배당함.

어떤 물건[10]에 대하여 물권과 채권이 병존하는 경우에는 물권이 우선한다.

채권은 물권과 달리 우선변제권이 없다. 우선변제권이 없다는 것은 후순위 권리자보다 배당을 먼저 받을 수 없다는 것이다. 채권자들은 후순위와 안분비례배당 받는 것이 특징이다.

물권자(근저당, 담보가등기, 전세권 등)는 후순위 권리자보다 자기 채권을 전액 우선 배당 받지만, 채권자(가압류 및 일반채권)는 후순위와 안분비례배당(채권비율에 비례하여 동등하게 나누는 배당)을 한다.

물권과 채권을 구분하는 단순한 방법은 채무자의 부동산에 담보를 설정하였으면 물권이고, 무담보로 현금거래 및 계약관계이면 채권인 것이다.

02 등기부 구성과 등기부에서 권리를 분석하는 방법

◆ **부동산 등기사항증명서**

토지·건물의 등기를 하는 공부로 해당 등기소에 비치한 정부 문서를 말한다.

등기부 종류는 토지등기부와 건물등기부가 있으며, 각각 토지·건물에 일정사항을 기재한 등기용지를 편철하고 있다. 등기부는 표시번호, 접수, 소재 지번, 지목, 면적(건물의 경우 소재 지번, 건물명칭 및 번호, 건물내역), 등기원인 및 기타 사항란이 있는 표제부, 소유권에 관한 사항을 기재하는 갑구, 소유권 외의 권리에 관한 사항을 기재하는 을구가 있다.

---

10) 물건 : 형태가 갖추어진 모든 것. 민법에서는 부동산과 동산, 주물과 종물, 원물과 과실로 물건을 분류하고 있다

◈ 부동산 등기의 구성

1) 표제부

토지의 경우 지목, 지적, 지번을 표기하고, 건물의 경우 지번, 구조, 용도, 면적을 기재한다.

또한 토지의 분할이나 지목의 변경 또는 구조의 변경이나 증축 등에 의한 면적 변경도 표제부에 표기한다.

【 표 제 부 】	(1동의 건물의 표시)		
표시번호	접 수	소재지번, 건물명칭 및 번호	건물 내역	등기원인 및 기타사항
1 (전 1)	1989년11월10일	267-296, 267-297, 267-298, 267-299, 267-300, 267-301, 267-302, 267-303, 267-304, 267-305, 267-306, 267-307	철근콘크리트조 슬래브지붕5층 아파트 1층 830.19㎡ 2층 830.19㎡ 3층 830.19㎡ 4층 830.19㎡ 5층 830.19㎡	도면편철장 제1책제1264면
2		267-293, 267-294, 267-295, 267-296, 267-297, 267-298, 267-299, 267-300, 267-301, 267-302, 267-303, 267-304, 267-305, 267-306, 267-307	철근콘크리트조 슬래브지붕5층 아파트 1층 830.19㎡ 2층 830.19㎡ 3층 830.19㎡ 4층 830.19㎡ 5층 830.19㎡	1995년5월10일 행정구역명칭변경으로 인하여 2002년1월7일 등기 도면편철장 제1책제1264면

【 표 제 부 】	(전유부분의 건물의 표시)		
표시번호	접 수	건물번호	건물 내역	등기원인 및 기타사항
1 (전 1)	1989년11월10일	제1층 제113호	철근콘크리트조 46.53㎡	도면편철장 제1책제1264면

2) 갑구

소유권에 관한 사항을 표기한다.

소유권이전, 압류, 가등기, 경매개시결정등기 등이 갑구에 표기된다.

【 갑 구 】 (소유권에 관한 사항)				
순위번호	등 기 목 적	접 수	등 기 원 인	권리자 및 기타사항
1 (전 2)	소유권이전	1989년11월10일 제43358호	1988년7월20일	소유자 홍길동 760104-******* 경기도 *** ***** **********

3) 을구

소유권 이외의 권리인 근저당권, 전세권, 지역권, 지상권 등이 을구에 표기된다.

【 을 구 】 (소유권 이외의 권리에 관한 사항)				
순위번호	등 기 목 적	접 수	등 기 원 인	권리자 및 기타사항
1	근저당권설정	2018년2월20일 제4729호		채권최고액 금 180,000,000원 채무자 홍길동 경기도 ********** 근저당권자 갑순이은행 11111-******* 경기도 **********
2	1번근저당권설정등기말소	2018년6월21일 제20747호		
3	근저당권설정	2018년6월21일	2018년6월21일	채권최고액 금210,000,000원

◈ 부동산 등기부의 권리 순위

　등기상의 권리는 등기한 접수일자로 권리의 순서가 정해진다.
　부동산에서 권리는 공시를 해야 권리를 취득할 수 있다. 공시는 등기접수를 통해 제3자에게 권리를 알리는 제도이다.
　등기를 접수하는 접수일자가 등기상의 권리 일자가 된다.
　그래서 등기부에 등기접수일에 따라 권리 순서가 정해지고 권리 순서에 의해 배당이 이루어진다. 후순위 권리자보다 먼저 배당 받는 것을 우선변제권이라 한다.
　그러나 압류(세금압류)와 임차권등기의 권리 순서는 등기 접수일로 정하지 않고 별도로 권리일자를 적용하고 있다.
　세금체납으로 압류 등기된 것은 부과일 또는 신청일로 권리 일자가 결정되며 임차권등기는 전입일자로, 우선변제권은 확정일자로 정해진다.
　여기서 등기할 수 없는 임차인은 권리의 공시를 전입 및 사업자등록을 통해 공시를 하게 되어 있다. 등기부 권리자는 등기 접수일자가 권리일이며, 임차인은 전입 및 사업자등록신청일이 권리일이다.

◈ 임차인과 등기권리자의 권리순서 정하기

1) 등기부 권리
- 등기접수일 15.01.07 갑 근저당
- 등기접수일 15.08.17 을 가압류
- 등기접수일 16.07.07 병 근저당

2) 임차인 전입일
- 14.07.07. 정 전입

　위 등기상의 접수일자와 임차인의 전입일을 기준으로 아래와 같이 정리하여 보면 권리순서가 정해지는 것을 알 수 있다.

- 권리순서

1순위	2순위	3순위	4순위
14.07.07	15.01.07	15.08.17	16.07.07
정 전입	갑 근저당	을 가압류	병 근저당

권리순서는 임차인의 전입과 등기부의 접수일자로 정리되는 것을 알 수 있다. 따라서 해당 부동산이 매각되면 권리 순서에 의해 배당이 이루어진다.

◈ 물권과 채권은 어떻게 배당 되나?

물권은 우선변제권이 있어 해당 부동산이 매각되면 후순위채권보다 우선해서 금액을 배당 받는다.

아래 부동산이 3억에 매각되었다 가정하면, 배당 순서는 권리 순서에 의해 배당되며, 배당액이 부족하여 배당 받지 못한 권리자는 소멸하게 된다.

1) 물권배당

- 배당금액 3억

16.07.01	16.09.07	17.07.01	18.01.07
A근저당	B근저당	C근저당	A임의경매
1억	2억	1억	

배당결과

- 1순위 : A근저당 1억
- 2순위 : B근저당 2억

배당금액이 3억원으로 1순위 근저당과 2순위 근저당이 배당 받고, 배당 받지 못한 나머지 등기 권리는 말소된다. 물권인 근저당권은 우선변제권이 있어서 후순위보다 먼저 배당 받을 권리가 있기 때문에, 배당은 권리순서에 의해 순차적으로 배당이 이루어진다.

2) 채권배당

채권은 물권과 달리 우선변제권이 없어 후순위와 동등하게 안분비례배당을 실시한다.

이는 채권이라 청구권이 상대방에게 있어 제3자에게 권리를 주장하지 못하여 후순위와 안분 비례배당하는 것이다.

- 배당금액 3억

16.07.01	16.09.07	17.07.01	18.07.01
A가압류	B가압류	C가압류	C강제경매
1억	2억	1억	

채권인 가압류는 우선변제권이 없어 A가압류가 B가압류보다 우선순위로 배당을 받을수 없다. 채권은 항상 후순위와 안분 비례배당 받는다.

- 배당결과

- A가압류 = 3억(배당금액) × 1억(자기채권) / 4억(총채권) = 7,500만원
- B가압류 = 3억 × 2억 / 4억 = 1억5천만원
- C가압류 = 3억 × 1억 / 4억 = 7,500만원

3) 물권과 채권의 배당

- 배당금액 : 4억

16.7.1일	16.9.7일	17.7.1일	18.7.1일
갑 근저당	을 근저당	병 가압류	정 가압류
1억	2억	1억	2억

물권과 채권이 같이 존재할 경우 물권은 우선변제권이 있어 권리순서에 의해 후순위보다 먼저 배당을 받고, 채권인 가압류는 후순위보다 먼저 배당을 받을 수 없어 항상 후순위와 안분 비례배당 받는다.

1순위 권리자 갑은 담보물권자로 2순위 권리자 을보다 먼저 배당 받을 수 있는 우선변제권이 있어 갑이 먼저 배당금 1억을 받고, 2순위 권리자 을은 병보다 권리가 빨라 2순위로 2억을 배당 받는다.

가압류 병은 채권이라 우선변제권이 없어 후순위 정과 채권 비율에 따라 동등하게 안분비례배당 받는다. 배당 받고 모든 권리는 소멸된다.

– 배당순서
- 1순위 : 갑 근저당 1억
- 2순위 : 을 근저당 2억
- 3순위(배당잔액 1억) – 우선변제권이 없어 후순위와 안분비례배당 받음
    - 병 가압류 = 1억 × 1억 / 3억 = 3,300만원
    - 정 가압류 = 1억 × 2억 / 3억 = 6,700만원

PART 06

경매의 시작

01 부동산 경매는 어떻게 시작하나?

　경매는 채권자의 요청을 받은 법원이 채무자의 부동산을 강제 매각하여 채권을 회수하는 방식으로 법원에서 진행한다. 법원에서 경매로 진행되는 부동산을 낙찰 받으면 법원에서 모든 권리(저당권, 임차권등)를 말소하여 낙찰자에게 권리를 인도해 주는 것으로 오해하는 분들이 있다.
　부동산 경매는 낙찰 받으면 인수하는 권리도 있고, 소멸하는 권리도 있다.
　그래서 경매 입찰 전에 권리를 잘 분석해야 할 필요성이 있는 것이다. 간혹 권리를 잘못 분석하여 낙찰 받은 물건을 포기하는 사례가 종종 발생한다. 이렇게 낙찰 받은 부동산을 포기하게 되면 입찰보증금은 법원에 몰수되어 입찰자는 손실을 입게 된다.

02 경매로 인수되는 권리와 소멸되는 권리

　법원 경매에서 낙찰 받으면 어떤 권리는 인수되고 어떤 권리는 소멸한다. 그럼 인수 권리와 소멸 권리에 대해 알아보자.

◆ **인수하는 권리**

　부동산 경매에 있어서 낙찰자가 인수하는 선순위 권리를 말한다. 인수하는 선순위권리는 낙찰 받고 낙찰자가 인수하는 것을 말한다.

인수권리에는 전세권. 가등기. 가처분. 지상권. 지역권. 임차권. 가등기 등이 있다.

부동산을 낙찰 받으면 인수해야 하는 권리가 있는지 잘 파악하고 입찰에 참여해야 한다.

◈ 소멸되는 권리

소멸 권리는 낙찰 받고 소멸하는 권리를 말한다. 권리가 소멸한다는 것은 등기부 권리가 말소되는 것이고, 등기부에 기재되지 않는 임차인의 임차권도 소멸한다.

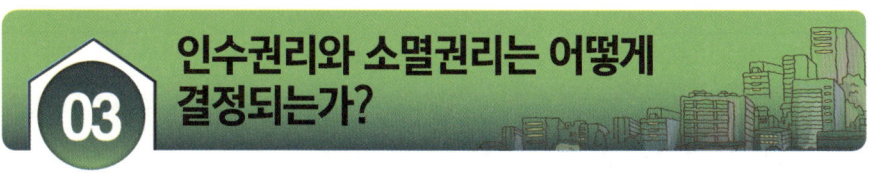

03 인수권리와 소멸권리는 어떻게 결정되는가?

경매에서 낙찰 받으면 인수하는 권리도 있고 소멸하는 권리도 있다.

매각으로 권리를 인수하는 것과 소멸시키는 것은 법률적으로 정해져 있다. 이렇게 인수와 소멸을 결정짓는 기준권리가 말소기준권리이다.

말소기준권리란? 말소를 시키는 기준 권리이다. 또 말소기준권리는 배당 받고 소멸하는 권리이며, 말소기준권리 이후 모든 권리는 소멸한다.

말소기준권리 이전 권리는 기본적으로 인수하고, 말소기준 권리를 포함한 이후 권리는 모두 말소된다.

09.03.07	10.07.07	11.07.07	12.07.07	12.07.17
가처분	가등기	말소기준권리	근저당	가압류

말소기준등기 접수일은 11년 7월 7일이다. 11년 7월 7일 이전 등기된 권리는 인수하고 11년 7월 7일 이후 등기 권리는 모두 말소된다. 인수와 말소를 결정 짓는 권리가 말소기준권리이다.

- 말소기준권리 : 11년 7월 7일(등기접수일자 기준)
- 인수권리 : 말소기준권리보다 빠른 가처분등기, 가등기
- 소멸권리 : 말소기준권리 포함 이후 권리인 근저당등기, 가압류등기

말소기준권리 이전의 모든 권리는 낙찰자가 인수한다. 말소기준권리 이후의 모든 권리는 모두 소멸한다.

04 말소기준권리

말소기준권리는 말소를 시키는 기준권리다. 경매 부동산의 권리를 인수 또는 말소를 시키는 기준권리이다. 말소기준권리는 말소기준권리를 포함하여 후순위 모든 권리를 말소시키며, 말소기준권리 이전 권리는 낙찰자가 인수한다.

말소기준권리는 선순위 근저당, 가압류, 압류, 담보가등기, 경매개시결정등기, 전세권만 말소기준권리가 된다.

여기서 선순위란 소유권 다음의 권리 중 가장 빠른 등기 권리를 말한다.

– 말소기준등기 종류(선순위 등기)

근저당, 가압류, 압류, 담보가등기, 경매개시결정등기, 전세권

말소기준권리는 소유권 다음의 가장 순서가 빠른 말소기준 등기만 말소기준권리가 된다.

16.07.07	17.01.07	17.07.07	17.12.07
소유권	갑 근저당	을 근저당	병 가압류

위에서 말소기준권리는 갑 근저당이며 갑 근저당 접수일 17년1월7일 기준으로 17년1월7일 이전 권리는 인수하며 말소기준 포함 이후 권리는 모두 소멸한다.

- 말소기준권리 : 17.01.07 갑 근저당
- 인수권리 : 없음
- 소멸권리 : 말소기준권리 갑 근저당 포함 을 근저당과 병 가압류
  (말소기준권리를 포함하여 후순위 모든 권리는 소멸한다)

05 말소기준권리 종류

◆ 근저당

앞으로 발생할 채권의 담보로 저당권을 미리 설정하는 행위이다.
근저당은 성립순위 관계없이 선순위이면 말소기준권리가 된다.
담보 물건으로 경매 신청권과 우선변제권이 있다.

◈ 가압류

　금전 또는 금전으로 환산할 수 있는 청구권을 그대로 두면 장래 강제집행 불가능하게 되거나 곤란하게 될 경우에 미리 일반담보가 되는 채무자의 재산을 압류하여 현상(現狀)을 보전하고, 그 변경을 금지하여 장래의 강제집행을 보전하는 보전 등기이다. 가압류는 채권이다. 채권은 우선 변제권이 없어 후순위와 안분비례 배당을 한다.

◈ 압류

　국가권력으로 특정한 재산이나 권리를 사인이 처분하지 못하게 하는 행위를 말한다. 국세징수법상의 압류는 체납자의 특정 재산의 처분을 제한하는 강제 처분이다. 납세자가 독촉을 받은 경우 그 독촉받은 조세를 지정된 날까지 완납하지 않을 때 압류한다

◈ 담보가등기

　채권담보 목적으로 설정한 가등기를 말한다.
　등기부상에는 보통 소유권이전청구가등기로 표시되어 있다.
　가등기는 내용상 두가지로 구분된다. 하나는 소유권이전을 목적으로 하는 보전가등기와 담보로 설정한 담보가등기를 말한다. 그러나 등기부등본에는 거의 소유권이전청구 가등기로 표기된다. 보전가등기와 담보 가등기는 등기상으로는 구별이 되지 않는다.
　선순위 가등기가 경매로 진행되면 말소기준권리에 따라 인수 또는 소멸이 된다.

13.11.07	15.10.19	16.01.11	16.04.08
소유권	소유권이전청구 가등기	근저당	압류

위 등기상에서 말소 기준권리는 어느 것인가?
- 말소기준권리가 가등기인 경우 : 가등기 포함 이후 권리 소멸
- 말소기준권리가 근저당인 경우 : 가등기 권리 낙찰자 인수

말소기준권리는 담보가등기만 해당된다.

등기부에 담보가등기로 등기를 하는 경우도 있지만 대부분 담보가등기인지 보전가등기인지 구별 없이 등기를 한다.

그러나 경매에서 담보 가등기와 보전가등기를 구별하는 간단한 방법이 있다. 매각물건 명세서를 확인하는 것이다.

매각물건 명세서상에서 가등기가 인수되는지 확인해야 한다.

아래 매각물건 명세서에서 "등기된 부동산에 관한 권리 또는 가처분으로 매각으로 그 효력이 소멸되지 아니하는 것"에 가등기가 표기되어 있으면 인수하는 보전가등기이다.

경매 실무에서는 가등기권자가 배당요구종기일까지 채권계산서나 배당요구하면 담보가등기로 매수인이 인수하지 않고 소멸한다. 즉 담보가등기는 근저당과 같이 취급하여 배당으로 소멸시킨다.

그러나 배당요구종기일까지 채권계산서나 배당요구하지 않으면 매각물건명세서 비고란에 매수인이 인수하는 것으로 기재해서 매각절차를 진행하니 유의해야 한다.

매각물건명세서

사건			매각물건번호	1	작성일자	2019.09.16	담임법관(사법보좌관)	
부동산 및 감정평가액 최저매각가격의 표시		별지기재와 같음	최선순위 설정		2016. 01. 11 근저당		배당요구종기	2018.01.31

부동산의 점유자와 점유의 권원, 점유할 수 있는 기간, 차임 또는 보증금에 관한 관계인의 진술 및 임차인이 있는 경우 배당요구 여부와 그 일자, 전입신고일자 또는 사업자등록신청일자와 확정일자의 유무와 그 일자

점유자 성명	점유부분	정보출처 구분	점유의 권원	임대차기간 (점유기간)	보증금	차임	전입신고일자, 사업자등록신청일자	확정일자	배당요구여부 (배당요구일자)
이규현	주택(102호)전부	등기사항전부증명서	주거임차인	2013. 11. 7. ~	160,000,000		2013. 11. 7.	2013. 11. 7.	
	미상	현황조사	주거임차인	미상	미상	미상	2013.11.07	미상	
	주택(102호)전부	현황조사	주거임차인	2013. 11. 7. ~	160,000,000		2013. 11. 7.	2013. 11. 7.	
	전부	권리신고	주거임차인	2013.11.07. ~	160,000,000		2013.11.07.	2013.11.07.	2018.01.15

〈비고〉

※ 최선순위 설정일자보다 대항요건을 먼저 갖춘 주택·상가건물 임차인의 임차보증금은 매수인에게 인수되는 경우가 발생 할 수 있고, 대항력과 우선변제권이 있는 주택·상가건물 임차인이 배당요구를 하였으나 보증금 전액에 관하여 배당을 받지 아니한 경우에는 배당받지 못한 잔액이 매수인에게 인수되게 됨을 주의하시기 바랍니다.

등기된 부동산에 관한 권리 또는 가처분으로 매각으로 그 효력이 소멸되지 아니하는 것
갑구 순위 5번 소유권이전청구권가등기(2015. 10. 19. 등기)는 말소되지 않고 매수인이 인수함. 만약 가등기된 매매예약이 완결되는 경우에는 매수인이 소유권을 상실하게 됨

매각에 따라 설정된 것으로 보는 지상권의 개요

비고란
건축물현황도와 달리 거실과 발코니가 확장되어 있으므로 확인 필요
특별매각조건 매수신청보증금 최저매각가격의 20%

위 매각물건 명세서에 "소유권이전청구가등기는 말소되지 않고 매수인이 인수함"이라 기재되어 있다. 이는 말소되지 않고 인수한다는 것이다.

경매에서는 말소 또는 인수권리만 존재한다. 가등기를 인수하면 말소기준권리는 근저당이 된다.

13.11.07	15.10.19	16.01.11	16.04.08
소유권	소유권이전청구 가등기	근저당 (말소기준권리)	압류

◆ 경매개시결정기입등기

경매가 접수되면 법원에서 경매개시결정등기를 한다. 경매개시 결정등기를 함으로써 압류 효과가 발생한다.

◆ 전세권등기

전세금을 지급하고 타인의 부동산을 일정기간 그 용도에 따라 사용·수익한 후, 그 부동산을 반환하고 전세금의 반환을 받는 권리(민법 303조 1항)이다.

전세권은 모두 말소기준이 되는 것이 아니다. 말소기준이 되지 않는 선순위 전세권은 낙찰자가 인수하며, 말소기준이 되는 전세권은 소멸된다.

전세권등기가 말소기준 조건
- 전부에 대한 전세권
- 전세권자가 경매신청 또는 배당요구할 것.

– 말소기준이 되는 전세권 예시

11.04.28	11.07.12	15.04.21	17.07.07
소유권	전세권(전부)	압류	임의경매(전세권)

전부에 대한 전세권이며 전세권자가 경매를 신청하였기 때문에 여기서는 전세권이 말소기준권리가 된다. 말소기준권리가 되면 배당 받고 전세권은 소멸한다.

– 말소기준 : 11.07.12 전세권

– 인수되는 전세권 예시

11.04.28	11.07.12	15.04.21	17.07.07
소유권	전세권(전부) 배당요구×	근저당	임의경매(근저당)

선순위 전세권은 경매나 공매절차에서 소멸되지 않고 매수인이 인수하는 것이 원칙이다.

그러나 최선순위 전세권자가 ① 직접 경매신청 또는 ② 다른 채권자의 경매절차에서 배당요구를 했다면 말소기준권리가 되어 소멸한다. 설령 미배당금이 발생해도 매수인의 부담으로 남지 않고 소멸되므로 선순위전세권자 입장에서는 유의해야 한다.

그런데 이 사례에서는 전세권자가 경매를 신청하지도 않았고, 배당요구도 하지 않았기 때문에 전세권은 말소기준권리가 되지 못한다. 선순위 전세권은 낙찰자가 인수한다.

- 말소기준 : 15. 04.. 21. 근저당 (선순위 전세권은 인수)

- 매각물건 명세서로 전세권 인수여부 확인방법

11.04.28	17.12.11	17.12.14	18.07.07
소유권	전세권(전부) 배당요구×	가압류	강제경매(가압류)

매각물건 명세서를 통해 쉽게 확인하는 방법은 가등기 구별 방법과 동일하다.

"등기된 부동산에 권리 또는 가처분으로 매각으로 그 효력이 소멸되지 아니하는 것"에 전세권이 기재되어 있으면 인수하는 권리인 것이다. 즉 "효력으로 소멸되지 아니 하는 것" 은 인수하는 것이다.

전세권도 가등기와 마찬가지로 매각물건 명세서를 통해 확인할 수 있다.

사 건	2019타경 9999999		매각물건번호	3	작성일자		담임법관 (사법보좌관)	
부동산 및 감정평가액 최저매각가격의 표시	별지기재와 같음		최선순위 설정	2017. 12. 14 가압류		배당요구종기	2019.12.27	

부동산의 점유자와 점유의 권원, 점유할 수 있는 기간, 차임 또는 보증금에 관한 관계인의 진술 및 임차인이 있는 경우 배당요구 여부와 그 일자, 전입신고일자 또는 사업자등록신청일자와 확정일자의 유무와 그 일자

점유자 성 명	점유 부분	정보출처 구 분	점유의 권 원	임대차기간 (점유기간)	보 증 금	차 임	전입신고 일자, 사업자등록 신청일자	확정일자	배당 요구여부 (배당요구일자)
홍길동		등기사항 전부증명 서	주거 전세권자	2019.12.28까지	100,000,000				

〈비고〉
전세권설정등기일은 2017. 12. 11.임

※ 최선순위 설정일자보다 대항요건을 먼저 갖춘 주택·상가건물 임차인의 임차보증금은 매수인에게 인수되는 경우가 발생 할 수 있고, 대항력과 우선변제권이 있는 주택·상가건물 임차인이 배당요구를 하였으나 보증금 전액에 관하여 배당을 받지 아니한 경우에는 배당받지 못한 잔액이 매수인에게 인수되게 됨을 주의하시기 바랍니다.

등기된 부동산에 관한 권리 또는 가처분으로 매각으로 그 효력이 소멸되지 아니하는 것
을구 순위 7번 전세권설정등기(2017.12.11.등기)는 말소되지 않고 매수인에게 인수됨

매각에 따라 설정된 것으로 보는 지상권의 개요
해당사항없음

위 매각물건 명세서를 보면 전세권등기는 말소되지 않고 매수인이 인수됨으로 기재되어 있다.

경매의 권리는 인수 또는 소멸 권리이다. 인수한다고 표기되었으면 전세권 이후 등기 권리가 말소 기준권리가 되고, 전세권은 인수 권리가 된다.

낙찰자는 전세 보증금 1억원을 인수하게 된다.

이처럼 선순위 전세권이 있으면 매각물건 명세서를 통해 전세권이 말소기준권리인지 확인할 수 있다.

그리고 전세권 설정과 전입을 같이 하는 임차인들이 많다. 선순위 전세권이 말소된다고 임차권도 말소되는 것은 아니다. 선순위 전세권자가 전세권 설정과 전입을 같이 하면 전세권의 권리와 임차권의 권리를 같이 가지고 있어 하나의 권리가 말소 되어도 다른 권리는 말소되지 않고 남아있다. 하나의 전세권 권리가 말소 되어도 임차권의 권리로 대항력 행사를 할 수 있다는 것을 알아야 한다. 이는 전세권에서 다시 설명하도록 하겠다.

06 말소기준권리 찾기

말소기준권리는 배당 받고 소멸하며 이후의 모든 권리를 소멸시키는 기준권리가 된다. 말소기준권리는 소유권 다음의 선순위 권리로 근저당, 가압류, 압류, 담보가등기, 경매개시결정등기, 전세권 등기만 말소기준권리가 된다.

- 말소기준 : 근저당

18.04.28	18.07.12	19.08.15	20.01.21	20.07.07
소유권	근저당	가압류	압류	임의경매

말소기준은 소유권 다음 등기인 근저당이다. 근저당 접수일 기준 18.07.12 포함 이후의 모든 권리는 소멸한다. 낙찰자가 인수하는 권리는 없다.

- 말소기준 : 가압류

18.04.28	18.07.12	19.08.15	20.01.21	20.07.07
소유권	가압류	근저당	압류	임의경매

말소기준은 소유권 다음 등기인 가압류이다. 가압류 등기접수일 기준 18.07.12 포함 이후 모든 권리는 소멸한다. 낙찰자 인수권리는 없다.

- 말소기준 : 근저당

18.04.28	18.07.12	19.08.15	20.01.21	20.07.07
소유권	가처분	근저당	가압류	임의경매

말소기준권리는 2019년8월15일 근저당이다. 선순위 가처분등기가 있지만 가처분 등기는 말소기준권리가 될 수 없어 근저당이 말소 기준이 된다.

말소시키는 기준은 근저당 접수일 기준으로 근저당 포함 이후 모든 권리는 소멸된다.

가처분은 말소기준권리 이전에 등기되어 인수하는 권리이다. 낙찰자가 소유권을 취득하면 법원에서는 가처분 등기만 빼고 나머지 등기 권리를 말소시킨다.

- 말소기준 : 가압류

18.04.28	18.07.12	19.08.15	20.01.21	20.07.07
소유권	전세권	가압류	근저당	강제경매

매각부동산이 선순위 전세권이 설정되어 있으면 전세권이 말소기준권리인지 먼저 확인해야 한다. 전세권이 말소기준권리가 아니면 다음권리인 가압류가 말소기준권리가 된다.

전세권이 말소기준권리인지 확인하기 위해서는 매각물건 명세서를 보면 확인이 쉽다.

전세권이 말소기준권리가 되려면 전세권에 의해 경매를 신청해야 되고, 후순위 권리가 경매를 신청하면 전세권은 배당요구를 해야 말소된다.

- 말소기준 : 근저당

18.04.28	18.07.12	19.08.15	20.01.21	20.07.07
소유권	전입	근저당	근저당	임의경매

말소기준은 선순위 근저당이다. 근저당 이전 전입이 되어 있으면 인수하는 임차인이다. 이런 임차인을 대항력 있는 임차인이라 한다. 또는 선순위 임차인이라 말한다.

대항력 있는 임차인은 법원에서 배당을 받지 못하거나 일부만 받으면, 배당 받지 못한 금액은 낙찰자가 인수해야 한다. 이는 말소기준권리 이전 권리자이기 때문에 인수하는 것이다. 반대로 임차인이 법원에서 보증금 전액을 배당 받으면 낙찰자가 인수하지 않는다.

- 말소기준 : 가압류

18.04.28	18.07.12	19.08.15	20.01.21	20.07.07
소유권	가등기	가압류	근저당	강제경매

선순위로 가등기가 설정되면 가등기가 말소기준 권리인지 확인해야 된다.

확인하는 방법은 매각물건 명세서를 확인하면 가등기가 담보가등기인지 보전가등기인지 구별할 수 있다. 가등기 중 말소기준권리는 담보가등기만 말소기준권리가 된다.

경매 실무에서는 가등기권자가 배당요구종기일까지 채권계산서나 배당요구하면 담보가등기로 매수인이 인수하지 않고 소멸한다

그러나 배당요구종기일까지 채권계산서나 배당요구하지 않으면 매각물건 명세서 비고란에 매수인이 인수하는 것으로 기재해서 매각절차를 진행하니 유의해야 한다.

2018.07.12 가등기는 보전가등기로 다음 권리인 가압류가 말소기준권리가 된다.

선순위 가등기는 낙찰자가 인수한다. 이런 선순위 가등기를 인수하게 되면, 가등기 권리자가 본등기하는 경우 낙찰자는 소유권을 상실하게 된다.

- 말소기준 : 강제경매개시결정등기

18.04.28	18.07.12	19.08.15	20.01.21	20.07.07
소유권	강제경매	가압류	근저당	압류

말소기준은 강제경매 개시결정등기이다. 강제경매 후 후순위 권리자가 등기를 한 경우이다. 2018.07.12 포함 이후 권리는 모두 소멸한다. 낙찰자 인수 권리는 없다.

07 다양한 사례에서 권리 분석 방법

◆ 낙찰자 인수사례

2차 매각기일 낙찰되었으나 낙찰자가 대금을 납입하지 않았다. 낙찰자가 매각대금을 납입하지 않으면 보증금은 몰수된다.

몰수된 보증금은 배당금액으로 사용된다. 이렇게 보증금 포기로 재매각이 되면 입찰 보증금은 최저경매가격의 20~30%로 결정된다.

임차인현황 — 말소기준권리: 2017.01.03 · 배당요구종기: 2017.10.10

임차인	점유부분	전입/확정/배당	보증금/차임	배당예상금액	기타	대항력
박인자	주거용	전 입 일: 2016.09.28 확 정 일: 미상 배당요구일: 없음	미상	배당금 없음		
기타사항	본건 부동산에 2회 방문하였으나 폐문부재이고, 방문한 취지 및 연락처를 남겼으나 아무런 연락이 없으므로 주민등록 전입된 세대만 임차인으로 보고함. 박인자은(는) 전입일상 대항력이 있으므로, 보증금있는 임차인일 경우 인수여지 있어 주의요함.					

등기부현황

구분	접수일자	권리종류	권리자	채권금액	비고	말소
갑구 2	2016-05-24	소유권 이전(매매)				
갑구 8	2017-01-03	가압류	을	200,882,513원	말소기준등기	말소
갑구 9	2017-01-17	가압류	병	960,313,000원		말소
갑구 11	2017-03-23	가압류	정	12,627,530원		말소
갑구 12	2017-07-20	강제경매	을	청구금액: 960,313,000원		말소
갑구 13	2017-08-08	압류				말소
갑구 14	2017-08-16	가압류		778,880,436원		말소

임차인 현황을 보면 임차인이 거주하고 있다. 임차인의 권리는?

16.05.24	16.09.28	17.01.03	17.01.17~이후생략
소유권	갑 전입	을 가압류	병 가압류

– 말소기준권리 : 가압류(갑 임차보증금 인수)

말소기준권리는 17.01.03 을 가압류이다. 말소기준권리 이전 전입한 임차인은 낙찰자가 인수한다. 말소기준등기 접수일 17년1월3일 이전 전입한 임차인을 대항력 있는 임차인이라 한다. 대항력 있는 임차인은 보증금 전액 변제[11]받지 못하면 낙찰자가 인수한다.

이 경매사건의 낙찰자는 대항력 있는 임차인을 모르고 입찰하여 보증금을 포기

---

11) 변제 : 채무 금액을 상환하는 것을 말한다.

한 사례이다. 말소기준권리 등기일 이전에 전입한 임차인이 있는 경우 임차인이 법원에서 배당을 받는지 권리 분석을 해봐야 한다. 법원에서 보증금을 배당 받지 못하면 낙찰자가 인수해야 한다.

입찰자는 권리분석을 잘못하여 보증금 5천만원을 포기하였다.

이런 물건을 입찰 하려면 우선적으로 선순위 임차인부터 파악해야 한다.

현재 선순위 임차인은 확정일자도 받지 않았고 배당요구도 하지 않았다. 이런 임차인이 있을 경우 낙찰가는 하락한다. 이유는 보증금 파악이 되지 않기 때문이다.

보증금액을 파악하는 사람만 입찰에 참여할 수 있고 낙찰 받을 수 있는 기회를 만드는 것이다. 우선 임차인을 만나 보증금액에 대해 문의하여야 한다. 그러나 쉽지는 않다.

임차인이 보증금액을 법원에 신고하지 않은 이유가 있기 때문이다.

주위 부동산에 탐문하여 임대차 금액을 알아보는 방법과 소유자를 찾아가 설득하여 임대차 계약서를 확인하는 방법이 있다. 이런 물건들은 보증금액을 파악하지 못하면 입찰에 참여해서는 안된다. 경매는 열번 잘해도 한번의 실수로 무너지는 경우도 있기 때문이다.

여기서 대항력 임차인이란? 말소기준등기 접수일 이전 전입한 선순위 임차인을 말한다.

대항력 있는 임차인은 보증금반환청구 및 권리 존속 주장을 할 수 있다.

대항력 있는 임차인이 보증금 전액을 변제 받지 못하면 낙찰자가 인수해야 한다는 것을 주의해야 한다.

◈ 인수되지 않는 사례

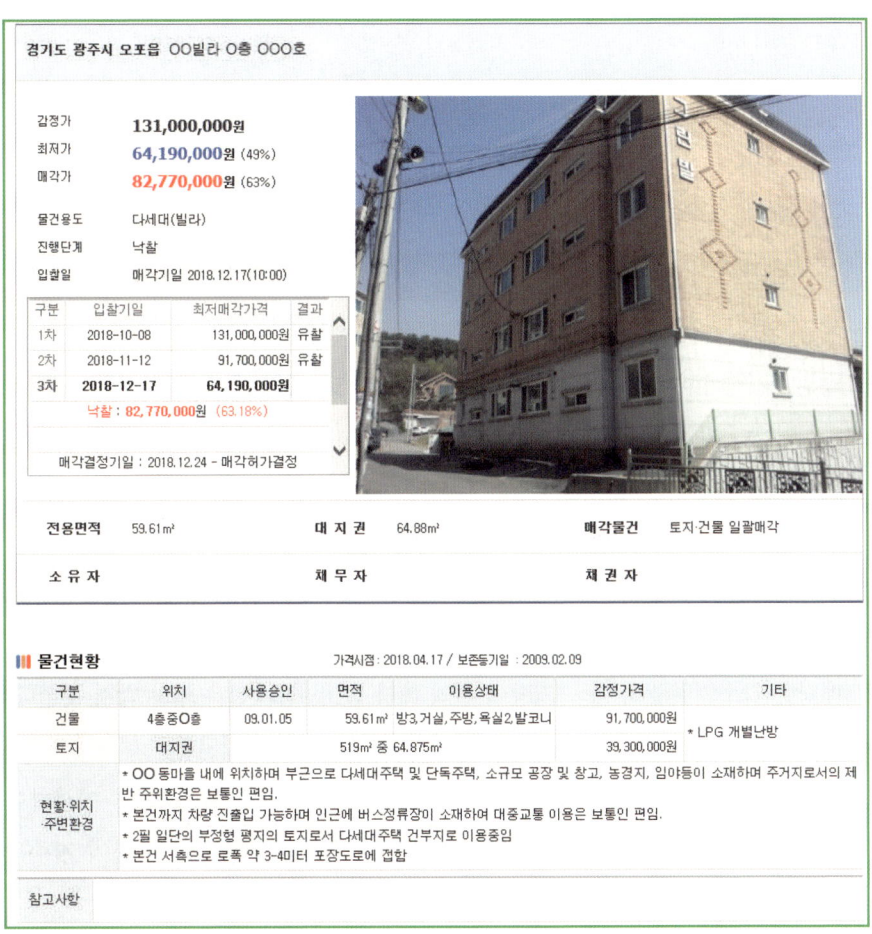

경기도 광주시 오포읍 OO빌라 O층 OOO호

감정가	131,000,000원
최저가	64,190,000원 (49%)
매각가	82,770,000원 (63%)
물건용도	다세대(빌라)
진행단계	낙찰
입찰일	매각기일 2018.12.17(10:00)

구분	입찰기일	최저매각가격	결과
1차	2018-10-08	131,000,000원	유찰
2차	2018-11-12	91,700,000원	유찰
3차	2018-12-17	64,190,000원	
	낙찰 : 82,770,000원 (63.18%)		

매각결정기일 : 2018.12.24 - 매각허가결정

전용면적	59.61㎡	대지권	64.88㎡	매각물건	토지·건물 일괄매각
소유자		채무자		채권자	

■ 물건현황

가격시점 : 2018.04.17 / 보존등기일 : 2009.02.09

구분	위치	사용승인	면적	이용상태	감정가격	기타
건물	4층중O층	09.01.05	59.61㎡ 방3,거실,주방,옥실2,발코니		91,700,000원	* LPG 개별난방
토지	대지권		519㎡ 중 64.875㎡		39,300,000원	

현황·위치 주변환경	* OO 동마을 내에 위치하며 부근으로 다세대주택 및 단독주택, 소규모 공장 및 창고, 농경지, 임야등이 소재하여 주거지로서의 제반 주위환경은 보통인 편임. * 본건까지 차량 진출입 가능하며 인근에 버스정류장이 소재하여 대중교통 이용은 보통인 편임. * 2필 일단의 부정형 평지의 토지로서 다세대주택 건부지로 이용중임 * 본건 서측으로 로폭 약 3-4미터 포장도로에 접합
참고사항	

■ 임차인현황

말소기준권리 : 2014.12.08 · 배당요구종기 : 2018.06.18

임차인	점유부분	전입/확정/배당	보증금/차임	배당예상금액	기타	대항력
	주거용	전 입 일: 2018.03.22 확 정 일: 미상 배당요구일: 2018.04.12	미상	배당금 없음		없음
갑	주거용 전부	전 입 일: 2016.08.05 확 정 일: 2016.08.05 배당요구일: 2018.04.12	보75,000,000원	배당순위있음		없음

기타사항	임차인수: 2명 , 임차보증금합계: 75,000,000원 ☞거주자가 폐문부재하여 권리신고 및 배당요구신청 안내문을 출입문에 부착함. 주민센터에서 전입세대열람 내역 및 주민등록표 등본을 발급받음

등기부현황

구분	접수일자	권리종류	권리자	채권금액	비고	말소
갑구 6	2013-12-30	소유권이전(상속)			협의분할에 의한 상속	
을구 5	2014-12-08	근저당	을	208,000,000원	말소기준등기	말소
갑구 7	2018-04-04	임의경매	을	청구금액: 179,701,040원		말소
갑구 8	2018-05-31	압류				말소

권리 순서를 정리하면

13.12.30	14.12.08	16.08.05	18.04.04
소유권	을 근저당	갑 전입	경매신청

- 말소기준권리 : 근저당

    말소기준권리는 을 근저당이다.

    임차인은 말소기준 권리 이후 전입되어 말소되는 권리이다.

    말소기준권리의 등기일 14년 12월 8일을 포함하여 이후 모든 권리는 배당받고 소멸하며, 낙찰자가 인수하는 권리는 없다.

    배당은 말소기준권리 을 근저당이 전액 배당 받고, 임차인은 배당 받지 못한다.

    임차인의 권리는 말소기준권리 이후 전입되어 권리가 소멸된다.

    이 매각 물건은 소유자가 거주하고 있었으며, 소유자가 말도 없이 이사하여 인도명령신청 없이 부동산을 명도했다. 현재 이 물건은 낙찰 받은 분이 거주하고 있다.

    낙찰자가 임차인의 보증금을 인수하거나 소멸되어 인수하지 않아도 되는 경우의 기준점은 말소기준권리다. 그래서 말소기준권리 이후에 등기된 권리나 임차권 등은 모두 소멸한다.

    반대로 말소기준등기일 이전에 등기된 권리와 임차권은 인수해야 한다. 이런 선순위임차인이 배당요구해서 미배당금이 발생했다면 낙찰자가 인수해야 한다.

    선순위 임차인이 전액 배당 받으면 낙찰자가 인수하지 않는다.

PART 07

주택임대차 보호법

01 주택임대차 보호법

국민 주거생활의 안정을 보장함을 목적으로 주거용 건물의 임대차에 관하여 민법에 대한 특례를 규정한 법률. 미등기. 무허가 건물에도 이법이 적용된다(법률 제12989호).

02 주택임대차 보호법의 적용대상

용도가 주거용일 것, 일정면적 이상 주거용으로 사용할 것 또는 유일한 주거용일 것, 임대차계약의 목적이 주거용일 것 등의 기준에 적합해야 한다.

적용대상이 주거용 건물인지를 판단함에 있어서 임대차목적물의 공부상의 표시만을 기준으로 할 것이 아니라 그 실제 용도에 따라 정하여야 하고, 주거용과 비주거용으로 겸용하여 사용하는 경우 임대차의 목적, 전체건물과 임대차목적물의 구조와 형태 및 임차인의 임대차목적물의 이용관계, 임차인이 그곳에서 일상생활을 영위하는지 등을 고려하여 결정해야 한다.

주거용 건물의 기준
- 용도가 주거용일 것
- 일정면적 이상 주거로 사용할 것
- 유일한 주거 공간일 것
- 임대차 계약의 목적이 주거용일 것

03 주택임차인의 권리 취득

임대차는 그 등기가 없는 경우에도 임차인이 주택인도[12]와 주민등록을 마친 때에는 <u>그 익일로부터 제3자에게 효력이 발생한다(전입 후 익일 0시 효력 발생).</u>

주민등록은 거래의 안전을 위해 임대차의 존재를 제3자가 명백히 인식할 수 있게 하는 공시 방법이다(대판97다29530, 99다4207). 임차인은 전입을 통해 권리를 취득하게 된다.

등기하지 않는 권리는 전입을 통해 제3자에게 공시하게 되어 있고, 공시를 통해 임차인의 권리를 취득하게 된다.

◆ 대항력이 발생하는 시기

민법 제621조 1항은 부동산 임대차를 등기한 때에는 그때부터 제3자에게 효력이 생긴다. 라고 규정하고 주택임대차보호법 제3조1항은 임대차는 그 등기가 없는 경우에도 임차인이 주택의 인도와 주민등록을 마친 때에는 그 익일로부터 제3자에 대하여 효력이 생긴다고 규정하고 있는데 여기서 제3자에게 효력이 생긴다라는 것은 바로 임대차의 대항력을 의미하는 것이다.

◆ 대항력의 의미

이미 성립한 법률관계를 타인에 대하여 주장할 수 있는 법률상의 힘을 말한다.
경매에서는 말소기준권리 이전에 전입한 임차인에게 발생하는 권리이다.

---

12) 주택인도 : 당사자의 합의에 의하여 동산 또는 부동산의 점유를 이전하는 일.

◆ 임차인의 대항요건은?

임차인은 주민등록과 주택인도를 마치면 다음날 오전 0시에 대항력이 발생한다.

전입신고 + 주택인도 (대항요건)

◆ 대항력의 존속시기

대항력을 유지하기 위해서는 주택의 점유와 주민등록을 계속 존속하고 있어야 한다.

◆ 대항력이 발생하지 않는 유형

1) 임차주택의 지번을 착오로 다르게 잘못 기재된 경우에 대항력이 인정되는지 여부의 판단기준

가. 잘못 기재가 임차인 자신의 과실로 인한 경우에는, 그 정정한 날짜에 대항력이 주어진다.

나. 잘못 기재가 관계 공무원의 과실로 인한 경우에는 대항력이 인정된다.

다. 동·호수 기재를 하지 않았거나 기재를 잘못한 경우
- 공동주택 : 동·호수를 정확하게 기재하여야 대항력이 발생한다.
- 단독주택 : 지번만 정확하게 기재되면 대항력이 인정된다(다가구 주택).

대법원 1996.4.12. 선고 95다55474, 1996.2.23. 선고 95다48421 판결

임차인이 그 임차주택을 건축물대장 및 등기부상 표시와 다르게 현관문에 부착된 호수의 표시대로 그 임대차계약서에 표시하고, 주택에 입주하여 그 계약서상의 표시대로 전입신고를 하여 그와 같이 주민등록표에 기재된 후 그 임대차계약서에 확정일자를 부여받은 경우, 그 임차주택의 실제 표시와 불일치한 표시로 행해진 임차인의 주민등록은 그 임대차의 공시방법으로 무효이다. 따라서 임차권자는 낙찰자에 대하여 대항력을 가지지 못하므로, 그 주택의 경매대금에서 임대차보증금을 우선변제 받을 권리가 없다.

2) 법인의 대항력

가. 법인은 원칙적으로 보호를 받지 못한다.

나. 예외적으로 적용하는 법인

- 국민주택 및 지방 공기업
- 「중소기업기본법」 제2조에 따른 중소기업에 해당하는 법인이 소속 직원의 주거용으로 주택을 임차한 후 그 중소기업 법인이 선정한 직원이 해당 주택을 인도받고 주민등록을 마쳤을 때에는 그 다음 날부터 제3자에 대하여 효력이 생긴다(주택임대차보호법 제3조제3항 전단).

다. 임대주택의 전차인

LH소유 임대 아파트를 5년 후 분양 조건으로 갑에게 임대를 하였다. 그러나 갑은 개인사정으로 임대 아파트에 거주 못하고 LH의 동의를 얻어 을에게 전대하고 이주를 하였다. 그럼 전차인 을의 대항력 시점은?

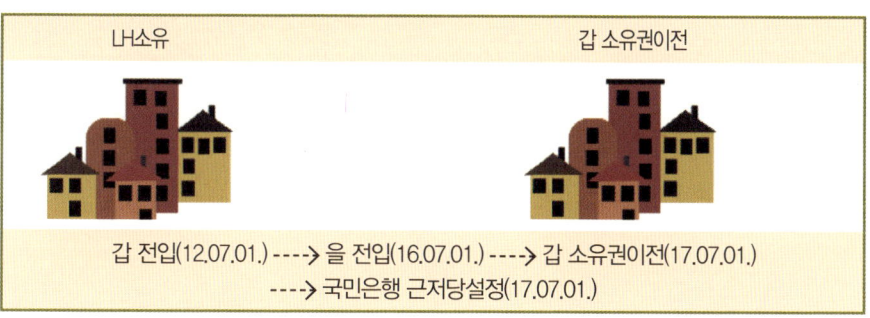

전차인 을의 대항력 발생시점은 갑의 명의로 소유권 이전 등기된 때부터이다. (대법원2001년 1월 30일 선고 2000다58026)

문제는 갑이 소유권이전과 동시에 근저당을 설정한 경우에 발생한다.
- 전차인 을의 대항력 발생시기 → 소유권이전 등기된 때(임차인의 권리 17년1월1일)

- K 근저당 발생시기 → 17년7월1일

권리상 선후 관계를 보면 근저당은 소유권이전 등기된 이후 근저당 설정이 가능하기 때문에 전차인의 권리 순서가 빠르므로 을은 대항력을 취득하게 된다.

3) 무상거주각서

부동산을 담보로 대출을 받기 위해서 무상거주각서가 제출된 경우에는 임대차 계약관계로 볼 수 없다.

대법원 1987.12.8. 선고 87다카1738 판결 【건물명도】

> 임대인 갑이 을에게 임대한 자기소유의 건물을 담보로 제공하고 은행융자를 받음에 있어 임차인 을이 위 건물의 담보가치를 높게 평가 받도록 하기 위하여 은행직원에게 아무런 임료도 지급함이 없이 무상으로 거주하고 있다는 거짓내용의 확인서를 작성해 주었으며 또 위 건물에 대한 경매절차가 끝날 때까지도 그 임대차관계를 밝히지 아니하여 경락인 병이 이를 알지 못하였다면 을이 병의 명도청구에 즈음하여서 태도를 번복하여 그 임대료(전세금) 반환을 요구하면서 그 명도를 거부하는 것은 특단의 사정이 없는 한 금반언[13]내지 신의칙[14]에 위반된다.

---

[13] 금반언의 원칙(禁反言의 原則)은 이미 표명한 자기의 언행에 대하여 이와 모순되는 행위를 할 수 없다는 원칙을 말한다. 모순된 선행행위를 한 자는 그에 대한 책임을 부담하여야 한다는 의미이다

[14] 신의성실의 원칙(信義誠實原則,)은 모든 사람이 사회공동생활의 일원으로서 상대방의 신뢰에 반하지 않도록 성의있게 행동할 것을 요구하는 법원칙이다. 줄여서 신의칙(信義則)이라고 한다.

04 확정일자제도

◈ 주택임차인의 확정일자 제도

임차인은 채권자에 불과함으로 우선변제권이 없음이 원칙이나 주택임대차보호법은 대항요건과 임대차계약증서상 확정일자를 갖춘 주택임차인에게 담보물건자와 유사한 권리를 인정하여 민사집행법상의 경매나 국세징수법상의 공매 시 임차주택의 매각대금으로부터 후순위권리자나 그 밖의 채권자보다 우선하여 보증금을 변제받을 권리가 있다(주택임대차보호법 제3조의2 제2항).

◈ 우선변제권의 행사 요건

1) 대항요건의 구비
우선변제권은 대항요건을 구비한 임차인에게만 인정한다.

2) 대항요건의 존속
임차인이 우선변제권을 행사하기 위해서는 이러한 대항 요건을 경매개시결정 등기 후 집행법원이 정한 배당요구 종기일까지 계속 존속하여야 한다.

◈ 확정일자 제도

확정일자란 그 날짜 현재에 그 문서가 존재하고 있었다는 것을 증명하기 위하여 법률상 인정되는 일자로서 당사자가 나중에 변경하는 것이 불가능한 확정된 일자를 말한다.

확정일자 제도는 사회적 약자인 세입자를 보호하기 위하여 채권 계약인 주택임대차에 대하여 물권적 효력을 인정하여 주는 제도로써 1989년12월30일부터 시행되었다.

즉 확정일자를 받는 이유는 물권과 동등한 지위를 얻기 위해서이다(우선변제권 부여).

주택임차인을 보호하기 위하여 주택임대차보호법 제3조제2항에 임대증서상의 확정일자를 갖춘 임차인은 후순위권리자 및 기타 채권자보다 우선하여 보증금을 변제 받을 권리가 있다. 라고 명시되어 있다.

확정일자를 받으면 당일 9시 우선변제권 효력이 발생하여 점유 부동산이 매각이 되면 후순위 권리자보다 우선 배당 받을 권리가 생긴다.

05 전입과 확정일자의 효력발생 시기

전입신고의 효력 발생은 전입신고 후 익일 0시에 효력이 발생하는 것이고, 확정일자는 당일 9시에 효력이 발생한다.

- 전입. 확정일자. 근저당 설정일자가 각기 다른 경우

17.07.01 전입	17.07.02 확정일자	17.07.03 근저당
대항력 07.02 0시 발생	우선변제 07.02 9시 발생	07.03 9시 효력 발생

전입은 익일 0시 대항력 발생, 확정일자 당일 9시 효력발생, 근저당 당일 9시 효력이 발생한다.

- 전입일보다 확정일이 빠른 경우

17.07.01 확정일	17.07.02 전입	17.07.03 근저당
우선변제 07.03 0시 발생	대항력 07.03 0시 발생	07.03 9시 효력 발생

전입보다 확정일자를 먼저 받으면 확정일자의 우선변제권은 전입신고 효력 발생시에 우선변제권 효력이 발생한다. 이유는 우선변제권은 대항력 없이는 발생하지 않기 때문이다.

확정일자를 먼저 받거나 전입과 동시에 확정일을 받으면 전입신고 효력발생일을 기준하여 우선변제권이 발생한다.

– 전입, 확정일자, 근저당 설정일자가 같은 일자인 경우

17.07.02 전입, 확정일, 근저당	
– 전입일 : 17.07.03 0시 – 확정일 : 17.07.03 0시 – 근저당 : 17.07.02 9시	말소기준권리는 17.07.02이며 임차인의 효력발생 발생시기는 17.07.03 0시이다. 즉 대항력이 없는 임차인이다.

전입과 동시에 확정일자를 받고 같은 날 금융사에서 대출을 받은 경우이다.

근저당은 당일 9시에 효력이 발생하지만 전입신고는 익일 0시에 효력이 발생하여 근저당이 우선한다. 확정일자는 당일 9시이지만 전입일과 같은 날이거나 전입일 먼저 확정일자를 받은 경우에는 전입일 효력발생 일자에 확정일자 효력이 발생한다.

◈ 주택임대차보호법 주요내용(개정 포함)

1) 임대차의 기간(주택임대차보호법 제4조)

① 기간을 정하지 아니하거나 2년 미만으로 정한 임대차는 그 기간을 2년으로 본다. 다만, 임차인은 2년 미만으로 정한 기간이 유효함을 주장할 수 있다.

② 임대차기간이 끝난 경우에도 임차인이 보증금을 반환받을 때까지는 임대차 관계가 존속되는 것으로 본다.

2) 계약의 갱신(주택임대차보호법 제6조)

① 임대인이 임대차기간이 끝나기 6개월 전부터 2개월 전까지의 기간에 임차

인에게 갱신거절의 통지를 하지 아니하거나 계약조건을 변경하지 아니하면 갱신하지 아니한다는 뜻의 통지를 하지 아니한 경우에는 그 기간이 끝난 때에 전 임대차와 동일한 조건으로 다시 임대차한 것으로 본다. 임차인이 임대차기간이 끝나기 2개월 전까지 통지하지 아니한 경우에도 또한 같다. [개정 2020.06.09] [시행일 2020.12.10]

② 제1항의 경우 임대차의 존속기간은 2년으로 본다. [개정 2009.05.08]

③ 2기(期)의 차임액에 달하도록 연체하거나 그 밖에 임차인으로서의 의무를 현저히 위반한 임차인에 대하여는 제1항을 적용하지 아니한다.
임차인의 계약갱신 청구권은 1회에 한해서 행사할 수 있도록 하였으며 갱신되는 임대차 존속 기간은 2년으로 본다.

◈ 임차인 계약갱신 요구(주택임대차보호법 제6조의3)

(1) 제6조에도 불구하고 임대인은 임차인이 제6조제1항 전단의 기간 이내에 계약갱신을 요구할 경우 정당한 사유 없이 거절하지 못한다. 다만, 다음 각 호의 어느 하나에 해당하는 경우에는 그러하지 아니하다.
- 임차인이 2기의 차임액에 해당하는 금액에 이르도록 차임을 연체한 사실이 있는 경우
- 임차인이 거짓이나 그 밖의 부정한 방법으로 임차한 경우
- 서로 합의하여 임대인이 임차인에게 상당한 보상을 제공한 경우
- 임차인이 임대인의 동의 없이 목적 주택의 전부 또는 일부를 전대(轉貸)한 경우
- 임차인이 임차한 주택의 전부 또는 일부를 고의나 중대한 과실로 파손한 경우
- 임차한 주택의 전부 또는 일부가 멸실되어 임대차의 목적을 달성하지 못 할 경우
- 임대인이 다음 각 목의 어느 하나에 해당하는 사유로 목적 주택의 전부 또는 대부분을 철거하거나 재건축하기 위하여 목적 주택의 점유를 회복할 필요가 있는 경우

가. 임대차계약 체결 당시 공사시기 및 소요기간 등을 포함한 철거 또는 재건축 계획을 임차인에게 구체적으로 고지하고 그 계획에 따르는 경우
나. 건물이 노후·훼손 또는 일부 멸실되는 등 안전사고의 우려가 있는 경우
다. 다른 법령에 따라 철거 또는 재건축이 이루어지는 경우
- 임대인(임대인의 직계존속·직계비속을 포함한다)이 목적 주택에 실제 거주하려는 경우
- 그 밖에 임차인이 임차인으로서의 의무를 현저히 위반하거나 임대차를 계속하기 어려운 중대한 사유가 있는 경우

(2) 임차인은 제1항에 따른 계약갱신요구권을 1회에 한하여 행사할 수 있다. 이 경우 갱신되는 임대차의 존속기간은 2년으로 본다.

(3) 갱신되는 임대차는 전 임대차와 동일한 조건으로 다시 계약된 것으로 본다. 다만, 차임과 보증금은 제7조의 범위에서 증감할 수 있다.

(4) 제1항에 따라 갱신되는 임대차의 해지에 관하여는 제6조의2를 준용한다.

(5) 임대인이 제1항제8호의 사유로 갱신을 거절하였음에도 불구하고 갱신요구가 거절되지 아니하였더라면 갱신되었을 기간이 만료되기 전에 정당한 사유 없이 제3자에게 목적 주택을 임대한 경우 임대인은 갱신거절로 인하여 임차인이 입은 손해를 배상하여야 한다.

(6) 제5항에 따른 손해배상액은 거절 당시 당사자 간에 손해배상액의 예정에 관한 합의가 이루어지지 않는 한 다음 각 호의 금액 중 큰 금액으로 한다.
- 갱신거절 당시 월차임(차임 외에 보증금이 있는 경우에는 그 보증금을 제7조의2 각 호 중 낮은 비율에 따라 월 단위의 차임으로 전환한 금액을 포함한다. 이하 "환산 월차임"이라 한다)의 3개월분에 해당하는 금액
- 임대인이 제3자에게 임대하여 얻은 환산월차임과 갱신거절 당시 환산 월차임간 차액의 2년분에 해당하는 금액

- 제1항제8호의 사유로 인한 갱신거절로 인하여 임차인이 입은 손해액

  [본조신설 2020. 7. 31]

◈ 차임의 증감 청구권(주택임대차보호법 제7조)

① 당사자는 약정한 차임이나 보증금이 임차주택에 관한 조세, 공과금, 그 밖의 부담의 증감이나 경제사정의 변동으로 인하여 적절하지 아니하게 된 때에는 장래에 대하여 그 증감을 청구할 수 있다. 이 경우 증액청구는 임대차계약 또는 약정한 차임이나 보증금의 증액이 있은 후 1년 이내에는 하지 못한다. [개정 2020. 7. 31]

② 제1항에 따른 증액청구는 약정한 차임이나 보증금의 20분의 1의 금액을 초과하지 못한다. 다만, 특별시·광역시·특별자치시·도 및 특별자치도는 관할 구역 내의 지역별 임대차 시장 여건 등을 고려하여 본문의 범위에서 증액청구의 상한을 조례로 달리 정할 수 있다. [신설 2020. 7. 31]

◈ 묵시적 갱신의 계약 해지

① 제6조제1항에 따라 계약이 갱신된 경우 같은 조 제2항에도 불구하고 임차인은 언제든지 임대인에게 계약해지(契約解止)를 통지할 수 있다. [개정 2009.05.08]

② 제1항에 따른 해지는 임대인이 그 통지를 받은 날부터 3개월이 지나면 그 효력이 발생한다.

06 임차인이 배당 받으려면

임차인이 점유 중인 부동산이 경매로 진행이 되면, 법원에 배당요구(임차보증금)를 해야 매각대금에서 배당 받을 자격이 주어진다.

임차인은 임차 보증금에 대한 배당요구를 법원이 정한 배당요구 종기일 이전 제출해야만 배당에 참여할 수 있다.

◈ 임차인의 배당 요건

전입	확정일자	배당요구	배당여부
○	○	○	배당
○	○	×	배당요구를 하지 않아 미배당
○	×	○	확정일자(우선변제)가 없어 미배당

임차인은 배당요구 또는 확정일자가 없으면 매각대금에서 배당을 받을 수 없다.

배당요구를 하지 않으면 매각대금에서 배당하여 주지 않고, 확정일자가 없으면 우선변제권리가 없어 배당을 받을 수 없다.

임차인이 배당 받으려면 확정일자가 있어야 하며 배당요구 종기일 이전 배당요구를 해야한다.

◈ 임차인의 배당 예시

- 배당금 2억

15.07.01 소유권	15.09.07 갑 근저당	15.10.07 을 전입	16.07.01 병 근저당
	1억	1억 확정일 : 15.10.07 배당요구 : ○	2억

- 말소기준권리 : 갑 근저당
- 배당

갑 근저당	을 임차인	병 근저당
1억	1억	0원

을 임차인의 배당 기준일은 확정일자이다(15.10.08 0시 우선변제권 취득).

말소기준권리는 갑 근저당으로 말소기준권리 포함 이후 모든 권리는 소멸한다. 선순위 갑 근저당이 먼저 배당 받고 잔여금액은 확정일자와 배당요구종기일 이전 배당 신청한 임차인이 배당 받는다. 임차인의 전입일자와 확정일자는 병 근저당보다 빨라 우선변제권에 의해 을 임차인이 먼저 배당 받는다

● 배당금 2억

15.07.01 소유권	15.09.07 갑 근저당	15.10.07 을 전입	16.07.01 병 근저당
	1억	1억 확정일 : x 배당요구 : o	2억

- 말소기준권리 : 갑 근저당
- 배당

갑 근저당	병 근저당	을 임차인
1억	1억	0원

을 임차인은 확정일자를 받지 않아 우선변제권이 없어 배당을 받지 못한다.

임차인이 배당 받으려면 확정일자가 있어야 하고 배당요구 종기일 이전 배당 신청해야 한다. 을 임차인은 확정일자가 없어 후순위 병 근저당보다 우선적으로 배당 받을 권리가 없어 배당잔액은 병 근저당이 배당을 받는다.

● 배당금 2억

15.07.01 소유권	15.09.07 갑 근저당	15.10.07 을 전입	16.07.01 병 근저당
	1억	1억 확정일 : 15.10.07 배당요구 : ×	2억

- 말소기준권리 : 갑 근저당
- 배당

갑 근저당	병 근저당	을 임차인
1억	1억	0원

말소기준권리는 갑근저당이다. 갑 근저당 포함 이후 모든 권리는 소멸한다.

후순위 을 임차인은 확정일자를 받았으나 배당요구를 하지 않아 배당 받지 못한다.

임차인이 배당을 받으려면 확정일자와 배당요구종기일 이전 배당요구를 해야 매각대금에서 배당을 받을 수 있다. 을 임차인의 보증금은 말소기준권리 이후 후순위 임차인으로 낙찰자가 인수하지 않는다.

● 배당금 2억

15.07.01 소유권	15.09.07 갑 전입	15.10.07 을 근저당	16.07.01 병 근저당
	1억 확정일 : 15.09.07 배당요구 : ○	2억	2억

- 말소기준 : 을 근저당
- 배당

갑 임차인	을 근저당	병 근저당
1억	1억	0원

갑 임차인은 말소기준권리 이전에 전입한 대항력 있는 임차인이다.

갑 임차인은 전액 배당 받아 낙찰자가 인수하지 않는다. 갑 임차인의 우선변제권 효력은 15년9월8일 0시이고 을 근저당의 우선변제권 효력일은 15년10월7일 9시이다.

갑 임차인의 확정일자가 을 근저당보다 빠르고 배당요구종기일 이전 배당 신청하여 갑 임차인은 선순위로 배당 받는다.

만약 임차인이 확정일자를 받지 않았거나 확정일자가 을 근저당보다 늦거나 또는 배당요구를 하지 않았다면 갑 임차인은 매각대금에서 배당 받지 못한다. 배당받지 못한 선순위 임차인의 보증금은 낙찰자가 인수한다.

● 배당금 2억

15.07.01 소유권	15.09.07 갑 전입	15.10.07 을 근저당	16.07.01 병 근저당
	1억 확정일 : 15.09.07 배당요구 : x	2억	2억

- 말소기준 : 을 근저당
- 배당

을 근저당	병 근저당	갑 임차인
2억	0원	낙찰자 보증금 인수

갑 임차인은 선순위 임차인이다. 선순위 임차인이 매각대금에서 배당을 받으려면 확정일자를 받아야 하고, 배당요구종기일 이전 배당요구를 해야 한다. 갑 임차인의 확정일자는 을 근저당 접수일보다 빠르지만 배당요구를 하지 않아 배당 받지 못한다.

임차인이 배당 요구를 하지 않는 것은 두가지로 해석된다.

하나는 계약기간이 남아 잔여 기간동안 계약을 유지하려는 목적이다.

다른 하나는 배당 요구를 하지 않아도 선순위 임차인(대항력 임차인)이라 낙찰자에게 보증금 반환 청구를 할 수 있기 때문에 법원에 배당요구를 하지 않은 경우이다.

이처럼 선순위 임차인은 배당 받지 못하면 낙찰자가 인수 하게 된다.

● 배당금 3억

15.07.01 소유권	15.09.07 갑 전입	15.10.07 을 근저당	16.07.01 병 근저당	16.07.04 갑 확정일
	1억 확정일 : 16.07.04 배당요구 : 0	2억	1억	1억

– 말소기준 : 을 근저당

– 배당

을 근저당	병 근저당	갑 임차인
2억	1원	낙찰자 보증금 인수

말소기준권리는 을 근저당이다. 선순위 임차인 갑은 확정일자를 16.07.04에 받고 법원에 배당요구를 했다. 그러나 확정일자를 16.07.04에 받아 갑 임차인의 우선변제권은 16.07.04 9시에 효력이 발생한다. 확정일자를 늦게 받은 임차인의 배당순위는 병 근저당보다 늦어 배당을 받을 수 없다. 선순위 임차인이지만 확정일자가 후순위 권리보다 늦으면 배당 순위가 뒤로 밀린다.

갑 임차인은 대항력 있는 임차인으로 배당 받지 못한 금액은 낙찰자가 인수한다.

● 배당금 2억

15.07.01 소유권	15.09.07 갑 근저당	15.10.07 을 전입	16.07.01 병 근저당	16.07.04 을 확정일
	1억	2억 확정일 : 16.07.04 배당요구 : 0	1억	1억

- 말소기준 : 갑 근저당
- 배당

갑 근저당	병 근저당	을 임차인
1억	1원	소멸

말소기준권리는 갑 근저당이다. 말소기준권리 포함 이후의 모든 권리는 소멸한다.

배당금액은 2억원으로 선순위 근저당이 우선변제권에 의해 우선배당 받고, 을 임차인의 말소기준권리는 2순위이지만 확정일자를 늦게 받아 배당을 받지 못한다.

을 임차인의 우선변제권은 병 근저당보다 늦어 배당 잔여금액이 없어 배당을 받지 못하고 소멸한다. 이처럼 전입은 빠르나 확정일자가 늦어 배당을 받지 못하는 사례가 있다.

07 가장 임차인

가장 임차인이란 대부분 경매 매각대상 부동산에서 배당 받을 목적으로 임차인을 전입시키거나 허위 계약서 등을 작성하여 임차인의 권리를 주장하는 임차인들을 말한다.

대부분 소유자 및 채무자들이 지인이나 특수 관계인을 임차인으로 둔갑시켜 배당을 신청하게 한다.

◆ **가장임차인의 유형**

소유자와 특수관계인으로 최우선변제금을 배당 받기 위해 경매개시결정등기

이전 전입을 시켜 소액임차인으로 배당 요구를 한다. 소액임차보증금액을 배당 받기 위한 목적이며, 경매 사건에 자주 등장한다.

소유자가 경매가 들어갈 것을 예상하여 특수관계인과 허위임대차 계약을 작성하여 경매가 매각되어 인도 될 때까지 거주를 한다. 말소기준권리 이전에 전입하게 되면 선순위 임차인으로 보증금을 반환 받을 수 있고, 보증금을 받을 때까지 점유 부동산의 인도를 거부할 수 있다. 허위 임대차계약서를 작성하여 있지도 않은 보증금을 받기 위해 임차인 행세를 하는 것이다.

또는 선순위 임차인으로 전입하여, 법원에 배당요구서를 제출하지 않는다.

이렇게 되면 임차인의 보증금 등 임차인의 권리를 파악할 수 없어, 사람들이 입찰에 참여하지 않아 낮은 가격으로 유찰이 된다. 낮은 가격에 떨어지면 소유자 가족 및 특수관계인이 낙찰을 받아 소유권을 취득하게 된다.

이 두가지 목적으로 경매가 들어갈 것을 예상하고 허위 임대차 계약을 체결하여 전입시키는 경우도 있다. 그러나 이러한 경우는 그리 많지 않다.

◆ 가장 임차인 선별 요령

1) 소액임차인 선별요령

임차인의 전입일자를 봐야 한다. 소액임차보증금 배당 목적으로 전입한 임차인 경우에는 경매가 임박하여 전입하는 경우가 많다. 또는 경매대상 부동산의 채무금액이 초과한 상태에서 임차한 경우도 전입한 임차인을 의심해 봐야 한다.

이렇게 의심되는 임차인이 있을 경우 채권자들은 배당이의 신청을 한다. 가장 임차인으로 배당에서 제외시켜 달라는 요청이다. 가장 임차인이 최우선변제금을 배당 받으면 채권자들이 배당 받을 금액이 줄어들기 때문이다.

요즘 가장 임차인으로 의심되는 임차인이 전입되어 배당 신청하는 경우 배당이의 신청이 많다. 가장 임차인이 많아서이다. 채권자들이 배당이의신청을 하면 배당금을 지급하지 않고 공탁한다. 또 법원은 임차인이 진정한 임차인인지 보정명령을 통해 심문 절차를 거친다. 이때 임차인은 법원에 출석하여 임차인임을 소명해야 한다. 통장으로 주고받은 임대차 보증금 금융거래내역, 임대차계약서 등을 제출하고 진정한 임차인임을 증명해야 법원에서 배당을 해준다.

 대법원 2005. 5. 13 선고 2003다50771 판결 [배당이의]

주택임대차보호법 제8조의 소액보증금 최우선변제권은 임차목적 주택에 대하여 저당권에 의하여 담보된 채권, 조세 등에 우선하여 변제받을 수 있는 일종의 법정담보물권을 부여한 것이므로, 채무자가 채무초과상태에서 채무자 소유의 유일한 주택에 대하여 위 법조 소정의 임차권을 설정해 준 행위는 채무초과상태에서의 담보제공행위로서 채무자의 총재산의 감소를 초래하는 행위가 되는 것이고, 따라서 그 임차권설정행위는 사해행위취소의 대상이 된다고 할 것이다.

2) 전입만 되어 있는 임차인

실거주 중인지 확인해야 한다. 전입되어 있는 선순위 임차인이 실거주 중인지 확인해야 한다. 다가구 경매 사건에 종종 발생하는 일이다. 전입은 되어 있어 임차인으로 등재되어 있는 임차인들이 있다. 이런 임차인들은 이사 후 전출 신고를 하지 않아 전입만 되어 있는 경우이다.

3) 임대차관계

종종 가족관계이나 임차인으로 등재되어 있는 경우가 있다. 가족간에도 부부나 동일세대원 등이 아니라면 임대차관계가 성립될 수도 있다. 부모자식 관계, 형제관계, 친인척관계 등에서도 적법한 임대차 계약을 체결할 수 있다. 이런 경우 임차인 전입 후, 후순위로 은행권에서 시세대비 대출이 많이 나갔을 경우 정상적인 임대차인지 의심해 봐야 한다. 이런 경매 물건이 진행이 되면 은행에 확인해 보면 되지만 은행에서 개인신용정보법에 의해 제3자에게 임대차 내용을 알려주지 않기 때문에 확인이 힘들다. 은행에서 임차인이 아닌 무상 임차인이라 먼저 법원에 고지하는 경우도 많다.

또 후순위 등기권리자를 통해 임차인에 대해 탐문하는 방법도 있다.

가족간, 친인척간 임대차가 되어 있으면 진정한 임대차 계약인지 확인해 봐야 한다. 선순위 임차인의 권리가 불분명할 때는 낙찰가격이 하락한다.

선순위 임차인의 권리를 인수해야되는 부담 때문에 입찰을 하지 않는다. 선순위 임차인의 권리를 파악하는 사람만 입찰이 가능하다. 이런 물건이 때로는 높은 수익이 발생하기도 한다.

대법원 1997. 10. 10 선고 95다44597 판결 [배당이의]

판시사항

주택임대차보호법상 소액임차인의 우선변제권의 요건인 주택의 인도 및주민등록의 존속기간의 종기(=경락기일)

판결요지

주택임대차보호법 제8조에서 임차인에게 같은 법 제3조 제1항 소정의 주택의 인도와 주민등록을 요건으로 명시하여 그 보증금 중 일정액의 한도 내에서는 등기된 담보물권자에게도 우선하여 변제받을 권리를 부여하고 있는 점, 위 임차인은 배당요구의 방법으로 우선변제권을 행사하는 점, 배당요구시까지만 위 요건을 구비하면 족하다고 한다면 동일한 임차주택에 대하여 주택임대차보호법 제8조 소정의 임차인 이외에 같은 법 제3조의2 소정의 임차인이 출현하여 배당요구를 하는 등 경매절차상의 다른 이해관계인들에게 피해를 입힐 수도 있는 점 등에 비추어 볼 때, 공시방법이 없는 주택임대차에 있어서 주택의 인도와 주민등록이라는 우선변제의 요건은 그 우선변제권 취득시에만 구비하면 족한 것이 아니고, 배당요구의 종기인 경락기일까지 계속 존속하고 있어야 한다.

4) 고지서 확인

관리비, 각종 공과금, 신문대금, 우편물 등 누구 명의로 발송되었는지 확인해 봐야 한다.

현재 임대차계약 관계인으로 발송이 되었는지 확인해 봐야 한다.

특히 자동이체인 경우 누구 명의인지 알 수 있다.

현재 임차인이 거주 중이면 각종 고지서 및 공과금이 임차인 앞으로 부과되어야 한다. 임차인 명의가 아닌 소유자 명의로 발송이 된다면, 가장 임차인으로 의심해야 한다.

이런 자료들을 수집하여 명도 소송시 활용해야 한다.

08 사례로 보는 권리분석

◆ 대항력 있는 임차인 배당사례

경기도 수원시 영통구 이의동 ○○○아파트 ○○○○동 ○○호

감정가	389,000,000원	
최저가	389,000,000원 (100%)	
매각가	462,880,000원 (119%)	
물건용도	아파트	
진행단계	낙찰	
입찰일	매각기일 2018.06.26 (10:30)	

구분	입찰기일	최저매각가격	결과
1차	2018-06-26	389,000,000원	
	낙찰 : 462,880,000원 (118.99%)		

매각결정기일 : 2018.07.03 - 매각허가결정
대금지급기한 : 2018.08.09
대금납부 2018.08.09 / 배당기일 2018.09.18

전용면적 59.57㎡   대지권 75.28㎡   매각물건 토지·건물 일괄매각

■ 임차인현황
· 말소기준권리: 2017.06.09 · 배당요구종기: 2018.03.06

임차인	점유부분	전입/확정/배당	보증금/차임	배당예상금액	기타	대항력
홍길동	주거용 전부	전 입 일: 2017.05.29 확 정 일: 2017.04.17 배당요구일: 2018.01.03	보335,000,000원	배당순위있음		있음
임차인분석	☞목적물에 대하여 현황조사차 방문하였으나 폐문부재로 소유자 및 점유자를 만나지 못하였으며, 이에 '안내문'을 부착하여 두었으나 점유자들의 연락이 없어 점유관계를 확인할 수 없으므로 관할동사무소에서 확인한 전입세대열람결과를 기재함. 전입세대열람결과 임차인으로 조사한 세대만 전입되어 있음. ▶매수인에게 대항할 수 있는 임차인 있으며, 보증금이 전액 변제되지 아니하면 잔액을 매수인이 인수함					

■ 등기부현황

구분	접수일자	권리종류	권리자	채권금액	비고	말소
갑구 3	2015-11-02	소유권이전(매매)				
을구 9	2017-06-09	근저당	갑	37,500,000원	말소기준등기	말소
을구 11	2017-08-21	근저당	을	39,000,000원		말소
갑구 4	2017-08-25	가압류	병	10,971,673원		말소
갑구 5	2017-09-06	가압류	정	14,191,038원		말소
갑구 6	2017-10-10	가압류	무	11,904,135원		말소
갑구 7	2017-10-17	가압류	기	9,742,848원		말소
갑구 8	2017-12-21	임의경매	갑	청구금액: 25,000,000원		말소

위 권리를 정리하면

15.11.02	17.05.29	17.06.09	17.08.21~생략	17.12.21
소유권	홍길동 전입 확정일자 : 17.04.17 배당요구 : o	갑 근저당	을 근저당	임의경매

- 말소기준권리 : 17.06.09 근저당
- 배당순서

홍길동 임차인	갑 근저당	을 근저당	가압류
335,000,000원	37,500,000원	39,000,000원	후순위와 안분비례배당

- 인수권리 : 없음

 말소기준권리등기 이전 전입한 갑 임차인은 대항력 있는 임차인으로 확정일자 및 배당 요구를 하여, 매각대금에 대해 전액 배당 받아 낙찰자가 인수하지 않는다.
 임차인의 확정일자가 전입일보다 빠르면 임차인의 우선변제 일자는 전입신고 익일 0시에 우선변제권 효력이 발생한다.
 말소기준권리 이전 전입 및 확정일을 받은 임차인은 배당요구종기일 이전 배당 요구를 하여 전액 배당 받는다.
 홍길동 임차인 이후 권리자 근저당권은 매각대금에서 우선변제 받고, 가압류권리자는 우선 변제권이 없어 후순위 권리자와 안분비례배당 받고 소멸한다.
 배당 받는 선순위 임차인이 있을 경우 명도는 쉬워진다. 전액 배당 받기 때문에 명도에 대한 별도 비용이 발생하지 않고 빠른 시간내 부동산을 인도 받을 수 있기 때문이다.
 선순위 임차인이 배당 받으려면 낙찰자에게 명도확인서를 받아 법원에 제출해야 배당 받을 수 있다. 낙찰자가 소유권 취득 시점부터 해당 부동산을 인도 받을 때까지 임대료 청구도 가능하다. 이로 인해 낙찰자는 금융 비용이 다른 경매 물건에 비해 절감되는 효과도 있다.
 또한 명도도 쉬워진다. 현재 거주하는 임차인과 재계약을 하면 공실 기간도 없이 임대를 할 수 있는 장점도 있다.

◈ 대항력 있는 임차인 인수사례

경기도 광주시 오포읍 ○○빌라 ○층 ○○○호

감정가	**170,000,000원**
최저가	**6,860,000원** (4%)
매각가	**7,010,000원** (4%)
물건용도	다세대(빌라)
진행단계	낙찰
입찰일	매각기일 2019.01.28 (10:00)

9차	2018-09-10	14,000,000원	유찰
10차	2018-10-15	9,800,000원	낙찰
	낙찰 20,980,000원(12.34%) / 2명 / 미납 (차순위금액 : 10,750,000원)		
11차	2018-12-24	9,800,000원	유찰
12차	2019-01-28	6,860,000원	
	낙찰 : 7,010,000원 (4.12%)		

전용면적	53.77㎡	대지권	62.5㎡	매각물건	토지·건물 일괄매각
소유자		채무자		채권자	

■ 물건현황
가격시점: 2017.05.19 / 보존등기일 : 2013.09.25

구분	위치	사용승인	면적	이용상태	감정가격	기타
건물	4층중O층	13.09.12	53.77㎡	방3, 거실, 주방, 욕실겸화장실2, 발코니 등	102,000,000원	• 도시가스 난방
토지	대지권		625㎡ 중 62.5㎡		68,000,000원	

현황위치 주변환경	• ○○○○○ 포레스트아파트 서측 인근에 위치하며, 주위는 다세대주택 및 단독주택 등이 혼재된 주택지대임. • 본건까지 차량 접근 가능하며 인근에 버스정류장이 소재하는 등 제반 교통사정은 보통임. • 남동측 하향 완경사지대내 평탄하게 정지된 2필 일단의 부정형 토지로서, 다세대주택 건부지임. • 본건 소재 건물의 남서측으로 현황 노폭 약5-6미터 내외 도로(지적도상 노폭 약8미터내외)를 통하여 출입하고 있음.

참고사항	▶본건낙찰 2018.05.28 / 낙찰가 22,200,000원 / 1명 입찰 / 대금미납 ▶본건낙찰 2018.10.15 / 낙찰가 20,980,000원 / 2명 입찰 / 대금미납 • 등기사항전부증명서 대지권이 "625분의62.5"로 표시되어 있지만 토지대장 상에는 "625분의 56.23"으로 기재되어 있어 매수시 주의 요망. • 본건은 발코니 일부 확장하여 "방 등"으로 이용 중임.

■ 임차인현황
· 말소기준권리: 2017.05.10 · 배당요구종기: 2017.07.17

임차인	점유부분	전입/확정/배당	보증금/차임	배당예상금액	기타	대항력
갑	주거용 전부	전 입 일: 2016.03.03 확 정 일: 2016.01.20 배당요구일: 없음	보150,000,000원	전액매수인인수		있음

임차인분석	☞임차인은 권리신고만 하고 배당요구신청은 하지 아니하였으므로 주의 요망 ☞임차인 갑의 배우자 ○○○ 와 면담하여 권리신고 및 배당요구신청에 대하여 안내함. 위 갑 을 임차인으로 등록하고 동사무소에서 전입세대열람 내역 및 주민등록표 등본을 발급받음. ☞대항력 있는 임차인 보증금전액을 매수인이 인수함

등기부현황

구분	접수일자	권리종류	권리자	채권금액	비고	말소
갑구 2	2015-10-20	소유권이전(매매)				
갑구 7	2017-05-10	강제경매	을	청구금액: 45,000,000원	말소기준등기	말소

위 권리분석을 정리하여 보면

15.10.20	16.03.03	17.05.10
소유권	갑 전입 확정일자 : 16.01.20 배당요구 : ×	강제경매 을

– 말소기준 : 17.05.10 강제경매개시결정등기

– 배당 : 을 전액배당

– 인수권리 : 갑 임차인(낙찰자 보증금 전액인수)

위 매각물건은 말소기준권리 등기일 이전 전입한 대항력 있는 **임차인이 배당요구를 하지 않아 매각대금에서 배당 받지 못한다.** 대항력 있는 임차인이 배당 받지 못한 보증금을 낙찰자가 전액 인수한다.

임차인이 배당 요구를 하지 않는 것은 두가지 이유이다.

하나는 계약기간이 남아 잔여기간 동안 계약을 유지하려는 목적이다.

다른 하나는 선순위 임차인(대항력 임차인)이라 배당요구를 하지 않아도, 낙찰자에게 보증금 반환 청구를 할 수 있기 때문에 배당요구를 하지 않은 경우이다.

◈ 인수하지 않는 사례 1

경기도 안양시 만안구 안양동 845-7 위너스내안에아파트 OOO동 OOOO호

감정가	300,000,000원	
최저가	240,000,000원 (80%)	
매각가	280,020,000원 (93%)	
물건용도	아파트	
진행단계	낙찰	
입찰일	매각기일 2018.05.29(10:30)	

구분	입찰기일	최저매각가격	결과
1차	2018-04-24	300,000,000원	유찰
2차	2018-05-29	240,000,000원	
	낙찰: 280,020,000원 (93.34%)		

매각결정기일 : 2018.06.05 - 매각허가결정
대금지급기한 : 2018.07.20

전용면적	59.63㎡	대 지 권	미등기감정가격포함	매각물건	토지·건물 일괄매각
소 유 자		채 무 자		채 권 자	

▊ 물건현황

가격시점 : 2017.10.18 / 보존등기일 : 2017.09.28

구분	위치	사용승인	면적	이용상태	감정가격	기타
건물	19층중 O층	08.02.12	59.63㎡	방3, 주방, 거실, WC2 등	237,000,000원	
토지	대지권		*대지권미등기이나 감정가격에 포함 평가됨		63,000,000원	

현황·위치 ·주변환경	* 'OO초등학교' 남동측 인근에 위치, 주위는 근린생활시설 및 아파트, 단독주택 등이 주로 분포하며, 제반주위환경은 보통임. * 본건까지 차량진출입 가능하고, 인근에 버스정류장, 근거리에 지하철(안양역)이 소재하는 등 대중교통상황은 보통임. * 본건은 2필 일단의 가장형 평지로서, 아파트 부지로 이용중임. * 본건은 북동측으로 중로에, 남서측으로 세로에 접함.

▊ 임차인현황

· 말소기준권리 : 2017.10.11 · 배당요구종기 : 2017.12.18

임차인	점유부분	전입/확정/배당	보증금/차임	배당예상금액	기타	대항력
갑	주거용 전부 (방 3칸)	전 입 일: 2016.05.30 확 정 일: 2016.05.30 배당요구일: 2017.10.19	보200,000,000원	배당순위있음		있음
임차인분석	☞대항력있는 임차인 있을 수 있음. ☞현황조사차 방문하였으나 폐문으로 조사할 수 없어, 점유자를 확인할 수 없음. ☞동사무소 발행 전입세대열람내역서에 '해당주소의 세대주가 존재하지 않음'으로 기재되어 있음. ☞세대주 우편함에 우편물은 없었음. ▶매수인에게 대항할 수 있는 임차인이 있으며, 보증금이 전액 변제되지 아니하면 잔액을 매수인이 인수함					

▊ 등기부현황

구분	접수일자	권리종류	권리자	채권금액	비고	말소
갑구1	2017-09-28	소유권보존				
갑구2	2017-10-11	강제경매	을	청구금액: 69,500,000원	말소기준등기	말소

위 권리를 정리하여 보면

17.09.28	16.05.30	17.10.11
소유권	갑 전입 확정일자 : 16.05.30 배당요구 : 17.10.19	강제경매

- 말소기준권리 : 17.10.11 강제경매개시결정등기
- 배당

경매예납비용	갑 임차인	경매신청인 을
3,673,000원	2억	69,500,000원

대항력 있는 임차인 갑은 확정일자와 배당요구종기일 이전 배당요구를 하여 배당요건을 갖추었다. 갑 임차인의 확정일자는 경매개시결정등기 일자보다 빨라 우선변제권에 의해 먼저 배당 받는다. 갑 임차인은 보증금 전액을 배당 받아 낙찰자가 인수하지 않는다.

배당을 전액 받는 선순위 임차인은 명도하기 어렵지 않다. 전액 배당 받기 때문에 명도에 별도 비용이 발생하지 않는다. 또 부동산을 빠른 시간내 인도 받을 수 있는 장점이 있다. 임차인이 법원에서 배당 받기 위해서는 낙찰자로부터 명도 확인서를 받아야 배당을 받을 수 있다. 명도 확인서와 낙찰자 인감증명서를 법원에 제출해야 임차인이 배당 받는다.

참고로 낙찰자는 선순위 임차인에게 월차임이 있는 경우 잔금납부한 시점(소유권 등기일)부터 월차임을 청구할 수 있으나, 월차임이 없고 보증금만 있다면 배당기일 이후부터 주택사용료에 대한 부당이득반환을 청구할 수 있다.

이렇게 선순위 임차인이 전액 배당 받는 경우에는 별도 명도비용이 발생하지 않지만, 전액 배당 받지 못하면 낙찰자가 인수하게 된다는 사실을 알고 있어야 한다.

◆ 인수하지 않는 사례 2

경기도 용인시 기흥구 고매동 ○○아파트 ○○○동 ○○○○호

감정가	**210,000,000원**
최저가	**147,000,000원 (70%)**
매각가	**200,000,000원 (95%)**
물건용도	아파트
진행단계	낙찰
입찰일	매각기일 2017.06.22(10:30)

구분	입찰기일	최저매각가격	결과
1차	2017-05-19	210,000,000원	유찰
2차	2017-06-22	147,000,000원	
	낙찰 : 200,000,000원 (95.24%)		

매각결정기일 : 2017.06.29 - 매각허가결정
대금지급기한 : 2017.08.08

전용면적	84.81㎡	대 지 권	69.83㎡	매각물건	토지·건물 일괄매각
소 유 자		채 무 자		채 권 자	

▌물건현황

가격시점: 2016.11.17 / 보존등기일 : 2003.10.21

구분	위치	사용승인	면적	이용상태	감정가격	기타
건물	14층중 ○층	03.07.31	84.809㎡	방3, 거실, 주방겸식당, 욕실2, 전실, 현관, 발코니3 등	159,600,000원	* 도시가스보일러시설 개별난방
토지	대지권		21157㎡ 중 69.828㎡		50,400,000원	

현황·위치 주변환경	* '○○초등학교' 남동측 인근에 위치, 주위는 아파트, 근린생활시설 등이 위치하며 제반 주위환경은 보통시됨. * 본건 아파트단지까지 차량출입이 용이하고 인근에 버스정류장이 소재하는 등 제반대중교통사정은 보통시됨. * 부정형의 완경사지로 일단의 '아파트'부지로 이용중임. * 단지내 아스팔트 포장도로를 이용하여 간선도로로 진출입함.

▌등기부현황

구분	접수일자	권리종류	권리자	채권금액	비고	말소
갑구 2	2003-11-04	소유권이전(매매)				
을구 8	2016-01-13	근저당	을	160,800,000원	말소기준등기	말소
을구 9	2016-01-13	근저당	갑	76,800,000원		말소
갑구 5	2016-09-19	압류	병			말소
갑구 6	2016-10-14	압류	정			말소
갑구 7	2016-11-14	임의경매	을	청구금액: 200,568,664원		말소
갑구 8	2017-01-20	가압류		63,952,272원		말소
갑구 9	2017-02-03	압류				말소
갑구 10	2017-02-07	소유권이전(상속)				

말소기준권리는 2016.01.13 근저당이다.

매각물건명세서를 보면 임차인 없이 소유자가 점유하고 있다.

말소기준권리 포함 이후 모든 권리는 말소가 되어 인수하는 권리는 없다.

매각물건명세서									
사 건			매각물건번호	1	작성일자		담임법관(사법보좌관)		
부동산 및 감정평가액 최저매각가격의 표시		별지기재와 같음	최선순위 설정		2016. 01. 13. 근저당권		배당요구종기		2020.03.20
부동산의 점유자와 점유의 권원, 점유할 수 있는 기간, 차임 또는 보증금에 관한 관계인의 진술 및 임차인이 있는 경우 배당요구 여부와 그 일자, 전입신고일자 또는 사업자등록신청일자와 확정일자의 유무와 그 일자									
점유자의 성 명	점유부분	정보출처 구 분	점유의 권 원	임대차기간 (점유기간)		보 증 금	차 임	전입신고일자,사업자등록 신청일자	확정일자	배당요구여부 (배당요구일자)
조사된 임차내역없음									
※ 최선순위 설정일자보다 대항요건을 먼저 갖춘 주택·상가건물 임차인의 임차보증금은 매수인에게 인수되는 경우가 발생 할 수 있고, 대항력과 우선변제권이 있는 주택·상가건물 임차인이 배당요구를 하였으나 보증금 전액에 관하여 배당을 받지 아니한 경우에는 배당받지 못한 잔액이 매수인에게 인수되게 됨을 주의하시기 바랍니다.									
등기된 부동산에 관한 권리 또는 가처분으로 매각으로 그 효력이 소멸되지 아니하는 것									
매각에 따라 설정된 것으로 보는 지상권의 개요									
비고란									

매각물건 명세서에 임차내역 없음으로 기재되면 소유자가 점유 중이다.

명도를 쉽게 하려면 법에 따른 명도 절차를 거쳐야 한다. 우선 매각대금을 납부하고 인도명령을 신청한다. 그리고 점유자를 만나 부동산 인도를 요청한다. 대부분 인도를 거부하고 무리한 요구를 많이 한다. 인도명령결정문이 발부되면 강제집행을 신청하여 집행예고 하면 명도를 쉽게 할 수 있다.

PART 08

경매 배당 및 배당 순위

부동산 경매의 배당

매각대금으로 배당에 참가한 모든 채권자를 만족하게 할 수 없는 때에는 집행법원은 민법, 상법, 그 밖의 법률에 의한 우선순위에 따라 배당을 하여야 한다.

배당은 최고가 매수인이 낙찰대금을 납부 후 30일 이전에 배당기일을 지정하고 배당기일 3일전 배당표가 작성되어 이해 관계인은 열람 가능하다.

배당을 받을 수 있는 채권자들은 배당 기일에 참석하여 배당금을 지급 받는다.

◈ 배당기일의 통지

배당기일은 이해관계인과 배당을 요구한 채권자에게 통지하여야 한다(민집법 제146조). 다만, 채무자가 외국에 있거나 소재가 분명하지 않은 때에는 통지하지 않는다.

◈ 배당 받을 채권자의 범위

제147조 제1항에 규정한 금액을 배당 받을 채권자는 다음 각호에 규정된 사람으로 한다.

- 배당요구의 종기까지 경매신청을 한 압류채권자
- 배당요구의 종기까지 배당요구를 한 채권자
- 첫 경매개시결정등기 전에 등기된 가압류채권자
- 저당권, 전세권, 그 밖의 우선변제 청구권으로서 첫 경매개시결정등기 전에 등기 되었고 매각으로 소멸하는 것을 가진 채권자

◈ 배당표의 확정

① 법원은 채권자와 채무자에게 보여주기 위하여 배당기일의 3일 전에 배당표원안을 작성하여 법원에 비치하여야 한다.

② 법원은 출석한 이해관계인과 배당을 요구한 채권자를 심문하여 배당표를 확정하여야 한다.

◈ 배당표에 대한 이의

① 기일에 출석한 채무자는 채권자의 채권 또는 그 채권의 순위에 대하여 이의할 수 있다.

② 제1항의 규정에 불구하고 채무자는 제149조 제1항에 따라 법원에 배당표원안이 비치된 이후 배당기일이 끝날 때까지 채권자의 채권 또는 그 채권의 순위에 대하여 서면으로 이의할 수 있다.

③ 기일에 출석한 채권자는 자기의 이해에 관계되는 범위 안에서는 다른 채권자를 상대로 그의 채권 또는 그 채권의 순위에 대하여 이의할 수 있다.

부동산 경매배당 순위

1) 제1순위 : 집행비용(경매 예납비용)

경매신청 채권자가 경매를 신청하기 위해서는 경매 예납금액을 법원에 납부하여야만 경매를 신청할 수 있다. 경매가 낙찰되고 최고가 매수인이 대금을 납부하면 1순위로 경매 신청채권자의 예납금액을 먼저 배당한다.

2) 제2순위 : 임차인의 필요비, 유익비

제3취득자(저당권설정등기 후 목적 부동산의 제3취득자)의 비용상환청구권 저당물의 제3취득자나 임차권, 점유권, 유치권자가 그 부동산에 보존개량을 위하여 필요비, 유익비를 지불하여 배당 신청한 경우 매각대금에서 우선변제한다.

3) 제3순위 : 최우선변제금, 임금채권

주택임대차보호법 제8조에 의한 보증금 중 일정액의 최우선변제권 및 근로기준법 제38조 제2항에 의한 최종 3개월의 임금우선채권, 근로자퇴직급여보장법 제11조 제2항에 의한 최종 3년간의 퇴직금 채권(이들 채권은 동순위).

4) 제4순위 : 당해세

경매부동산에 부과된 국세·지방세 중 당해세.
당해(해당) 부동산 자체에 부과된 조세를 말한다. 당해세는 국세와 지방세가 있고 또 가산금도 포함된다.
당해세는 경매비용, 유익비, 임금채권, 최우선변제금(소액임차인) 다음으로 배당 된다.

당해세는 국세로 상속세, 증여세, 종합부동산세가 있으며 지방세로는 재산세, 지방교육세, 자원시설세가 있다. 그런데 당해세 중 상속세, 증여세는 근저당 이전 부과된 세금에 한해 당해세로 인정한다. 이는 근저당권자의 권리를 보호하기 위해서이다.

5) 제5순위 : 일반세금
저당권, 전세권, 담보가등기, 임차권 등보다 빠른 소유자의 체납국세

6) 제6순위 : 저당권, 임차권, 일반세금 중 권리순서에 의해 배당
국세·지방세 등의 법정기일 이전에 설정된 저당권
당해세가 아닌 세금압류 및 근저당. 임차인의 권리순서에 의해 배당을 실시한다.

7) 제6순위 : 근로기준법 제38조 제1항에 의한 임금채권
3개월 초과한 임금채권. 3년 초과한 퇴직금

8) 제7순위 : 국세·지방세·가산금·체납처분비
담보채권보다 늦은 조세채권(국세, 지방세금)

9) 제8순위 : 체납처분의 예에 의하여 징수하는 공과금(국민건강보험료, 국민연금보험료, 고용보험료 및 산재보험료)

10) 제9순위 : 조세·공과금 등에 우선하지 않는 저당권, 전세권 및 담보가등기에 의하여 담보된 채권(다만 제6순위에는 우선)

11) 제10순위 : 가압류·압류 및 배당요구채권자의 일반채권(평등)

부동산 경매 배당 연습

◆ 물권과 채권

● 배당금 2억

15.07.01 갑 근저당	15.09.07 을 가압류	15.10.07 병 전입	임의경매
1억	1억	1억 확정일자 : 15.10.07 배당요구 : ○	근저당

- 말소기준 : 15.07.01 근저당
- 배당

1순위 갑 근저당	2순위 을 가압류	3순위 병 임차인
1억	5,000만원	5,000만원

갑 근저당은 등기상 권리가 선순위라 우선변제에 의해 1억원 배당 받고 을 가압류는 채권이라 우선변제권이 없어 확정일자 받은 임차인과 안분비례배당 받는다.

안분비례

- 을 1억(배당잔여금) × 5,000만(가압류 금액) / 1억(을 가압류 + 병 보증금) = 5,000만원
- 병 1억(배당잔여금) × 5,000만(병 보증금) / 1억(을 가압류 + 병 보증금) = 5,000만원

- 배당금 2억

15.07.01 갑 가압류	15.09.07 을 근저당	15.10.07 병 전입	임의경매
1억	1억	1억 확정일자 : 15.10.07 배당요구 : o	근저당

– 말소기준 : 15.07.01 가압류

– 배당 2억

1순위 갑 가압류	2순위 을 근저당	3순위 병 임차인
6,666만원	1억	3,332만원

1차 안분비례배당

- 갑 2억(배당금액) × 1억(가압류금액) / 3억(등기채권액) = 6,666만원
- 을 2억 × 1억원 / 3억 = 6,666만원
- 병 2억 × 1억원 / 3억 = 6,666만원

2차 흡수배당

을은 물권이므로 후순위보다 먼저 배당 받을 권리가 있어, 후순위 병 임차인의 배당 금액 3,334만원을 흡수한다. 병은 3,334만원을 근저당에게 흡수당해 3,332만원 배당된다. 말소기준권리 가압류는 채권이므로 우선변제권이 없어 후순위와 안분 비례배당하며, 2순위 근저당은 물권이므로 후순위 병 배당금액을 근저당설정 1억원까지 흡수하여 배당 받는다.

◈ 당해세와 일반세금

- 배당금 2억

15.07.01일 갑 근저당	15.09.07 을 압류	15.10.07 병 전입	임의경매
1억	당해세 1억	1억 확정일자 : 15.10.07 배당요구 : o	근저당

- 말소기준 : 15.07.01 근저당
- 배당

1순위 을 압류	2순위 갑 근저당	3순위 병 임차인
1억	1억	0원

당해세는 배당 순위가 근저당보다 우선하여 먼저 배당 받는다.
당해세 중 국세는 상속세, 증여세, 종합부동산세. 지방세는 자동차세, 재산세, 지방교육세 등이 있다.

● 배당금 2억

15.07.01 갑근저당	15.09.07 을 압류	15.10.07 병 압류	강제경매
1억	1억 당해세	1억 일반조세 법정기일 15.01.01.	압류

- 말소기준 : 15.07.01 근저당
- 배당

1순위 을 압류	2순위 병 압류	3순위 근저당
1억	1억원	0원

배당순위는 당해세가 일반세금보다 우선한다. 당해세가 아닌 일반세금 상호간에는 법정기일을 가지고 우선순위를 정하는 것이 아니라 압류선착주의에 따라 최초압류권자가 우선배당 받고, 참가압류권자와 교부청구권자가 동순위로 안분배당 받는다. 일반세금이 근저당권과 우선순위는 일반세금의 법정기일과 근저당권 등기일을 기준으로 우선순위를 정한다.

◈ 경매기입등기 이후의 권리자

● 배당금 4억

15.07.01 갑 근저당	15.08.01 을 가압류	16.09.07 임의경매	16.10.07 병 근저당	16.11.01 정 가압류
1억	1억	근저당	1억	1억

- 말소기준 : 15.07.01 근저당
- 배당

1순위 갑 근저당	2순위 을 압류	3순위 소유자
1억	1억원	2억원

말소기준권리는 갑 근저당이다. 갑 근저당이 임의경매 신청 사건으로 임의경매 이후 병 근저당과 정 가압류 등기를 했다. 경매개시결정등기 이후 권리자는 배당요구 종기일 이전 배당요구를 하지 않으면 배당 받지 못한다. 병과 정은 배당요구를 하지 않아 배당에서 제외된다. 배당 후 잔여금액 발생시 소유자에게 배당되며, 병과 정이 배당 받으려면 소유자에게 배당된 금액에 배당금 가압류하여 배당 받아가야 된다.

◈ 임차인의 배당

● 배당금 2억

15.07.01 갑 임차인	15.09.07 을 압류	15.10.07 병 근저당	임의경매
1억 확정일자 : 15.11.29 배당요구 : ○	1억 당해세	1억	근저당

- 말소기준 : 15.09.07 압류
- 배당

1순위 을 압류	2순위 병 근저당	3순위 갑 임차인
1억	1억원	인수

말소기준은 을 압류이다. 을 압류 등기는 당해세로 임차인보다 배당권리가 앞서 먼저 배당 받는다. 선순위 임차인은 확정일자를 15.11.29 받아 우선변제의 효력이 병 근저당보다 늦어 병근저당이 잔여금액 1억원을 배당 받는다.

선순위 임차인 갑은 말소기준권리 이전 전입하여 대항력을 취득하여 낙찰자가 보증금 1억원을 인수해야 한다.

PART 09

주택임대차 소액임차인

01 소액임차인 최우선변제금

최우선변제금은 소액임차인을 보호하기 위하여 임차보증금의 일정액 중 소액임차인의 최우선변제 지급기준표에 의해 최우선적으로 배당 받는 권리이다.

◈ 최우선변제금 지급조건

가. 경매개시 결정등기 이전 전입할 것
나. 소액임차인에 해당될 것
다. 배당 종기일 전까지 배당요구할 것
라. 배당요구 종기까지 대항력을 유지할 것

◈ 최우선변제금 지급내용

가. 소액임차인의 결정기준은 원칙적으로 배당 시점으로 현행 주임법상 소액임차인이어야 한다. 다만 그 이전에 저당권부 채권(근저당권, 담보가등기, 전세권, 확정일자, 등기된 임차권) 등이 설정된 경우에는, 이들 채권이 예측할 수 있었던 소액임차보증금에 해당해야만 최우선변제금을 저당권부 채권보다 우선해서 배당받을 수 있다(주임법 시행령 부칙제4조). 간혹 소액임차인 결정기준일을 전입신고한 날짜를 기준으로 생각하는 분들이 많은데, 이는 잘못된 판단이다.

나. 여기서 <u>소액임차인의 최우선변제지급 기준이 되는 담보물건에는 근저당권, 담보가등기, 전세권, 확정일자, 등기된 임차권 등이 포함되나 가압류, 압류(조세채권)는 포함되지 않는다.</u> 또 최우선변제금은 실제배당할 주택가액(낙찰가-경매비용)의 1/2 범위 내에서 배당하고, 지급대상 금액이 배당금을 초과할 때는 1/2범위 내에서 안분배당 한다.

다. 임대차 계약 당시 소액임차인이 아니었다가 경매개시결정등기 이전 감액한 경우 소액임차인에 해당하면 최우선변제 지급 기준이 된다.

최우선변제금의 지급기준 금액은 법 개정일이 아닌 임대차 부동산의 최초 담보설정일 기준이다.

예로 2020년 8월 서울에 주택을 보증금 1억원에 임대차 계약을 체결하였다고 가정하자!

그 부동산의 최초 근저당은 2014년 8월에 K은행에 근저당이 1억 설정되었다.

그럼 나의 소액임차인의 범위는 2014년 1월 기준인 9,500만원이 소액보증금 기준이 되는 것이다. 2014년 1월의 소액임차보증금의 범위는 보증금액이 9,500만원을 넘어서면 최우선변제를 받을 수 없다.

소액 임차인의 보증금 범위는 임대차 계약일이 아닌 저당권부 채권(근저당권, 담보가등기, 전세권, 확정일자, 등기된 임차권)을 기준으로 결정하는 것이다. 그런데 임대차 부동산에 저당권부 채권이 없고 가압류나 압류 등만 있다면, 배당기일 현재 시행되는 현행 주임법상 소액보증금 중 일정액이 최우선변제금이 되는 것이다.

02 최우선변제금 지급 기준

주택소액임차인 최우선변제금			
담보물권설정일	지역	보증금 범위	최우선변제액
생략 :	생략 :	생략 :	생략 :
90.02.19.~ 95.10.18.	특별시, 직할시	2,000만원 이하	700만원까지
	그 밖의 지역	1,500만원 이하	500만원까지
95.10.19.~ 2001.09.14.	특별시, 광역시, 군지역 제외	3,000만원 이하	1,200만원까지
	그 밖의 지역	2,000만원 이하	800만원까지
2001.09.15.~ 2008.08.20.	수도권 과밀억제권역	4,000만원 이하	1,600만원까지
	광역시(인천광역시, 군지역 제외)	3,500만원 이하	1,400만원까지
	그 밖의 지역	3,000만원 이하	1,200만원까지
2008.08.21.~ 2010.07.25.	수도권 과밀억제권역	6,000만원 이하	2,000만원까지
	광역시(인천광역시, 군지역 제외)	5,000만원 이하	1,700만원까지
	그 밖의 지역	4,000만원 이하	1,400만원까지
2010.07.26.~ 2013.12.31.	① 서울특별시	7,500만원 이하	2,500만원까지
	② 수도권 과밀억제권역(서울시 제외)	6,500만원 이하	2,200만원까지
	③ 광역시(과밀억제권역, 군지역은 제외), 안산시, 용인시, 김포시, 광주시(경기)	5,500만원 이하	1,900만원까지
	④ 그 밖의 지역	4,000만원 이하	1,400만원까지
2014.01.01.~ 2016.03.30.	① 서울특별시	9,500만원 이하	3,200만원까지
	② 수도권 과밀억제권역(서울시 제외)	8,000만원 이하	2,700만원까지
	③ 광역시(과밀억제권역, 군지역은 제외), 안산시, 용인시, 김포시, 광주시(경기)	6,000만원 이하	2,000만원까지
	④ 그 밖의 지역	4,500만원 이하	1,500만원까지

2016.03.31.~ 2018.09.17.	① 서울특별시	1억원 이하	3,400만원까지
	② 수도권 과밀억제권역(서울시 제외)	8,000만원 이하	2,700만원까지
	③ 광역시(과밀억제권역, 군지역은 제외), 세종시, 안산시, 용인시, 김포시, 광주시(경기)	6,000만원 이하	2,000만원까지
	④ 그 밖의 지역	5,000만원 이하	1,700만원까지
2018.09.18.~ 현재	① 서울특별시	1억1,000만원 이하	3,700만원까지
	② 수도권 과밀억제권역(서울시 제외), 세종시, 용인시, 화성시	1억원 이하	3,400만원까지
	③ 광역시(과밀억제권역, 군지역은 제외), 안산시, 김포시, 광주시(경기), 파주시	6,000만원 이하	2,000만원까지
	④ 그 밖의 지역	5,000만원 이하	1,700만원까지

수도권정비계획법 중 과밀억제권역

서울특별시, 의정부시, 구리시, 하남시, 고양시, 수원시, 성남시, 안양시, 부천시, 광명시, 과천시, 의왕시, 군포시, 시흥시(반월특수지역 제외), 남양주시(호평동, 평내동, 금곡동, 일패동, 이패동, 삼패동, 가운동, 수석동, 지금동 및 도농동에 한한다), 인천광역시(강화군, 옹진군, 서구 대곡동·불로동·마전동·금곡동·오류동·왕길동·당하동·원당동, 인천경제자유구역 및 남동국가산업단지를 제외)

03 최우선변제금 지급 예시

● 조건 : 서울지역, 배당금액 1억

12.07.01 소유권	14.07.01 갑 근저당	15.01.07 을 전입	15.07.07 병 근저당	16.01.07
	1억원	9,000만원 확정일자 : 15.01.07 배당요구 : ○	1억원	임의경매

- 말소기준 : 갑 근저당
- 소액보증금 지급기준 : 서울지역 2014.07.01 기준(9,500이하 / 3,200만원 지급)
- 배당

최우선변제(을 임차인)	갑 근저당	병 근저당
3,200만원	6,800만원	0원

을 임차인의 최우선변제 지급기준은 갑 근저당 접수일자가 된다. 근저당이 최초 담보 설정일이기 때문이다.

을 임차인은 최우선변제 지급 대상이 되므로 3,200만원을 먼저 최우선변제를 받고 나머지 금액은 권리순서에 의해 우선변제금 배당을 한다.

● 조건 : 서울지역, 배당금액 2억

12.07.01 소유권	14.07.01 갑 근저당	15.01.07 을 전입	15.07.07 병 전입	16.01.07
	1억원	9,000만원 확정일자 : 15.01.07 배당요구 : ○	9,200만원 확정일자 : × 배당요구 : ○	임의경매

- 말소기준 : 갑 근저당
- 소액보증금 지급기준 : 서울지역 2014.07.01 기준(9,500이하 / 3,200만원 지급)

- 배당

최우선변제	우선변제	최종합계
을 임차인 3,200만원 병 임차인 3,200만원	갑 근저당 1억원 을 임차인 3,600만원	갑 근저당 : 1억원 을 임차인 : 6,800만원 병 임차인 : 3,200만원

갑과 병은 최우선변제 지급기준은 갑 근저당 접수일자가 기준이 된다.

을과 병은 각각 3,200만원 최우선변제금 배당을 받고, 나머지 권리자는 권리순서에 의해 배당을 실시한다. 권리순서에 의해 갑 근저당1억원, 을 임차인 3,600만원 배당순서에 의해 배당을 실시한다.

PART 10

주택임차인 경매 배당 사례

01 대항력 있는 임차인의 배당

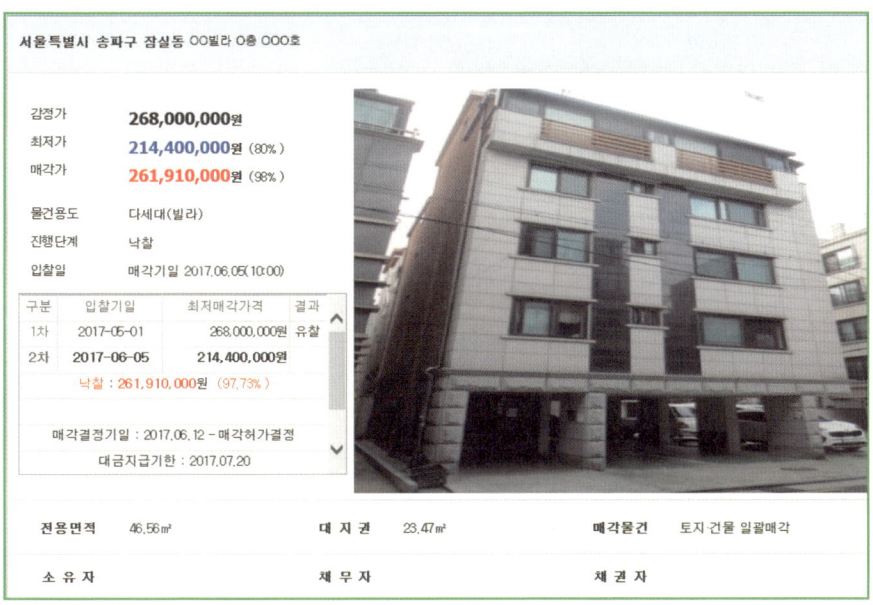

Part 10 주택임차인 경매 배당 사례

가. 말소기준권리 : 2015.09.04 근저당

나. 배당

구분	예상배당액	비고
경매비용	3,381,320원	
갑 임차인	165,000,000원	
정 은행	93,528,680원	

다. 인수권리 : 없음

갑 임차인은 말소기준권리 이전에 전입하여 대항력을 갖추었다. 또한 임차인의 확정일자는 정 근저당 접수일보다 빠르고 배당요구 종기일 이전까지 배당요구를 하여 선순위 임차인은 전액 배당 받아 낙찰자가 인수하지 않는다.

선순위 임차인이 전액 배당 받고 남은 금액은 후순위 정 은행이 배당 받고 말소된다.

이런 물건은 명도가 쉽고 명도 비용이 별도로 발생하지 않아 금융비용이 절감된다.

현재 임차인을 상대로 재계약하면 공실기간 없이 임대를 할수 있는 장점이 있다.

02 확정일자가 늦은 선순위임차인

서울특별시 관악구 봉천동 OO아파트 OOO동 OOO호

감정가	490,000,000원
최저가	392,000,000원 (80%)
매각가	499,142,800원 (102%)

물건용도	아파트
진행단계	낙찰
입찰일	매각기일 2017.08.24 (10:00)

구분	입찰기일	최저매각가격	결과
	2017-04-20	490,000,000원	변경
	2017-05-11	490,000,000원	변경
1차	2017-06-15	490,000,000원	유찰
	2017-07-13	392,000,000원	변경
2차	2017-08-24	392,000,000원	
낙찰 : 499,142,800원 (101.87%)			

전용면적	116.72㎡	대 지 권	52.13㎡	매각물건	토지·건물 일괄매각
소 유 자		채 무 자		채 권 자	

임차인현황
· 말소기준권리: 2006.02.10 · 배당요구종기: 2017.03.09

임차인	점유부분	전입/확정/배당	보증금/차임	배당예상금액	기타	대항력
갑	주거용 전부	전 입 일: 2002.07.27 확 정 일: 2017.03.09 배당요구일: 2017.03.09	보100,000,000원	예상배당표참조		있음

임차인분석	➡ 본건 부동산에 2회 방문하였으나 폐문부재이고, 방문한 취지 및 연락처를 남겼으나 아무런 연락이 없으므로 주민등록 전입된 세대만 임차인으로 보고함. ➡ 갑 : 현황조사서 상의 임차인 OOO 의 배우자임. 채무자의 모로서 무상거주하고 있다는 서면이 채권자로 부터 2017.6.20. 제출됨 ▶매수인에게 대항할 수 있는 임차인 있으며, 보증금이 전액 변제되지 아니하면 잔액을 매수인이 인수함

등기부현황

구분	접수일자	권리종류	권리자	채권금액	비고	말소
갑구2	2002-05-20	소유권이전(매매)				
을구2	2006-02-10	근저당	을	354,000,000원	말소기준등기	말소
을구4	2006-11-02	근저당	병	50,000,000원		말소
갑구5	2014-07-04	가압류	정	164,560,000원		말소
갑구6	2016-12-16	임의경매	을	청구금액: 332,564,828원		말소

가. 배당

구분	배당금액(원)	기타
경매예납비용	5,093,636	
06.02.10 근저당	354,000,000	을
06.11.02 근저당	50,000,000	병
정 가압류	9,296,950	안분비례
갑 임차인	5,594,890	안분비례

나. 말소기준권리 : 을 근저당

다. 인수권리 : 갑 임차인 임차보증금

갑 임차인은 말소기준권리 등기일 이전 전입하여 대항력을 갖추고 있다. 그러나 갑 임차인은 확정일자를 늦게 받아 임차인의 배당일은 확정일자 받은 날에 우선변제권이 부여된다.

갑 임차인의 우선변제일은 17.03.09 9시에 우선변제권이 발생하여 매각대금에서 배당을 전액 받지 못한다. 대항력 임차인의 보증금 전액 및 일부를 배당 받지 못하면 낙찰자가 인수해야 한다.

선순위 임차인이 배당을 받으려면 확정일자가 말소기준권리보다 빨라야 하며, 배당요구 종기일 이전 배당 요구를 해야 한다. 상기 사례는 배당요구를 하여 배당에 참여는 하지만 우선변제권이 늦어 가압류와 안분비례 배당 받는다.

선순위 임차인이 있는 경매 물건은 임차인의 권리분석을 통해 배당 유무를 확인하고 입찰에 참여해야 한다.

03 소액임차인 배당

서울특별시 강서구 화곡동 000-00

감정가	690,072,680원		
최저가	552,058,000원 (80%)		
매각가	567,899,999원 (82%)		
물건용도	다가구(원룸등)		
진행단계	낙찰		
입찰일	매각기일 2018.01.16(10:00)		

구분	입찰기일	최저매각가격	결과
1차	2017-11-29	690,072,680원	유찰
2차	2018-01-16	552,058,000원	
	낙찰 : 567,899,999원 (82.3%)		

매각결정기일 : 2018.01.23 - 매각허가결정
대금지급기한 : 2018.03.05

사진설명 : 본동 전경 1

건물면적	208.39㎡	토지면적	128.1㎡	매각물건	토지·건물 일괄매각
소 유 자		채 무 자		채 권 자	

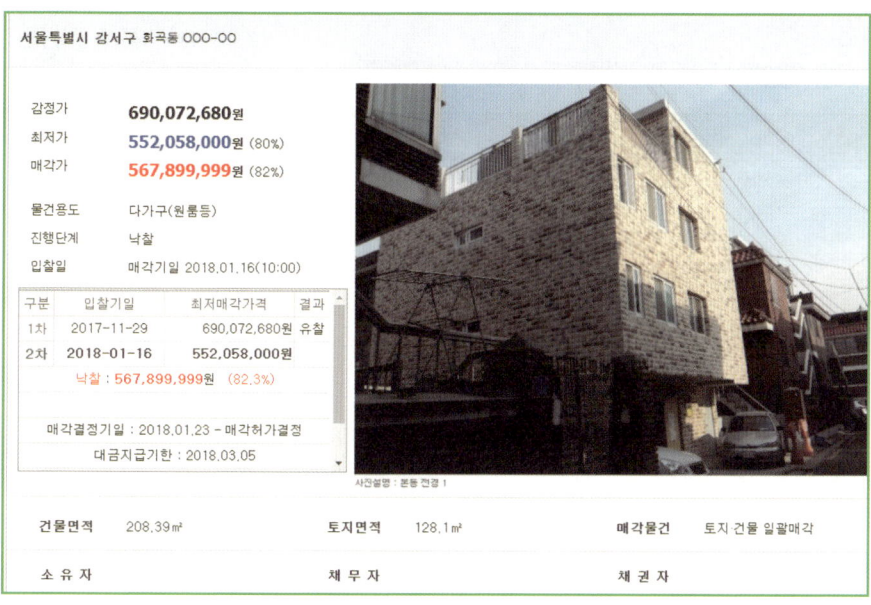

임차인 현황

말소기준권리: 2013.05.10 · 배당요구종기: 2017.11.10

임차인	점유부분	전입/확정/배당	보증금/차임	배당예상금액	기타	대항력
갑	주거용	전 입 일:2013.06.12 확 정 일:미상 배당요구일:없음	보50,000,000원 월300,000원	배당금 없음		없음
을	주거용 3층 전부 (방3개)	전 입 일:2014.04.18 확 정 일:2014.04.18 배당요구일:2017.04.21	보110,000,000원	배당순위있음		없음
병	주거용 1층 전부 (방3개)	전 입 일:2015.02.25 확 정 일:2015.02.25 배당요구일:2017.06.09	보50,000,000원 월300,000원	소액임차인		없음

임차인수: 3명, 임차보증금합계: 210,000,000원, 월세합계: 600,000원

기타사항
☞ 화곡동000-00 임대차관계 미상.
☞ 강서로 000-00 폐문부재로 안내문 남겨두고 왔으며, 당일 임차인 000의 처 000 임대차관계 조사서 내용과 같이 전화로 설명
☞ 현장에 임한 바, 폐문 부재로 소유자 및 점유자 발견할 수 없어 우편함으로 안내문 투입

건물등기부

구분	접수일자	권리종류	권리자	채권금액	비고	말소
갑구1	2013-04-16	소유권보존				
을구2	2013-05-10	근저당	정	505,700,000원	말소기준등기	말소
을구4	2013-06-07	근저당	진	150,000,000원		말소
갑구4	2017-03-21	임의경매	정	청구금액: 150,000,000원		말소

가. 배당

구분	배당액(원)	비고
경매예납비용	5,160,816	
병 임차인	25,000,000	최우선변제금
13.05.10 근저당	505,700,000	
13.06.07 근저당	32,039,183	

나. 말소기준권리 : 2013년5월10일 근저당

다. 인수권리 : 없음

임차인 갑과 병은 소액임차인에 해당된다. 소액임차인의 최우선변제 지급기준은 소액임차인에 해당해야 되며(최우선변제 지급기준). 경매개시결정등기일 이전 전입해야 되고, 배당요구종기일 이전 배당요구를 해야 한다.

병의 소액임차인 지급기준일은 최초 담보설정일인 13.05.10이며, 13년 서울지역 지급금액은 보증금 7,500만원 이하일 때 2,500만원을 최우선적으로 지급한다. 병은 소액임차인에 해당되며, 경매개시결정등기일 17.03.21 이전 전입하였고, 배당종기일 17.11.10 이전 배당요구를 하였기에 2,500만원 최우선변제를 받는다. 갑 임차인은 소액임차인에 해당되지만, 배당요구를 하지 않아 최우선변제 배당에서 제외된다. 말소기준권리 이전에 전입한 임차인 및 선순위 등기권리가 없어 낙찰자 인수권리는 없다.

말소기준권리 포함 이후의 권리는 모두 소멸한다. 임차인 갑, 을, 병은 인도명령 대상자이다. 임차인 중 병만 최우선변제 배당 받고, 임차인 전체는 권리가 소멸되어 명도 대상이다.

04 선순위 전세권 배당

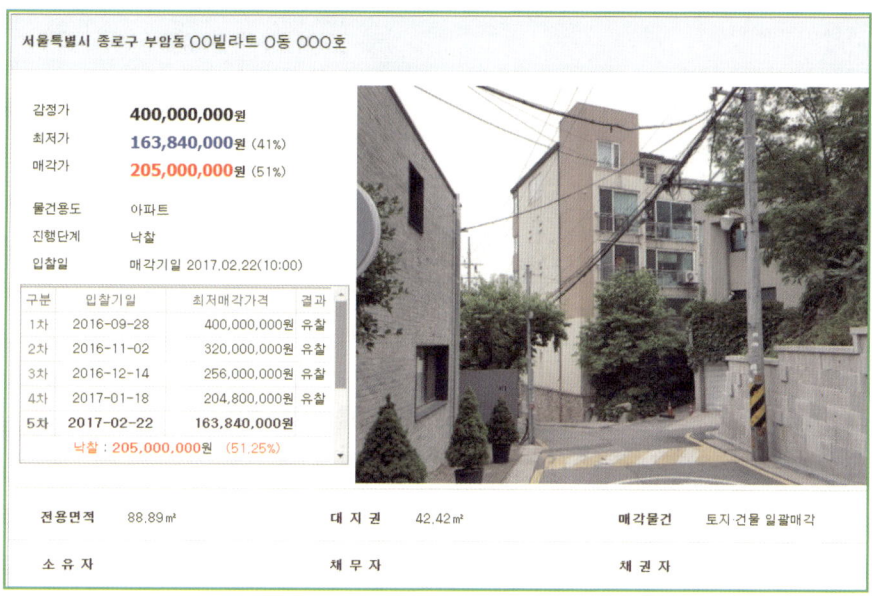

Part 10 주택임차인 경매 배당 사례

등기부현황

구분	접수일자	권리종류	권리자	채권금액	비고	말소
갑구 1	2002-06-25	소유권보존				
을구 1	2003-08-11	전세권(전부)	갑	160,000,000원	존속기간: 2003.08.16~2005.08.15	인수
을구 4	2005-05-12	근저당	을	78,000,000원	말소기준등기	말소
을구 5	2005-07-25	근저당	병	30,000,000원		말소
갑구 4	2006-04-04	압류	경기도			말소
갑구 5	2006-08-10	가압류	정 은행	300,000,000원		말소
갑구 6	2007-02-13	가압류	무	130,000,000원		말소
갑구 7	2010-05-12	압류	OO시			말소
갑구 8	2012-01-19	압류	OO세무서			말소
갑구 9	2016-05-02	강제경매	무	청구금액: 342,237,912원		말소

주의사항 ▶ 말소되지 않는 전세권설정등기 있음: 을구 순위1번 전세권설정등기(2003.8.11등기)는 말소되지 않고 매수인에게 인수됨

가. 말소기준권리 : 05.05.12 근저당

나. 배당 (압류 조세는 배당에서 제외하고 배당표를 작성한다)

구분	배당액(원)	
경매예납비용	4,905,621	
05.05.12 근저당	78,000,000	
05.07.25 근저당	30,000,000	
06.08.10 가압류	35,776,946	
07.02.13 가압류	15,503,343	
16.05.02일 강제경매	40,814,090	
압류등기	청구금액	부과일기준

다. 인수권리 : 전세권

말소기준은 05.05.12 근저당이다. 말소기준권리 이전 설정된 전세권은 낙찰자가 인수한다. 전세권이 말소기준권리가 되려면, 전부에 대해 설정된 전세권중에서, 전세권자가 경매신청 또는 배당요구를 해야 전세권이 말소기준권리가 된다.

전세권이 말소기준권리가 되지 않아, 전세권 다음 권리인 05.05.12 근저당이 말소기준권리가 된다. 선순위 전세보증금 1억6천만원은 낙찰자가 인수한다.

전세기간이 만료되면 낙찰자가 보증금을 반환하고 부동산을 인도 받으면 된다.

매각물건 명세서					
사건			매각물건번호	1	담임법관(사법보좌관)
작성일자	2017.02.07		최선순위 설정일자	2005.05.12. 근저당권	
부동산 및 감정평가액 최저매각가격의 표시	부동산표시목록 참조		배당요구종기	2016.08.04	

부동산의 점유자와 점유의 권원, 점유할 수 있는 기간, 차임 또는 보증금에 관한 관계인의 진술 및 임차인이 있는 경우 배당요구 여부와 그 일자, 전입신고일자 또는 사업자등록신청일자와 확정일자의 유무와 그 일자

점유자의 성명	점유부분	정보출처 구분	점유의 권원	임대차 기간 (점유기간)	보증금	차임	전입신고 일자.사업 자등록신 청일자	확정일자	배당요구 여부 (배당요구 일자)
갑		현황조사	주거 임차인	미상	미상		2003.08.14	미상	

〈 비고 〉

※ 최선순위 설정일자보다 대항요건을 먼저 갖춘 주택.상가건물 임차인의 임차보증금은 매수인에게 인수되는 경우가 발생할 수 있고, 대항력과 우선 변제권이 있는 주택.상가건물 임차인이 배당요구를 하였으나 보증금 전액에 관하여 배당을 받지 아니한 경우에는 배당받지 못한 잔액이 매수인에게 인수되게 됨을 주의하시기 바랍니다.

※ 등기된 부동산에 관한 권리 또는 가처분으로서 매각으로 그 효력이 소멸되지 아니하는 것
을구 순위1번 전세권설정등기(2003.8.11등기)는 말소되지 않고 매수인에게 인수됨

※ 매각에 따라 설정된 것으로 보는 지상권의 개요
해당사항 없음

※ 비고란
말소되지 않는 전세권설정등기 있음.

선순위 전세권이 말소기준권리인지 확인하는 방법은 매각물건명세서를 통해 확인하면 쉽게 확인이 가능하다. 선순위로 인수되는 전세권인 경우 다음 권리인 근저당이 말소기준권리가 된다.

을, 병 근저당은 접수일에 우선변제권 효력이 발생하여 후순위 권리자보다 우선배당 받는다. 그러나 후순위 정은행 가압류는 채권이기에 후순위보다 우선적으로 배당 받을 수 없어 후순위 권리자와 동등하게 안분비례 배당 받는다.

압류 등기인 세금은 당해세인 경우 근저당보다 먼저 배당 받고, 당해세가 아닌 경우에는 저당권과 권리순서를 정하여 배당을 받는다(세금압류의 권리 기준일 – 법정기일).

그럼 06.08.10 가압류부터 안분비례 배당이 어떻게 되는지 배당하여 보자

○ **가압류 배당**
- 05.07.25 근저당까지 배당 후 잔액 : 92,094,379원
- 06.08.10 가압류 배당 − 92,094,379 × 300,000,000 / 772,237,912 = 35,776,946
- 07.02.13 가압류 배당 − 92,094,379 × 130,000,000 / 772,237,912 = 15,503,343
- 16.05.02 강제경매 배당 − 92,094,379 × 342,237,912 / 772,237,912 = 40,814,090

가압류는 채권이다. 채권은 당사자간 계약관계 및 금전적 거래 관계로 당사자에게만 청구가 가능하다. 즉 제3자에게 채권을 주장하지 못하여 자기 채권이 권리상 우선 순위에 있어도 우선변제(우선배당)를 주장하지 못하기 때문에 후순위와 동등하게 안분비례 배당을 받아 간다.

담보 물건은 제3자에게 권리 주장을 할 수 있어 후순위 권리자보다 우선적으로 변제받을 권리를 가지고 있다. 우선변제권에 의해 자기 채권액을 먼저 배당 받는다.

이것이 물권과 채권의 차이다. 그래서 가압류는 우선변제 받을 권리가 없어 항상 후순위 권리자와 안분비례배당 받는다.

PART 11

상가건물 경매 투자 비법

상가건물에 투자는 이렇게 해라!

상가의 투자 목적은 다양하다. 상가는 수익형 부동산이다.

수익형 부동산이란? 월세가 고정적으로 발생하는 부동산을 말한다.

상가투자의 목적은 임대수익, 양도차익, 권리금수익 등 다양한 목적으로 투자한다.

상가는 상권이 중요하다. 즉 월세가 안정적으로 발생해야 되며 수익률이 높아야 매매도 잘되기 때문이다. 상권은 항상 똑같지 않다. 주변 환경 여건에 따라 상권은 변화한다. 상가에 투자하기 위해서는 상권, 입지, 수익률을 파악해야 한다.

◈ 상권은 계속해서 변하고 있다!

상권은 한번 자리 잡기도 힘들지만, 상권이 형성되었다고 그 상권이 영원한 것은 아니다. 상권은 외부 영향에 따라 변하기 때문이다.

관공서 주변상권을 예를 들어 보자. 관공서가 이전을 하면 그 상권이 유지될 수 있을까? 관공서 주변의 상권은 붕괴할 수밖에 없다. 주 소비 계층인 관공서 관련 고객층이 떠나 버리면 그 주변의 소비가 감소하여 상권이 무너진다.

즉 상권은 주변 여건에 따라 변화된다. 주변 환경변화에 따라 상권이 변하는 이유는 학교 이전(학생소비 감소), 관공서 이전(관공서 이용자 소비감소), 지하철 개통으로 교통개선(소비자 타지역 이동), 신규도로 개설(도로 이용 유동인구 분산) 등으로 주 소비계층이 타 지역으로 이동되어 상권이 변화하는 것이다.

◈ 우량한 상가건물을 고르는 방법

상가를 취득하려면 절대 분양 받지 마라!

분양상가는 독주를 마시는 것과 같다. 분양받아 수익을 내기는 어렵다.

특히 신도시 조성 초기 상가를 많이 분양한다.

신도시 조성 초기 상가를 분양받으면 상권을 예측하기 어렵다. 신도시 조성기간이 최소 5년을 넘어야 도시기반이 잡히기 때문이다. 상권을 파악하기 위해서는 신도시 조성 후 일정기간이 지나야 상권을 파악할 수 있다.

우리는 신도시가 조성이 되면 공실 상가들을 많이 볼 수가 있다. 그 기간이 장기간 갈 수 있기 때문에 분양을 받으면 위험하다는 것이다.

신도시내 상가를 분양 받으면 성공확률은 매우 낮기 때문에 상가 분양은 피하는 것이 좋다.

상가를 투자하고 싶으면 현재 운영되는 상가를 매매로 취득하거나 경매로 취득하는 것이 현명하다.

상가를 취득하기 위해서는 확인할 사항이 있다!

입지, 상권, 수익률, 소비자 동선, 유동인구, 상가조건 등 분석을 해야 한다.

이중 가장 중요한 것은 상권, 입지, 수익률이다.

상권과 입지가 좋으면 수익률이 좋을 수밖에 없다.

수익률은 투자금액/임대료(년)를 나누면 된다. 수익률은 지역에 따라 다르다. 수도권지역의 수익률은 5%로 계산한다. 상가의 시세는 수익률에 영향을 많이 받는다.

◈ 상가건물의 장·단점

1) 분양 상가

분양 상가의 장점은 분양상가 중 좋은 위치를 선점할 수 있다는 것이다. 미리 선택할 수 있는 것이 장점이다. 그러나 분양 가격이 높고 상가공급이 많다는 것이 단점이다.

또한 상권이 형성되지 않아 상권분석이 어렵고, 소비계층의 동선 파악이 되지 않아 상권 분석이 힘들다. 그래서 분양 상가는 추천하지 않는다.

분양 상가는 분양받아 성공할 수 있는 확률이 높지 않기 때문이다.

2) 매매 상가

입지, 동선, 유동인구 파악이 되며, 수익률을 확인하고 취득할 수 있다.

그러나 좋은 상가는 매매가 잘 나오지 않는 것이 단점이다.

수익형 상가를 취득하고 싶으면 분양 상가보다 매매 상가를 추천한다. 이유는 실패할 확률이 적기 때문이다.

3) 경매 상가

상대적 낮은 금액에 취득할 수 있는 장점이 있다. 상권과 유동인구 파악을 할 수 있고 대출이 많이 되기 때문에 투자자본이 적게 들어가 수익률을 극대화할 수 있다.

물건 검색도 쉽고, 신도시내 상가를 낮은 금액에 취득할 수 있는 장점도 있다.

신도시가 조성이 되고 공실이 장기화되면 경매로 나오는 물건이 많기 때문이다.

◈ 상가건물 투자시 주의할 점

1) 대로변 상가

상가 맞은편에 6~8차선 대로변 상가는 유동인구를 잘 파악해야 한다.

대로가 있으면 앞상권과 단절이 되어 고객이 분산되는 경우가 많다. 상가 앞이 대로변일 경우에는 정류장, 건널목 등을 잘 파악해야 한다. 사람이 이동하는 길목이기 때문이다.

2) 관공서 주변 상가

주말 휴일로 가동일수가 제한된다. 평일과 주말 별도로 영업이 잘되는지 확인해야 한다.

관공서는 주5일 근무한다. 평일이외 주말 유동인구가 있는지 파악된다. 영업일에 제한이 있기 때문에 상권과 입지를 잘 파악해야 한다.

3) 병원 상권

종합병원 주변상가는 상권을 잘 파악해야 한다.

요즘 종합병원은 병원내 입점상가가 많아 병원 안에서 소비를 많이한다.

병원 외부에서 소비하는 경우는 많지 않다.

종합병원내 각종 편의시설이 되어 있어 외부 상가를 이용하지 않기 때문이다.

4) 백화점 유통시설

대규모 유통시설(대형마트) 주변의 상권은 마트와 업종이 겹치는 업종은 피해야 한다.

또 대형마트의 영업시간이 늦게 끝나 직원들이 주변 상권을 이용하지 않는다.

대형마트는 차량을 이용하여 이동하기 때문에, 마트에서 모든 것을 해결하고 떠나는 고객이 많다. 그래서 주변 상권을 이용하지 않는다. 이런 상권은 업종에 제한이 많기 때문에 상가 특성을 고려하여 조사하여야 한다.

5) 공원

공원 조성에 따라 업종간 차이가 있다. 공원 이용객의 움직이는 동선을 파악하여 상가의 입지를 정해야 한다. 중앙공원 같은 경우 반대편 상권과 단절이 되고, 수변공원은 공원 주변에 카페상권이 발달된다.

신도시내에도 녹지 조성으로 공원이 많다. 공원이라해서 다 이용 인구가 많지는 않다. 공원의 특성을 파악하여 상권을 조사해야 한다.

6) 신도시

신도시는 녹지가 많고 저밀도 개발이 되어, 면적대비 인구가 많지 않다. 그러나 상대적으로 상가는 공급이 많다. 신도시는 상가 공급이 많아 신도시 조성 초기 상권이 조성되기 어렵다. 또한 신도시가 정착되려면 많은 시간이 소요되기 때문에 공실이 장기간 발생할 경우도 많다. 신도시를 다녀봐라 공실이 많다. 신도시 상가를 분양 받는 것은 신중하게 접근해야 한다.

부동산 상가건물 경매

◈ **상가건물임대차보호법 적용**

상가임대차보호법은 상가 임차인을 보호하기 위하여 2002년11월1일 시행되었다.

상가 건물의 임대차 보호법 적용은 영업목적으로 사용하는 점포에 한하며, 법인은 주택임대차 보호를 받지 못하나 이 법은 적용을 받는다.

◈ **상임법 적용 대상**

영리목적으로 사용하는 상가는 이 법을 적용 받으며, 비영리 목적으로 사용하는 상가는 이 법을 적용받지 못한다(동호회. 친목회 사무실 등).

상가임대차보호법을 받으려면 건물의 인도와 사업자등록을 신청한 임차인만이 보호 대상이다.

<u>그리고 상가건물임대차보호법 적용대상은 2015년 5월 13일부터는 환산보증금을 초과하는 임차인도 보호대상으로 상임법이 개정되었다.</u>

다만 환산보증금 범위 내와 초과하는 임차인과의 차이점은 환산보증금 범위 내에 있는 임차인은 대항력(계약갱신요구권 10년과 확정일자부 우선변제권을 가지고 있는데 반해서, 환산보증금 범위를 초과하는 임차인은 대항력(계약갱신요구권 10년)만있고 확정일자부 우선변제권은 없다는 사실이다.

◈ **환산보증금 산정 방법**

상가임대차보호법에서 환산보증금은 보증금과 월세 환산액을 합한 금액을 말한다.

상가건물 임대차에는 보증금 외 월차임이 있는 경우 월 차임에 100을 곱하여 환산한 금액을 포함하여 산정해야 한다.

환산보증금 : 월차임×100 + 보증금

예를 들어 보증금 1억에 월차임이 400만원이면 환산보증금은 5억이 된다. (400만원×100 + 1억 = 5억)

◆ 대항력 발생 시기

임대차는 그 등기가 없는 경우에도 임차인이 건물의 인도와 「부가가치세법」 제8조, 「소득세법」 제168조 또는 「법인세법」 제111조에 따른 사업자등록을 신청하면 그 다음 날 오전 0시부터 제3자에 대하여 효력이 생긴다.

◆ 확정일자

상가임대차보호법도 임대차 계약이므로 확정일자를 받아야 우선변제권 효력이 발생한다. 주택임대차보호법과 동일하다. 그러나 환산 보증금을 초과하면 확정일자를 받을 수 없다.

말소기준권리 이후 임차인은 환산보증금을 초과하면 확정일자를 받지 못하여, 해당 부동산이 경매로 진행되면 배당을 받지 못한다.

◆ 상가 임차인의 배당

임차인의 건물 배당 요건

사업자등록신청일	확정일자	배당요구	배당여부
O	O	O	배당
O	O	X	배당요구를 하지 않아 미배당
O	X	O	확정일자(우선변제) 없어 미배당

상가임대차도 주택임대차와 같이 확정일자와 배당요구에 의해 배당을 실시한다. 그러나 상가임대차보호법은 환산보증금을 초과하면 세무서에서 확정일자를 해주지 않는다. 즉 확정일자를 받지 못하면 우선변제권이 없어 후순위보다 배당을 먼저 받을 수 없다.

◆ 소액임차인의 최우선변제금

　상가임차인도 주택 소액임차인과 같이 소액임차보증금 중 일정액을 최우선적으로 배당을 하여 준다. 상가임대차보호법의 최우선변제금은 보증금 외 월차임이 있을 경우 환산보증금으로 계산한다. 주택임대차 보호법과 달리 상가의 최우선변제금의 지급 기준은 환산보증금으로 계산하여 적용한다.

최우선변제금 지급기준

- 소액임차인일 것(상가임대차보호법 지급기준).
- 경매개시결정등기 이전 사업자등록 신청이 되어 있어야 함.
- 배당요구종기일 이전 배당요구할 것.

　주택임대차보호법과 같이 위 3가지 요건이 충족되어야만 최우선변제금 지급 대상이 된다. 최우선변제금액의 대상은 낙찰가의 1/2 범위 내에서 배당을 실시한다(2014.01.01 개정. 개정전인 2013.12.31까지는 1/3 범위 내 적용).

03. 상가건물임대차보호법 적용 대상 및 최우선변제 지급기준

지 역	법 적용대상 (환산보증금 기준)	소액임차 보증금 (환산보증금 기준)	최우선변제액
기준(담보물권 설정일) : 2002.11.01 ~ 2008.08.20			
서울특별시	2억 4,000만원 이하	4,500만원 이하	1,350만원
과밀억제권역 (서울특별시 제외)	1억 9,000만원 이하	3,900만원 이하	1,170만원
광역시 (군지역과 인천광역시 제외)	1억 5,000만원 이하	3,000만원 이하	900만원
그 밖의 지역	1억 4,000만원 이하	2,500만원 이하	750만원
기준(담보물권 설정일) : 2008.08.21 ~ 2010.07.25			
서울특별시	2억 6,000만원 이하	4,500만원 이하	1,350만원
과밀억제권역 (서울특별시 제외)	2억 1,000만원 이하	3,900만원 이하	1,170만원
광역시 (군지역과 인천광역시 제외)	1억 6,000만원 이하	3,000만원 이하	900만원
그 밖의 지역	1억 5,000만원 이하	2,500만원 이하	750만원
기준(담보물권 설정일) : 2010.07.26 ~ 2013.12.31			
서울특별시	3억원 이하	5,000만원 이하	1,500만원
과밀억제권역 (서울특별시 제외)	2억 5,000만원 이하	4,500만원 이하	1,350만원
광역시 (군지역과 인천광역시 제외) 용인시,안산시,김포시,광주시	1억 8,000만원 이하	3,000만원 이하	900만원
그 밖의 지역	1억 5,000만원 이하	2,500만원 이하	750만원
기준(담보물권 설정일) : 2014.01.01 ~			
서울특별시	4억원 이하	6,500만원 이하	2,200만원
과밀억제권역 (서울특별시 제외)	3억원 이하	5,500만원 이하	1,900만원
광역시 (군지역과 인천광역시 제외) 용인시,안산시,김포시,광주시	2억 4,000만원 이하	3,800만원 이하	1,300만원
그 밖의 지역	1억 8,000만원 이하	3,000만원 이하	1,000만원
기준(담보물권 설정일) : 2018.01.26 ~			
서울특별시	6억 1,000만원 이하	6,500만원 이하	2,200만원
과밀억제권역 및 부산광역시 (서울특별시 제외)	5억원 이하	5,500만원 이하 (부산:3,800만원)	1,900만원 (부산:1,300만원)
광역시 과밀억제권역에 포함된 지역과 군지역 및 부산광역시는 제외) 세종,파주,화성,안산,용인,김포,광주	3억 9,000만원 이하	3,800만원 이하	1,300만원
그 밖의 지역	2억 7,000만원 이하	3,000만원 이하	1,000만원

기준(담보물권 설정일) : 2019.04.2 ~			
서울특별시	9억 원 이하	6,500만원 이하	2,200만원
과밀억제권역 및 부산광역시 (서울특별시 제외)	6억 9,000만원 이하	5,500만원 이하 (부산:3,800만원)	1,900만원 (부산:1,300만원)
광역시 (과밀억제권역에 포함된 지역과 군지역 및 부산광역시는 제외) 세종,파주,화성,안산,용인,김포,광주	5억 4,000만원 이하	3,800만원 이하	1,300만원
그 밖의 지역	3억 7,000만원 이하	3,000만원 이하	1,000만원

상가임대차보호법에서는 주택과 같이 보증금만 가지고 판단하는 것이 아니라 환산보증금(보증금+월세×100)을 가지고 환산보증금 범위내에 있는가와 소액임차인으로 최우선변제권을 가지고 있는가를 분석해야 한다.

환산보증금 계산법 : 임대보증금 + (월세×100)

- 서울소재 보증금 1,000만원에 월세 50만원이라면 1,000만원+(50만원×100)5,000만원=6,000만원으로 소액임차인에 해당되어 저당권 등에 우선하여 최우선변제금 2,200만원을 받을 수 있다.
- 보증금 3,000만원에 월세 40만원이라면 3,000만원+(40만원×100)4,000만원=7,000만원으로 소액임차인에 해당되지 못함으로 최우선변제 대상이 아니다.

1) 현행법상 소액임차인이면 누구나 최우선변제금을 받을 수 있나?

첫 번째로 매각물건에 등기된 담보물건이 없다면 현행법에 따라 서울의 경우 6,500만원 이하인 임차인이 상가건물가액의 2분의 1 범위 내에서 2,200만원을 1순위로 배당 받을 수 있다.

두 번째로 담보물권(근저당권, 담보가등기, 전세권, 확정일자부 임차권, 등기된 임차권)**이 있고 그 담보물권이 상임법 시행일 이전에 설정되었다면** 상임법 적용대상이 아니어서 최우선변제권이 인정되지 않으므로 1순위로 담보물권이 배당 받게 되고, 2순위로 최우선변제금 순으로 배당하게 된다.

세 번째로 담보물권이 상임법 시행일 이후에 설정되었다면, 소액보증금이 각 지역별로 해당되는 금액 이하인 경우만 최우선변제금을 받을 수 있다. 그런데 유의할 점은 현행 상임법상 환산보증금이 소액임차인에 해당되어도, 그 이전에 담보물권이 설정되어 있다면 그 담보물권 설정당시에 해당하는 구간에 소액임차보증금이어야 그 담보물권보다 우선해서 최우선변제금을 받을 수 있다. 담보물권자가 예측하지 못하는 손실을 막고자 상임법 시행령 부칙 제4조(소액보증금 보호에 관한 적용례) 이 영 시행 전에 담보물권(근저당권, 담보가등기, 전세권, 확정일자부 임차권, 등기된 임차권)을 취득한 자에 대해서는 종전의 규정에 따른다는 예외 조항을 두었기 때문이다. 그래서 이 예외조항에 근거해서 우리의 귀에 익숙한 소액임차인의 결정기준이 탄생하게 되었고, 담보물권자를 보호하기 위해 담보물권이 설정된 시기에 해당하는 소액임차인만 담보물권보다 우선해서 변제받을 수 있지만 그 구간에서 소액임차인에 해당하지 못하면 담보물권보다 우선하지 못하게 된 것이다.

2) 상가임차인이 대항요건과 확정일자를 받았다면 그 효력은?

상가 임차인에 대한 대항력과 우선변제권은 이렇게 알고 있으면 된다.

① 상임법 시행 전인 2002년 05월 10일 사업자등록/건물인도 ⇨ 2002년 11월 01일 확정일자를 받았다면 : 대항력과 확정일자 우선변제권은 2002년 11월 02일 오전 0시에 발생하게 된다(기존임대차는 상임법 시행 후에 상임법 적용 대상이 되므로 그때 비로소 대항요건을 갖춘 것).

② 상가임차인이 2005년 05월 01일 사업자등록/건물인도 ⇨ 05월 10일 확정일자를 받았다면 : 대항력은 05월 02일 오전 0시, 확정일자부 우선변제권은 05월 10일 당일 주간에 발생하게 된다.

③ 상가임차인이 2005년 05월 01일 확정일자를 받고 ⇨ 5월 10일 사업자등록/건물인도를 받았다면 : 대항력은 05월 11일 오전 0시, 확정일자부 우선변제

권은 05월 11일 오전 0시에 발생하게 된다.

④ 상가임차인이 2005년 05월 01일 사업자등록/건물인도와 확정일자를 받았다면 대항력과 우선변제권은 05월 02일 오전 0시에 발생하게 된다.

 상가건물 임대차 보호법 주요 내용

◈ 상가임차인의 계약 갱신요구권

1) 계약 갱신요구권 5년 (2013년8월13일 시행)

환산보증금을 초과한 임차인이라도 최초 임대차 기간을 포함 5년을 넘지 않는 범위 내에서 임차인은 계약을 갱신할 권리가 있다. 임대차 기간 만료 6개월 전부터 1개월 전까지 계약 갱신을 요구할 수 있다.

임차인은 계약갱신을 요구할 수 있고 임대인은 연 5% 차임에 대해 증감 청구할 수 있다(2018년1월26일 개정 – 개정전 연 9% 차임 증감청구 가능). 연 5% 차임 증감청구는 18년1월26일 계약분부터 적용한다. 환산보증금을 초과한 임차인은 임대료 증감 청구에 제한을 받지 아니한다.

2) 계약갱신 요구권 10년 연장(2018년10월16일 개정)

계약갱신요구권을 행사할 수 있는 기간이 5년에서 10년으로 변경되었다.

계약갱신요구권 10년 연장은 2018년10월16일 이후 계약분부터 적용되며, 또한 계약이 2018년10월16일 이후 갱신되는 분부터 적용된다.

이 법은 임차인의 영업권리를 보호하기 위해 개정된 법으로 최장 10년까지 계약을 갱신할 수 있다.

◈ 임대인의 계약갱신 거부

상가건물 임차인은 임대인에 대하여 임대차기간이 만료되기 6개월 전부터 1개월 전까지 사이에 계약갱신을 요구할 수 있다(법 제10조제1항 본문). 만일 이 기간을 경과하면 임차인은 위 갱신요구를 하지 못한다.

또한 임차인이 갱신요구를 하는 경우, 임대인은 정당한 사유 없이 이를 거절하지 못한다. 다만, 다음 중 어느 하나에 해당하는 정당한 사유가 있는 경우에는 임대인이 임차인의 갱신요구를 거절할 수 있다(법 제10조 제1항 단서). 〈개정 2013.8.13〉

① 임차인이 3기의 차임액에 해당하는 금액에 이르도록 차임을 연체한 사실이 있는 경우.

② 임차인이 거짓이나 그 밖의 부정한 방법으로 임차한 경우.

③ 서로 합의하여 임대인이 임차인에게 상당한 보상을 제공한 경우.

④ 임차인이 임대인의 동의 없이 목적 건물의 전부 또는 일부를 전대한 경우.

⑤ 임차인이 임차한 건물의 전부 또는 일부를 고의나 중대한 과실로 파손한 경우.

⑥ 임차한 건물의 전부 또는 일부가 멸실 되어 임대차목적을 달성하지 못 할 경우.

⑦ 임대인이 다음 중 어느 하나에 해당하는 사유로 목적 건물의 전부 또는 대부분을 철거하거나 재건축하기 위하여 목적 건물의 점유를 회복할 필요가 있는 경우

㉠ 임대차계약 체결 당시 공사시기 및 소요기간 등을 포함한 철거 또는 재건축 계획을 임차인에게 구체적으로 고지하고 그 계획에 따르는 경우.

㉡ 건물이 노후·훼손 또는 일부 멸실 되는 등 안전사고의 우려가 있는 경우.

㉢ 다른 법령에 따라 철거 또는 재건축이 이루어지는 경우.

⑧ 그 밖에 임차인이 임차인으로서의 의무를 현저히 위반하거나 임대차를 계속하기 어려운 중대한 사유가 있는 경우.

◈ 상가건물 임차인의 묵시적 계약갱신

상가건물 임대인이 임대차기간이 만료되기 6개월 전부터 1개월 이내에 임차인에게 갱신 거절의 통지 또는 조건 변경의 통지를 하지 아니한 경우에는, 그 기간이 만료된 때에 전 임대차와 동일한 조건으로 다시 임대차한 것으로 본다(법 제10조 제4항). 이 경우에 임대차의 존속기간은 1년으로 본다.

환산보증금을 초과한 임차인은 일반 민법의 묵시적갱신이 적용된다. 이는 환산보증금을 초과하여 상가임대차보호법이 적용되지 않기 때문이다. 10년 계약 갱신 요구권은 특례법으로 인정이 되지만 묵시적 갱신은 허용되지 않기에 계약기간 종료 전 계약연장을 요청해서 계약을 갱신해야 된다.

묵시적 갱신에 따른 임차인의 계약해지 통고

위 상가건물 임대인의 묵시적 갱신의 경우, 임차인은 언제든지 임대인에게 계약해지의 통고를 할 수 있고, 임대인이 통고를 받은 날부터 3개월이 지나면 효력이 발생한다(법 제10조제5항). 임대인은 계약 기간 내 해지 통고를 할 수 없다.

여기서 환산보증금을 초과한 임차인의 묵시적 계약갱신은 상가임대차보호법 적용을 받지 않고 민법 적용을 받는다. 계약해지 통지를 하면 임대인이 계약해지 통고 후 6개월 후, 임차인은 1개월 후 효력이 발생한다.

◈ 상가건물 임차인의 권리금 보호 규정

상가임차인의 권리금 보호 규정은 15년5월13일 상가임대차보호법이 개정되면서 신설되었다. 상가 임차인의 권리금을 법으로 보호받도록 만들어진 상가임대차보호법이다.

이 법은 15년 5월 13일 법 시행 당시 존속중이던 모든 임차인부터 적용된다.

1) 상가의 권리금

권리금이란 임대차 목적물인 상가건물에서 영업을 하는 자 또는 영업을 하려는 자가 영업시설·비품, 거래처, 신용, 영업상의 노하우, 상가건물의 위치에 따른 영업상의 이점 등 유형·무형의 재산적 가치의 양도 또는 이용대가로서 임대인, 임차인에게 보증금과 차임 이외에 지급하는 금전 등의 대가를 말한다(상가건물 임대차보호법 제10조의3제1항). [본조신설 2015.5.13]

권리금 계약이란 신규임차인이 되려는 자가 임차인에게 권리금을 지급하기로 하는 계약을 말한다(상가건물 임대차보호법 제10조의3제2항).

2) 권리금 보호규정의 적용범위

권리금 보호 규정의 적용을 받을 수 있는 임대차의 범위는 상가건물 임대차보호법의 적용대상이 되는 '상가건물의 임대차'에 한정된다.

"상가건물 임대차보호법의 적용대상이 되는 상가건물의 임대차"란 상가건물 임대차보호법 제2조에서「부가가치세법」,「소득세법」,「법인세법」에 따라 사업자등록의 대상이 되는 건물이라고 규정하고 있다.

따라서 관련법에 따라 사업자등록의 대상이 되지 않는 임대차는 '권리금 거래'가 있다고 하더라도 개정법에 따른 권리금 보호규정의 적용대상이 될 수 없다.

예를 들어 유치원이나. 동호회 사무실은 사업자등록 대상이 아니므로 실제 권리금 거래가 있었다고 하더라도 권리금 보호규정의 적용을 받을 수는 없다.

3) 권리금 회수방해금지(상가임대차보호법 제10조의4)

가. 임대인이 임차인이 주선한 신규임차인이 되려는 자에게 임차인이 지급받아야 할 권리금을 요구하거나 수수하는 행위.

나. 임대인이 임차인이 주선한 신규임차인이 되려는 자로 하여금 임차인에게 권리금을 지급하지 못하게 하는 행위.

다. 임대인이 임차인이 주선한 신규임차인이 되려는 자에게 현저히 고액의 차임과 보증금을 요구하는 행위.

라. 그 밖에 정당한 사유 없이 임대인이 임차인이 주선한 신규임차인이 되려는 자와 임대차계약의 체결을 거절하는 행위를 의미합니다.

4) 임대인의 신규임차인 과의 정당한 계약 거부 사유

개정법 제10조의4 제2항에서는 임대인이 신규임차인과 계약 체결을 거절할 수 있는 '정당한 사유' 4가지를 예시하고 있다.

다만 아래 4가지는 예시에 불과하고, 임대인은 그 외에도 다른 '정당한 사유'가 있음을 들어 계약체결을 거절할 수 있다.

가. 임차인이 주선한 신규임차인이 되려는 자가 보증금 또는 차임을 지급할 능력이 없는 경우

나. 임차인이 주선한 신규임차인이 되려는 자가 임차인으로서의 의무를 위반할 우려가 있거나 그 밖에 임대차를 유지하기 어려운 상당한 사유가 있는 경우

다. 임대차 목적물인 상가건물을 1년 6개월 이상 영리목적으로 사용하지 아니한 경우

라. 임대인이 선택한 신규임차인이 임차인과 권리금 계약을 체결하고 그 권리금을 지급한 경우

5) 권리금 보호규정 적용배제

개정법 제10조의5는 상가건물이 ①유통산업발전법에 따른 대규모점포 또는 준대규모 점포의 경우 ② 국유 혹은 공유재산인 경우 권리금 규정의 적용을 제외하도록 규정하고 있다.

대규모점포란?

「유통산업발전법」 제2조에 따르면 대규모점포는 다음 3가지 요건을 모두 충족하여야 한다.

가. 하나 또는 둘 이상의 연접되어 있는 건물 내 상시 운영되는 매장일 것

'연접되어 있는 건물'이란 ①건물간 거리가 50m이내이고, ②소비자가 통행할 수 있는 지하도 또는 지상 통로가 설치되어 있으며, ③하나의 대규모 점포로 기능할 수 있는 건물(시행령 제3조)을 의미

나. 매장면적의 합계가 3,000㎡ 이상 점포의 집단일 것

다. 대형마트, 전문점, 백화점, 쇼핑센터, 복합쇼핑몰, 그 밖의 대규모 점포 중 하나에 해당할 것

라. 용역의 제공장소를 제외한 매장면적의 합계가 3,000㎡ 이상인 점포의 집단 등

준 대규모점포란?

「유통산업발전법」 제2조에 따르면 다음 세가지 유형 중 어느 하나에 해당하는 대통령령으로 정하는 점포를 말합니다.

가. 대규모점포를 경영하는 회사 또는 그 계열회사가 직영하는 점포

나. 상호출자제한기업집단의 계열회사가 직영하는 점포

위 회사 또는 계열회사가 직영점형 체인사업 및 프랜차이즈형 체인사업의 형태로 운영하는 점포. 예를 들어 기업형 슈퍼마켓이 이에 해당한다.

6) 임차인의 계약해지

상가건물 임대차보호법 제10조의8항은 '임차인의 차임 연체액이 3기의 차임액에 달하는 때에는 임대인은 계약을 해지할 수 있다'고 규정하고 있다. 여기서 3기란 3개월을 말한다.

위 규정에서 차임 연체액이 3기의 차임액에 달하는 때란 차임의 연체가 연속하여 3기에 이른 것을 의미하는 것이 아니라, 전후를 합하여 연체액이 3기에 이르면 이에 해당하는 것을 말한다.

05 부동산 상가건물 경매 실전사례

◈ 대항력 있는 임차인 배당

경기도 수원시 영통구 영통동 OO빌딩 O층 OOO호

감정가	818,000,000원
최저가	280,574,000원 (34%)
매각가	366,700,000원 (45%)
물건용도	근린상가
진행단계	낙찰
입찰일	매각기일 2018.10.23(10:30)

차수	일자	금액	결과
2차	2018-05-16	572,600,000원	유찰
3차	2018-06-21	400,820,000원	유찰
4차	2018-08-07	280,574,000원	낙찰

낙찰 3,353,800,000원(410%) / 3명 / 미납
(차순위금액: 348,487,000원)

| 5차 | 2018-10-23 | 280,574,000원 |

낙찰 : 366,700,000원 (44.83%)

전용면적	211.04㎡	대지권	61.27㎡	매각물건	토지·건물 일괄매각
소유자		채무자		채권자	

■ 물건현황
· 감정원 : 승민감정평가 / 가격시점 : 2017.02.17 / 보존등기일 : 2001.05.14

구분	위치	사용승인	면적	이용상태	감정가격	기타
건1		01.04.23	109.685㎡	근린생활시설 및 위락시설	297,500,000원	
건2		01.04.23	101.355㎡	근린생활시설 및 위락시설	275,100,000원	
토지현황			대지권의 목적인 대지		감정가격	기타
토1		대	1216.4㎡ 중 31.84㎡		127,500,000원	
토2		대	1216.4㎡ 중 29.43㎡		117,900,000원	

임차인현황

· 말소기준권리: 2014.07.16 · 배당요구종기: 2017.04.12

임차인	점유부분	전입/확정/배당	보증금/차임	배당예상금액	기타	대항력
갑	점포 OO호	사업자등록: 2013.07.04 확 정 일: 미상 배당요구일: 없음	보20,000,000원 월1,650,000원 환산 18,500만원	전액매수인인수		있음
을	점포 OO호	사업자등록: 2015.10.07 확 정 일: 미상 배당요구일: 없음	보10,000,000원 월1,600,000원 환산 17,000만원	배당금 없음		없음
병	점포 OO호, OO전부	전 입 일: 미상 확 정 일: 미상 배당요구일: 없음	보50,000,000원	매수인인수	선순위전세권등기자, 점유:2011.04.01, 양도인:김상범	

임차인수: 3명, 임차보증금합계: 80,000,000원, 월세합계: 3,250,000원

임차인분석

☞ 205호)임차인의 종업원 OOO 의 진술에 의하면 임차인 OOO 이 '렉서스'라는 상호의 유흥주점으로 사용하고 있다고 함.
☞ 206호)임차인의 종업원 OOO 의 진술에 의하면 임차인 OOO 이 '렉스'라는 상호의 유흥주점으로 사용하고 있다고 함.
☞ 205호, 206호)의 경우 등기부상은 OO호와 OO호의 구분건물로 되어 있으나 실제(현장)는 통합하여 점포로 사용하고 있음. 다만 목록 2번의 임차인 OOO 의 유선상 진술에 의하면 목록 2번과 3번의 임차인은 동업관계가 아닌 각자의 사업을 운영하고 있으며, 건물을 효율적으로 사용하기 위하여 합체한 것일 뿐 주로 자기 임차부분을 사용한다고 함.
☞ 대항력 있는 임차인 보증금전액을 매수인이 인수함

등기부현황

구분	접수일자	권리종류	권리자	채권금액	비고	말소
갑구 3	2001-12-29	공유자전원지분전부이전			매매	
을구 4	2011-04-06	전세권(전부)	병	50,000,000원	존속기간: 2011.04.01~2013.03.31	인수
갑구 6	2014-07-16	소유권이전(매매)				
을구 7	2014-07-16	근저당	정	1,860,000,000원	말소기준등기	말소
을구 9	2015-09-02	근저당	기	300,000,000원		말소
을구 10	2016-03-31	근저당	무	60,000,000원		말소
갑구 8	2016-06-27	가압류	홍	33,742,980원		말소
갑구 10	2017-01-26	임의경매	정	청구금액: 1,579,391,558원		말소
갑구 11	2017-03-27	압류	OO시			말소
갑구 12	2017-03-29	가압류	박	102,881,898원		말소
갑구 13	2017-04-14	압류	OO시			말소
갑구 14	2017-09-12	압류	OO세무서			말소

기타사항 ☞ 2층 205호 건물 등기부상

주의사항 ▶ 매각허가에 의하여 소멸되지 아니하는 것 - 을구 순위 4번 전세권설정등기(2011. 4. 6. 등기)

가. 말소기준권리 : 14.07.16 근저당

나. 배당

구분	배당액(원)	비고
경매예납비용	5,500,000	
2014.07.16 근저당	361,200,000	

다. 인수권리 : 갑 임차인(보증금 2,000만원), 을 전세권(보증금 5,000만원)

말소기준권리는 근저당이다. 말소기준권리 이전 사업자등록 신청한 임차인과 전세권은 인수하는 권리이다.

등기부에 선순위 전세권이 설정되어 있으면 말소기준권리에 해당되는지 먼저 파악하여야 한다.

매각물건명세서

사건				매각물건번호		작성일자	2018.10.05	담임법관(사법보좌관)		
부동산 및 감정평가액 최저매각가격의 표시		별지기재와 같음		최선순위 설정		2014.7.16. 근저당권		배당요구종기		2017.04.12

부동산의 점유자와 점유의 권원, 점유할 수 있는 기간, 차임 또는 보증금에 관한 관계인의 진술 및 임차인이 있는 경우 배당요구 여부와 그 일자, 전입신고일자 또는 사업자등록신청일자와 확정일자의 유무와 그 일자

점유자 성명	점유부분	정보출처 구분	점유의 권원	임대차기간 (점유기간)	보증금	차임	전입신고일자, 사업자등록 신청일자	확정일자	배당 요구여부 (배당요구일자)
갑	○○호	현황조사	점포 임차인	2013.07.04-20 14.07.03	20,000,000	1,650,000	2013.07.04		
을	○○호	현황조사	점포 임차인	2015.09.30-20 16.09.30	10,000,000	1,600,000	2015.10.07		
병	○○호 상가용 전부	등기사항 전부증명서	점포 전세권자	2011.04.01-20 13.03.31	50,000,000				
	○○호 상가용 전부	등기사항 전부증명서	점포 전세권자	2011.04.01-20 13.03.31	50,000,000				

<비고>

※ 최선순위 설정일자보다 대항요건을 먼저 갖춘 주택·상가건물 임차인의 임차보증금은 매수인에게 인수되는 경우가 발생 할 수 있고, 대항력과 우선변제권이 있는 주택·상가건물 임차인이 배당요구를 하였으나 보증금 전액에 관하여 배당을 받지 아니한 경우에는 배당받지 못한 잔액이 매수인에게 인수되게 됨을 주의하시기 바랍니다.

등기된 부동산에 관한 권리 또는 가처분으로 매각으로 그 효력이 소멸되지 아니하는 것
을구 순위 4번 전세권설정등기(2011. 4. 6. 등기)
매각에 따라 설정된 것으로 보는 지상권의 개요

매각물건 명세서에 인수하는 전세권으로 기재되어 있다. 전세권은 인수하는 전세권으로, 전세권 다음 권리인 근저당이 말소기준권리가 된다.

말소기준권리 등기일 이전 사업자등록을 신청한 대항력 임차인 갑은 확정일자가 없으며 또한 배당 요구를 하지 않아 법원으로부터 배당 받지 못하여 낙찰자가 인수한다.

위 상가는 7천만원을 인수하여도 감정가 대비 반값 이하로 낙찰 받은 물건이다.

입찰시 인수금액을 감안하여 입찰하여 주변 상가에 비해 저렴하게 낙찰 받은 경매 물건이다. 상가 경매는 입지와 상권을 파악하고 입찰해야 한다.

입지와 상권이 좋으면 공실이 적고 수익률이 높기 때문이다.

◈ 대항력 없는 임차인 배당사례 1

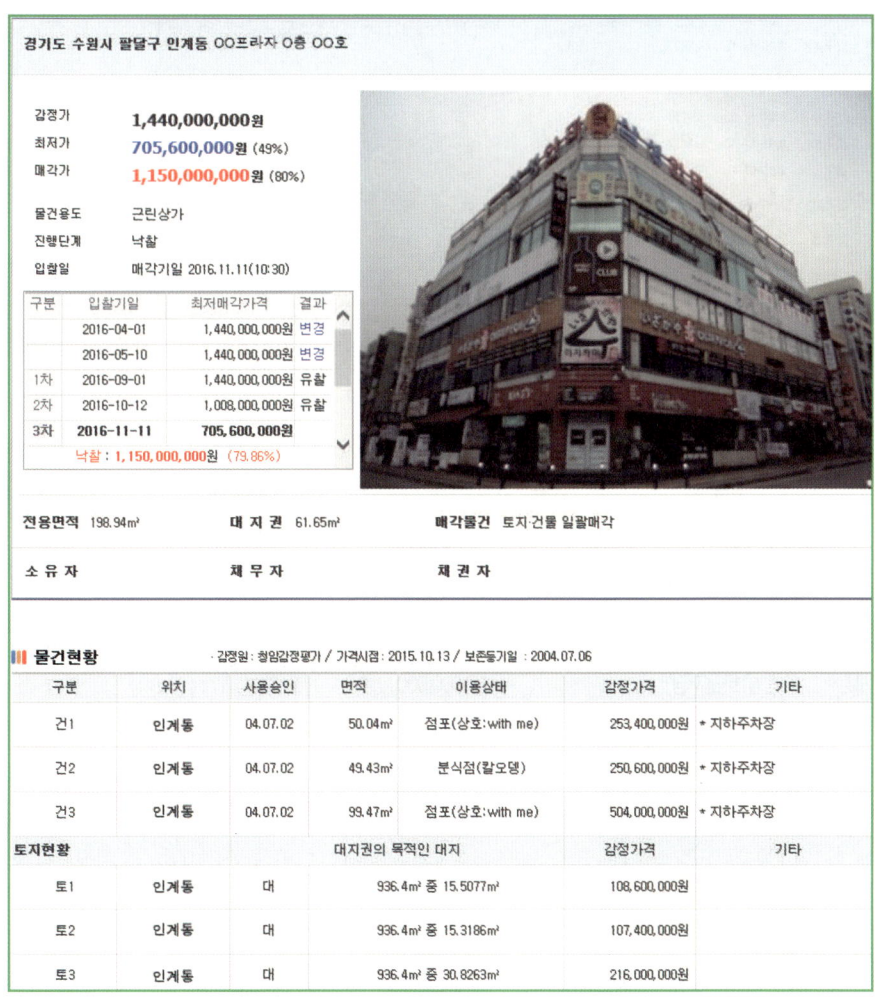

▌임차인현황

· 말소기준권리 : 2013.06.18 · 배당요구종기 : 2015.12.08

임차인	점유부분	전입/확정/배당	보증금/차임	배당예상금액	기타	대항력
갑	점포 전부	사업자등록: 2013.06.19 확 정 일: 미상 배당요구일: 없음	미상	배당금 없음		없음
기타사항	☞목적물의 전면상단에 '부산어묵 칼오뎅'으로 표시되어 있고, 인접호실인 108호,109-1호와 통합하여 임차인 OOO 이 편의점으로 이용중임. ☞목적물의 전면상단에 '부산어묵 칼오뎅'으로 표시되어 있고, 인접호실인 108호,109호와 통합하여 임차인 OOO 이 편의점으로 이용중임					

▌등기부현황

구분	접수일자	권리종류	권리자	채권금액	비고	말소
갑구 4	2005-05-12	공유자전원지분전부이전			매매	
을구 3	2013-06-18	근저당	을	468,000,000원	말소기준등기	말소
갑구 12	2014-11-28	소유권이전			현물출자	
을구 5	2015-01-14	근저당	병	143,000,000원		말소
을구 6	2015-07-15	근저당	정	60,000,000원		말소
갑구 14	2015-09-23	임의경매	을	청구금액: 376,281,590원		말소
갑구 15	2015-11-12	압류	OO시 OO구			말소
기타사항	☞제1층 제108호 건물 등기부상					

가. 말소기준권리 : 13.06.18 근저당

나. 배당

구분	배당액(원)	비고
경매예납비용	6,190,000	
13.06.18 근저당	468,000,000	
15.01.14 근저당	143,000,000	
15.7.15 근저당	60,000,000	
압류	교부청구액	

다. 인수권리 : 없음. 임차권 소멸

임차인은 말소기준 등기일 이후 사업자등록을 신청한 후순위 임차인이다.

말소기준권리 이후 모든 권리는 소멸한다. 임차인의 사업자등록 신청일도 말소기준권리 이후이기 때문에 임차인의 임차권도 같이 소멸하여, 임차인은 새로운 소유자에게 부동산을 인도해 주어야 한다. 상가는 입찰할 때 상권과 입지 그리고 수익률을 보고 입찰해야 한다.

수익률이 떨어지면 부동산 가격도 떨어지기 때문이다.

위 상가는 현재 월 720만원에 임대하고 있는 상가이다. 상가의 입찰은 상권파악 및 유동인구 조사도 중요하지만 수익률에 맞추어 입찰해야 상가 수익이 보장된다.

경매로 상가를 입찰할 경우에는 상가 시세파악이 안되는 경우가 종종 있다.

그러나 상가는 주택과 달리 수익형 부동산이라 입찰할 때에는 시세대비 가격보다는 수익률을 보고 입찰한다. 시세는 높은데 수익률이 떨어지는 상가도 종종 있다.

상가를 입찰할 때는 그 지역의 수익률에 맞추어 입찰해라. 물론 상권과 입지를 보고 입찰을 결정하지만 중요한 것은 내가 상가를 낙찰 받아 얼마나 월세를 받을 수 있는 상가인지 파악하는 것이 중요하다. 수익률은 곧 부동산의 시세이기 때문이다.

◆ 대항력 없는 임차인 배당사례 2

임차인현황
· 말소기준권리: 2014.12.31 · 배당요구종기: 2016.03.17

==== 조사된 임차내역 없음 ====

기타사항	☞나래리 OOO-O 점유관계를 조사하기 위하여 현장에 임하였으나 폐문부재로 거주자 등 관계인을 만날 수 없어 동 점유관계는 확인 불능하고, 관할 세무서에서 상가건물임대차 현황서를 확인한 바, 본건에는 등록된 임차인이 없다고 함.

건물등기부

구분	접수일자	권리종류	권리자	채권금액	비고	말소
갑구 1	2014-12-31	소유권보존				
을구 1	2014-12-31	근저당	갑	3,360,000,000원	말소기준등기	말소
갑구 2	2015-11-09	가압류	을	7,097,752원		말소
갑구 3	2015-12-14	임의경매	갑	청구금액: 2,861,458,831원		말소
갑구 4	2016-01-26	가압류		81,150,073원		말소

토지등기부

구분	접수일자	권리종류	권리자	채권금액	비고	말소
갑구 2	2013-10-30	소유권일부이전			지분 1309분의 1104	
갑구 3	2014-02-05	OOO 지분전부이전			공유물 분할, 지분 1309분의 205	
을구 5	2014-07-16	근저당	갑	3,360,000,000원	말소기준등기	말소
갑구 6	2015-11-09	가압류	을	7,097,752원		말소
갑구 7	2015-12-14	임의경매	갑	청구금액: 2,861,458,831원		말소
갑구 8	2016-01-26	가압류		81,150,073원		말소
						말소

기타사항	☞나래리OOO-O이동토지, 건물 등기부상
주의사항	☞전기세,수도세등의 연체금을 인수할 수도 있사오니 현장 답사시 최종금액을 확인하시기 바라며, 산업폐기물의 방치여부도 체크하시기 바랍니다.

가. 말소기준권리 : 2014. 12. 31. 근저당

나. 배당

구분	배당액(원)	비고
경매예납비용	6,560,000	
2014. 12. 31. 근저당	1,644,128,888	갑

소유자 점유 공장이며 감정가 대비 60% 정도에 낙찰된 공장이다.

현재 임대료 450만원에 임대하고 있는 공장으로 수익률 높은 임대 공장이다.

공장경매의 장점은 수익률이 높고 투자금이 빨리 회수된다는 장점이 있다.

낙찰은 60%에 받았지만 1년후 재감정하여 투자금 전액을 회수하였다.

공장 임대 목적으로 취득시 임대가 잘되는 지역을 선택해야 한다. 공실이 발생하면 금융비용이 나가기 때문이다. 또 주변 호재가 있을 지역을 찾아야 한다.

주변에 호재가 있으면 부동산 가격이 상승하기 때문이다. 수익형 부동산은 수익률이 높아야 한다. 수익률이 떨어지면 부동산의 가격도 떨어지기 때문이다.

정상수익율				대출이용			
구분	금액		비고	구분	대출금액		비고
감정가	3,125,708,000			감정가	3,125,708,000		
낙찰가	1,650,688,888		52.8%	낙찰가	1,650,688,888		
대출원금				대출원금	1,320,551,110		
취등록세	75,931,689			취등록세	75,931,689		4.6%
잔금				잔금	330,137,778		
자기자본	1,726,620,577			자기자본	306,069,466		
대출이자				대출이자	46,219,289		년간
보증금	100,000,000			보증금	100,000,000		
임대료	8,600,000			임대료	8,600,000		년간
임대수익	103,200,000			임대수익	56,980,711		
수익율	5.98			수익율	18.6		%

위 공장은 대출없이도 수익률이 6%정도 되는 임대 공장이다. 80% 대출 받으면 수익률은 18.6% 발생한다.

낙찰 받은 위 공장은 1년 후 재감정을 통해 추가 대출을 받아 투자원금을 회수하였다. 추가 대출 후 수익률은 15%로 떨어졌으나 원금을 회수하고도 수익은 계속 발생하고 있다.

PART
12

소유권 취득이전
허가대상 부동산

01 경매로 농지를 취득한 경우

◈ 무엇을 농지라 하나?

농지법에서 농지라 함은 전·답·과수원 기타 그 법적 지목 여하에 불구하고 실제 토지현상이 농작물의 경작 또는 다년성 식물 재배로 이용되는 토지 및 그 토지의 개량시설의 부지와 고정식 온실·버섯재배사 등 농업생산에 필요한 일정시설의 부지를 말한다.

◈ 농지를 소유하려면

농지를 취득하려면 농업에 종사하는 농업인과 영농법인만 취득이 가능하다.

예외적으로 농민이 아닌 일반인이 취득하는 경우에는 주말농장을 이용하여 농작물이나 다년생 식물을 재배하고자 할 때는 1,000㎡ 내에서 취득이 가능하다.

◈ 경매로 농지를 낙찰 받으면

경매로 농지를 취득하면 농지취득자격증명원을 법원에 제출해야 된다. 제출기간은 낙찰 받은 날로부터 7일 이내 제출해야 낙찰 허가된다. 만약 미제출시에는 매각 불허가와 함께 보증금은 몰수된다.

- 농지 취득 면적 1,000㎡ 미만 : 주말농장으로 신청 후 발급이 3일 소요된다.
- 농지 취득 면적 1,000㎡ 초과 : 농업계획서를 작성해야 되며 신청 후 발급이 4일 소요된다.

◈ 농지취득자격증명 제도 개요

도입목적은 농지매수인의 소유자격, 소유상한 등을 심사하여 적격자에게만 농지 취득을 허용함으로써 경자유전 원칙을 실현하기 위해서이다.

농지취득자격증명 규정은 강행규정으로 써 농지의 소유권 이전등기에 필수적인 첨부서류이다.

◈ 농지 취득시 주의 사항

- 농지 입찰시 농지취득자격증명원 발급 유무를 확인 후 입찰에 참가해야 한다. 농지가 불법 전용된 경우 발급을 거부하는 곳이 있기 때문이다.
- 법인은 농지를 취득할 수 없다. 영농법인 농업회사법인만 취득 가능하다. 공장 창고건축 목적으로 일반 법인이 취득해서는 안된다.
- 도시지역과 영농불리여건지역내 농지는 농지취득자격증명원을 제출하지 않아도 소유권 이전이 가능하다.

◈ 농지취득자격증명원 신청

농지 소재지 시·구·읍·면에 신청서를 제출하면 된다. 또는 전자민원신청이 가능해져 민원24시 홈페이지를 통해 구비서류를 첨부하여 제출하면 4일 이내 받을 수 있다.

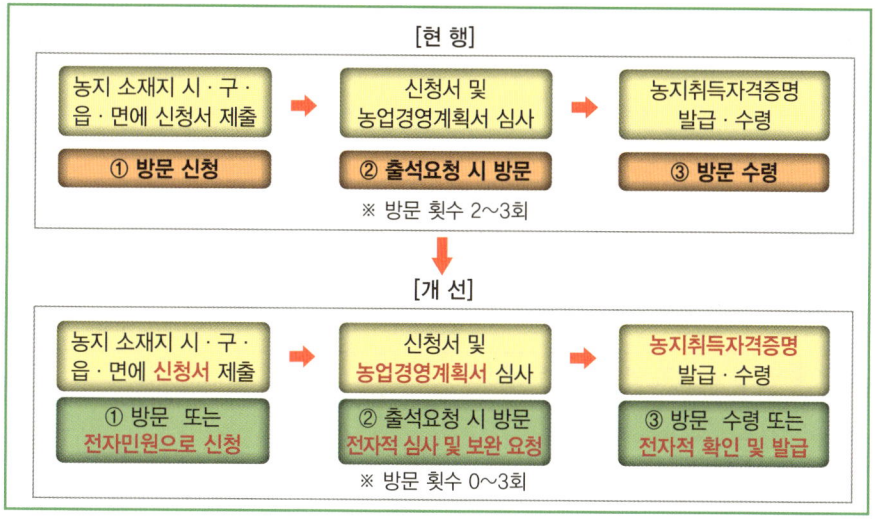

자료 : 농림축산식품부

◈ 전자 민원 신청방법

농지취득자격증명 온라인서비스 이용 절차

1. 24시 접속

" 24" 검색 또는 주소창 http://www.minwon.go.kr
민원24 검색란에 "농지취득" 입력 후 검색

2. 농지취득자격증명 신청서 선택 - 검색된 민원 중 다음의 해당 사항 선택(로그인 필요)

농지취득자격증명 신청(농업경영계획서 첨부)	농업경영을 목적으로 신청면적을 포함하여 신청인과 세대 구성원의 농지 소유면적이 1,000㎡ 이상인 경우 신청
농지취득자격증명 신청(농업경영계획서 미첨부)	취득 목적이 주말체험영농, 농지전용, 시험·연구·실습지 주말체험영농은 신청인과 세대구성원의 농지소유면적(신청면적 포함)이 1,000㎡ 미만

3. [농지취득자(신청인)] 정보 입력

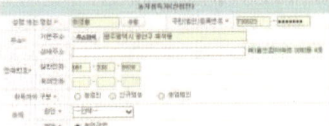

- 신청인 성명, 주민번호, 주소, 전화번호 입력
- 취득자의 구분 : 농업인, 신규영농, 농업법인 중 선택
- 취득 원인 : 매매, 교환, 상속, 경락 등의 취득원인 선택
- 취득 목적 : 농업경영, 주말체험영농, 농지전용, 시험·연구·실습용

4. [취득 농지의 표시] 정보 입력

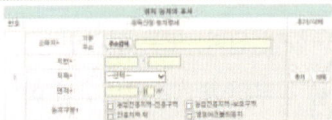

농지 소재지 지번, 지목, 신청면적, 농지구분(진흥지역 여부)을 입력

5. 농업경영계획서, 농지취득인정서 등 [구비서류] 파일 첨부

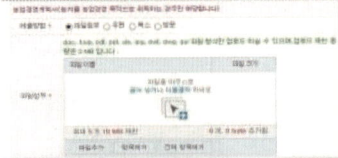

- 제출방법 : 파일첨부, 우편, 팩스 방문, 해당사항 없음 중 선택
- 첨부파일 : 농업경영계획서(시행령 제4호서식), 농지취득인정서(시행령 제2호서식), 임대차계약서, 농지전용허가 또는 개발행위허가 서류

6. [수령방법] 등 정보 입력

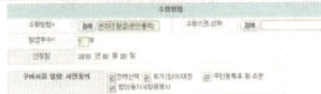

- 수령방법 "온라인발급(본인출력)" 발급부수 입력
- 구비서류 열람 사전동의 : 토지(임야)대장, 등 다중 선택

7. [민원신청하기] 클릭(민원 신청 완료)

※ 처리기간 : 농업경영계획서 첨부(4일), 미첨부(2일)

8. 농지취득자격증명 인터넷 수령

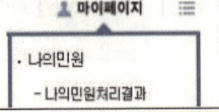

「마이페이지」─「나의민원」─「나의민원처리결과」
- 처리완료 : [문서출력] 클릭하여 "농지취득자격증명서" 출력
- 반려/보완 : 농지소재지의 시·구·읍·면에 문의

자료 : 농림축산식품부

# 사회복지법인의 재산 취득

◈ 사회복지법인

사회 복지 사업을 위하여 설립된 법인으로 비영리 법인의 일종이나 경영에 충당하기 위하여 수익 사업을 행할 수 있다.

◈ 사회복지법인 재산 취득시 유의사항

사회복지법인의 재산은 법률상 압류가 금지되어 경매로 매각할 수가 없다.

주무관청의 허가가 있을 경우에는 매각이 가능하나, 주무관청의 허가 없이 경매를 신청 하여 경매로 낙찰 받은 물건이 문제가 되는 것이다.

사회복지법인재산을 낙찰받아 대금을 납부했어도 낙찰자는 소유권을 취득할 수 없다.

소유권 취득하기 위해서는 주무관청의 허가를 받아야 되기 때문이다.

◈ 기본재산의 처분 제한

사회복지법인에서 기본재산으로 정한 재산을 기본재산이라 하며 이외의 재산을 보통 재산이라 한다. 기본재산은 이사회 결의에 의해 편입된 재산을 말한다.

기본재산의 매도, 증여, 교환, 임대, 담보제공 등을 하고자 할 때에는 주무관청의 허가를 받아야 한다. 사회복지 법인의 재산이 유효하게 임의경매 및 강제경매로 매각이 되었더라도 낙찰자는 주무관청의 허가를 받아야 소유권을 취득할 수 있다.

사회복지사업법 제23조(재산 등)

① 법인은 사회복지사업의 운영에 필요한 재산을 소유하여야 한다.
② 법인의 재산은 보건복지부령으로 정하는 바에 따라 기본재산과 보통재산으로 구분하며, 기본재산은 그 목록과 가액(價額)을 정관에 적어야 한다.
③ 법인은 기본재산에 관하여 다음 각 호의 어느 하나에 해당하는 경우에는 시·도지사의 허가를 받아야 한다. 다만, 보건복지부령으로 정하는 사항에 대하여는 그러하지 아니하다.
[시행일 2012.8.5]
 1. 매도·증여·교환·임대·담보제공 또는 용도변경을 하려는 경우
 2. 보건복지부령으로 정하는 금액 이상을 1년 이상 장기차입(長期借入)하려는 경우
④ 제1항에 따른 재산과 그 회계에 관하여 필요한 사항은 보건복지부령으로 정한다.

03 학교법인의 기본재산 취득

◆ **학교법인**

학교의 설치와 경영을 목적으로 사립학교법에 따라 설립된 사립학교 운영주체로서의 공익법인을 말하며, 학교법인을 설립하고자 할 때는 일정한 재산을 출연하고 정관을 작성하여 교육부장관의 허가를 받아야 한다.

◆ **학교법인의 재산**

학교법인의 재산은 기본재산과 보통재산으로 구분되며, 학교법인이 그 기본재산을 매도·증여·교환 또는 용도변경하거나 담보에 제공하고자 할 때 또는 의무의 부담이나 권리의 포기를 하고자 할 때에는 관할청의 허가를 받아야 한다. 다

만, 대통령령이 정하는 경미한 사항은 이를 관할청에 신고하여야 한다(사립학교법 제28조).

학교법인의 재산이 유효하게 임의경매 및 강제경매로 매각이 되었더라도 낙찰자는 매각허가 전까지 주무관청의 허가서를 법원에 제출해야 한다. 제출하지 못하면 매각불허가되고 입찰보증금은 몰수된다.

그러나 금융기관 등이 근저당설정 당시 주무관청 허가를 받았거나 경매를 신청하기 전에 주무관청 허가를 받아 경매를 신청한 경우에는 낙찰자가 또다시 허가를 받지 않아도 소유권을 취득할 수 있다.

대법원 1994. 1. 25 선고 93다42993 판결 [소유권이전등기말소]

판시사항

학교법인의 기본재산이 감독청의 허가 없이 강제경매절차에 의하여 경락된 경우 그 경락을 원인으로 하여 경료된 소유권이전등기의 효력

판결요지

구사립학교법(1990.4.7. 법률 제4226호로 개정되기 전의 것) 제28조 제1항은 학교법인이 그 기본재산을 매도, 증여, 임대, 교환 또는 용도변경하거나 담보에 제공하고자 할 때 또는 의무의 부담이나 권리의 포기를 하고자 할 때에는 감독청의 허가를 받아야 한다고 규정하고 있으므로, 학교법인이 그 의사에 의하여 기본재산을 양도하는 경우 뿐만 아니라 강제경매절차에 의하여 양도되는 경우에도 감독청의 허가가 없다면 그 양도행위가 금지된다고 할 것이고, 따라서 학교법인의 기본재산이 감독청의 허가 없이 강제경매절차에 의하여 경락되어 이에 관하여 경락을 원인으로 하여 경락인 명의의 소유권이전등기가 경료되었다 하더라도 그 등기는 적법한 원인을 결여한 등기이다.

04 전통사찰의 기본재산 취득

◆ 전통사찰

"전통사찰"이란 불교 신앙의 대상으로서의 형상(形象)을 봉안(奉安)하고 승려가 수행(修行)하며 신도를 교화하기 위한 시설 및 공간으로서 문화체육부장관의 지정을 받아 등록된 것을 말한다.

◆ 전통사찰의 처분 제한

전통사찰의 경내지에 대하여 다른 법률에 의한 수용·사용 또는 제한의 **처분**을 하고자 하는 자는 사전에 문화체육관광부 장관의 **동의**를 얻어야 한다. 전통사찰 보존구역 안에서는 불교 목적 이외의 목적을 위한 건조물 설치 및 변경행위, **영업** 행위를 할 수 없다. 전통사찰의 소유에 속하여 전법에 제공되는 경내지의 건조물 및 **토지**는 **저당권** 기타 **물권**의 실행을 위한 경우 또는 **파산**의 경우를 제외하고는 그 등록 후에 발생한 **사법**상의 **금전채권**으로서 **압류**할 수 없다.

전통사찰의 보존 및 지원에 관한 법률 제9조 (동산·부동산의 양도 등 허가)

① 전통사찰의 주지는 동산이나 부동산(해당 전통사찰의 전통사찰보존지에 있는 그 사찰 소유 또는 사찰이 속한 단체 소유의 부동산을 말한다. 이하 이 조에서 같다)을 양도하려면 사찰이 속한 단체 대표자의 승인서를 첨부(사찰이 속한 단체가 없는 경우에는 제외한다)하여 문화체육관광부장관의 허가를 받아야 한다.

② 전통사찰의 주지는 동산 또는 부동산을 대여하거나 담보로 제공하려면 사찰이 속한 단체 대표자의 승인서를 첨부(사찰이 속한 단체가 없는 경우에는 제외한다)하여 시·도지사의 허가를 받아야 한다. 허가받은 사항을 변경하려는 경우에도 같다.

③ 제1항 및 제2항에 따른 허가를 받지 아니하고 부동산을 양도 또는 대여하거나 담보로 제공한 경우에는 이를 무효로 한다.

[전문개정 2012.2.17] [시행일 2012.8.18]

법원은 사찰에 대한 경매 신청이 있을 경우 경매신청 사찰이 전통사찰인지 확인 후 경매를 진행해야 한다. 전통사찰인 경우 문체부장관의 허가를 받아야 경매 진행이 가능하다. 허가를 받지 못하면 매각불허가가 되고, 입찰보증금은 몰수되기 때문에 유의해야 한다.

사찰이 경매로 나오는 경우가 종종 있다. 이러한 사찰은 전통사찰이 아닌 경우 허가 없이 경매로 취득이 가능하다. 개인이 소유하거나 전통사찰로 등록이 되지 않았다면 담보권 설정이나 처분이 가능하다.

PART
13

경매로 진행되는 불법 건축물

01 불법 건축물이란?

　불법 건축물이란 건축허가에 관여하는 법률에 위법하게 건축한 건축물을 말한다.

　한마디로 허가를 받은 대로 건축하지 않거나, 허가를 거치지 않고 무단으로 건축한 건축물도 불법건축물에 해당된다.

　부동산 경매에서 이런 위반 건축물이 종종 등장한다. 허가를 받지 않고 무단 증축하거나, 허가 없이 무단으로 용도 변경한 것이 대부분이다.

◈ 형식적 불법 건축물

　허가절차상에서 문제가 있어 신고만 하면 불법건축물에서 제외되는 건축물이다.

　하지만 허가를 받지 않은 상태이기 때문에 불법건축물이라 할 수 있다.

◈ 실질적 불법 건축물

　건물자체가 법규에 위반되는 건축물을 말한다. 법규에 위반되는 건축물은 신고를 하지 않았거나 신고를 할 수 없는 불법인 건축물이다.

경매에 나오는 불법 건축물 확인 방법

경매사건에 나오는 대부분의 위반 건축물은 다가구, 원룸 등에서 많이 나온다.

위반 건축물을 낙찰 받으면 새로운 소유자는 건축허가서의 내용대로 원상복구를 해야 되며, 원상복구를 하지 않으면 이행강제금을 부과한다.

◈ 건축물 대장에 위반 건축물로 표기되는 경우

불법건축물로 적발되었으면 건축물 대장에 위반 건축물로 표기한다.

불법건축물이 경매로 진행되면 위반 사항 및 위반 면적 등을 확인 후 입찰에 참여해야 된다.

위반 사항이 경미하면 낙찰 후 원상복구가 가능하지만 위반 사항이 많을 경우 원상복구 비용을 생각해 두어야 한다. 원상복구를 하지 않으면 이행강제금이 부과된다. 이행 강제금은 원상복구가 될 때까지 부과되는 것이 원칙이다. 물론 지자체마다 다르지만 정확하게 알아보고 입찰에 참여해야 한다.

1) 원룸 위반 건축물

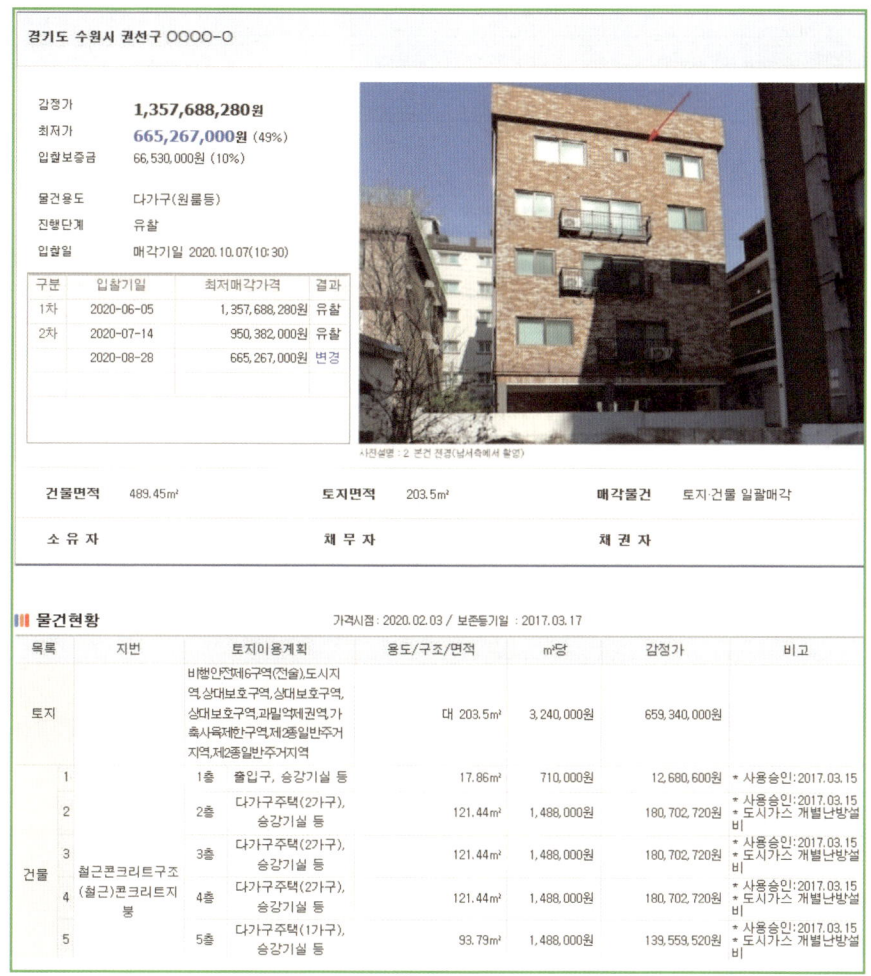

　원룸경매 물건이다. 다가구, 원룸이 경매가 진행되면 건축물 대장을 열람해야 한다. 위반 건축물이 많기 때문이다. 수도권 지역내 원룸들은 위반 건축물이 많다.
　주차면적이 부족하여 불법용도 변경한 건물들이다. 가구수에 따라 주차면적이 부족하면 건축허가를 받을 수 없다. 가구수를 늘리기 위해 편법으로 근린상가 또는 사무실로 허가 받아 준공 후 주택으로 불법 개조하는 경우가 많다. 불법면적에 따라 원상복구 비용이 다르고 이행강제금의 금액이 다르기 때문에 위반 면적을 확인하여 입찰해야 된다.

위반 건축물로 적발되면 건축물대장 우측상단에 노랑색으로 위반 건축물로 표기한다.

반면 적발되지 않은 위반건축물은 표기되지 않는다. 그러나 적발되지 않았다고 아무 생각 없이 경매에 입찰해서는 안된다. 명도 과정에서 임차인이 위반건축물로 신고하기 때문이다.

건축물 대장을 확인하여 보면 위반 사항에 대해 기재되어 있다.

2층을 사무실로 허가를 받고 다가구로 무단 변경한 것이다. 이런 물건을 낙찰 받으면

2층은 사무실로 원상 복구해야 된다. 아니면 이행강제금을 납부하며 사용해야 된다.

건축물대장에 위반 건축물로 등재되지 않았을 경우에는 실제 허가 사항과 현재 사용하고 있는 용도와 맞는지 확인해야 한다. 만약 위반사항이 있으면 원상복구를 해야 되기 때문이다. 물건현황을 보면 2층 2가구로 되어 있고 건축물 대장에는 사무실로 되어 있는 것을 볼 수 있다. 이런 것들이 위반 건축물이다. 실제 허가 사항과 달리 무단으로 변경하여 사용하는 건축물이다.

2) 빌라 위반건축물

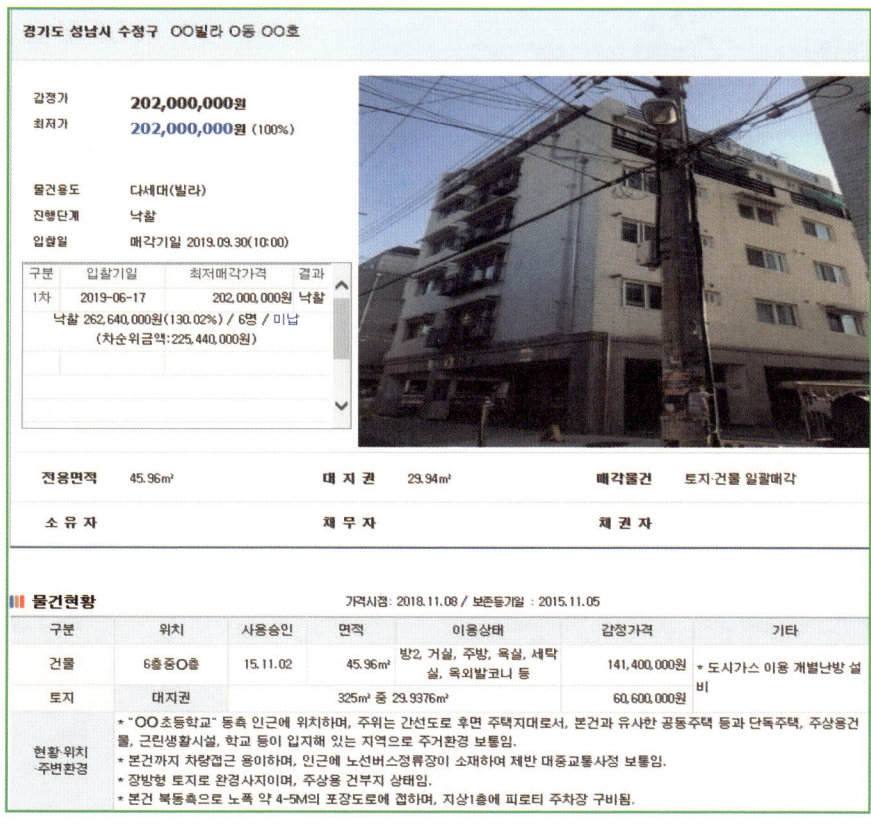

빌라는 다가구, 원룸같이 불법건축물이 많지 않다. 그러나 간혹 불법건축물이 경매로 진행된다. 위 경매 물건은 6층인데 건축물대장에 사무실로 되어 있으나, 현재 주택으로 사용중이다. 위반 건축물이다.

집합건물에는 위반 건축물이 자주 경매로 등장하지는 않지만 항상 입찰할 때 건축물대장을 확인하여 입찰하기 바란다.

[집합건축물대장(전유부, 갑) - 위반건축물 표시됨. 6층 철근콘크리트구조, 사무소, 45.96㎡]

건축물대장의 위 허가 사항을 보면 6층은 사무실로 허가받았다. 현황은 주택으로 사용 중이다. 적발된 건축물에 한해 위반건축물로 등재되지만 적발이 되지 않은 건축물도 많다.

항상 위반 사항을 확인하기 위해서는 건축물대장과 매각물건 현황을 비교해야 된다.

◆ 건축물 대장에 위반 건축물 표기되지 않는 건축물

[일반건축물대장(갑) - 1층, 2층, 3층 모두 철근콘크리트구조, 단독주택(다가구주택)으로 등재]

224 실전 경매의 고수 최원장이 알려주는 **부동산 경매** 이렇게 하는 거야

경매로 진행된 원룸이다. 실제 건축물대장에는 위반 건축물로 등재되어 있지 않았다.

이것만 보고 위반 여부를 판단해서는 안된다. 적발이 되지 않으면 위반건축물로 표기되지 않기 때문이다.

물건현황				가격시점 : 2019.06.10 / 보존등기일 : 2007.07.05			
목록	지번		토지이용계획	용도/구조/면적	m²당	감정가	비고
토지			비행 안전제2구역(전술),성장관리권역,제2종일반주거지역,가축사육제한구역	대 206.9m²	2,760,000원	571,044,000원	
건물	1	위지상 철근콘크리트구조 (철근)콘크리트지붕	1층	다가구주택4개호(방1,화장실1)	97.02m²	836,000원	81,108,720원	• 사용승인:2007.06.12
	2		2층	다가구주택4개호(방1,화장실1)	102.96m²	836,000원	86,074,560원	• 사용승인:2007.06.12
	3		3층	다가구주택4개호(방1,화장실1)	102.96m²	836,000원	86,074,560원	• 사용승인:2007.06.12
				면적계 302.94m²		소계 253,257,840원	
제시외 건물	적벽돌구조 아스팔트싱글지붕		4층	주택	73m²	760,000원	55,480,000원	매각포함
감정가					합계	879,781,840원	일괄매각
현황위치	• OO 중학교 남측 근거리에 위치하며 주위는 아파트단지,다세대주택, 주상용건물, 근린생활시설 등이 혼재하는 성숙중인 주상 지대로서 주위환경은 보통시됨. • 본건까지 차량출입 가능하며 인근에 버스정류장 등이 소재하여 제반 교통사정은 보통시됨. • 세장형의 평지로 다가구주택 부지로 이용되고 있음. • 본건 북측으로 소로와 접함.						
참고사항	• 제시외 건물 포함 • 본건은 건축물대장 3) 및 건축물현황도에 의하면 1층 2가구, 2층 2가구, 3층 2가구 총 6가구로 기재되어 있으나 실제는 1층 4가구, 2층 4가구, 3층 4가구,4층(제시외건물) 2가구(투룸-방2,화장실1)로 이용되고 있음.						

경매 물건 현황에는 총 13가구로 현황조사와 감정평가되었다.

건축물대장에는 다가구로 표기되어 있고, 실제 건축 허가는 6가구로 허가 받았으나 13가구로 사용중이다. 이런 경매 물건을 조심해야 한다.

원상복구의 범위가 크고 비용이 많이 들기 때문에 잘못 낙찰 받으면 큰 손해를 입을 수 있다. 수도권내 이런 위반 건축물들이 많다. 이유는 허가 주차면적이 부족하여 근린시설로 허가를 받아 불법용도 변경한 다가구, 원룸주택들이 많기 때문이다.

PART
14

등기된 임차권
(임차권등기와 임대차등기)

01 등기된 임차권의 효력과 종류

　임차인이 임대차기간이 만료되었음에도 보증금을 돌려받지 못하고 이사 가게 되면 종전에 취득하였던 대항력(전입) 및 우선변제권(확정일자)이 상실되므로 보증금을 지키기 어려워진다. 이러한 문제를 해결하기 위해 임차권등기명령에 의한 임차권등기가 만들어졌는데 임차권등기를 신청하게 되면 임차인에게 대항력 및 우선변제권을 유지하면서 임대차 한 건물에서 자유롭게 이사할 수 있다.
　임차인이 임차권등기명령의 집행에 따른 임차권 등기를 마치면 대항력과 우선변제권을 유지하게 된다.

◆ 임차권등기의 효과

　① 종전의 대항력과 우선변제권을 유지한다(전입과 확정일자 유지).
　② 임차권자는 법률상 당연히 배당 요구한 것으로 본다(단 경매개시 결정 등기 이후).
　③ 임차권등기의 효과는 등기가 경료 되어야만 발생하므로, 등기 신청 후 바로 전출을 하면 기존에 대항력과 우선변제효력은 상실하게 된다.
　④ 임차권 등기 이후에 임차한 다른 소액 임차인은 최우선변제를 받지 못한다.

◆ 등기된 임차권의 종류

　임차권등기에는 임차권등기명령제도와 임대차등기제도가 있다.
　임차권 등기명령제도는 계약종료 후 임대인 동의 없이 임차인 단독으로 할 수 있다.
　임대차등기제도는 민법 제621조에 따라 계약 전이나 계약기간 중에 임대인 동의를 받아 등기를 하는 제도이다.

순위번호	등 기 목 적	접 수	등 기 원 인	권 리 자 및 기 타 사 항
				부산광역시 부산진구 새싹로 1, 0층(부전동, 부산은행부전동지점)
20	주택임차권	2017년11월20일 제111915호	2017년10월12일 대전지방법원천안지원의 임차권등기명령(2017카임140)	임차보증금 금180,000,000원 범 위 건물의 전부 임대차계약일자 2015년8월29일 주민등록일자 2015년10월6일 점유개시일자 2015년10월3일 확정일자 2015년10월6일 임차권자 홍길동 충청남도 천안시 동남구 터미널9길 59, 202동

등기 목적에 따라 등기원인에 임차권등기명령 또는 임대차등기로 표기된다.

임차권등기는 등기 접수일로 권리를 정하는 것이 아니라 기존의 전입일자와 확정일자로 권리의 순서를 정한다.

임차권등기는 물건이 아닌 일반채권이라 임차보증금을 반환 받기 위해서는 보증금 반환청구소송을 제기하여 확정 판결을 받은 후 강제경매를 신청해야 한다.

02 임차권등기권자가 경매신청한 사례

◆ **임차권등기권자 경매를 신청한 물건 정보내역과 분석**

서울특별시 금천구 독산동 ○○○○하우스 ○○동 ○○○호

감정가	220,000,000원		
최저가	176,000,000원 (80%)		
매각가	202,670,000원 (92%)		
물건용도	다세대(빌라)		
진행단계	낙찰		
입찰일	매각기일 2017.08.16 (10:00)		

구분	입찰기일	최저매각가격	결과
1차	2017-06-27	220,000,000원	유찰
2차	2017-08-16	176,000,000원	
낙찰 : 202,670,000원 (92.12%)			

매각결정기일 : 2017.08.23 - 매각허가결정
대금지급기한 : 2017.09.22

전용면적	52.58㎡	대지권	24.95㎡	매각물건	토지 건물 일괄매각
소유자		채무자		채권자	

▌물건현황
가격시점 : 2016.11.10 / 보존등기일 : 2012.12.28

구분	위치	사용승인	면적	이용상태	감정가격	기타
건물	6층중 ○층	12.12.27	52.58㎡	(도시형생활주택)-방3, 욕실2, 주방, 거실 등	160,600,000원	*, 도시가스보일러 난방
토지	대지권		249.5㎡ 중 24.95㎡		59,400,000원	

현황·위치 주변환경	* "○○초등학교" 남동측에 위치하고 주위는 중.소규모의 공동주택, 아파트, 공장 등이 소재하는 등 제반 주위환경은 보통시 됨. * 본건까지 차량진출입이 가능하고, 버스정류장, 독산역(지하철1호선)이 인근에 소재하는 등 제반 교통여건은 대체로 보통시됨. * 본건은 대체로 정방형토지로서 도시형생활주택의 건부지로 이용중임. * 본건 토지 북측으로 약 4미터 내외의 도로와 접함.

▌임차인현황
· 말소기준권리 : 2014.02.24 · 배당요구종기 : 2017.01.31

임차인	점유부분	전입/확정/배당	보증금/차임	배당예상금액	기타	대항력
갑	주거용 전부	전 입 일:2014.01.07 확 정 일:2014.01.07 배당요구일:2016.10.28	보165,000,000원	배당순위있음	임차권등기권자 경매신청인	있음

임차인분석	①소유자가 직접 점유하고 있지 않고 목적물 전부에 대하여 임대차 있음. ②보증금(차임)액 및 확정일자는 임차인 진술에 의함, 임차인은 이 사건 신청채권자임. ③ 갑 : 신청채권자 겸 매수인에게 대항할 수 있는 을구 순위6번 임차권등기권자로서 만일 배당에서 보증금 전액이 변제되지 아니하면 잔액을 매수인이 인수함. ▶매수인에게 대항할 수 있는 임차인이 있으며, 보증금이 전액 변제되지 아니하면 잔액을 매수인이 인수함

등기부현황

구분	접수일자	권리종류	권리자	채권금액	비고	말소
갑구2	2013-04-10	소유권이전(매매)				
을구7	2014-02-24	근저당	을	50,000,000원	말소기준등기	말소
갑구4	2014-07-03	압류	○○시			말소
갑구5	2014-11-06	압류	○○시			말소
을구8	2016-05-17	주택임차권(전부)	갑	165,000,000	전입:2014.01.07 확정:2014.01.07	
갑구7	2016-10-28	강제경매		청구금액: 165,000,000원		말소

가. 말소기준권리 : 2014.02.24 근저당

나. 배당

구분	금액	비고
경매예납비용	3,200,000	
2014.01.07 임차인	165,000,000	
2014.02.24 근저당	50,000,000	
압류 2건	교부청구액	

다. 인수권리 : 없음

 임차인이 계약 종료 후 임차보증금을 반환 받지 못하여 임차권등기를 경료한 후 경매를 신청한 사건이다.

 임차권등기가 되어 있으면 임차인은 등기 후 전출한 상태이다.

 임차권등기권자의 권리기준일은 전입 및 확정일자를 기준으로 배당이 이루어진다.

 경매개시결정등기 이전 임차권 등기자는 배당요청을 하지 않아도 배당한 것으로 간주하여 배당을 실시한다. 위 임차인 갑은 말소기준권리 이전 전입한 대항력 있는 임차인이며 임차인의 확정일자가 말소기준인 근저당보다 빠르고 배당 요구를 하여 근저당보다 우선변제 받는다. 낙찰자가 인수할 권리는 없다. 이렇게 임차권 등기가 된 부동산은 점유자가 없어 명도가 쉽다. 점유자가 없기 때문에 매각대금 납부 후 부동산을 인도 받으면 된다.

PART 15

부동산 가처분

01 가처분의 목적

가처분이란 금전 채권 이외의 권리 또는 법률관계에 관한 보전처분[15]으로 어떤 권리관계에서 임시 지위를 정해 놓고 장래 확정판결을 받아 집행하기 위한 처분을 말한다.

소송 중의 다툼이 예상되는 부동산에 대해 다른 사람으로 소유권이전등기가 되면 채권자는 양수인을 상대로 다시 소를 제기해야 한다. 이를 방지하기 위해 가처분 등기를 하는 것이다. 즉 가처분은 부동산 권리관계에 소송이 있을 경우 소송 이전에 상대방의 권리를 처분 및 변동을 할 수 없게 만드는 보전 처분이다.

02 가처분의 유형

◆ 다툼의 대상이 되는 가처분

채권자가 금전 이외의 권리를 보존하기 위하여 현재의 상태를 유지하기 위한 보전처분이다.

1) 다툼의 대상에 관한 부동산 가처분의 사유

---

15) 보전처분이란 다툼이 있는 권리 또는 법률관계에 관하여 소송을 제기할 것을 전제로, 그 판결의 집행을 쉽게 하거나 판결이 있을 때까지 손해가 발생하는 것을 막기 위해서 일시적으로 현상을 동결하거나 임시적으로 법률관계를 형성하는 재판을 말합니다.

- 소유권이전등기청구권을 보전하기 위한 처분금지가처분
- 소유권이전등기말소가처분
- 소유권이전가등기말소를 위한 처분금지가처분
- 근저당권등기말소가처분(사해행위 취소를 원인으로 한 근저당권말소등기 청구권 보전)
- 인도명령신청이나 명도소송의 제기와 동시에 하는 점유이전금지가처분
- 소유권에 기한 방해배제가처분 등

◈ 선순위 가처분은 인수한다

선순위 가처분은 매각으로 소멸하지 않는다. 매각 후 가처분권자가 소송에서 승소하면 낙찰자는 소유권을 상실한다.

예외적으로 선순위 가처분이 소멸하는 경우가 있다.

1) 보전처분 집행 후 3년간 본안 소송을 제기하지 않았을 경우

보전처분 집행 후 3년간 본안 소송을 제기하지 않았을 경우 채무자 또는 이해관계인의 신청에 따라, 결정으로 보전처분을 취소하여야 하다.

그러나 가처분 취소 결정이 있기 전에 가처분권자에 의해 이루어진 소유권이전등기는 유효하다(대법원 2004.4.9 선고 2002다58389판결).

제척 기간[16]

기간	설정기간
10년	~2002년6월30일
5년	2002년7월1일 ~ 2005년7월27일
3년	2005년7월28일 ~ 현재

보전처분(가처분) 집행 후 3년간 본안 소송을 제기하지 않을 때에는 채무자 또

---

[16] 제척기간 – 어떤 종류의 권리에 대해서 법률상 정해져 있는 존속(存續) 기간. 이 기간이 지나면 권리는 소멸함

는 이해관계인 신청에 따라 보전처분을 취소하여야 한다.

2) 가처분의 목적 달성

가처분의 권리가 실현되어 더 이상 가처분등기가 필요 없음에도 가처분등기를 말소하지 않아 가처분 등기가 존속하는 경우가 있다. 이는 가처분등기의 목적 달성으로 인수되지 않는다.

◈ 후순위 가처분은 소멸한다

말소기준권리 등기 이후 가처분은 소멸이 원칙이나, 예외적으로 인수하는 가처분이 있다.

이는 말소기준권리 이후 모든 권리가 소멸하지만 후순위 가처분 중 예외적으로 인수하는 가처분 권리가 있다. 건물에 대한 철거 소송이 있을 경우 건물에 가처분 등기를 하고 소송을 진행하는 경우가 많다. 이런 건물철거 및 토지 인도청구 가처분은 낙찰자가 인수한다. 이런 경매 사건은 건물만 매각되는 사건에 많이 나타난다.

또 후순위 가처분 중 소유권에 관한 권리다툼이 있을 경우 후순위로 가처분 등기가 되어 있는 경우가 가끔 있다. 이런 가처분은 말소기준권리 이후 가처분 등기는 말소되지만 소송결과에 따라 낙찰자가 소유권을 상실할 수 있는 위험이 있다.

그래서 후순위 가처분 중 건물철거에 대한 가처분과 소유권에 관한 권리소송에 대한 가처분 등기가 있는 경우 경매 입찰에 신중하게 접근해야 한다.

◈ 예외적으로 인수하는 후순위 가처분

1) 건물철거 및 토지 인도 청구권

건물철거를 위한 가처분 등기이다. 이런 경매 사건은 건물만 매각되는 사건들이 대부분이다. 토지와 건물이 존재하는데 토지는 매각에서 제외하고 건물만 매각되는 사건이다.

이런 경매 물건들은 지상권이 성립하면 타인의 토지를 30년간 사용할 수 있고, 지상권이 성립하지 않으면 건물을 철거해야 한다.

건물철거 가처분 등기가 있는 경우에는 지상권 소송으로 건물 철거를 목적으로 하는 소송이다. 이런 후순위 가처분은 인수하게 되며, 가처분권자가 승소시 건물은 철거될 수 있다.

2) 원인 무효에 의한 소유권이전 등기 가처분

후순위 가처분은 경매 매각시 촉탁으로 가처분 등기는 말소가 된다.

이런 경우 가처분권자가 말소된 가처분등기의 회복절차에 대한 승낙청구의 소를 제기할 수 있는지에 관하여 판례는 가처분 기입등기가 말소될 당시 그 부동산에 관하여 소유권이전 등기를 경료하고 있는 자는 법원이 그 가처분 기입등기의 회복을 촉탁함에 있어서 등기상 이해관계가 있는 제3자에 해당하므로, 처분금지 가처분 채권자로서는 그 자를 상대로 하여 법원의 촉탁에 의한 그 가처분 기입등기의 회복절차에 대한 승낙청구의 소를 제기할 수는 있다라고 하였다.

경매로 말소된 가처분등기를 소송제기하여 회복 등기할 수 있다는 것이다.

이 회복된 가처분 등기로 인해 사건의 사안에 따라 낙찰자는 소유권을 상실할 위험이 있다는 것이다. 그래서 후순위 소유권 권리소송에 대한 가처분 등기가 있을 경우 입찰에 주위를 해야 한다.

대법원 1997. 2. 14 선고 95다13951. 가처분말소 회복등기

판결요지

부동산처분금지가처분의 기입등기는 채권자나 채무자가 직접 등기공무원에게 이를 신청하여 행할 수는 없고 반드시 법원의 촉탁에 의하여야 하는바, 이와 같이 당사자가 신청할 수 없는 처분금지가처분의 기입등기가 법원의 촉탁에 의하여 말소된 경우에는 그 회복등기도 법원의 촉탁에 의하여 행하여져야 하므로, 이 경우 처분금지가처분 채권자가 말소된 가처분기입등기의 회복등기절차의 이행을 소구할 이익은 없고, 다만 그 가처분기입등기가 말소될 당시 그 부동산에 관하여 소유권이전등기를 경료하고 있는 자는 법원이 그 가처분기입등기의 회복을 촉탁함에 있어서 등기상 이해관계가 있는 제3자에 해당하므로, 처분금지가처분 채권자로서는 그 자를 상대로 하여 법원의 촉탁에 의한 그 가처분기입등기의 회복절차에 대한 승낙청구의 소를 제기할 수는 있다.

◈ 인수하지 않는 선순위 가처분

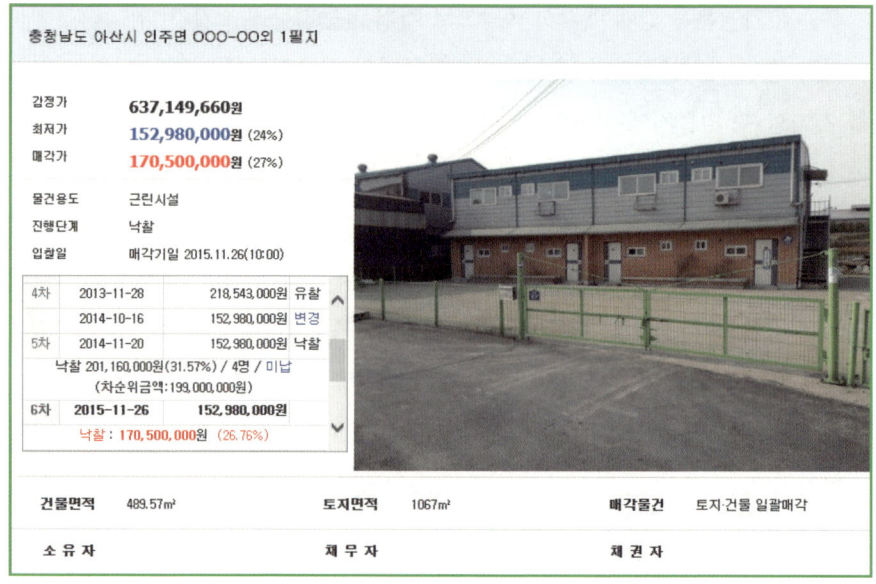

선순위 가처분 경매물건이다. 말소기준권리 이전 가처분은 인수 원칙이다. 그러나 목적이 달성된 가처분은 인수되지 않는다.

갑 은행은 추가 근저당 설정 목적으로 가처분 등기를 한 것이다. 가처분 등기 후 1년 뒤 추가 근저당을 설정하면서 가처분 등기 목적을 달성하였다. 경매사이트에는 인수로 기재되어 있으나 목적 달성된 가처분 등기는 효력이 없는 등기로 낙찰 후 법원에 말소 청구를 제기하여 가처분 등기를 말소시키면 된다.

선순위 가처분 중 목적 달성된 가처분등기는 효력이 상실된 가처분으로 말소를 시키는 것이 원칙이나, 가처분 권리자가 말소를 시키지 않아 남아있는 효력 없는 등기이다.

◈ 선순위 가처분 사례

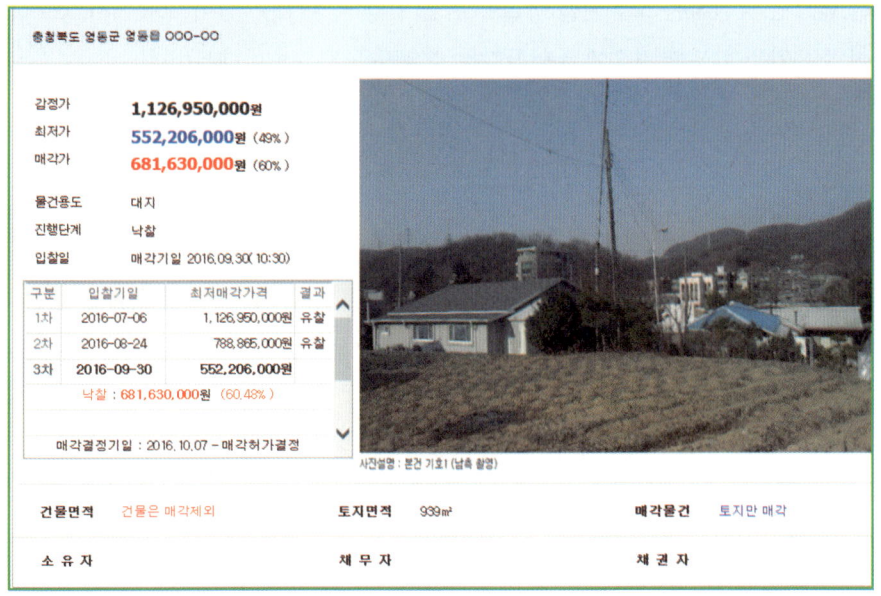

선순위 가처분 경매 사건이다. 말소기준권리는 2016년3월17일 강제경매이며 가처분 등기는 말소기준권리 이전 등기라 인수한다.

갑이 소유권을 취득하고 을에게 소유권을 이전하면서 갑과 을간의 계약이 완결되지 않아 갑이 을에게 소유권이전 무효소송을 하기 위해 을의 소유권에 가처분 등기한 것이다. 을의 소유권을 처분하지 못하도록 갑이 을의 소유권을 처분 못하도록 권리를 동결시킨 것이다.

가처분 등기는 말소기준등기 이전 권리로 낙찰자가 인수한다. 이런 물건을 낙찰 받으면 낙찰자는 소유권을 상실할 위험이 많다. 이유는 갑이 소송에서 승소하여 소유권을 회복할 경우에는 낙찰자는 소유권을 상실하기 때문이다.

PART 16

부동산 가등기

01 부동산 가등기란?

가등기는 본등기를 할 수 있는 법적 요건을 갖추지 못한 경우, 장래에 행하여질 본등기의 순위를 확보하기 위해 임시로 하는 등기를 말한다. 이는 본등기의 순위를 미리 보전해 두는 효력을 가진다.

가등기가 행해진 후 본등기가 이뤄지면 본등기의 순위는 가등기의 순위로 소급된다(순위보전의 효력).

02 가등기의 유형

◈ 담보가등기

담보가등기는 채권의 보전을 목적으로 한 가등기이다.

이는 저당권과 비슷한 성격을 가진다. 담보가등기는 담보로 설정한 가등기이다.

돈을 빌려주고 못 받았을 경우에 부동산을 넘겨주겠다는 담보계약을 맺고 소유권이전에 대해 미리 가등기해 두면 그 후에 설정된 물권에 우선한다. 담보가등기는 말소기준권리에 해당한다. 말소기준권리는 배당 받고 소멸된다.

◈ 소유권보전가등기

보전가등기라 함은 가등기대상 권리자가 상대방에 대하여 자신의 일정한 청구권을 보전할 목적으로 가등기대상 권리의 순위를 보전·확보하는 일반적인 가등기를 말한다. 일반적으로 가등기라 함은 보전가등기를 말한다.

가등기의 권리를 본등기를 하게 되면, 종전에 가등기를 했던 때로 소급하여 가등기대상 권리의 순위를 유지·보전 받는다고 하여 이를 '보전가등기'라 한다.

보전가등기는 매매예약을 하거나 소유권이전등기 전 매매의 안전성을 위해 하는 본등기 이전의 보전 절차이다. 이런 선순위 보전가등기는 낙찰자가 대부분 인수한다.

또한 소유권도 상실할 가능성이 많기 때문에 조심하여야 한다.

1) 매매계약

매매계약에 의한 가등기는 이미 계약이 체결된 상태이기 때문에 매매계약 해제 여부와 장기간 권리 행사를 하지 못해 이전등기 청구권이 10년 시효로 소멸됐는지 확인한다.

즉 매매 예약 가등기는 특별한 사정이 없을 경우 가등기 후 10년이 지나면 소멸할 수 있다.

2) 매매예약

매매예약이라 함은 당사자간 장래에 계약을 체결할 것을 약속하는 계약을 말한다.

당장 본 계약을 체결하기 곤란한 사유가 있어 계약을 체결할 수 없으니 나중에 본 계약을 체결하기로 예약하고 가등기를 하는 것이다.

- 예약 완결권 기간을 정한 경우 - 그 기간 동안 + 10년

당사자간 그 기간을 정하였을 경우 그 기간 내에 이를 행사하여야 한다.

가등기 구별하기

가장 쉬운 방법으로는 매각물건명세서의 최선순위 일자가 어떤 권리인지 확인하면 된다. 또 다른 방법은 가등기 권리자가 채권계산서 제출 또는 배당요구를 했는지 확인하면 된다.

가등기 권리자가 배당요구를 하면 담보가등기로 근저당과 똑같이 배당 받고 소멸한다.

그러나 배당 요구하지 않은 가등기는 보전가등기라 보면 된다.

◈ 선순위 가등기

선순위 가등기는 인수가 원칙이다. 그러나 선순위 가등기가 담보가등기인 경우에는 말소기준권리로 배당 받고 소멸한다.

반대로 선순위 보전 가등기는 낙찰자가 인수 원칙이다.

또는 매각 물건 명세서를 보면 쉽게 알 수 있다.

매각물건 명세서상에서 가등기가 인수되는지 확인하면 된다.

아래 매각 물건 명세서에서 가등기는 매수인이 인수함이라 기재되어 있으면 선순위 가등기는 인수하는 권리이다. 이런 가등기를 보전 가등기라 한다.

그러나 예외적으로 인수하지 않는 가등기가 있다.

가등기권리가 목적 달성하여 소유권 이전등기를 하였을 경우에는 인수하지 않는다.

통상적으로 가등기를 본등기(소유권이전)한 경우 가등기를 말소해야 하는데, 말소를 하지 않는 경우가 종종 발생한다.

이런 가등기의 목적 달성이 된 경우 선순위 가등기가 남아 있어도 가등기 권리를 인수하지 않는다. 소유권 이전 후 선순위가등기를 말소 청구하면 법원에서 말소시켜 준다.

◆ 인수하는 선순위 가등기

등기부현황

구분	접수일자	권리종류	권리자	채권금액	비고	말소
갑구4	2000-12-26	소유권이전(매매)	갑			
갑구7	2015-12-04	소유권이전 청구권가등기	을		매매예약	인수
갑구8	2015-12-15	가압류	병	150,000,000원	말소기준등기	말소
갑구9	2016-06-15	강제경매	병	청구금액: 275,992,421원		말소

주의 사항	▶ 매각허가에 의하여 소멸되지 아니하는 것 - 갑구 순위번호 7번 소유권이전청구권가등기(2015. 12. 4. 접수 제 호), 만약 위 가등기된 매매예약이 완결된 경우에는 매수인이 소유권을 상실할 수 있음

 말소기준권리 이전 선순위 가등기가 있으면 담보가등기인지 보전가등기인지 매각물건 명세서를 통해 확인해야 한다. 선순위 가등기가 보전 가등기인 경우 낙찰자가 인수한다. 선순위 보전가등기 권리를 낙찰 받으면 낙찰자는 경매로 취득한 소유권을 상실할 위험이 많다. 가등기 권리자가 본등기(소유권이전)할 경우 낙찰자는 소유권을 상실하기 때문이다. 또 낙찰자가 납부한 매각대금을 돌려 받으려면 배당 받은 권리자를 상대로 부당이득 반환청구 소송을 제기하여 돌려받아야 한다. 그리고 가등기 소멸 시효 10년을 보고 입찰하는 경우도 종종 있는데, 가등기는 10년이 지났다고 소멸되는 것은 아니다.

 당사자간 기간이 정해지지 않은 경우 10년이며, 기간이 정해졌을 경우 그로부터 10년이다. 이를 제척기간이라 하여 권리를 행사할 수 있는 기간을 주는 것이다.

 그래서 선순위 가등기가 10년이 지났다고 소멸된다 생각하면 큰 낭패를 볼 수 있다.

 이런 이유로 선순위 가등기가 존재하면 입찰가격은 하락한다.

 가등기 권리를 인수하는 위험 때문에 입찰에 참여하지 않기 때문이다. 반대로 가등기를 해결할 수 있다고 가정하여 보자. 그럼 남들보다 낮은 가격에 물건을 낙찰 받을 수 있는 기회도 있는 것이다. 언제나 위험 속엔 큰 수익이 있다. 남들이 안하는 물건을 풀어 간다는 것은 큰 이익을 만들 수 있는 기회가 된다는 것이다.

◈ 인수하지 않는 선순위 가등기

건물등기부

구분	접수일자	권리종류	권리자	채권금액	비고	말소
갑구 2	2003-06-07	소유권이전(증여)	갑			
갑구 3	2003-06-07	소유권이전 청구권가등기	을		매매예약	인수
을구 1	2007-08-31	근저당	병	430,000,000원	말소기준등기	말소
갑구 4	2009-10-29	소유권이전(증여)	을			
갑구 19	2014-10-24	압류	○○시			말소
갑구 21	2015-06-24	가압류	정	230,334,245원		말소
갑구 23	2016-02-11	강제경매	정	청구금액: 328,368,914원		말소
갑구 26	2018-03-23	가압류		256,252,160원		말소

말소기준권리 이전 인수하는 "을" 가등기가 있다. 등기상으로 보면 인수하는 권리이다.

선순위 가등기가 설정되어 있으면 가등기 권리가 목적 달성을 했는지 등기상으로 확인해야 한다. 선순위 가등기 "을"은 2003.06.07 가등기를 하였다가 09.10.29 소유권이전 등기를 하였다. 가등기권리를 소유권이전 등기하였는데, 선순위 가등기를 말소하지 않은 것이다. 이런 목적 달성한 선순위 가등기들은 인수되지 않는다.

선순위 가등기가 등기부에 설정되어 있으면 우선적으로 담보가등기인지, 보전가등기인지를 매각물건 명세서를 통해 확인해야 한다. 그리고 보전 가등기일 경우 인수 유무를 파악하여 입찰을 할 것인지 신중하게 검토 후 입찰 여부를 선택해야 한다.

물론 가등기를 해결할 수 있다면, 다른 사람보다 낮은 가격에 취득할 수 있다.

◈ 후순위 가등기

후순위 가등기는 말소된다. 이는 가처분과 달리 예외적으로 인수되지 않는다.
말소기준권리 이후의 모든 권리가 말소되듯 후순위 가등기도 말소된다.

04 가처분과 가등기의 차이점

◆ 선순위 가등기와 가처분

가등기가 선순위일 경우 두 가지 유형이 있다.

하나는 소유권이전 청구 가등기일 경우 매수인이 인수하는 것이고, 대물반환 등의 담보 가등기인 경우 말소기준등기가 되어 매각으로 소멸하는 가등기 이렇게 두가지 유형이 있다. 반면 가처분이 선순위인 경우 매수인이 인수해야 된다. 예외적으로 목적 달성된 선순위 가등기, 선순위 가처분은 인수되지 않는다.

◆ 후순위 가등기와 가처분

가등기가 후순위인 경우 매각으로 소멸한다. 그러나 가처분은 후순위 일자라도 소멸하지 않고 매수인이 인수하는 경우가 있다(건물철거 토지인도청구 및 소유권에 관한 가처분).

05 선순위 가등기 경매 사례

◆ 인수되는 가등기 경매 사례

경기도 성남시 분당구 ○○아파트 ○○○동 ○○○○호

감정가	**680,000,000원**
최저가	**348,160,000원** (51%)
매각가	**386,000,000원** (57%)
물건용도	아파트
진행단계	낙찰
입찰일	매각기일 2011.03.14(10:00)

구분	입찰기일	최저매각가격	결과
1차	2010-12-13	680,000,000원	유찰
2차	2011-01-17	544,000,000원	유찰
3차	2011-02-14	435,200,000원	유찰
4차	2011-03-14	348,160,000원	

낙찰 : 386,000,000원 (56.76%)

전용면적	131.4m²	대지권	74.83m²	매각물건	토지·건물 일괄매각
소유자		채무자		채권자	

■ 물건현황

가격시점: 2010.05.17

구분	위치	사용승인	면적	이용상태	감정가격	기타
건물	16층 중 ○층	92.08.22	131.4m²	방4,욕실겸화장실2,발코니3 등	476,000,000원	• 규모:총 16개동 976세대 • 계단식,남향 • 열병합 지역난방
토지	대지권		51072.8m² 중 74.829m²		204,000,000원	

현황·위치 ·주변환경	• 본건까지 차량출입 용이하고 시내버스정류장이 근거리에 위치하고 있으며 인근 간선도로와의 연계성이 양호한 바 도로교통이용사정 및 대중교통상황은 대체로 무난시됨 • 본건 아파트 단지 북측으로 진입도로와 공도(노폭 약25m)가 연계되어 있고 단지 서측으로 `· ○○○○○ 도시고속화도로'가 관통하고 있는 바 도로의 포장상태 및 도로의 망 등은 양호한 편임

■ 임차인현황

· 말소기준권리: 2006.10.11 · 배당요구종기: 2010.10.11

임차인	점유부분	전입/확정/배당	보증금/차임	배당예상금액	기타	대항력
갑	주거용 104호	전 입 일:2007.02.05 확 정 일:미상 배당요구일:없음	미상	배당금 없음		없음

등기부현황

구분	접수일자	권리종류	권리자	채권금액	비고	말소
	2002-08-13	소유권이전(매매)				
	2005-03-02	소유권이전청구권가등기	을		매매예약	인수
	2006-10-11	가압류	병	300,000,000원	말소기준등기	말소
	2006-10-20	가압류	정	2,000,000,000원		말소
	2006-10-30	가압류	무	300,000,000원		말소
	2006-11-21	가압류	기	300,000,000원		말소
	2007-03-30	가압류		400,000,000원		말소
	2008-11-20	압류				말소
	2010-05-04	강제경매	정	청구금액:100,000,000원		말소
	2010-08-25	압류				말소

매각물건 명세서

사건		부동산강제경매	매각물건번호	1	담임법관(사법보좌관)	박준의
작성일자			최선순위 설정일자			
부동산 및 감정평가액 최저매각가격의 표시		부동산표시목록 참조	배당요구종기	2010.10.11 (연기)		

부동산의 점유자와 점유의 권원, 점유할 수 있는 기간, 차임 또는 보증금에 관한 관계인의 진술 및 임차인이 있는 경우 배당요구 여부와 그 일자, 전입신고일자 또는 사업자등록신청일자와 확정일자의 유무와 그 일자

점유자의 성명	점유부분	정보출처 구분	점유의 권원	임대차 기간 (점유기간)	보증금	차임	전입신고일자.사업자 등록신청일자	확정일자	배당요구 여부 (배당요구일자)
갑	미상	현황조사	주거 임차인	미상	미상	미상	2007.2.5	미상	

〈비고〉

※ 최선순위 설정일자보다 대항요건을 먼저 갖춘 주택.상가건물 임차인의 임차보증금은 매수인에게 인수되는 경우가 발생할 수 있고, 대항력과 우선 변제권이 있는 주택.상가건물 임차인이 배당요구를 하였으나 보증금 전액에 관하여 배당을 받지 아니한 경우에는 배당받지 못한 잔액이 매수인에게 인수되게 됨을 주의하시기 바랍니다.

※ 등기된 부동산에 관한 권리 또는 가처분으로 매각허가에 의하여 그 효력이 소멸되지 아니하는 것
2005.3.2.자 소유권이전청구권가등기

※ 매각허가에 의하여 설정된 것으로 보는 지상권의 개요
해당사항 없음

※ 비고란
최선순위가등기 존재하므로 입찰시 법적 검토 요망

선순위 가등기가 설정되면 선순위 가등기가 말소기준권리인지 확인해야 된다. 가등기 중 담보가등기만 말소기준권리가 된다. 가등기의 종류는 보전가등기와 담보가등기가 있다. 그러나 등기 설정은 대부분 구별 없이 소유권이전 청구 가등

기로 설정한다. 그래서 담보가등기와 보전가등기의 구별이 쉽지 않다.

이렇게 선순위 가등기가 설정되면 매각물건명세서와 문건 접수내역 등을 통해 가등기권자가 채권계산서 또는 배당요구를 했는지 확인해야 한다.

매각물건 명세서에 소멸하지 아니하는 것에 가등기가 기재되어 있으면 소멸되지 않는 선순위 소유권보전가등기로, 매수인이 인수해야 한다고 보수적으로 판단하고 입찰해야 한다.

말소기준권리는 가등기 다음 권리인 가압류가 말소기준권리가 된다.

말소기준권리 포함 이후의 모든 권리는 말소된다. 해당 경매 물건에는 임차인이 전입되어 있다. 임차인은 말소기준권리 이후 전입되어 말소되는 권리로 인수하지 않는다.

이런 물건을 낙찰 받으면 문제는 가등기 권리자가 소유권이전 등기를 할 경우에는 낙찰자가 소유권을 상실하게 된다.

선순위 가등기가 설정된 물건은 권리 파악을 잘 하고 입찰에 참여해야 된다.

PART 17

부동산 채권가압류

01 부동산 채권가압류 목적

가압류란 금전채권이나 금전으로 환산할 수 있는 채권에 대하여 장래에 실시할 강제집행이 불능이 될 여지가 있거나 현저히 곤란할 염려가 있는 경우에 미리 채무자의 재산을 압류하여 확보함으로써 강제집행 보전을 목적으로 하는 명령 또는 그 집행으로써 하는 처분을 말한다.

02 채권가압류 신청

가압류신청에는 다음 각호의 사항을 적어야 한다.
1. 청구채권의 표시, 그 청구채권이 일정한 금액이 아닌 때에는 금전으로 환산한 금액
2. 제277조의 규정에 따라 가압류의 이유가 될 사실의 표시
   청구채권과 가압류의 이유는 소명하여야 한다.

① 가압류신청에 대한 재판은 변론 없이 할 수 있다.

② 청구채권이나 가압류의 이유를 소명하지 아니한 때에도 가압류로 생길 수 있는 채무자의 손해에 대하여 법원이 정한 담보를 제공한 때에는 법원은 가압류를 명할 수 있다.

③ 청구채권과 가압류의 이유를 소명한 때에도 법원은 담보를 제공하게 하고 가압류를 명할 수 있다.
- 담보를 제공한 때에는 그 담보의 제공과 담보제공의 방법을 가압류명령에 적어야 한다.

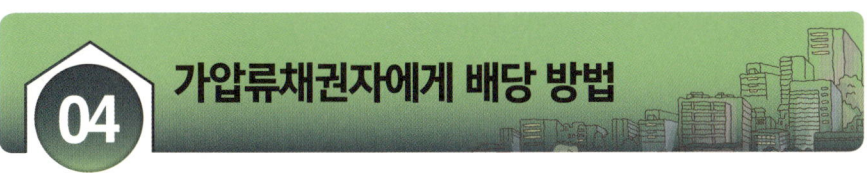

현 소유자의 가압류는 담보물권이 아닌 채권이다. 가압류는 채권이므로 후순위보다 우선적으로 배당 받을 권리가 없다. 그래서 후순위와 동등하게 안분 비례배당 받는다.

◈ 가압류 -> 근저당

15.05.07 가압류	16.07.01 근저당	배당
5,000만원	4,000만원	6,000만원

- 가압류 : 6,000 × 5,000 / 9,000 = 34,000,000원
- 근저당 : 6,000 × 4,000 / 9,000 = 26,000,000원

◈ 가압류 -> 근저당 -> 가압류

15.07.01 가압류	15.08.01 근저당	16.07.01 가압류	배당
5,000만원	6,000만원	5,000만원	1억원

1차 배당

- 가압류 : 1억원 × 5,000만원 / 1억6천만원 = 31,250,000원
- 근저당 : 1억원 × 6,000만원 / 1억6천만원 = 37,500,000원
- 가압류 : 1억원 × 5,000만원 / 1억6천만원 = 31,250,000원

2차 최종배당

- 가압류 : 31,250,000원 배당 받고 말소
- 근저당 : 60,000000원 배당(후순위 가압류권자 흡수배당 – 22,750,000원)
- 가압류 : 8,750,000원 배당

근저당은 담보물권이기 때문에 후순위 권리자보다 우선적으로 변제 받을 권리가 있어 16.07.01 가압류 배당 금액에서 근저당 채권액(6천만원)이 변제될 때까지 후순위 배당 금액을 흡수함.

◈ 가압류 -> 근저당 -> 가압류 -> 근저당

17.07.07 가압류	17.11.07 근저당	17.12.01 가압류	18.01.07 근저당	배당
2,000만원	5,000만원	2,000만원	1,000만원	8,000만원

1차 배당

- 가압류 : 8,000 × 2,000 / 10,000만원 = 1,600만원
- 근저당 : 8,000 × 5,000 / 10,000만원 = 4,000만원
- 가압류 : 8,000 × 2,000 / 10,000만원 = 1,600만원
- 근저당 : 8,000 × 1,000 / 10,000만원 = 800만원

2차 배당

- 가압류 : 8,000 × 2,000 / 10,000만원 = 1,600만원 배당 소멸(17.07.07. 가압류채권)
- 근저당 : 8,000 × 5,000 / 10,000만원 = 5,000만원(후순위 권리에서 1,000만원 흡수)

근저당권자가 후순위로부터 1,000만원 흡수하는 방법은?

- 가압류 흡수 : 1,000만원 × 1,600만원 / 2,400만원 = 666만원
- 근저당 흡수 : 1,000만원 × 8,00만원 / 2,400만원 = 334만원
- 가압류 : 1600만원 - 666만원(흡수금액) = 934만원
- 근저당 : 800만원 - 334만원(흡수금액) = 466만원

가압류는 채권이라 후순위 권리자와 안분 비례배당 한다.

그러나 후순위 권리가 물권과 채권이 등기부에 같이 존재할 경우는 2차 배당에서 흡수배당을 실시한다.

선순위 가압류는 안분비례배당 받고 소멸하지만, 후순위 권리가 담보물권인 경우 후순위 배당금액을 자기 채권금액이 변제될 때까지 흡수한다.

담보물권자는 후순위 권리자보다 우선변제받을 권리가 있어 후순위 배당 금액을 흡수하는 것이다.

05 전소유자의 가압류

　가압류 집행 후 가압류 목적물의 소유권이 제3자에게 이전된 경우, 제3취득자(현소유자)에 대한 채권자는 목적물의 매각 대금 중 가압류의 처분금지 효력이 미치는 범위의 금액에 대해서는 배당에 참여할 수 없다

　전소유자의 가압류 채권자가 채무자의 명의를 얻어 가압류 목적물에 대한 강제경매를 신청할 수 있고, 매각 대금에 배당함에 있어 가압류의 처분금지 효력이 미치는 범위, 즉 가압류금액에 대해서 현 소유자들의 채권자들이 배당에 참가할 수 없다.

◆ 전소유자의 가압류 배당 1사례

– 가압류 배당 (배당 2억원)

15.07.01 가압류	15.12.07 소유권이전	16.01.07 A근저당	16.07.07 B근저당
5,000만원	갑	1억	2억
말소기준(전소유자 가압류)			

– 배당

구분	금액	비고
1순위	5,000만원	전소유자 가압류
2순위	1억	A 근저당
3순위	5,000만원	B 근저당

　말소기준은 전소유자 가압류로 배당 받고 소멸한다.

　전소유자 가압류는 전액배당 받고 소멸한다. 전소유자 가압류는 안분비례배당 하지 않는다. 이유는 전소유자의 가압류 범위 금액에 대해서는 현 소유자의 채권자들이 배당에 참가할 수 없기 때문이다.

전소유자 가압류 효력범위 내에서 배당 후 잔여 금액이 있을 경우 현 소유자의 채권자들이 배당을 받아갈 수 있다.

◈ 전소유자의 가압류 배당 2사례

- 가압류 배당(배당2억원)

15.07.01 가압류	15.12.07 A근저당	16.01.07 소유권이전	16.07.07 B근저당
5,000만원	5,000만원	갑	2억
말소기준(전소유자 가압류)			

- 배당

구분	금액	비고
1순위	5,000만원	전소유자 가압류
2순위	5,000만원	A 근저당
3순위	1억원	B 근저당

말소기준은 가압류 등기이다.

만약 배당금액이 1억원 미만으로 낙찰시에는 전소유자 가압류와 근저당이 안분비례 배당으로 배당이 종결된다. 전소유자 채권금액보다 낙찰금액이 많아 전소유자 채권 전액 배당 후 잉여금액이 발생하면 현 소유자 채권자에게 배당 된다.

PART
18

부동산 전세권

01 등기된 전세권

　전세금을 지급하고 타인의 부동산을 일정기간 그 용도에 따라 사용·수익한 후, 그 부동산을 반환하고 전세금의 반환을 받는 권리(민법 303조 1항).

　형식주의하의 현행 민법상 전세권은 등기를 한 전세권에 한하고, 등기를 하지 아니한 이른바 채권적 전세권은 민법상 임차권으로서 임대차계약에 관한 규정이 적용되지만, 미등기 채권적 전세권자는 '주택임대차보호법'에 의하여 보호를 받을 수 있다.

　전세권은 타인의 토지나 건물 어느 것이나 전세권의 목적으로 할 수 있다(민법 303조 1항). 그러나 농경지는 그 목적으로 하지 못한다(민법 303조 2항).

◆ 전세권자의 계약갱신

　토지가 아닌 건물 전세권에 대하여 일정한 요건을 구비한 경우에는, 묵시의 법정갱신 제도가 인정되고 있다. 즉, 건물의 전세권설정자(소유자)가 전세권의 존속기간 만료 6개월 전부터 1개월 전에 전세권자에 대하여 갱신거절의 통지 또는 조건을 변경하지 아니하거나 갱신하지 않겠다는 뜻의 통지를 하지 아니하면, 그 기간이 만료된 때에 전(前) 전세권과 동일한 조건으로 다시 전세권을 설정한 것으로 본다.

　다만, 이 경우 건물전세권의 존속기간은 그 정함이 없는 것으로 본다.

　따라서 건물전세권의 존속기간이 만료되었다고 하더라도 위 묵시의 갱신이 인정되는 이상, 입찰자는 건물전세권이 존속하는 것으로 보고 입찰해야 한다.

◈ 전세권의 존속기간

전세권의 존속 기간은 전세권자와 전세권 설정자가 기간을 자유롭게 정할 수 있으나 최장기간과 최단기간에 일정한 제한이 있다.

전세권의 최장기간은 10년으로 본다. 당사자간 10년 넘게 예약을 해도 최장기간 10년을 넘지는 못한다. 최단기간은 1년으로 본다.

◈ 전세권자의 권리

전세권자는 목적물을 사용 · 수익할 권리를 가지고 있다.

전세권자는 물권이므로 이를 자유롭게 처분할 수 있으며, 전세권자는 전세권을 타인에게 양도 및 담보로 설정할 수 있다.

전세권이 존속기간 만료로 인해 소멸할 때에는 전세권자는 전세목적물을 원상에 회복하여야 하며 그 목적물에 부속시킨 물건, 즉 부속물은 수거할 수 있다.

◈ 전세권자의 처분 및 임대차

토지와 건물 전세권자는 임의로(전세권 설정자의 동의 없이) 전세권을 타인에게 매매나 증여 등을 원인으로 양도, 담보제공(저당), 임대, 전전세를 할 수 있다(민법 제306조).

◈ 전세권과 확정일자의 차이

구분	확정일자	전세권
임대인의 동의	불필요	필요
신청지	주민센터	등기소
법적요건	전입 + 인도	거주 불필요
경매신청	강제경매	임의경매 또는 강제경매
효력	익일 0시	당일
관련법	임대차보호법(채권)	민법(물권)

◈ 전세권의 말소기준 요건

① 선순위 전세권일 것
② 집합건물 또는 단독건물 전체에 대한 전세권일 것
③ 전세권으로 배당요구 또는 경매 신청할 것

민사집행법 91조 (인수주의와 잉여주의의 선택 등)

① 압류채권자의 채권에 우선하는 채권에 관한 부동산의 부담을 매수인에게 인수하게 하거나, 매각대금으로 그 부담을 변제하는데 부족하지 아니하다는 것이 인정된 경우가 아니면 그 부동산을 매각하지 못한다.
② 매각부동산 위의 모든 저당권은 매각으로 소멸된다.
③ 지상권 · 지역권 · 전세권 및 등기된 임차권은 저당권 · 압류채권 · 가압류채권에 대항할 수 없는 경우에는 매각으로 소멸된다.
④ 제3항의 경우 외의 지상권 · 지역권 · 전세권 및 등기된 임차권은 매수인이 인수한다. 다만, 그중 전세권의 경우에는 전세권자가 제88조에 따라 배당요구를 하면 매각으로 소멸된다.
⑤ 매수인은 유치권자(留置權者)에게 그 유치권(留置權)으로 담보하는 채권을 변제할 책임이 있다.

전세권이 말소기준 되는 경우 배당 받고 소멸한다.

민사집행법 91조4항에 의해 선순위 전세권자는 배당 요구하면 배당 받고 소멸하고, 배당요구하지 않으면 낙찰자가 인수한다.

◈ 선순위 전세권과 선순위 임차권

주택인 경우 전세권을 설정하고 전입신고도 같이 하는 경우가 많다.

이 경우 전세권자가 경매를 신청하면 전세권은 말소기준권리가 되어 배당 받고 전세권은 소멸하지만, 전세권자가 전액 배당을 못 받을 경우에는 전입한 임차권이 남아 낙찰자에게 대항력을 행사할 수 있다.

미배당 금액에 대해서는 선순위 임차인의 권리로 낙찰자가 인수하게 된다.

전세권 설정과 전입신고를 같이 한 경우에는, 전세권의 권리와 임차권의 권리를 같이 취득한다.

선순위 전세권의 지위와 선순위 임차인의 지위를 같이 가지고 있는 권리자의 전세권이 말소기준권리로 소멸한 경우 미배당 금액은 선순위임차인의 권리로 낙찰자에게 대항력을 행사할 수 있다(대법원 2010마900선고).

대법원 2010.7.26 2010마900선고

판시사항
최선순위 전세권자로서의 지위와 주택임대차보호법상 대항력을 갖춘 임차인으로서의 지위를 함께 가지고 있는 사람이 전세권자로서 배당요구를 하여 전세권이 매각으로 소멸된 경우, 변제받지 못한 나머지 보증금에 기하여 대항력을 행사할 수 있는지 여부(적극)

결정요지
주택에 관하여 최선순위로 전세권설정등기를 마치고 등기부상 새로운 이해관계인이 없는 상태에서 전세권설정계약과 계약당사자, 계약목적물 및 보증금(전세금액)등에 있어서 동일성이 인정되는 임대차계약을 체결하여 주택임대차보호법상 대항요건을 갖추었다면, 전세권자로서의 지위와 주택임대차보호법상 대항력을 갖춘 임차인으로서의 지위를 함께 가지게 된다. 이러한 경우 전세권과 더불어 주택임대차보호법상의 대항력을 갖추는 것은 자신의 지위를 강화하기 위한 것이지 원래 가졌던 권리를 포기하고 다른 권리로 대체하려는 것은 아니라는 점, 자신의 지위를 강화하기 위하여 설정한 전세권으로 인하여 오히려 주택임대차보호법상의 대항력이 소멸된다는 것은 부당하다는 점, 동일인이 같은 주택에 대하여 전세권과 대항력을 함께 가지므로 대항력으로 인하여 전세권 설정 당시 확보한 담보가치가 훼손되는 문제는 발생하지 않는다는 점 등을 고려하면, 최선순위 전세권자로서 배당요구를 하여 전세권이 매각으로 소멸되었다 하더라도 변제받지 못한 나머지 보증금에 기하여 대항력을 행사할 수 있고, 그 범위 내에서 임차주택의 매수인은 임대인의 지위를 승계한 것으로 보아야 한다.

또한 선순위 전세권과 선순위 임차권을 가진 임차인은 배당신청을 전세권과 임차권 중 하나를 선택하여 배당 신청을 할 수 있다. 이는 두 개의 권리를 가지고 있기 때문에 어느 한 권리로 배당 신청이 가능하기 때문이다.

02 전세권 경매 사례

◆ 전세권 소멸과 보증금 인수 사례

임차인현황		·말소기준권리: 2013.04.05 · 배당요구종기: 2013.06.10					
임차인	점유부분	전입/확정/배당	보증금/차임	배당예상금액	기타	대항력
갑	주거용 전부	전 입 일: 2010.02.08 확 정 일: 2010.02.25 배당요구일: 2013.04.03	보380,986,000원	배당순위있음	선순위전세권등기자, 경매신청인	있음
임차인분석	▶매수인에게 대항할 수 있는 임차인 있으며, 보증금이 전액 변제되지 아니하면 잔액을 매수인이 인수함						

등기부현황							
구분	접수일자	권리종류	권리자	채권금액	비고	말소
을구 1	2010-02-25	전세권(전부)	갑	380,986,000원	존속기간: 2010.02.04~2013.02.04	말소
갑구 6	2011-03-25	소유권이전(신탁)			신탁재산의 귀속	
갑구 7	2013-04-05	임의경매	갑	청구금액: 380,986,000원	말소기준등기	말소
주의 사항						

매각물건 명세서

사건			부동산임의경매	매각물건번호	1	담임법관(사법보좌관)		이종언
작성일자				최선순위 설정일자		2010.2.25.전세권		
부동산 및 감정평가액 최저매각가격의 표시			부동산표시목록 참조	배당요구종기		2013.06.10		

부동산의 점유자와 점유의 권원, 점유할 수 있는 기간, 차임 또는 보증금에 관한 관계인의 진술 및 임차인이 있는 경우 배당요구 여부와 그 일자, 전입신고일자 또는 사업자등록신청일자와 확정일자의 유무와 그 일자

점유자의 성명	점유부분	정보출처 구분	점유의 권원	임대차기간 (점유기간)	보증금	차임	전입신고일자,사업자등록신청일자	확정일자	배당요구 여부 (배당요구일자)
갑	○○○호전체	현황조사	주거 임차인	2010.02.04-	380,986,000원		2010.02.08		
	전부	권리신고	주거 전세권자	2010.2.4.-	380,986,00		2010.2.8.	2010.2.25.	2013.04.03

〈비고〉

※ 최선순위 설정일자보다 대항요건을 먼저 갖춘 주택,상가건물 임차인의 임차보증금은 매수인에게 인수되는 경우가 발생할 수 있고, 대항력과 우선 변제권이 있는 주택,상가건물 임차인이 배당요구를 하였으나 보증금 전액에 관하여 배당을 받지 아니한 경우에는 배당받지 못한 잔액이 매수인에게 인수되게 됨을 주의하시기 바랍니다.

선순위 전세권등기 경매 사건이다. 선순위 전세권이 설정되어 있으면 매각물건 명세서를 확인하여 전세권이 말소기준권리가 되는지를 확인하여야 한다.

확인 방법은 "등기된 부동산에 관한 권리 또는 가처분으로 매각허가에 의하여 그 효력이 소멸되지 아니하는 것"에 전세권이 기재되어 있으면 인수하는 전세권이다.

반대로 기재되어 있지 않으면 전세권은 말소기준권리가 된다.

위 경매 사건은 선순위 전세권자가 전세보증금이 반환되지 않아 전세권으로 임의경매 신청한 사건이다. 전세권자가 경매를 신청한 경우 전세권은 말소기준권리가 된다.

만약 임차권으로 경매를 신청하게 되면 강제경매가 된다. 전세권이 아닌 임차권은 채권이기 때문이다.

전세권 금액은 3억8천만원이며 낙찰 금액은 2억1천8백만원이다.

선순위 전세권자가 경매를 신청하면 전세권은 말소기준권리로 배당 받고 소멸한다.

그러나 선순위 전세권자는 선순위 임차인의 지위도 가지고 있어, 전세권이 매각으로 소멸하여도 미배당금이 있으면 낙찰자가 인수하게 된다.

◆ 전세권 인수 사례

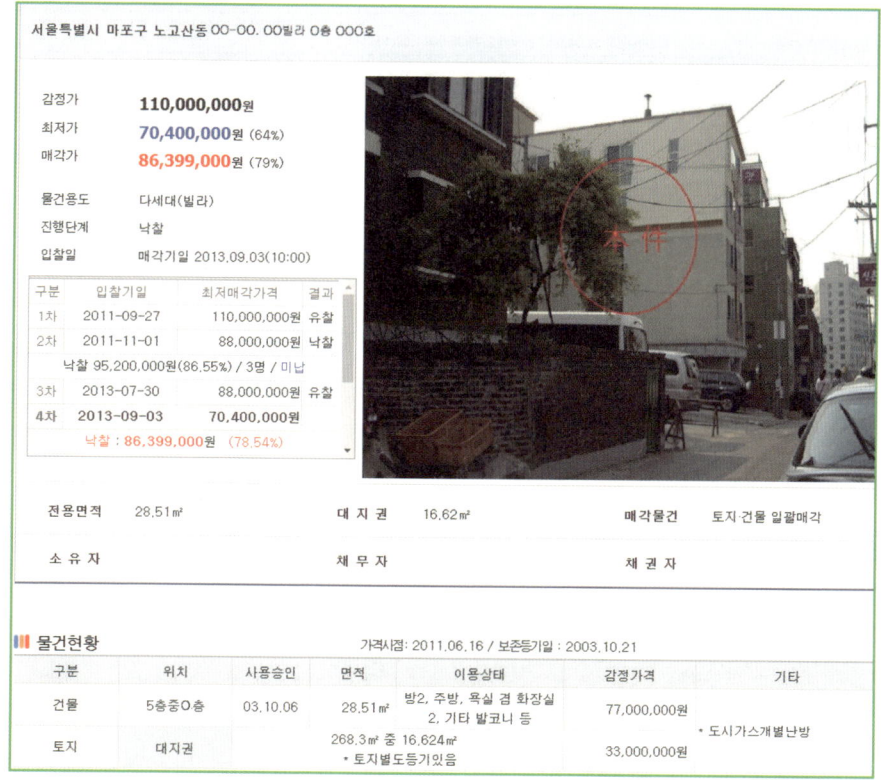

선순위 전세권 경매 사건이다. 2차 매각기일때 낙찰이 되었으나 낙찰자가 매각대금 납부를 하지 않아 재 매각된 경매이며, 재매각 경매의 경우 입찰보증금은 최저가의 20~30%로 결정된다.

2차때 납부된 보증금은 몰수되어 배당금액으로 사용된다.

경매에서 미납되는 사유는 위 사건처럼 권리분석을 잘못하는 경우, 그리고 입찰서를 오기로 작성하여 입찰금액을 높게 제출하는 경우, 사건번호를 잘못 기재하여 다른 경매 사건에 높게 낙찰되는 경우 등 여러 사유가 발생하며 이에 따라 입찰 보증금을 포기하는 경우가 많다.

임차인현황
· 말소기준권리: 2004.04.12 · 배당요구종기: 2011.08.19

임차인	점유부분	전입/확정/배당	보증금/차임	배당예상금액	기타	대항력
	주거용 전부 (방2)	전 입 일: 미상 확 정 일: 미상 배당요구일: 없음	미상	배당금 없음		
갑	주거용 전부 (방2)	전 입 일: 미상 확 정 일: 미상 배당요구일: 2011.08.12	보50,000,000원	전액매수인인수	선순위전세권등기자	
기타사항	임차인수: 2명 , 임차보증금합계: 50,000,000원					

등기부현황

구분	접수일자	권리종류	권리자	채권금액	비고	말소
	2003-10-21	소유권보존				
	2003-11-25	전세권(전부)	갑	50,000,000원	존속기간: 2003.11.15~2005.11.14	인수
	2004-04-12	가압류	을	200,000,000원	말소기준등기	말소
	2004-06-28	근저당	병	299,000,000원		말소
	2005-08-11	가압류	정	11,511,604원		말소
	2005-09-28	가압류	기	159,232,492원		말소
	2009-01-13	압류	서울시			말소
	2009-01-21	압류	서울시			말소
	2009-01-29	압류	서울시			말소
	2010-08-19	압류	서울시			말소
	2011-06-07	강제경매	갑	청구금액: 70,000,000원		말소

선순위 전세권이 설정된 경매 물건이다. 선순위 전세권이 나오면 전세권이 말소기준인지 확인해야 한다. 가장 쉽게 확인하는 방법은 매각물건 명세서를 통해 확인하는 방법이다. 매각물건 명세서에는 전세권이 인수하는 것으로 기재되어 있다.

※ 등기된 부동산에 관한 권리 또는 가처분으로 매각허가에 의하여 그 효력이 소멸되지 아니하는 것
2003.11.25.   전세권설정등기.

"소멸되지 아니하는 것"에 전세권설정등기가 기재되어 있으면 인수하는 전세권이다.

전세권을 인수하면 전세권은 말소 기준 권리가 될 수 없고 다음 권리인 을 가압류가 말소기준권리가 된다. 선순위 전세권 5,000만원은 낙찰자가 인수하게 된다.

선순위 전세권이 말소기준이 되려면, 전세권자가 경매를 신청해야 되며 또는 전세권으로 배당요구를 해야 전세권이 말소기준권리가 된다.

경매는 전세권자 갑이 신청했지만 전세권으로 경매를 신청한 것이 아니라 임차권으로 경매를 신청한 것이다. 전세권으로 경매를 신청하면 임의경매가 되고, 임차권으로 신청하면 강제 경매가 된다. 전세권은 물권이고 임차권은 채권이기 때문이다.

매각물건 명세서

사건		부동산강제경매	매각물건번호			담임법관(사법보좌관)		
작성일자			최선순위 설정일자			04.04.12.가압류		
부동산 및 감정평가액 최저매각가격의 표시		부동산표시목록 참조	배당요구종기			2011.08.19		
부동산의 점유자와 점유의 권원, 점유할 수 있는 기간, 차임 또는 보증금에 관한 관계인의 진술 및 임차인이 있는 경우 배당요구 여부와 그 일자, 전입신고일자 또는 사업자등록신청일자와 확정일자의 유무와 그 일자								
점유자의 성명	점유부분	정보출처 구분	점유의 권원	임대차 기간 (점유기간)	보증금	차임	전입신고 일자.사업 자등록신 청일자	확정일자	배당요구 여부 (배당요구 일자)
갑	전부(방2개)	현황조사	주거 임차인	미상	미상	미상	미상(주민 등록표등 본발급안 됨)	미상	
	건물 전부	등기사항 전부증명 서(법정 국)	주거 전세권자	2003.11.15. ~2005.11.14.	50,000,000			2003.11.25.(전세권 설정등기)	
	전부(방2칸)	권리신고	주거 임차인	2003.11.15. ~2004.11.14.	50,000,000				2011.08.12

〈 비고 〉

※ 최선순위 설정일자보다 대항요건을 먼저 갖춘 주택,상가건물 임차인의 임차보증금은 매수인에게 인수되는 경우가 발행할 수 있고, 대항력과 우선 변제권이 있는 주택,상가건물 임차인이 배당요구를 하였으나 보증금 전액에 관하여 배당을 받지 아니한 경우에는 배당받지 못한 잔액이 매수인에게 인수되게 됨을 주의하시기 바랍니다.

※ 등기된 부동산에 관한 권리 또는 가처분으로 매각허가에 의하여 그 효력이 소멸되지 아니하는 것
2003.11.25.   전세권설정등기.
※ 매각허가에 의하여 설정된 것으로 보는 지상권의 개요
해당사항 없음
※ 비고란

또 매각물건 명세서를 보면 배당 요구를 전세권이 아닌 주거임차인으로 배당 신청을 하였다. 위 임차인은 전세권자의 지위와 선순위 임차인의 지위를 동시에 가지고 있다.

선순위 임차인의 지위로 경매를 신청한 사건이다.

선순위 전세권의 지위와 선순위 임차인의 지위를 다 가지고 있을 경우 어느 한 쪽 권리가 소멸되어도 다른 권리가 남아 있어 낙찰자가 인수하게 된다.

PART
19

집합건물에서 대지권미등기

01 집합건물 대지권미등기란?

대지권 미등기란 집합건물의 대지에 대한 부분이 등기가 되지 않았다는 이야기다.

실제 대지권이 없는 경우(사유지. 국유지에 건축한 경우)와 지적 정리 등 지연에 따라 전유부분에 대한 소유권이전 등기만 되고 대지 부분에 대해 등기가 지체되어 등기가 되지 않은 경우를 말한다. 대지권 미등기는 집합건물 경매에서만 볼 수 있다.

02 구분소유자의 대지권은?

건물의 구분소유자가 전유부분을 소유하기 위하여 건물의 대지에 대하여 가지는 권리를 대지권이라 한다.

부동산등기법은 대지사용권 중에서 전유부분과 분리해서 처분할 수 없는 것을 대지권이라 규정하고, 등기신청서에 그 권리의 표시를 기재하도록 명시하고 있다(42조 4항).

① 대규모 신도시의 아파트나 주상복합건축물 및 아파트형 공장 등과 같은 집합건물에 있어서, 대지의 분필·합필 절차 및 토지구획정리사업의 환지절차가 지연되는 경우
② 각 세대 당 대지지분비율의 결정이 지연되는 경우
③ 건설업제 내부사정
④ 타전유부분 소유자의 분양대금 납부 지연
⑤ 대지에 대한 소유권이전청구권이 가압류된 경우

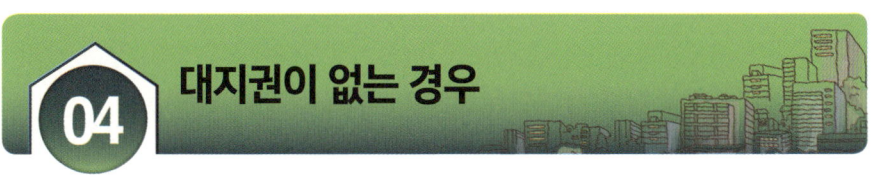

대지 지분이 없는 집합건물을 말한다.

만약 대지권 없는 집합건물을 낙찰 받을 경우 대지권 소유자가 구분소유권 매도청구를 할 경우 건물의 소유권을 상실할 수 있다.

단 대지 지분이 없는 집합건물일 경우 감정가에 대지권 가격이 포함되어 있다면 향후 대지권에 대한 소유권을 행사하는데 문제는 없다.

◆ 어느때 대지 지분이 없나?

① 분양자가 남의 토지 위에 건물을 지을 때
② 분양자가 대지 계약금만 주고 집합건물을 건축하였으나 매매 잔금을 지급하지 못해 대지의 매매 계약이 해지된 경우
③ 토지에 근저당권이나 가압류가 설정된 상태에서 집합건물인 아파트나 다세대주택을 지은 경우

◆ 대지권이 없는 물건 처리 방법

① 토지소유자는 구분 건물 소유자 상대로 건물을 철거할 수 있다.
② 구분 건물 소유자 상대로 매도 청구할 수 있다(매도 청구시 시세가 기준).
③ 구분건물 소유자가 대지 지분을 매수한다.

05 대지권미등기 경매 권리분석 방법

◆ 대지권미등기이나 감정 가격에 평가된 물건

대지권 미등기인 경우 대지권이 있는지 확인을 해야 한다.
 우선 쉽게 판단할 수 있는 방법은 감정평가서에 대지에 대한 감정평가를 했는지 확인해 본다. 감정평가서에 대지에 대한 감정 평가를 한 경우에는 대지도 매각하는 것으로 대지권이 있다는 것이다. 만약 감정평가에 대지에 대한 감정평가액이 빠져 있다면 대지는 매각에서 제외된다.

물건현황			가격시점: 2019.12.11 / 보존등기일 : 2010.10.12				
구분	위치	사용승인	면적	이용상태		감정가격	기타
건물	30층중OO층	10.08.23	84.7861㎡	방3, 거실, 주방, 욕실2, 드레스룸 등		307,300,000원	• 열병합발전에 의한 지역난방시설
토지	대지권		* 대지권미등기이나 감정가격에 포함 평가됨			131,700,000원	

◈ 대지권이 없는 물건

물건현황			가격시점: 2019.05.07 / 보존등기일 : 2009.09.15			
구분	위치	사용승인	면적	이용상태	감정가격	기타
건물	15층중O층	10.01.22	215.745㎡	방4, 욕실3, 주방 및 식당, 서재, 드레스룸, 가족실, 거실 등	332,000,000원	• 도시가스에 의한 개별난방설비 • 지하주차장
토지	대지권		* 대지권없음			
현황위치 주변환경	• OO 저수지 동측 인근에 소재하며 주위는 공동주택, 단독주택, 근린생활시설 및 농경지 등이 혼재하는 지역으로 제반 주위환경은 보통임. • 본건 소재 건물까지 차량접근 가능하며 인근에 노선버스 정류장에 소재하는 등 대중교통 이용편의도는 보통임. • 남서측 하향 완경사인 부정형 토지로서 주거용(아파트) 건부지로 이용 중임. • 단지 내 도로를 통해 서측의 공도로 접근가능함.					

아래와 같이 대지권이 감정평가에서 빠진 경우 대지는 빼고 건물만 매각하는 것이다.

대지권이 없는 경우에는 대지소유자는 건물소유자에게 건물 매도 청구를 할 수 있고 이럴 경우에는 건물 소유자는 대지 소유자에게 매도해야 한다. 이것은 강행규정이다.

이는 강제법규로 법을 이행해야 한다는 것이다.

또는 건물 소유자는 토지소유자에게 지료를 납부하여 사용해야 하며, 반대로 토지를 매입하여 대지에 대한 소유권을 취득해야 한다.

이런 대지권이 없는 물건은 신중하게 입찰에 참여해야 한다.

또 매각물건 명세서 비고란을 확인하여 대지권 미등기에 대한 별도 내용이 있는지 확인해야 한다.

◆ 대지권미등기 대처 방법

1) 관리소의 방문·조사에 의한 확인

감정가격에 그 대지권의 가격이 포함된 사실을 확인 후 관리소를 방문하여 문의한 후 대지권 미등기 사유에 대해 확인 후 입찰하는 것이 좋다.

때로는 일부 분양대금 미지급으로 인해 대지권등기가 되지 않은 경우도 있기 때문이다.

이런 경우 낙찰자가 미지급된 대금을 납부하여야만 대지권 이전 등기를 할 수 있기 때문이다.

2) 낙찰 후 이전등기

대지권 있음으로 확인된 후 낙찰자의 채권자 대위등기에 의한 대지권등기 분양대금의 완납으로 대지지분이 있음을 확인한 경우, 낙찰자는 전유부분만의 낙찰을 받고 난 후 장래 대지지분에 대한 소유권이전등기를 하고자 한다면 그 경매 당시 전유부분의 소유자 명의로 채권자대위등기를 마치고 이어 낙찰자 자신에게 대지지분의 이전등기를 해야 하는 이중의 절차를 거쳐야 하므로 이에 따른 비용이 들어가는 부담을 안게 될 뿐이다.

06 대지권미등기 경매 사례

◈ 대지권이 감정평가 가격에 포함된 경우

경기도 고양시 일산서구 OOO아파트 OOO동 OOOO호

감정가	654,000,000원
최저가	457,800,000원 (70%)
매각가	557,200,000원 (85%)
물건용도	아파트
진행단계	낙찰
입찰일	매각기일 2020.05.12(10:00)

구분	입찰기일	최저매각가격	결과
	2020-03-03	654,000,000원	변경
1차	2020-04-07	654,000,000원	유찰
2차	**2020-05-12**	**457,800,000원**	
	낙찰 : 557,200,000원 (85.2%)		
	매각결정기일 : 2020.05.19 - 매각허가결정		

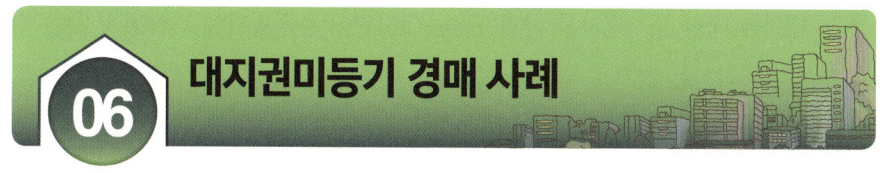

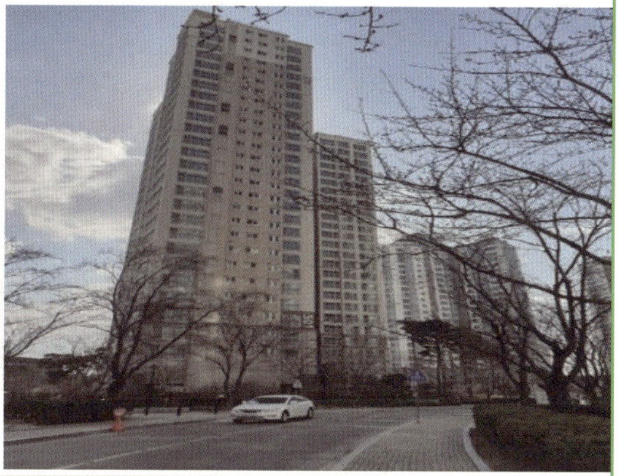

전용면적	175.85m²	대 지 권	미등기감정가격포함	매각물건	토지·건물 일괄매각
소 유 자		채 무 자		채 권 자	

물건현황 가격시점: 2019.04.01 / 보존등기일 : 2011.03.14

구분	위치	사용승인	면적	이용상태	감정가격	기타
건물	28층 중OO층	11.01.14	175.8458m²	침실4, 욕실3, 거실, 주방/식당 등	516,660,000원	
토지	대지권		* 대지권미등기이나 감정가격에 포함 평가됨		137,340,000원	
현황·위치·주변환경	* 'OO 초등학교' 북측인근에 위치하며, 인근에 아파트단지, 학교, 근린생활시설 등이 소재합니다. * 본건까지 차량진출입이 가능하며, 인근에 버스정류장이 소재합니다. * 장방형의 토지로서 아파트 건부지로 이용중입니다. * 본건 서측으로 도로가 소재합니다.					
참고사항	* 대지권 미등기이며 최저매각가격에 대지권가격이 포함되었으나 그 취득여부는 불분명함					

위 매각부동산은 대지권미등기이나 감정평가에 대지권이 포함되어 토지와 건물이 같이 매각되는 매각되는 경매 사건이다. 위 사건과 같이 대지에 대한 감정평가가 되었다는 것은 대지를 매각하는 것이다. 이는 대지권을 취득하는 것이고 낙

찰 후 대지에 대한 등기절차를 하면 된다. 대지권이 감정평가에 포함되지 않은 경우 건물만 매각하는 것으로 입찰의 목적을 생각하여 신중하게 입찰하여야 한다.

◈ 대지권이 없는 건물 매각

등기부현황

구분	접수일자	권리종류	권리자	채권금액	비고	말소
갑구 10	2013-06-12	소유권이전(매매)				
을구 5	2014-12-01	근저당	갑	410,400,000원	말소기준등기	말소
갑구 13	2015-04-22	가압류	을 건설	31,151,342원		말소
갑구 14	2015-12-07	가압류	경	20,173,072원		말소
갑구 15	2015-12-10	가처분	을 건설		소유권방해배제에 기한 철거청구권	인수
갑구 16	2016-03-22	임의경매	갑	청구금액: 359,221,255원		말소
갑구 17	2016-04-26	가압류		4,343,005원		말소

주의사항 ▶ 매각허가에 의하여 소멸되지 아니하는 것-갑구 순위 15번 가처분 등기

건물만 매각 토지는 매각 제외이다. 대지권은 매각에서 제외된 것이다.

물건 현황을 보면 감정평가에서 대지는 빠져있는 것을 볼 수 있다.

대지권이 없는 건물을 낙찰 받으면 토지 소유자는 구분건물 소유자를 상대로 철거를 할 수 있다. 그러나 집합건물 구분 소유자 상대로 철거 소송을 하면 지상권이 없어도 철거 판결이 잘 나지 않는다. 한 개의 구분소유권으로 인해 철거를 할 수 없기 때문이며, 집합건물 특성상 지상권이 성립하지 않는다고 철거를 하면 사회적 손실이 발생하기 때문이다. 이런 경우 토지 소유자는 건물 소유자를 상대로 지료를 청구할 수 있고, 건물 구분소유자를 상대로 건물을 매수 청구할 수 있다. 위 경매 사건은 을 건설이 분양대금을 다 받지 못하여 대지권 등기가 안된 사례이다. 을 건설은 미납된 분양대금을 받는 것이 목적이기 때문에 미납된 대금을 지급하고 대지권을 취득하면 된다.

대지권을 취득할 수 있으면 건물을 저렴하게 낙찰 받아 건물과 토지를 취득하여 정상적인 집합건물로 만들면 된다.

PART
20

집합건물에서 토지별도
등기가 있는 경우

집합건물의 토지별도등기

토지에 건물과 다른 등기가 있다는 것인데 집합건물은 토지와 건물이 일체가 되어 거래되도록 되어있는 바, 토지에는 대지권이라는 표시만 있고 모든 권리관계는 전유부분의 등기기록에만 기재된다. 그런데, 건물을 짓기 전에 토지에 저당권 등 제한물권이 있는 경우 토지와 건물의 권리관계가 일치하지 않으므로 집합건물 등기 기록에 "토지에 별도의 등기가 있다"는 표시를 하게 되는데 이를 토지별도등기라 칭한다.

집합건물의 토지별도등기란?

집합건물은 토지와 건물의 분리처분이 원칙적으로 불가능하다. 여기서 집합건물이란 공동주택을 말하는 것으로 아파트, 오피스텔, 다세대주택(빌라), 연립 등을 말한다.

이런 집합 건물에 "토지별도 등기 있음" 이라 표기되면 토지 등기부에 별도로 다른 권리가 등기되었다고 하는 것이다.

즉 토지 등기부가 깨끗하게 정리되지 않았다는 이야기이다.

표시번호	대지권종류	대지권비율	등기원인 및 기타사항
1	1 소유권대지권	270.2분의 27.7	2015년6월22일 대지권 2015년6월22일 등기
2			별도등기 있음 1토지(을구 14번 구분지상권 설정 등기) 2015년6월22일 등기

[집합건물] 경기도 안산시 · (대지권의 표시)

【 갑 구 】			(소유권에 관한 사항)	
순위번호	등 기 목 적	접 수	등 기 원 인	권리자 및 기타사항
1	소유권보존	2015년6월22일		공유자 지분 2분의 1 000 경기도 안산시 단원구 000-00 지분 2분의 1 000 경기도 안산시 상록구 000-00

토지별도등기라 되어 있으면 토지등기부 또는 집합건물 등기부 표제부 대지권의 표시에 등기원인 및 기타사항을 보면 토지별도등기의 내용이 기재되어 있다.

토지 별도 등기의 인수 유무는 매각물건 명세서를 통해 확인하면 된다.

현재 토지에 기타 제한물건 등이 등기되어 있으면 배당으로 소멸시키고, 별도 구분지상권 등이 있으면 낙찰자에게 인수시킨다. 여기서 구분지상권이란 타인의 토지에 지상 및 지하의 상하 범위를 정해 그 공간을 사용하는 권리로 주로 철도시설물이나 도로시설물이 설치된 경우 구분지상권 등기를 하여 사용한다.

매각물건명세서

사 건			매각 물건번호	1	작성 일자		담임법관 (사법보좌관)		
부동산 및 감정평가액 최저매각가격의 표시		별지기재와 같음	최선순위 설정		2015.7.31. 근저당권		배당요구종기		2018.02.12
부동산의 점유자와 점유의 권원, 점유할 수 있는 기간, 차임 또는 보증금에 관한 관계인의 진술 및 임차인이 있는 경우 배당요구 여부와 그 일자, 전입신고일자 또는 사업자등록신청일자와 확정일자의 유무와 그 일자									
점유자의 성 명	점유부분	정보출처 구 분	점유의 권 원	임대차기간 (점유기간)	보증금	차 임	전입신고일자,사업 자등록 신청일자	확정일자	배당요구여부 (배당요구일자)
조사된 임차내역없음									
※ 최선순위 설정일자보다 대항요건을 먼저 갖춘 주택·상가건물 임차인의 임차보증금은 매수인에게 인수되는 경우가 발생 할 수 있고, 대항력과 우선변제권이 있는 주택·상가건물 임차인이 배당요구를 하였으나 보증금 전액에 관하여 배당을 받지 아니한 경우에는 배당받지 못한 잔액이 매수인에게 인수되게 됨을 주의하시기 바랍니다.									
등기된 부동산에 관한 권리 또는 가처분으로 매각으로 그 효력이 소멸되지 아니하는 것									
본 토지의 을구14번 도시철도법 등에 의한 구분지상권(2009.7.1.일자)은 매각으로 말소되지 않고 매수인이 인수함.									
매각에 따라 설정된 것으로 보는 지상권의 개요									
비고란									
제시외 건물 포함									

토지 별도 등기는 매각물건 명세서에 인수조건으로 되어 있으면 매수인이 인수한다.

위 매각물건 명세서의 지상권은 철도시설물로 지상권을 설정한 것이다.

이런 지상권권리는 말소되지 않고 인수된다. 이런 구분지상권은 인수한다 해서 소유권 행사에 제한을 받지 않기 때문에 크게 신경을 쓰지 않아도 된다.

그러나 지상권 이외의 인수조건이 없는 토지별도 등기권리자들은 법원이 토지 권리자에게 채권신고를 하게 하고, 낙찰되면 배당하여 해당 권리를 말소시킨다.

<u>결론적으로 매각물건명세서의 특별매각조건이 "토지별도등기 인수"가 되어 있으면 매수인이 인수하고, 나머지는 배당하여 소멸시킨다.</u>

이때 인수하는 토지 별도 등기가 무엇인지, 확인하고 입찰에 참여하여야 한다.

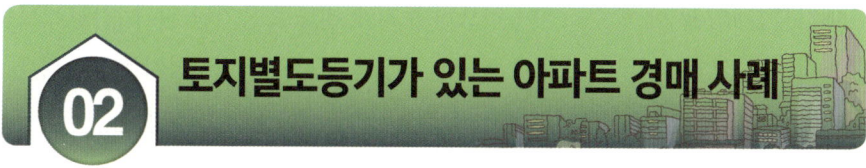

02 토지별도등기가 있는 아파트 경매 사례

◆ 인수하지 않는 토지 별도 등기

물건현황			가격시점: 2017.11.24 / 보존등기일 : 2012.07.25				
구분	위치	사용승인	면적		이용상태	감정가격	기타
건물	25층중○○층	12.06.29	120.0372㎡		방4, 거실, 주방/식당, 욕실 2, 드레스룸, 발코니 등	228,200,000원	지하주차장
토지	대지권		27143.8㎡ 중 62.8401㎡ · 토지별도등기있음			97,800,000원	
현황·위치 주변환경	· "○○대학교" 북서측 인근에 위치하며, 주위는 아파트단지, 근린생활시설 등이 소재하는 지역으로 제반 주위환경은 보통시됨 · 본건 아파트단지까지 차량접근이 가능하며, 인근에 버스정류장이 소재하는 등 대중 교통사정은 보통시됨 · 장방형 유사형의 토지로 아파트 건부지로 이용중임 · 본건 단지내 도로를 통하여 외곽공도와 연계되어 있음						
참고사항							

위 경매사건을 보면 대지권에 토지별도등기 있음이라 표기되었다.

토지등기부에 건물과 별도로 등기되어 있는 권리가 있다는 것이다. 토지별도등기는 아래와 같이 매각 물건 명세서를 확인하여 인수 조건을 확인하여야 한다.

아래 매각물건 명세서 비고란을 보면 "별도등기 있음"이라 표기되었다.

매각물건 명세서에 인수조건이 없으면 토지에 별도로 등기된 권리는 배당으로 말소시킨다. 토지등기부에 별도로 등기된 사항은 낙찰자가 인수하지는 않는다.

사 건			매각 물건번호	1	작성 일자		담임법관 (사법보좌관)	
부동산 및 감정평가액 최저매각가격의 표시		별지기재와 같음	최선순위 설정				배당요구종기	
부동산의 점유자와 점유의 권원, 점유할 수 있는 기간, 차임 또는 보증금에 관한 관계인의 진술 및 임차인이 있는 경우 배당요구 여부와 그 일자, 전입신고일자 또는 사업자등록신청일자와 확정일자의 유무와 그 일자								
점유자의 성 명	점유부분	정보출처 구 분	점유의 권 원	임대차기간 (점유기간)	보 증 금	차 임	전입신고일자,사업 자등록 신청일자	확정일자	배당요구여부 (배당요구일자)
조사된 임차내역없음								
※ 최선순위 설정일자보다 대항요건을 먼저 갖춘 주택·상가건물 임차인의 임차보증금은 매수인에게 인수되는 경우가 발생 할 수 있고, 대항력과 우선변제권이 있는 주택·상가건물 임차인이 배당요구를 하였으나 보증금 전액에 관하여 배당을 받지 아니한 경우에는 배당받지 못한 잔액이 매수인에게 인수되게 됨을 주의하시기 바랍니다.								
등기된 부동산에 관한 권리 또는 가처분으로 매각으로 그 효력이 소멸되지 아니하는 것								
매각에 따라 설정된 것으로 보는 지상권의 개요								
비고란								
별도등기 있음.								

매각물건 명세서를 확인하여 토지별도등기가 인수되는 조건인지 확인 후 입찰에 참여해야 한다. 아래 매각물건 명세서를 보면 인수조건이 기재되지 않았다. 이런 물건은 법원에서 토지별도등기를 배당으로 소멸시켜 인수하지 않는다.

◈ 인수하는 토지별도등기

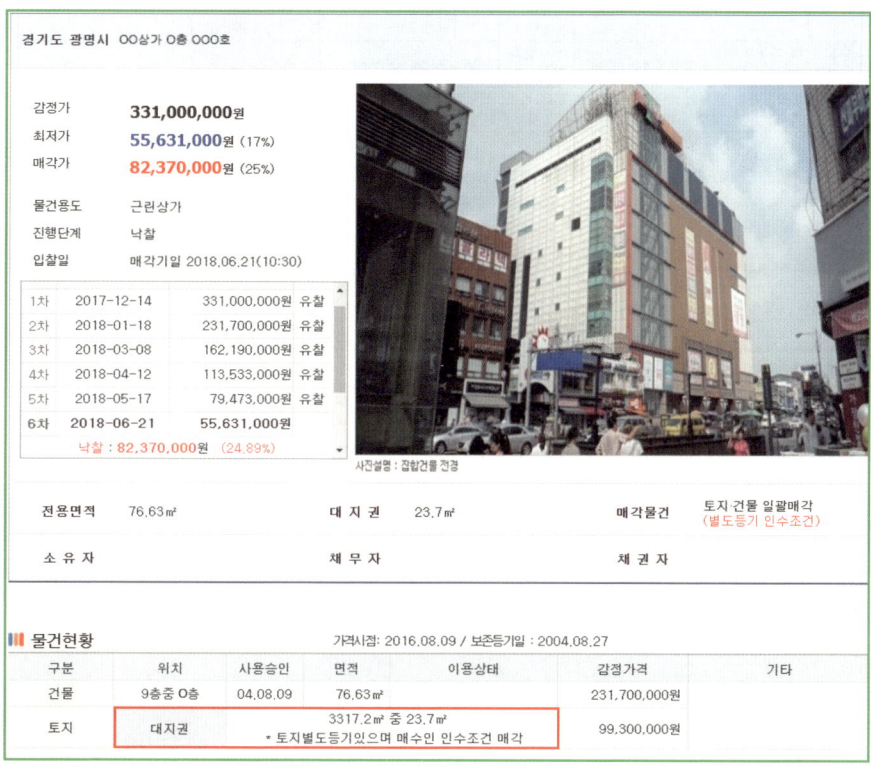

Part 20 집합건물에서 토지별도등기가 있는 경우

매각물건명세서								
사 건			매각물건번호		작성일자		담임법관(사법보좌관)	
부동산 및 감정평가액 최저매각가격의 표시		별지기재와 같음		최선순위 설정	2006. 9. 28. 근저당권		배당요구종기	

부동산의 점유자와 점유의 권원, 점유할 수 있는 기간, 차임 또는 보증금에 관한 관계인의 진술 및 임차인이 있는 경우 배당요구 여부와 그 일자, 전입신고일자 또는 사업자등록신청일자와 확정일자의 유무와 그 일자

점유자의 성 명	점유부분	정보출처 구 분	점유의 권 원	임대차기간 (점유기간)	보증금	차임	전입신고일자,사업자등록 신청일자	확정일자	배당요구여부 (배당요구일자)
				조사된 임차내역없음					

※ 최선순위 설정일자보다 대항요건을 먼저 갖춘 주택·상가건물 임차인의 임차보증금은 매수인에게 인수되는 경우가 발생 할 수 있고, 대항력과 우선변제권이 있는 주택·상가건물 임차인이 배당요구를 하였으나 보증금 전액에 관하여 배당을 받지 아니한 경우에는 배당받지 못한 잔액이 매수인에게 인수되게 됨을 주의하시기 바랍니다.

등기된 부동산에 관한 권리 또는 가처분으로 매각으로 그 효력이 소멸되지 아니하는 것
- 토지 을구 1번 구분지상권등기(2004. 9. 17. 등기)는 말소되지 않고 매수인이 인수함

매각에 따라 설정된 것으로 보는 지상권의 개요

비고란
- 별도 등기 있음

　토지별도등기가 매수인 인수조건인 매각이다.

　토지별도등기 경매물건은 매각물건 명세서를 확인 후 입찰에 참여해야 한다.

　매각물건 명세서를 보면 구분지상권등기는 말소되지 않고 매수인이 인수한다고 기재되어 있다. 매수인 인수조건 매각이다. 이렇게 매수인이 인수하는 조건은 매각물건 명세서에 기재한다. 인수하는 토지별도등기가 있을 경우에는 토지 등기부를 확인하여 입찰에 참여해야 한다. 구분지상권은 보통 철도시설물이나 기타 시설물이 지하 또는 지상에 설치된 경우에 설정하는 권리이다. 이런 시설물은 공공 시설물로 인수해도 문제가 없는 물건이다. 토지 등기부를 확인하면 구분지상권설정에 대한 내용을 확인할 수 있다.

PART 21

경매에서 제시외 물건이 있는 경우 대응 방법

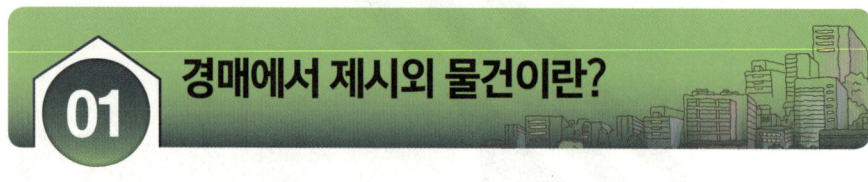
경매에서 제시외 물건이란?

　제시외 물건은 매각대상에서 빠진 증·개축 부분이나 등기가 되어 있지 않은 부속물을 말한다. 이런 제시외 물건이 경매매각에 포함이 되는지, 그리고 매각으로 인해 매수인이 취득할 수 있는지 판단하여 입찰을 해야 한다.
　제시외 물건이 부합물 또는 종물인 경우에는 매수인이 취득할 수 있지만, 독립적인 물건이라면 취득할 수 없다.

경매물건의 부합물은?

　부합물이란 매각부동산(근저당설정 부동산)에 덧붙인 부속물을 말한다.
　부합물의 사례로는 매각대상 토지 위의 수목. 매각대상건물의 부속 창고, 독립성 없이 증축된 부분 등이다. 토지상에 타인의 권원(전세권, 지상권, 임차권)에 의해 수목이 식재되어 있다면, 그 수목은 토지에 부합되지 않아 수목까지 취득하지 못한다. 그러나 타인의 권원이 없는 경우 토지만 낙찰 받아도 수목도 같이 취득하게 된다.
　예외적으로 수확기에 있는 농작물은 취득을 못하고 수확할 때까지 기다려야 한다.
　또한 매각 대상 공장 건물이 있어도 공장건물의 부속 창고가 있다면, 특별한 권리가 없는 경우 공장건물의 부합물로 같이 취득하게 된다.

대법원 1983. 11. 24 자 83마469 결정 [부동산경락허가결정]

판시사항
등기부상의 표시없는 부합물, 종물에 대한 경락허가 결정의 당부

결정요지
임의경매의 대상이 된 실지건물이 등기부보다부합물(부엌) 1평, 종물(물치. 변소) 1평 3작이 더 많다 하더라도, 이에 대한 평가액을 포함하여 경매기일 공고를 한 사실이 인정되고 이러한 경우 위 종물 및 부합물에도 저당권의 효력은 미치므로 이를 기초로 한 경락허가결정은 적법하다.

03 주물과 종물은 어떠한 관계인가?

물건의 소유자가 그 물건의 상용에 공하기 위하여 자기소유인 다른 물건을 이에 부속하게 한 때에 그 물건을 주물이라고 하고 주물에 부속한 다른 물건을 종물이라고 한다.

농지와 그에 부속한 양수시설, 주유소와 주유기, 횟집과 수족관 등이 주물과 종물의 관계이다.

04 경매물건에서 종물은?

① 종물은 주물의 상용(常用)에 이바지하는 것이어야 한다. 즉 사회관념상 계속하여 주물 자체의 경제적 효용을 높이는 관계에 있어야 한다.

② 종물은 주물에 부속된 것이어야 한다. 이것은 주물과 종물이 밀접한 장소적 관계에 있음을 의미한다.

③ 종물은 주물로부터 독립한 물건이어야 한다. 주물의 일부이거나 구성부분을 이루는 것이 아니면 동산이든 부동산이든 관계없다.

④ 주물과 종물은 모두 동일한 소유자에 속하는 것이어야 한다. 종물은 주물의 처분에 따르게 되는데, 종물이 제3자의 소유일 경우 제3자의 권리가 침해될 우려가 있기 때문이다.

◆ 종물의 특징

종물은 주물의 처분에 따른다. 주물을 매각하는 경우에 특별한 사정이 없으면 매각의 목적물에 포함되며, 주물의 소유권을 취득하면 종물에 대한 소유권도 취득한다.

- 주유소의 주유기
- 횟집의 수족관
- 건물의 기계실 등

예외적으로 저당권설정 당시 종물에 대하여 저당목적으로 하지 않겠다는 특약이 있는 경우와 제3자의 정당한 권원이 있는 경우에는 취득하지 못한다.

이런 경우 매각물건 명세서의 비고란을 잘 살펴봐야 한다. 비고란에 제3자의 소유물이라는 표기가 되어 있는지 확인해야 된다.

민법

제358조(저당권의 효력의 범위) 저당권의 효력은 저당부동산에 '부합된 물건'과 '종물'에 미친다. 그러나 법률에 특별한 규정 또는 설정행위에 다른 약정이 있으면 그러하지 아니하다.
제256조(부동산에의 부합) 부동산의 소유자는 그 부동산에 부합한 물건의 소유권을 취득한다(어떠한 물건이 저당물에 부합되어 운명을 같이 하게 되었다면 당연히 저당권의 효력이 미쳐야 할 것이다). 그러나 타인의 권원에 의하여 부속된 것은 그러하지 아니하다. 제100조(주물, 종물) ① 물건의 소유자가 그 물건의 상용에 공하기 위하여 자기소유인 다른 물건을 이에 부속하게 한 때에는 그 부속물은 종물이다. ② 종물은 주물의 처분에 따른다(종물은 주물과 운명을 같이하므로 저당권이 주물에 미친다면 당연히 종물에도 미치게 된다).

PART
22

법정지상권 성립 여부와 실전투자 비법

01 지상권의 권리

타인의 토지에 건물, 기타의 공작물이나 수목을 소유하기 위하여 그 토지를 사용할 수 있는 물권적 권리이다.

다시 말하면 남에 땅에 건물, 수목, 기타 공작물을 설치, 사용하기 위해서는 지상에 관한권리가 있어야 되는데 그 권리가 지상권이다.

경매에서 토지와 건물이 존재하는데 토지만 매각이 되거나, 건물만 매각이 되는 경매 물건이 진행될 경우에 지상권 성립 유무를 확인하고 입찰하여야 한다.

어느 한쪽만 매각이 되면 토지소유자와 건물 소유자가 달라져 지상권을 취득해야만 지상물을 사용할 수 있기 때문이다.

◈ **지상권 존속기간**

지상물의 존속기간은 석조 · 석회조 · 연와조 또는 이와 유사한 견고한 건물이나 수목의 소유를 목적으로 하는 때에는 30년, 기타의 건물은 15년, 건물 이외의 공작물인 경우에는 5년이다. 이보다 단축한 기간을 정한 때에는 위의 기간까지 연장하며, 계약으로 존속기간을 정하지 아니한 때에는 위의 최단 존속기간으로 한다(민법 280 · 281조).

 건물의 요건(무허가, 미등기)

건물의 종류가 외형상 건물이 들어설 것으로 예측할 수 있는 정도까지 건축이 되었고, 매수인이 매각대금을 낼 때까지 최소한의 기둥과 지붕 그리고 주벽을 갖추고 있으면 판례에서 건물로 인정한다(대법원 1992. 6. 12. 선고 92다7221 판결, 1987. 4. 28. 선고 86다카2856 판결).

◆ 지상권의 취득

1) 법률행위에 의한 취득

지상권은 토지소유자와 그 토지위에 지상권을 설정하려는 지상권자가 지상권 설정계약을 체결하고 지상권 설정 등기를 해야 한다(민법 186조).

2) 법률의 규정에 의한 취득 지상권은?

상속, 공용징수, 판결, 경매나 그 밖의 법률의 규정에 따라 취득할 수 있으며 이러한 지상권의 취득은 등기를 필요로 하지 않는다(민법 187조).

◆ 지상권 계약 갱신

지상권이 소멸한 경우에 건물, 그 밖의 공작물이나 수목이 현존한 때에는 지상권자는 계약의 갱신을 청구할 수 있다(민법 제283조제1항).

지상권설정자가 계약의 갱신을 원하지 않는 때에는 지상권자는 상당한 가액으로 공작물이나 수목의 매수를 청구할 수 있다(민법 283조제2항).

당사자가 계약을 갱신하는 경우에는 지상권의 존속기간은 갱신한 날로부터 위의 최단 존속기간보다 짧게 단축하지 못한다.

◆ 지상권이 성립하면

지상권이 성립하면 타인의 토지를 지상권 존속기간 동안 사용할 수 있다.

건물 지상권자는 토지소유자에게 지료를 지불하고 사용해야 하며, 지료 2기(2년) 체납시 지상권은 소멸한다. 지상권이 소멸하면 지상권은 성립되지 않는다.

지상권은 독립된 물권으로서 타인에게 양도할 수 있다. 이는 지상권이 성립된 지상물이 경매, 매매, 기타 처분 사유로 양도될 때 지상물 취득자는 지상권을 승계 받는다(대법원 1991.11.8. 선고 90다15716 판결).

◈ 지상권이 성립하지 않으면

건물, 기타 공작물이나 수목을 수거하여 토지를 원상에 회복하여야 한다.(민법 제285조제1항). 이 경우에 지상권설정자가 상당한 가액을 제공하여 그 공작물이나 수목의 매수를 청구한 때에는 지상권자는 정당한 이유없이 이를 거절하지 못합니다(민법 제285조제2항).

◈ 지료의 지급

지료는 토지의 사용료이다. 지료는 당사자간 합의하여 결정되며, 당사자간 합의가 되지 않을 경우에는 지료 청구의 소를 제기하여 지료를 확정한다.

지료가 토지에 관한 조세, 기타 부담의 증감이나 지가의 변동으로 인하여 상당하지 않게 된 때에는 당사자는 그 증감을 청구(지료증감청구권)할 수 있다(민법 286조).

02 지상권과 토지임대차 계약의 종류

◈ 약정지상권

토지소유자와 건물소유 목적으로 지상권 등기하려는 자와 약정하여 토지소유자의 토지 등기부에 지상권 등기를 하면 이를 약정 지상권이라 한다(민법 186조).

이는 처음부터 타인 소유의 토지에 지상권 등기를 하여 건물 준공 목적으로 하는 등기이나 경매로 진행되는 경우는 거의 없다.

◈ 담보지상권

근저당권자가 채무자 소유의 토지에 돈을 빌려주면서 장래에 그 토지 위에 건물이 신축된다면, 근저당권의 담보가치가 떨어지므로 토지에 건물을 신축하지 못하게 하는 의미에서 지상권을 설정하는 것이다.

담보설정에 대한 가치를 유지시켜 채권을 보호하기 위해 설정한 지상권이다.

◈ 구분지상권

건물이나 그 밖의 공작물을 소유하기 위해 타인 토지의 지상이나 지하의 공간에 범위를 정하여 사용하는 지상권을 말한다.

지하 또는 지상의 공간은 상하의 범위를 정하여 건물이나 그 밖의 공작물을 소유하기 위하여 지상권을 설정한다. 구분지상권인 경우 철도시설물, 전기시설물 등 공공 시설물 사용 목적으로 설정하는 것이 대부분이다.

◈ 법정지상권

법정지상권은 토지소유자와 건물소유자가 저당권설정 당시 또는 매매 · 증여 · 가압류 · 공매 등에 의해 처분 당시에는 동일인이었다가 임의경매 · 강제경매 · 매매 · 증여 등으로 토지와 건물의 각 소유자가 달라진 경우, 건물소유자가 그 건물이 있는 부분의 토지를 사용할 수 있는 지상권을 법에서 인정해 주는 것을 말하며, 성립상 등기를 요하지 않으므로 등기부에 표시되지 않는다(민법 제187조, 제366조).

◈ 토지 임대차계약

토지 임대차계약도 타인의 토지에 지상에 건물, 공작물 등 설치 목적으로 하는 임대차계약이다. 토지 임대차계약은 최장 20년이며, 지상권과 같은 효력이 발생한다.

건물 보존등기를 목적으로 하는 임대차계약은 건물 보존등기를 하면 제3자에게 대항력이 발생하여 토지임차권에 대한 권리를 주장할 수 있다.

그러나 건물 보존등기 이전 토지에 담보가 설정되어 토지가 매각되면 제3자에게 임차권에 대한 권리 주장을 하지 못한다. 즉 지상권이 성립하지 않는 것이다.

이는 건물만 매각이 되는 경우에도 마찬가지이다. 지상권이 성립되지 못하면 건물은 철거해야 한다.

03 법정지상권 성립 여부에 대한 분석

임의경매로 토지만 매각하거나, 건물만 매각하는 경우 토지와 건물의 소유자가 달라진 경우에 건물소유자를 보호하기 위하여 법률로 인정하는 지상권을 말한다. 법정 지상권은 등기 없이 성립하는 물권이다(민법 제187조).

법정 지상권	(1) 민법	① 대지와 건물이 동일한 소유자에 속한 경우에 건물에 전세권을 설정한 때에는 그 대지소유권의 특별승계인은 전세권설정자에 대하여 지상권을 설정한 것으로 본다(민법 제305조).
		② 토지만의 근저당권, 건물만의 근저당권, 토지와 건물의 공동근저당설정 후 근저당권의 실행(임의경매)으로 토지와 건물의 소유자가 다르게 된 경우(민법 제366조)
	(2) 민사 특별법	① 토지와 그 위의 건물이 동일한 소유자에게 속하는 경우 그 토지나 건물에 대하여 소유권을 취득하거나 담보가등기에 따른 본등기가 행하여진 경우에는 그 건물의 소유를 목적으로 그 토지 위에 지상권이 설정된 것으로 본다(가등기담보 등에 관한 법률 제10조).
		② 입목만의 소유권 양도, 입목만의 근저당권의 실행(임의경매)으로 입목과 건물의 소유자가 다르게 된 경우 토지소유자는 입목소유자에 대하여 지상권을 설정한 것으로 본다(입목에 관한 법률 제6조).

◈ 법정지상권 성립요건

- 토지와 건물이 「존재」해야 한다.
- 근저당권설정 당시 토지와 건물이 「동일인」 소유이어야 한다.
- 토지와 건물의 「한쪽 또는 양쪽」에 근저당권 설정이 되어야 한다.
- 임의경매로 낙찰 후 토지와 건물소유자가 다르게 되어야 한다.
- 근저당 설정당시 건물이 존재해야 된다.

◈ 법정지상권이 인정이유

민법 제297조는 "지상권자는 타인의 토지에 건물 기타 공작물이나 수목을 소유하기 위하여 그 토지를 사용하는 권리가 있다"고 하여 지상권에 대해 규정이 있다.

이러한 지상권을 인정하지 않더라도 전세권이나 임차권으로 타인의 토지를 빌려 이런 지상물을 설치, 소유할 수 있다.

그러나 전세권은 갱신되지 않으면 토지를 계속 사용할 수 없고, 임차권은 토지 소유권이 이전된 경우, 새로운 토지 소유자에게 임차권을 주장할 수 없기에 토지를 사용할 수 없게 된다. 이런 이유로 기간도 장기간으로 보호되고 토지 소유자가 바뀌더라도 버틸 수 있는 물권이 필요한데 이를 위해 인정된 권리가 지상권이다.

건물 소유자 등이 계약에 의한 토지 사용권을 취득하지 못하였는데도 법이 나서서 지상권을 인정하는 것은 건물 등의 철거를 막아 건물소유자 등을 보호하고 사회 경제적 손실을 줄이려는 것이다.

◈ 법정지상권의 성립과 성립하지 않는 예시

1) 법정지상권 성립하는 경우

갑이 토지 매입 후 토지에 건물을 신축하였다. 신축 후 토지를 담보로 대출을 받았는데 대출금을 변제하지 못하여 토지 근저당권자가 임의경매를 신청한 경우다.

갑의 토지만 경매로 진행되어 을이 토지를 낙찰 받을 경우, 갑은 법정지상권을 취득한다.

법정지상권을 취득하면 갑은 30년간 을 토지에 건물을 사용할 수 있다.

갑은 을에게 지료를 지불하고 사용해야 된다. 지료가 2기(2년) 체납되면 지상권은 소멸한다. 토지와 건물이 동일인이고 어느 한쪽이 저당권을 원인으로 임의경매되어 건물과 토지소유자가 달라졌고, 토지 근저당 설정 시 건물이 존재하였기에 갑은 법정지상권을 취득한다. 이런 물건이 경매로 진행되면 낮은 가격에 낙찰되는 경우가 많다. 지상권이 성립이 되어 지료만 받을 수 있기 때문이다.

2) 법정지상권 성립하지 않는 경우

갑이 토지를 매입 후 건축비가 없어 토지를 담보 대출받아 건물을 신축하였다. 건물 신축 후 토지에 대한 대출을 변제하지 못하여 토지만 경매 진행된 경우다. 토지만 경매로 진행되어 을이 토지만 낙찰 받은 경우 갑은 지상권을 취득하지 못한다.

지상권이 성립하려면 토지와 건물이 존재하고, 근저당 설정당시 토지소유자 건물소유자 동일인이며, 어느 한쪽에 저당권이 설정되어 저당권을 원인으로 임의경매로 매각되어 토지 소유자와 건물소유자가 달라져야 한다. 그리고 근저당 설정 당시 건물이 존재해야 지상권이 성립한다. 위 사례는 근저당 설정 당시 건물이 존재하지 않았기 때문에 지상권이 성립하지 않는다. 지상권이 성립하지 않으면 토지 낙찰자는 건물 철거 소송을 통해 판결 받아 건물을 철거할 수 있다.

이런 경우 대부분 토지 소유자는 건물을 경매 신청하여 건물까지 낙찰 받는 사례가 많다. 지상권 성립이 안되는 건물이 경매로 진행된다 생각해보자. 이런 경우 아무도 입찰에 참여하지 않는다. 결국 유찰이 반복되어 낮은 가격에 토지 소유자가 낙찰 받게 된다. 결론은 지상권 성립 안되는 토지를 낙찰 받은 사람은 건물까지 낙찰 받을 기회가 주어진다.

3) 구건물 멸실 후 신건물로 소유자가 달라진 경우

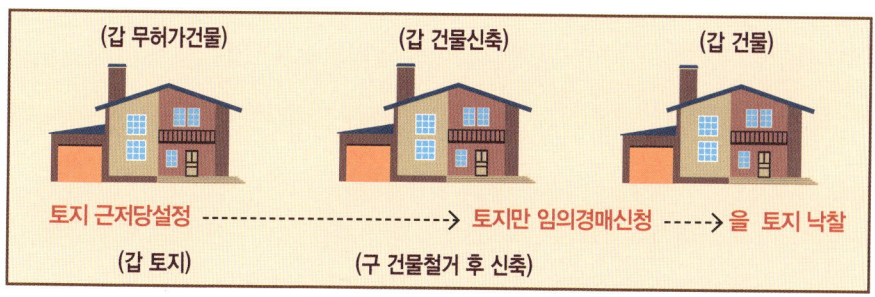

토지와 건물(무허가)이 있는 상태에서 토지만 근저당을 설정하고, 그 후 지상건물을 철거하여 갑이 건물을 신축하였다. 이후 토지근저당 임의경매로 건물과 토지 소유자가 달라졌을 경우 갑은 지상권을 취득한다.

법정지상권이 성립하려면 근저당 설정당시 건물이 존재하여야 하며, 저당권 당시 건물이 존재한 이상 그후 개축, 증축하는 경우에도 물론이고 건물이 멸실하거나 철거, 신축, 재축인 경우에도 법정 지상권은 성립한다.

이 경우 법정지상권의 내용인 존속기간. 범위 등은 구건물 기준으로 하여 그 이용에 일반적으로 필요한 범위내로 제한된다(대법 92다20330, 대법 90다카6399 판결).

4) 공동저당 후 건물 신축하면

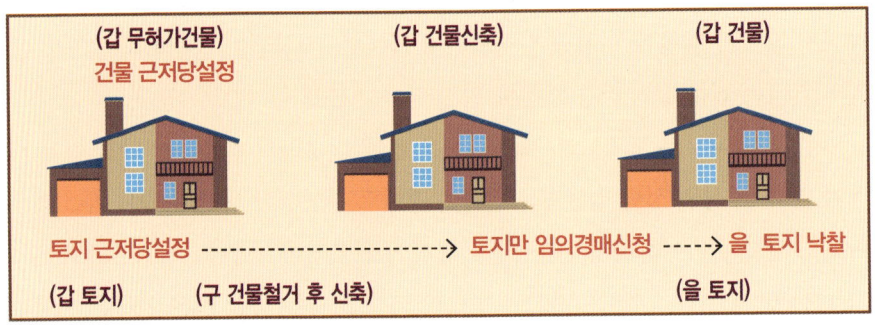

토지와 건물 전부에 공동근저당을 설정하였고, 근저당 이후에 구건물을 철거하고 신축하였다. 이후 건물에 공동담보 설정 등기를 하지 않는 경우, 토지에 임의경매가 진행되어 토지와 건물 소유자가 달라졌을 경우 법정지상권이 성립하지 않는다. 법정지상권이 성립하려면 구건물과 동일성이 유지되어야 한다.

만약 지상권을 인정하게 되면, 공동 저당권자가 법정지상권이 성립하는 신축건물의 교환 가치를 취득할 수 없게 되는 결과 법정지상권의 가액 상당 가치를 되찾을 길이 막혀 나대지로서의 토지의 교환가치 전체를 기대하여 담보를 취득한 공동저당권자에게 불측의 손해를 입게 하기 때문이다(대법98다43601).

◆ 법정지상권 성립시기

법정지상권 성립시기는 근저당권자의 임의경매로 토지와 건물소유자가 달라진 시점을 기준으로 한다. 민사집행법 제135조는 낙찰대금 완납과 동시에 소유권을 취득한다고 되어 있다. 그러니 경매낙찰자가 잔금을 납부한 시점이 법정지상권이 성립하는 시기이다.

◆ 법정지상권이 인정되는 범위

법정지상권의 토지 사용의 범위는 건물의 대지에 한정되지 않고 건물의 유지와 사용에 필요한 범위 내에서 건물의 대지 이외의 주변 토지까지 영향을 미친다.

◆ 법정지상권 성립 후 건물의 소유권 양도

지상권 성립된 지상물이 경매. 매매. 기타 처분 사유로 양도될 때 지상물 취득자는 지상권을 승계 받는다(대법원 1991.11.8. 선고 90다15716 판결).

법정지상권의 승계

건물소유의 법정지상권을 취득한 사람으로부터 그 건물의 소유권을 이전 받은 매수인은 건물의 매수 취득과 함께 지상권도 당연히 취득한다.

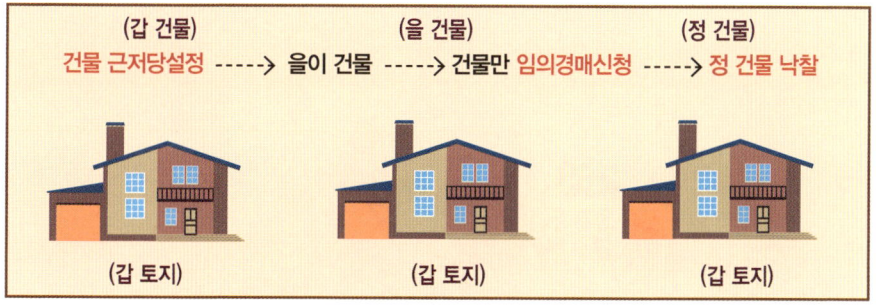

건물만 매각되어 을은 지상권이 성립된 건물을 낙찰 받았다.
토지와 건물이 존재하고 근저당 설정 당시 토지, 건물 소유자 동일인이며, 어

느 한쪽 저당권 원인으로 임의경매로 매각되어 토지소유자와 건물 소유자가 달라져야 한다.

그리고 근저당 설정당시 건물이 존재하면 지상권은 성립한다.

위 사례는 건물 근저당 설정 당시 건물이 존재하여 법정지상권을 취득하였다.

을 건물을 매수한 낙찰자는 건물 소유권 등기 시점부터 30년간 건물을 사용할 수 있다.

을은 갑에게 지료를 지불하고 사용해야 한다. 이후 을은 건물을 매수하여 건물에 저당권을 설정하였다. 이후 저당권 원인으로 건물만 임의 경매로 진행되어 정이 낙찰 받았다. 건물을 낙찰 받은 정은 지상권을 취득하게 된다. 지상권이 성립된 건물을 낙찰 받으면 지상권을 승계 받는다.

지상권 승계는 을이 사용한 지상권 기간을 제외하고 잔여기간에 대해 승계를 받는다.

을이 지상권기간을 10년 사용했다고 가정하면 정은 잔여기간 20년만 사용 가능하고 지상권이 만료되면 토지 소유자에게 연장 요청을 할 수 있으며, 연장 거부시 토지 소유자에게 건물을 매수 청구할 수 있다(민법 제290조제1항).

◆ 토지만 매각 사례

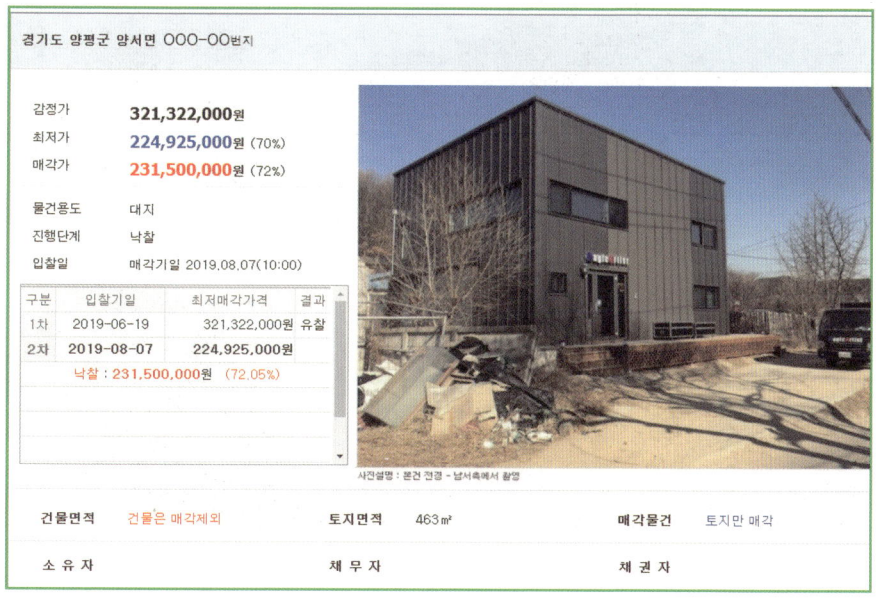

구분	접수일자	권리종류	권리자	채권금액	비고	말소
갑구 3	2001-08-30	소유권이전(매매)				
을구 9	2015-05-20	근저당	갑	234,000,000원	말소기준등기	말소
을구 10	2015-05-20	지상권(토지의전부)	갑		존속기간: 2015.05.20~2045.05.20 만 30년	말소
갑구 17	2018-08-17	압류				말소
갑구 18	2018-12-07	소유권이전(상속)				
갑구 19	2018-12-26	임의경매	갑	청구금액: 188,660,218원		말소
건물등기부		※주의 : 건물은 매각제외		채권최고액	비고	소멸여부
		☞ 건물등기부는 전산발급이 되지않아 등재하지 못함.				
주의 사항	☞법정지상권 성립 여부 불분명함					

Part 22 법정지상권 성립 여부와 실전투자 비법

토지만 매각되는 경매 물건이다. 건물은 매각 제외이다. 토지와 건물이 존재하는데 어느 한쪽만 매각이 되어 토지소유자. 건물소유자가 달라지면 지상권 유무를 확인하여야 한다.

첫째 약정지상권이 등기되어 있는가?

약정지상권은 등기를 요한다. 토지 등기상에 지상권등기가 없기에 약정지상권은 없다.

등기부에는 담보지상권이 설정되어 있다. 이는 담보가치 하락을 방지하기 위한 지상권 설정 등기이다.

그럼 관습법적 지상권과 법정지상권이 성립되는지 따져봐야 한다.

법정지상권은 근저당 설정 당시 토지와 건물이 동일인이고, 근저당 설정 당시 건물이 존재했어야 하며, 토지 또는 건물 어느 한쪽에 근저당 원인으로 토지 소유자와 건물 소유자가 달라졌을 경우 법정지상권을 취득한다.

위 매각 물건은 근저당 설정 당시(2015년5월20일) 지상에 건물이 존재하지 않았다.

건물이 존재하였는지 유무는 네이버 및 다음 지도의 로드뷰를 통해 확인하는 방법과 항공사진을 통해 판별하는 방법으로 확인할 수 있다.

위 건물은 근저당 설정 당시 건물이 존재하지 않았기 때문에 법정지상권 성립은 되지 않고, 토지 낙찰자는 건물 철거 및 토지인도 소송을 통해 건물을 철거를 할 수 있다.

토지를 낙찰 받으면 말소기준등기 포함 이후 모든 권리가 소멸하기 때문에 낙찰자가 인수할 권리는 없다.

◈ 건물만 매각 사례

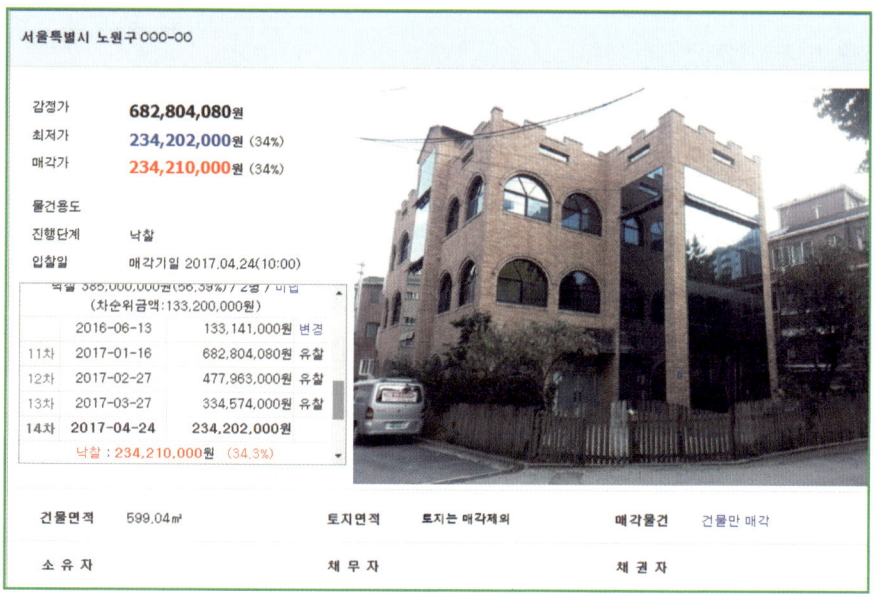

건물등기부

구분	접수일자	권리종류	권리자	채권금액	비고	말소
갑구 1	2013-05-23	소유권보존				
갑구 2	2013-05-23	가처분	갑		건물철거청구권	
갑구 3	2013-08-30	압류				말소
갑구 4	2014-02-11	강제경매	갑 강제경매	청구금액: 967,358,853원	말소기준등기	말소
갑구 5	2014-02-25	압류				말소
갑구 6	2014-04-18	강제경매	OO카드 강제경매	청구금액: 7,465,338원		말소
을구 7	2015-11-16	가처분			소유권이전등기 청구권	

토지등기부

※주의 : 토지는 매각제외

구분	접수일자	※주의 : 토지는 매각제외		채권금액	비고	말소
갑구 5	1993-01-07	소유권이전				
갑구 8	2002-11-25	소유권이전(상속)				
갑구 14	2003-10-13	공유자전원지분전부이전			매각	
갑구 16	2004-05-14	소유권이전(매매)				
갑구 38	2012-03-05	OOO 지분전부이전	갑		임의경매로 인한 매각	
갑구 40	2012-03-05	OOO 지분전부이전	갑		임의경매로 인한 매각	
을구 6	2015-01-27			455,000,000원		

위 사건은 토지는 매각제외 건물만 매각되는 사건이다.

경매신청자인 갑은 지상권이 성립되지 않는 토지를 먼저 낙찰받고 건물에 대하여 강제경매를 신청했다. 매각되는 건물은 지상권이 성립하지 않는다. 지상권이 성립하지 않는 건물이 경매로 진행된다면 낙찰 받을 사람은 경매를 신청한 토지 소유자만 낙찰 받을 수 있다.

지상권이 성립 안되는 건물을 낙찰 받으면 철거의 위험에 빠지기 때문이다. 그러나 토지 소유자가 낙찰을 받으면 철거할 이유가 없다. 토지소유자 건물소유자가 동일인이 되기 때문이다. 이렇게 지상권 성립이 안되는 토지를 낙찰 받아 건물을 경매 신청하면 건물을 낙찰 받을 사람은 토지 소유자 밖에 없다. 철거 당하는 건물을 낙찰 받으려 하는 사람은 없기 때문이다.

지상권이 성립 안되는 토지를 낙찰 받으면 우선적으로 건물에 철거소송에 대한 가처분 등기를 한 후 철거 소송에 들어간다. 그리고 건물 소유자에게 토지 사용에 대한 부당이득금 청구를 한다. 이러면 건물과 토지 소유자간 채권이 발생하여 토지소유자는 건물을 법원에 강제 매각 신청할 수 있다.

이렇게 지상권 성립이 안되는 토지를 낙찰 받을 경우에는 건물도 취득할 수 있는 기회가 생겨 건물과 토지에 대한 소유권 취득을 할 수 있다.

반대로 지상권이 성립되는 토지도 낙찰 받는 경우가 있다. 지상권이 성립되는 토지를 낙찰 받을 경우에는 건물 소유자를 상대로 지료를 청구할 수 있다.

이렇게 지상권 성립이 되는 토지들은 정상적인 가격에서 낙찰이 되지 않고 저렴하게 취득할 수 있다. 건물 소유자가 지료를 2기 체납시 지상권은 소멸된다. 또한 지료 연체시 건물만 경매를 신청할 수 있다. 지료의 범위가 많아 내지 못할 경우에는 지상권 성립되는 토지를 낙찰 받아도 건물을 취득할 수 있는 기회가 생긴다.

지상권은 토지 또는 건물만 매각되어 토지 소유자와 건물 소유자가 달라지면 지상권을 인정하여 주는 제도이다. 이는 사회적 손실을 방지하기 위해 지상권을 폭넓게 인정하여 준다. 하지만 다른 권리자의 이익이 침해되거나 손실 및 부당한 이익이 발생하면 지상권은 인정하지 않는다.

토지 또는 건물만 매각될 경우에는 입찰 이전에 지상권 유무를 확인하고 어떤 것이 득이고 실인지 판단 후 입찰에 참여해야 한다.

05 관습법상 법정지상권의 성립

관습법상의 법정지상권이란 토지와 건물이 동일소유자에게 속하였다가 토지이용권에 관한 합의 없이 매매, 증여, 상속, 공매, 강제경매 등으로 토지와 건물소유자가 달라진 경우에 지상권의 성립을 인정하는 권리를 말한다.

관습법 지상권	(1) 협의의 관습법상 법정지상권 : (토지와 건물) • 동일인 소유의 토지와 건물 중의 어느 하나가 매매, 증여, 강제경매, 공매, 공유 토지의 분할 등으로 토지와 건물의 소유가 다르게 된 경우 (2) 분묘기지권 : (토지와 분묘) • 토지 위에 분묘가 설치된 후 경·공매 등으로 토지소유자가 변경된 경우

◈ **관습법상 법정지상권 성립 요건**

1) 토지와 건물이 존재해야 되며, 처분당시 동일인이어야 한다.

관습법상의 법정지상권은 토지와 그 지상 건물이 동일인의 소유에 속하였는지에 따라 관습법상 법정지상권의 성립 여부를 판단한다(대법원 2013.4.11. 선고 2009다62059 판결).

이때 처분 당시의 동일인 시점은 아래와 같이 본다.
- 강제경매기입등기 시점(등기부에 경매개시결정등기만 있을 경우)
- 가압류 등기 당시(가압류권자 강제경매 신청시)
- 근저당 설정 당시(후순위 채권자가 강제경매 신청시)

2) 토지와 건물이 매매 그 밖의 사유로 소유자가 다르게 되었을 것

건물과 토지 중 한쪽만 강제경매 및 기타 처분 사유로 인해 토지와 건물소유자가 달라져야 한다.

토지와 건물 중의 어느 한쪽이 매매·증여·대물변제·공유토지 분할·공매·강제경매 등으로 처분이 됨으로써 토지와 건물의 각 소유자가 다르게 되면, 관습법상 법정지상권이 성립한다. 관습법상 법정지상권은 법률의 규정에 따른 물권변동이므로 등기 없어도 취득한다. 또한 무허가 미등기 건물에도 관습법상 법정지상권은 성립한다(대법원91다16631).

단 무허가, 미등기 건물은 원시취득자에 한해 인정된다. 원시취득은 최초 건물을 건축한 사람을 말한다(민법 제187조). 다만 처분하는 경우에는 등기를 해야 한다(민법 제186조).

여기서 주의해야 할 점은 토지·건물 모두 매매·증여로 처분이 되었으나 미등기 무허가 건물이어서 건물은 이전 등기되지 않고, 토지만 소유권이전등기가 되어 토지와 건물의 소유자가 각각 다르게 된다면 건물소유권이전등기가 안되었으므로 건물의 처분권능이 없는 이상 관습법상 법정지상권이 성립되지 않는다.

대법원 1998.4.24 선고98다4798판결

판시사항
① 미등기 건물을 대지와 함께 양수한 자가 대지에 관하여서만 소유권이전등기를 경료한 상태에서 대지의 경매로 소유자가 달라지게 된 경우, 관습법상의 법정지상권 취득 여부(소극)
② 대지와 건물이 한 사람에게 매도되었으나 대지에 관하여서만 소유권이전등기가 경료된 경우, 매매 당사자 사이의 관습법상의 법정지상권 인정 여부(소극)

판결요지
① 미등기 건물을 그 대지와 함께 양수한 사람이 그 대지에 관하여서만 소유권이전등기를 넘겨받고 건물에 대하여는 그 등기를 이전받지 못하고 있는 상태에서 그 대지가 경매되어 소유자가 달라지게 된 경우에는, 미등기 건물의 양수인은 미등기 건물을 처분할 수 있는 권리는 있을지언정 소유권은 가지고 있지 아니하므로 대지와 건물이 동일인의 소유에 속한 것이라고 볼 수 없어 법정지상권이 발생할 수 없다.
② 원소유자로부터 대지와 건물이 한 사람에게 매도되었으나 대지에 관하여만 그 소유권이전등기가 경료되고 건물의 소유 명의가 매도인 명의로 남아 있게 되어 형식적으로 대지와 건물이 그 소유 명의자를 달리하게 된 경우에 있어서는, 그 대지의 점유·사용 문제는 매매계약 당사자 사이의 계약에 따라 해결할 수 있는 것이므로 양자 사이에 관습에 의한 법정지상권을 인정할 필요는 없다.

대법원 2013. 4. 11 선고 2009다62059 판결 [건물명도등]

판시사항

강제경매의 목적이 된 토지 또는 그 지상 건물에 관하여 강제경매를 위한 압류나 그 압류에 선행한 가압류가 있기 이전에 저당권이 설정되어 있다가 강제경매로 저당권이 소멸한 경우, 건물 소유를 위한 관습상 법정지상권의 성립 요건인 '토지와 그 지상 건물이 동일인 소유에 속하였는지'를 판단하는 기준 시기(=저당권 설정 당시)

판결요지

토지 또는 그 지상 건물의 소유권이 강제경매로 인하여 그 절차상의 매수인에게 이전되는 경우에는 그 매수인이 소유권을 취득하는 매각대금의 완납 시가 아니라 강제경매개시결정으로 압류의 효력이 발생하는 때를 기준으로 토지와 지상 건물이 동일인에게 속하였는지에 따라 관습상 법정지상권의 성립 여부를 가려야 하고, 강제경매의 목적이 된 토지 또는 그 지상 건물에 대하여 강제경매개시결정 이전에 가압류가 되어 있다가 그 가압류가 강제경매개시결정으로 인하여 본압류로 이행되어 경매절차가 진행된 경우에는 애초 가압류의 효력이 발생한 때를 기준으로 토지와 그 지상 건물이 동일인에 속하였는지에 따라 관습상 법정지상권의 성립 여부를 판단하여야 한다. 나아가 강제경매의 목적이 된 토지 또는 그 지상 건물에 관하여 강제경매를 위한 압류나 그 압류에 선행한 가압류가 있기 이전에 저당권이 설정되어 있다가 그 후 강제경매로 인해 그 저당권이 소멸하는 경우에는, 그 저당권 설정 이후의 특정 시점을 기준으로 토지와 그 지상 건물이 동일인의 소유에 속하였는지에 따라 관습상 법정지상권의 성립 여부를 판단하게 되면, 저당권자로서는 저당권 설정 당시를 기준으로 그 토지나 지상 건물의 담보가치를 평가하였음에도 저당권 설정 이후에 토지나 그 지상 건물의 소유자가 변경되었다는 외부의 우연한 사정으로 인하여 자신이 당초에 파악하고 있던 것보다 부당하게 높아지거나 떨어진 가치를 가진 담보를 취득하게 되는 예상하지 못한 이익을 얻거나 손해를 입게 되므로, 그 저당권 설정 당시를 기준으로 토지와 그 지상 건물이 동일인에게 속하였는지에 따라 관습상 법정지상권의 성립 여부를 판단하여야 한다.

3) 토지와 건물소유자간 건물의 「철거 특약」이 없어야 한다.

관습법상 법정지상권이 성립되기 위해서는 토지소유자와 건물소유자 사이에 건물을 철거한다는 특약이 없어야 한다. 만일 건물을 철거한다는 특약을 하였다면, 건물소유자는 관습법상 법정지상권을 미리 포기한 것으로 해석하므로 건물소유자에게는 관습법상 법정지상권이 성립하지 않는다.

◆ 관습법상 법정지상권 성립과 성립하지 않는 경우

(1) 관습법상 법정지상권 성립하는 경우

토지와 건물이 동일인이었다가 토지만 강제경매(매매, 증여 등)되어 토지와 건물 소유자가 달라진 사례이다. 토지와 건물이 존재하고, 처분당시 동일인이며 매매, 증여, 상속, 강제경매, 공매 등으로 토지 소유자와 건물 소유자가 달라졌을 경우 갑은 지상권을 취득한다.

갑은 지상권을 취득하면 을에게 지료를 지불하고 건물을 사용할 수 있고, 관습상으로 인정된 법정지상권에 대하여는 다른 특별한 사정이 없는 한, 민법의 지상권에 관한 규정이 준용된다(대법원 1968.8.30. 선고 68다1029 판결).

지상권의 범위, 존속기간, 지료 등 법정지상권과 동일하다.

(2) 관습법상 법정지상권 성립하지 않는 경우

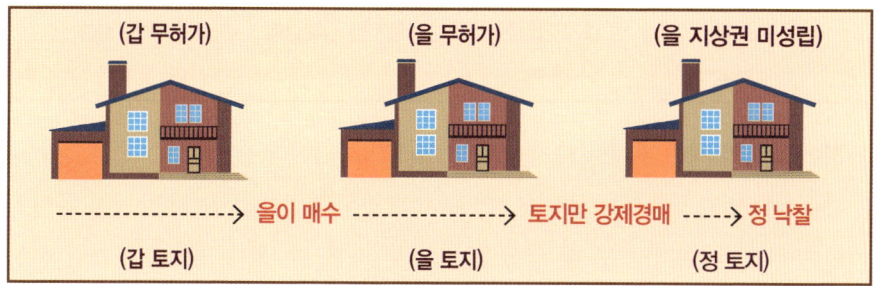

갑이 토지와 건물(미등기 무허가)을 소유하다가 토지와 건물을 을에게 매매했다. 을은 건물이 무허가 건물이라 건물은 이전등기를 하지 못했고 토지만 소유권이

전등기를 하였다. 이후 을은 채무관계로 인해 토지만 강제경매되어 정이 낙찰 받은 사례이다.

관습법상 법정지상권을 취득하려면 토지와 건물이 존재하고, 처분당시 건물소유자와 토지 소유자가 동일인이어야 한다.

이 사례의 경우 처분당시 건물, 토지 소유자가 동일인으로 보이지만, 건물은 무허가로 소유권등기가 되지 않아 토지와 건물을 동일인으로 보지 않는다. 관습법상 법정지상권이 성립하려면 을 앞으로 건물 소유권이전등기가 되어야 한다. 을은 미등기건물에 대한 처분할 수 있는 권리만 있지, 등기를 하지 않아서 소유권자로 볼수가 없어서 동일소유자였다가 달라진 것이 아니므로 관습법상 법정지상권을 취득할 수 없다.

단 원시취득에 한해서는(건물을 신축한 사람만) 무허가, 미등기건물의 소유권을 인정한다. 그러나 처분하려면 등기를 해야 한다.

지상권이 성립하지 않는 토지를 낙찰 받은 정은 을의 건물을 철거할 수 있다.

(3) 관습법상 법정지상권이 성립하지 않는 경우

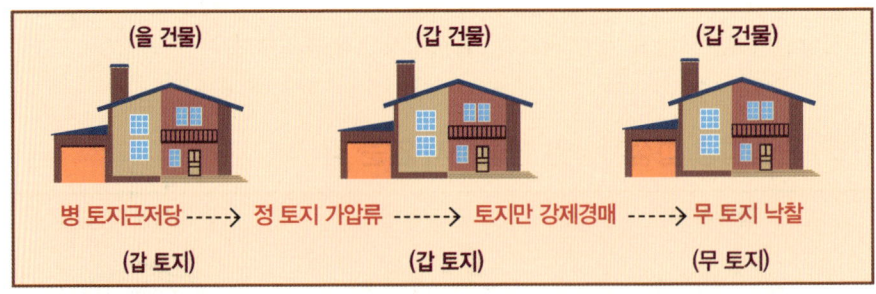

정이 갑과의 채권 관계로 토지만 강제 경매된 사례이다.

관습법상 법정지상권이 성립하려면 토지와 건물이 존재하고, 처분 당시 동일인이어야 한다. 여기서 처분 당시 동일인 기준은 가압류 당시가 아닌 근저당 설정 당시 토지 소유자와 건물 소유자가 동일인인지 본다.

병 토지 근저당 설정 당시 토지 소유자와 건물 소유자가 달라 처분 당시 동일인이 아닌 관계로 갑은 관습법상 법정지상권이 성립하지 않는다.

토지를 낙찰 받은 무는 지상권이 성립하지 않는 갑의 건물을 철거할 수 있다.

가압류의 본압류로 강제경매가 진행되어 토지와 건물소유자가 달라졌더라도 가압류 이전근저당이 설정되었다면, 근저당 설정 당시 토지 소유자와 건물 소유자가 동일인인지 판단해야 된다(대법 2009다62059).

◈ 법정지상권과 관습법상 법정지상권의 비교

법정지상권과 관습법상 법정지상권의 공통점은 토지와 건물이 존재해야 되며, 토지와 건물 모두 동일인 소유여야 한다. 법정지상권인 경우 근저당 설정 당시 건물이 존재하면 지상권이 성립하고, 건물이 존재하지 않으면 지상권은 불성립한다.

관습법상 법정지상권의 경우 처분 당시 동일인이면 지상권은 성립하고, 동일인이 아니면 지상권은 성립되지 않는다.

가. 지상권의 공통점
- 토지와 건물이 존재해야 된다.
- 토지와 건물이 동일인 소유여야 한다.

나. 지상권의 차이
- 법정지상권 : 근저당 설정 당시 건물이 존재해야 한다.
- 관습법상 법정지상권 : 처분 당시 토지와 건물소유자가 동일인이어야 한다.

다. 특약
- 법정지상권 : 불인정
- 관습법상 법정지상권 : 철거 특약이 없어야 한다.

라. 지상권 효력 발생시기
- 소유권 취득 시점

대법원 1982. 1. 26 선고 81다1220 판결 [분묘기지권의존속기간확인청구]

판시사항

분묘기지권(분묘수호를 위한 유사지상권)의 존속기간

판결요지

분묘수호를 위한 유사지상권(분묘기지권)의 존속기간에 관하여는 민법의 지상권에 관한 규정에 따를 것이 아니라, 당사자 사이에 약정이 있는 등 특별한 사정이 있으면 그에 따를 것이며, 그런 사정이 없는 경우에는 권리자가 분묘의 수호와 봉사를 계속하는 한 그 분묘가 존속하고 있는 동안은 분묘기지권은 존속한다고 해석함이 상당하다.

06 관습법상 법정지상권 경매 사례

◆ 관습법상 법정지상권 성립 사례

물건현황

가격시점: 2018.08.07

목록	지번	토지이용계획	용도/구조/면적	㎡당	감정가	비고
토지		배출시설설치제한지역,(한강)폐기물매립시설 설치제한지역,공장설립승인지역,수질보전특별대책지역,자연보전권역,하수처리구역,계획관리지역	대 331㎡	406,000원	134,386,000원	▶입찰외 건물이 미치는 영향을 고려한 단가:@284,000원/㎡
감정가				합계	134,386,000원	토지만 매각
현황위치	\multicolumn{6}{l}{• OO 마을 내에 위치하며 부근은 단독주택, 아파트, 근린상가, 농경지, 임야 등이 혼재하는 지역임. • 본건까지 차량접근가능하고 인근에 버스정류장이 소재하여 제반교통사정은 보통임. • 가장형의 평지로서 단독주택 건부지로 이용중임. • 남동측으로 노폭 3-4m 도로에 접함}

토지등기부

구분	접수일자	권리종류	권리자	채권금액	비고	말소
갑구 1	1989-10-24	소유권이전(매매)	갑			
갑구 2	2018-02-21	가압류	을	83,000,000원	말소기준등기	말소
갑구 3	2018-07-24	강제경매	을	청구금액:87,049,965원		말소
건물등기부	※주의 : 건물은 매각제외			채권최고액	비고	소멸여부
	☞ 건물등기부는 전산발급이 되지않아 등재하지 못함.					
주의사항	☞법정지상권 성립여지 있음					

건물은 매각제외 토지만 매각되는 경매 사건이다.

토지 또는 건물 어느 한쪽만 매각이 되어 토지 소유자와 건물 소유자가 달라졌을 경우 지상권 유무를 확인하여야 한다.

토지만 강제 경매 매각되므로 관습법상 법정지상권 물건이다.

관습법상 법정지상권 성립요건은 토지와 건물이 존재하고, 처분 당시 동일인이어야 한다.

토지와 건물이 매매, 증여, 상속, 공매, 강제경매 등의 처분사유로 인해 토지와 건물소유자가 달라졌을 경우 지상권은 성립한다. 무허가, 미등기 건물도 관습법상 지상권이 성립한다.

또한 당사자간 철거 특약이 없어야 한다.

이 사건은 토지만 매각대상이고 건물은 무허가, 미등기 건물이다.

관습법상 법정지상권은 무허가, 미등기 건물도 포함되나 원시 취득자에 한해 인정한다.

처분하려면 등기를 해야 한다(대법원 98다4798판결).

위 경매사건의 처분 당시 동일인 기준은 가압류 2018년2월21일 기준이 된다.

무허가, 미등기 건물이라 건물은 소유권 등기가 되지 않은 상태이다.

건물 소유자가 원시 취득자면 관습법상 법정지상권은 취득한다. 만약 1989년9월24일 무허가, 미등기 건물과 토지를 매매하여 취득하였다면 건물소유자는 지상권을 취득하지 못한다. 무허가, 미등기 건물은 원시 취득자에 한해 건물 소유자로 인정해 주기 때문이다.

위 사건의 갑 토지 소유자는 토지를 매매 취득하여 건물을 신축한 원시 취득자이다. 건물을 원시 취득하여 처분 당시 건물과 토지 소유자가 동일인이기 때문에 관습법상 법정지상권이 성립한다. 건물소유자 갑은 토지 낙찰자에게 지료를 지불하고 건물을 사용해야 한다. 지상권의 취득 시점은 토지 소유자가 낙찰 후 대금을 납부한 시점이다.

지료를 2기 이상 체납시 지상권은 소멸한다.

◆ 관습법상 법정지상권이 성립하지 않는 사례

물건현황

가격시점: 2018.09.12

목록	지번	토지이용계획	용도/구조/면적	m²당	감정가	비고
토지	OO리	배출시설설치제한지역,자연보전권역,보전관리지역,자연휴양지구,가축사육제한구역	대 506m²	155,000원	78,430,000원	▶제시외 감안가격: 54,901,000원
감정가			합계		78,430,000원	토지만 매각

현황위치
- "OO마을" 내에 위치하는 부동산(토지) 및 백암면 근창리 소재 "백암 중.고등학교" 북측 인근에 위치하는 부동산(토지)으로서 주위는 단독주택, 자연림, 농경지, 임야 등이 혼재된 지역으로 제반 주위환경은 보통인 편임.
- 지적도상 맹지이나 현황 도로를 통해 접근가능하고, 버스정류장과의 거리 등 감안할때 대중교통상황은 다소 불편시됨.
- 인근 토지와 대체로 등고평탄한 부정형 토지로 주거용 건부지 및 일부 현황도로임.
- 지적도상 맹지이나 본건 서측으로 현황 도로로 접근가능함.

건물은 매각 제외 토지만 매각되는 경매 사건이다.

토지 또는 건물 어느 한쪽만 매각이 되어 토지와 건물 소유자가 달라졌을 경우 지상권 성립 유무를 확인하여야 한다.

위 경매 사건은 감정가 100% 이상의 금액으로 낙찰되었다.

지상권이 성립되지 않으면 건물을 철거할 수 있다. 또한 건물도 경매를 신청할 수도 있다. 만약 지상권이 성립하지 않는 건물이 경매로 진행되면 매매가격은 하락할 것이다. 지상권이 성립되지 않으면 건물은 철거를 해야된다.

결국에는 토지를 낙찰받은 소유자가 건물을 낙찰 받게 된다.

건물등기부

※주의 : 건물은 매각제외

구분	접수일자	※주의 : 건물은 매각제외	채권금액	비고	말소
갑구 1	2008-03-26	소유권보존	정		

토지등기부

구분	접수일자	권리종류	권리자	채권금액	비고	말소
갑구 1	1985-06-29	소유권이전(매매)	갑			
을구 1	1988-07-08	근저당	을	60,000,000원	말소기준등기	말소
을구 2	2002-02-27	근저당	을	40,000,000원		말소
을구 3	2006-02-06	가압류	무	100,000,000원		말소
을구 1	2018-04-27	을구1번 OOO 근저당일부이전	기	1,500,000원		말소
갑구 2	2018-08-29	강제경매	무	청구금액: 3,000,000원		말소
갑구 3	2019-01-08	소유권이전(상속)				

주의사항 : ☞법정지상권 성립 여부 불분명

위 사건은 토지 강제 경매로 관습법상 법정지상권이 성립하는지 확인해야 한다.

관습법상 법정지상권은 토지와 건물이 존재하고, 처분 당시 동일인이어야 한다.

토지와 건물이 매매, 증여, 상속, 공매, 강제경매의 처분사유로 인해 토지와 건물소유자가 달라졌을 경우 지상권은 성립한다. 또한 당사자간 철거 특약이 없어야 한다.

2006년2월6일 무가압류로 인해 강제경매 된 사건이다.

여기서 처분 당시 동일인 기준은 1998년 7월8일 근저당설정 당시 토지와 건물 동일인 기준이 된다. 근저당 설정당시 토지 소유자는 갑이며, 건물 소유자는 정이다.

처분 당시 토지와 건물 소유자가 다르기 때문에 관습법상 법정지상권은 성립하지 않는다.

토지를 낙찰 받은 낙찰자는 건물을 철거할 수 있다.

PART 23

임야 투자 시 분묘기지권은?

01 분묘기지권은 무엇인가?

　분묘기지권은 타인의 토지에 분묘를 설치한자가 분묘를 수호하고 봉제사 하는 목적을 달성하는데 필요한 범위 내에서 타인의 토지를 사용할 수 있는 권리를 말한다.
　관습법상 인정되는 법정지상권의 일종이다.
　경매 물건에 임야나 농지가 매각될 때 "분묘소재, 분묘기지권 성립 여지 있음" 이라 문구가 나온다. 이럴 때 매각 물건 토지에 묘가 있다는 이야기다.
　묘지가 있는 토지가 경매로 진행되면 낙찰가는 많이 하락한다.
　이유는 묘로 인해 토지의 사용을 제한받기 때문이다. 이런 토지가 경매로 나오면 고민을 해보고 입찰에 참여해야 한다. 분묘기지권 성립 유무에 따라 토지 소유권 행사에 제한을 받기 때문이다.
　분묘기지권이 성립하면 묘지를 다른 곳으로 이장하지 않고 토지소유자의 인도를 거부할 수 있다. 분묘 기지권이 성립하면 시효취득이 되어 토지소유자에게 지료를 지불하지 않아도 된다.

사진설명 : 기호(1) 전경

그래서 분묘기지권 있는 토지를 낙찰 받으면 묘지를 인도 받기가 쉽지 않아 낙찰가격이 많이 하락한다.

위 토지는 경매로 진행된 토지이다. 토지가 매각 대상이지만 지상에 묘가 있다. 그리고 토지 내 묘가 여러 개 존재한다. 묘가 있는 토지가 경매로 진행되면 낙찰가격은 반값 이하로 떨어진다. 이유는 분묘기지권이 성립하면 묘지를 인도 받기 어렵기 때문이다. 무연고 묘는 법적절차에 따라 개장하여 이장할 수 있지만 분묘기지권이 성립한 묘는 이장이 어렵기 때문이다.

그럼 묘가 있는 토지를 아주 낮은 가격에 낙찰 받아 묘를 이장시킬 수 있다면? 묘를 이장시켜 정상적인 토지를 만든다면, 토지를 시세대비 낮은 가격으로 취득하게 되며, 그 수익은 매우 크다.

그럼 분묘기지권 성립 요건에 대해 알아보자.

① 토지소유자의 승낙을 얻어 그의 소유토지 안에 분묘를 설치할 때

② 타인의 토지에 승낙 없이 분묘를 설치하고 20년간 평온, 공연하게 그 분묘기지를 점유한 때

③ 자기 토지 소유의 토지에 분묘를 설치한 자가 후에 그 분묘기지에 대한 소유권을 보유하거나 또는 분묘도 함께 이전한다는 특약을 함이 없이 토지를 매매 등으로 처분할 때

03 분묘기지권의 존속기간

분묘기지권이 성립되면 영구적으로 사용이 가능하며, 토지소유자에게 지료를 지불하지 않아도 된다.

대법원 1995. 2. 28 선고 94다37912 판결 [분묘수거]

판시사항
① 타인 소유 토지에 분묘를 설치한 경우, 분묘기지권의 시효취득 여부
② 분묘기지권을 시효취득하는 경우, 지료를 지급할 필요가 없는지 여부

판결요지
① 타인 소유의 토지에 소유자의 승낙 없이 분묘를 설치한 경우에는 20년간 평온, 공연하게 그 분묘의 기지를 점유함으로써 분묘기지권을 시효로 취득한다.
② 지상권에 있어서 지료의 지급은 그 요소가 아니어서 지료에 관한 약정이없는 이상 지료의 지급을 구할 수 없는 점에 비추어 보면, 분묘기지권을 시효취득하는 경우에도 지료를 지급할 필요가 없다고 해석함이 상당하다.

04 분묘기지권 효력의 범위는?

분묘기지권은 분묘를 수호하고 봉제사 하는 목적을 달성하는 데 필요한 범위 내에서 타인의 토지를 사용할 수 있는 권리를 의미하므로, 분묘기지권 범위 내에서 '분묘의 기지' 주위의 공지를 포함한 지역에까지 미치는 것이고, 그 확실한 범위는 각 구체적인 경우마다 개별적으로 정하여야 할 것인 바, 사성(무덤 뒤를 반

달형으로 두둑하게 둘러쌓은 둔덕)이 조성되어 있다하여 반드시 그 사성 부분을 포함한 지역에까지 분묘기지권이 미치는 것은 아니다(대판 1997.5.23 95다29086).

그리고 분묘기지권의 효력이 미치는 범위에 속한다고 해서 새로운 묘를 만들 수는 없고 새로운 봉분을 쌓는 것도 안된다(대법원 95다29086).

또 부부 중 배우자 한쪽이 먼저 사망하여 묘를 썼는데, 나중에 사망한 배우자를 합장하여 묘를 설치하는 것도 허용되지 않습니다(대법원 2001다28367).

05 장사 등에 대한 법률 개정 내용

① 매장 및 묘지에 관한 법률을 전부 개정하여 장사 등에 관한 법률이 2001년1월12일 공포되었다.

② 판례에 의하여 인정되어온 분묘기지권과 상충되는 내용(분묘설치 기한의 제한 시효 취득 불인정 등)을 담고 있다.

③ 장사등에 관한법률 시행 후 설치되는 분묘에 대해서는 장사등에 관한 법률과 상충되지 않는 범위 내에서만 판례에 의한 분묘기지권이 유효하다.

④ 즉 법 개정전 이미 설치된 분묘기지권의 권리는 그대로 인정하되 법 시행 후 설치되는 분묘에 대해서는 장사 등에 관한 법률에 따라야 한다.

개정 법률 시행일 이후 설치된 분묘에 대해서는 시효 취득에 대한 분묘기지권을 인정하지 않는다.

장사 등에 법률 개정 이전에 설치된 묘는 소급적용을 받아 그대로 인정된다.

그러나 법개정 이후에 안장된 묘는 시효 취득이 인정이 되지 않아 토지소유자에게 지료를 지불하고 토지를 사용해야 한다. 분묘기지권도 지상권의 권리로 지료 2기가 체납되면 분묘기지권도 소멸된다. 그래서 묘가 있는 토지가 경매로 진행되면 분묘기기권 성립 유무를 확인하여 입찰에 참여할 것인지 판단하여 입찰에 참여하여야 한다.

06 분묘도 공시해야 된다

분묘 그 자체가 공시의 기능을 가지고 있다.

분묘기지권은 봉분 등 외부에서 분묘의 존재를 인식할 수 있는 형태를 갖추고 있는 경우에 한하여 인정되고 평장 되어 있거나 암장되어 있어 객관적으로 인식할 수 있는 외형을 갖추지 아니한 경우에는 인정되지 않으므로 이러한 특성상 분묘기지권은 등기 없이 취득한다(대판1996.6.14 96다14036).

장래의 묘소로서 사용하기 위해 설치한 경우이거나, 그 내부에 시신이 안장되어 있지 않는 것은 분묘라 할 수 없다.

07 분묘기지권의 소멸

분묘기지권도 포기에 의해 소멸한다. 그 권리를 포기하는 의사표시 이외에 점유까지 포기해야 권리가 소멸하는 것은 아니다.

기간의 약정이 없는 분묘기지권이라도 이장 및 폐묘의 경우에는 분묘기지권이 소멸한다. 또한 분묘에 대한 지료가 결정되어 상당기간 지료에 대해 2기(2년) 연체될 경우에는 분묘기지권자에게 분묘기지권 소멸 청구를 할 수 있다(대법원 2015다206850).

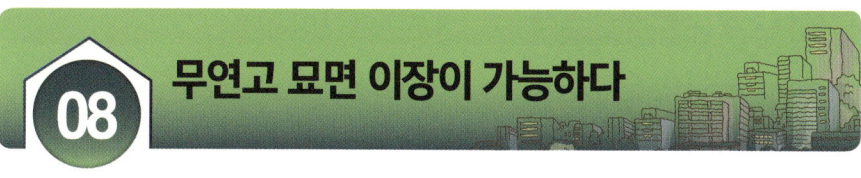

08 무연고 묘면 이장이 가능하다

'장사 등에 관한 법률'에는 토지소유자의 승낙 없이 설치한 분묘는 토지소유자가 관할 시·군·구청장의 허가를 받아 분묘에 매장된 시체 또는 유골을 개장할 수 있다는 규정이 있다. 토지소유자는 자신의 허락 없이 설치된 분묘에 대해 시·군·구청장의 허가를 받아 분묘를 다른 곳으로 이전시킬 수 있다. 경매로 진행되는 토지에 무연고 묘가 있다면 이장이 가능하다.

09 분묘기지권 성립을 확인하자!

경매로 진행되는 토지를 입찰하려면 분묘가 존재하는지 확인해야 한다. 만약 분묘가 존재한다면 분묘기지권 성립 유무를 파악 후 입찰에 참여해야 한다.

분묘기지권을 확인하는 방법은 비석에 안장되어 있는 사망일시를 확인하는 방법과 비석이 없는 경우에는 토지주변 마을 주민들을 탐문하여 누구의 묘인지. 언제 안장이 되었는지 확인하여 분묘기지권 성립 유무를 파악해야 한다.

10 분묘가 있는 토지인지 확인하고 입찰하자!

분묘가 있는 토지는 싸다. 이유는 감정평가를 묘로 인해 주변 시세에 비해 낮게 평가한다. 또한 묘로 인해 낙찰가격이 낮게 낙찰된다. 감정평가도 주변 시세보다 낮게 평가되었고 낙찰가격도 반값 이하로 낙찰 받았다면 토지의 취득 가격은 시세대비 아주 낮은 가격에 취득하게 된다. 그러나 분묘기지권이 성립하면 묘지를 인도 받을 수 없기 때문에 위험 부담이 많다. 그러나 반대로 생각해보면 묘를 이장시킬 수 있다면 토지를 아주 낮은 가격에 취득하게 되어 많은 수익이 발생한다.

묘가 있는 토지를 낙찰 받아 분묘기지권 성립 유무에 따라 묘를 이장시켜 정상적인 토지를 만들 수 있고, 또는 묘를 관리하는 사람에게 토지를 매매할 수도 있다. 그리고 묘가 많지 않으면 묘의 위치에 따라 묘지를 빼고 남은 토지만 활용하여 사용할 수도 있다. 그래서 묘가 있는 토지를 경매로 입찰하려면 어떻게 할 것인지 판단하여 입찰에 참여해야 한다. 그리고 묘가 있는 토지라도 개발이 가능한 토지가 좋다. 묘를 해결한다면 투자에 대한 수익이 크기 때문이다.

PART 24

유치권이 있는 경매물건 실전투자 비법

01 유치권이란?

　타인의 물건이나 유가증권을 점유하고 있는 자가 그 물건 또는 유가증권에 관하여 발생한 채권의 변제를 받을 때까지 그 물건 또는 유가증권을 유치하는 권리이다(민법 제320~328조).

　경매사건 중 '유치권 성립여지 있음' 이라 문구가 나온다.

　이는 해당 부동산에 대해 발생한 채권으로 대금을 변제 받지 못하여 해당 부동산을 유치하고 있기 때문이다.

　경매에서 유치권의 대부분은 공사대금 채권과 시설비용 등에서 발생한다.

　공사를 하고 공사대금을 받지 못해 공사를 중단하고 공사장을 유치하여 발생하는 경매 물건 등이 있고, 상가나 주택 등에서 시설비 등을 지급받지 못하여 유치권 행사를 하는 경우도 있다.

　이런 유치권 물건들이 경매로 진행되면 대부분 경매 매각 금액이 하락하여 낙찰 되는 사례가 많다. 유치권 금액이 크면 클수록 낙찰가격은 많이 떨어진다.

　진정한 유치권일 경우 부동산을 인도 받기 위해서 낙찰자가 유치권자의 금액을 변제해 줄 수밖에 없기 때문에 낙찰 가격이 떨어질 수밖에 없다.

　또 이런 물건들은 초보자들이 입찰할 수 없고, 경매 전문가들만 입찰할 수 있는 물건이기 때문에 유찰이 많이 된다.

　이런 유치권 물건을 낮은 가격에 낙찰 받아 해결할 수 있다면, 큰 수익을 낼 수도 있다.

　유치권 경매 물건 중에는 대부분 가짜 유치권이거나 성립 안되는 유치권이 많다. 경매에서 유치권신고 물건 들은 대부분 성립이 안되거나 허위 유치권들이다. 또는 채권금액을 부풀려 과장 신고하는 사례도 적지 않다. 그리고 유치권 신고자가 직접 낙찰 받을 목적으로 허위 신고를 하는 경우도 있다.

　그러나 허위로 유치권을 신고하면 형사처벌을 받게 된다. 허위 유치권 신고가 많아 요즘 허위 유치권자에게 엄격하게 처벌을 한다.

이런 유치권을 해결할 수 있다면 시세보다 저렴하게 취득하여 수익을 낼 수 있다.

유치권이 있으면 유치권 성립유무를 확인하여 입찰에 참여할 것인지 판단하고 입찰에 참여해야 한다. 유치권이 성립하면 낙찰 받은 부동산을 인도받기 위해서는 유치권 금액을 변제하여 주고 인도 받아야 되기 때문이다. 유치권자는 채권을 변제 받을 때까지 유치를 할 수 있는 권리가 있기 때문이다.

02 유치권의 종류

◆ 동산 유치권

시계수리상은 수리대금의 지급을 받을 때까지는 수리한 시계를 유치하여 그 반환을 거절할 수 있다. 세탁소도 마찬가지로 세탁한 대금을 받을 때까지 세탁물을 유치할 수 있다.

◆ 부동산 유치권

공사대금 채권(건물, 토지), 건물 개보수비용(필요비, 유익비), 상가점포 시설비용 등 부동산에도 유치권이 발생한다.

유치권자는 해당 비용을 변제 받을 때까지 해당 목적물을 유치할 수 있는 권리가 있다.

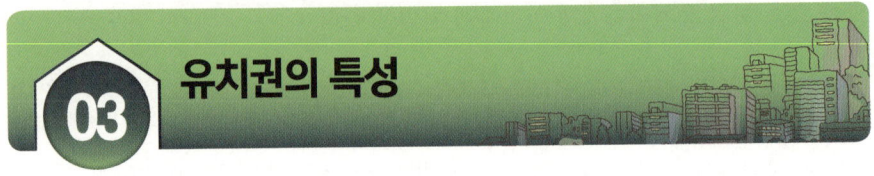

03 유치권의 특성

부동산 유치권은 민법에서 정한 담보물건이나 등기부에 표시되지 않는다.

부동산의 유치권자는 낙찰자에 대항할 수 있고, 유치권자가 점유를 상실하면 유치권은 즉시 소멸한다. 또한 해당 목적물에 대해서만 유치해야 한다.

유치권은 신고 의무가 없다. 유치권 신고를 하지 않았다하여 유치권 권리가 없는 것은 아니다.

04 유치권이 성립하려면

① 타인 소유의 물건에 발생한 채권이어야 한다.
② 해당 목적물을 경매개시결정등기 이전부터 점유하고 있어야 한다.
③ 간접점유도 상관없다. 점유는 불법행위에 의한 것이 아니어야 한다.
④ 변제기가 도래한 채권이어야 한다.
⑤ 당사자간에 유치권 배제 특약이 있으면 유치권은 성립하지 않는다.

경매 사건의 유치권 성립 유무 확인 방법의 중요 요소는 매각부동산에서 발생한 채권이있는지 여부, 그리고 경매개시결정등기 이전부터 점유했는지, 유치권 배제 특약이 있는지 등의 내용을 조사 확인하는 것이다.

05 유치권자의 권리와 의무

◈ 유치권자의 권리

1) 유치물 사용권
유치권자는 채권을 변제 받을 때까지 부동산을 유치할 수 있다(유치물의 보존).

2) 경매 신청권
유치권자는 형식적 경매를 청구할 수 있다.

3) 과실수취권
원칙적으로 유치권자는 유치권을 행사하는 부동산의 사용이 불가능하나, 채무자의 동의를 받거나, 보존에 필요한 범위 내에서 유치부동산을 사용할 수 있다.

유치권자가 목적물을 사용함에 따라 발생하는 차임 상당의 이득도 과실로 인정됨으로 차임 상당의 이익은 채권변제에 충당될 수 있다.

◈ 유치권자의 의무

유치부동산에 대하여 선량한 관리자로서 주의 의무를 가지고 그 점유 및 보관해야 한다. 만약 유치권자가 소유자의 승낙 없이 대여(전대차) 및 손괴 멸실하는 경우 낙찰자는 유치권자에 대하여 유치권 소멸 청구를 할 수 있다.

유치권 소송 및 인도명령

◈ 원칙 – 인도소송

유치권 행사 부동산을 인도 받으려면 원칙은 인도소송을 통해 유치권 진위여부를 가려야한다. 소송으로 허위 유치권임이 밝혀질 경우 판결문을 받아 유치권자를 상대로 강제 집행하여 부동산을 인도 받아야 한다. 소송으로 유치권자의 금액이 확정될 경우에는 해당 부동산을 인도 받기 위해서 유치권 확정 금액을 지급하고 부동산을 인도 받아야 한다.

유치권 소송은 판결까지 가는 경우도 있지만, 소송 중 당사자간 협의가 되어 유치권에 대한 금액을 절충하여 해결되는 경우도 많다.

◈ 예외 – 인도명령

허위유치권이 난무하자 법원의 유치권에 대한 해석이 많이 달라졌다.

매수인이 유치권이 허위인 사실을 입증하거나 유치권에 대해 성립하지 않는다는 사실을 입증하면 유치권자를 상대로 인도명령을 내려 준다.

인도명령은 명도소송 판결문과 같은 효력을 가지고 있다. 인도명령이 나면 강제 집행이 가능하다. 인도명령 신청시 신청자의 이유가 타당하거나, 유치권의 내용이 구체적이지 않을시에는 보정명령과 신문절차를 통해 유치권에 대한 내용을 검토하여 인도명령 인용 또는 기각을 결정한다.

요즘은 허위유치권이 많아, 유치권자를 상대로 인도명령을 신청하여 소송 없이 끝내는 경우도 많다. 유치권이 신고된 경매사건에 입찰하는 경우에는 유치권자를 상대로 인도명령을 잘 활용하여 효과적으로 유치권자를 명도할 수 있다.

이렇게 유치권자를 상대로 인도명령을 신청한다면 비용과 시간을 크게 절약할 수 있다.

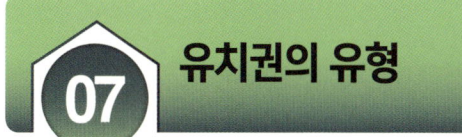

유치권의 유형

◆ 공사대금

실무에서 거론되는 유치권의 거의 대부분은 건물 공사대금 미지급 부분이다.

이 때의 공사대금은 부동산의 부속물이 아닌 본체의 공사 대금이다.

토목, 골조, 기초, 창호, 옥상슬라브, 설비 등은 포함하나 자재대금 및 임금채권은 포함되지 않는다.

◆ 토지공사

아파트 전원주택을 짓기 위해 대지조성, 기초파일공사, 성토, 굴토, 옹벽, 축대 및 임야를 개간하거나 대지를 조성하기 위한 비용도 성립 요건을 갖추면 유치권이 성립할 수 있다.

◆ 하수급인의 공사대금채권

하수급인이 수급인으로부터 승낙을 받아 목적물을 점유하는 경우 독립한 유치권을 행사할 수 있다. 이 경우 하수급인의 유치권을 부정하기 위해서는 하수급인이 도급인에게 유치권 포기 각서를 작성하지 않았는지, 하수급인의 점유가 압류 이후의 점유는 아닌지, 하수급인이 공사를 마치고 철수 후에 도급인이나 수급인의 동의 없이 불법적으로 점유를 침탈한 것이 아닌지 등을 검토하여 성립여부를 따져 봐야 한다.

창호, 냉난방, 전기, 미장, 방수, 소방공사 등 관련 공사를 수급인으로부터 공사공증이나 공정별로 분할하여 공사를 수행한 경우 유치권이 성립할 수 있다.

◈ 필요비, 유익비의 유치권

필요비는 물건의 보존관리를 위해 지출되는 비용을 말한다.

필요비는 임대차 기간 중에도 청구가 가능하다. 유익비는 비용이 지출됨에 있어 건물 자체의 객관적 효용 가치가 증대되는 비용이다.

거주용 주택과 상가에서 많이 신고하는 유치권 유형 중 하나이다.

◈ 상가점포

임차인이 상가건물에 시설비로 1억원 이상 들였다고 하더라도 그 시설비에 대해서는 유치권 성립을 부정하고 있다(대법원 73다2010판결).

건물의 임차인이 임대차관계 종료시에 건물을 원상복구하여 임대인에게 명도하기로 약정한 것은 건물에 지출한 각종 유익비 또는 필요비의 상환청구권을 미리 포기하기로 한 취지의 특약이라고 볼 수 있어 임차인은 유치권을 주장할 수 없다.

08 유치권 성립하지 않는 경우

◈ 건물 신축을 위한 사전 공사 대금

건물신축을 위한 사전공사로 구조물의 철거, 폐기물처리, 건축예정지 정지작업, 임시주차장 등에 대한 채권은 신축건물과 견련관계가 없어 유치권이 성립하지 않는다.

◈ 자재대금, 설계, 감리, 용역대금채권

설계, 감리용역대금은 건물자체로부터 발생한 채권이 아니기 때문에 유치권이 성립하지 않는다. 시멘트, 모래 등 건축자대금채권은 건축자재를 공급받은 시공사와의 매매대금채권에 불과하여 건물 자체에 관한 채권이라 할 수 없다.

◈ 건물자체로부터 발생한 채권이 아닌 경우

- 임대차 보증금
- 상가권리금
- 건물의 부속물 설치비
- 손해배상청구권

◈ 유치권 시효소멸

공사대금 채권은 시효가 3년이다. 유치권자가 소멸시효를 막으려면 채무자로부터 채무가 있다는 것을 승인받거나, 가압류 또는 채무자를 상대로 소송을 제기하여 판결을 받아야 한다.

서울고등법원 2008. 4. 4. 선고 2007나77370【유치권부존재확인】

경매 중인 건물의 저당권자인 원고가 제기한 유치권부존재확인청구에서, 건물 신축공사를 위한 기존건물 철거나 주변 정리공사 등과 같은 사전(事前)공사로 발생한 공사대금이 유치권의 피담보채권이 될 수 있는지가 쟁점이 된 사건에서 법원은 채권과 점유물간에 견련성이 없다고 판단하면서 예비적인 판단으로 …. 위와 같은 채권이 유치권에 의하여 담보되는 피담보채권에 해당한다고 하더라도 위 공사는 갑과 선정자 을 사이에 이 사건 건물의 신축공사에 관한 공사도급계약이 체결된 때인 2000. 11. 22. 이전에 이미 완료된 것으로 보이는데 그와 같이 공사가 완료된 때로부터 민법 제163조 제3호 소정의 소멸시효기간인 3년이 이미 경과하였음이 분명한 만큼 그 공사대금채권은 소멸시효가 완성되었다고 할 것이므로, 위와 같은 채권을 담보하기 위하여 어떠한 유치권이 성립한다고 볼 수는 없다"고 판단하였다.

◈ 압류 효력 발생 후 점유

경매개시결정등기 이후의 점유는 인정되지 않는다.

입찰 참가자는 집행관이 작성한 현황조사서나 매각물건명세서를 참고하여 경매개시결정등기 이전부터 점유를 하였는지 기록이나, 정황, 탐문조사 등을 거쳐 진위 여부를 확인할 수 있다.

대법원 2005. 8. 19 선고 2005다22688 판결 [건물명도등]

판시사항
채무자 소유의 부동산에 강제경매개시결정의 기입등기가 경료되어 압류의 효력이 발생한 이후에 채무자가 부동산에 관한 공사대금 채권자에게 그 점유를 이전함으로써 유치권을 취득하게 한 경우, 점유자가 유치권을 내세워 경매절차의 매수인에게 대항할 수 있는지 여부(소극).

판결요지
채무자 소유의 건물 등 부동산에 강제경매개시결정의 기입등기가 경료되어 압류의 효력이 발생한 이후에 채무자가 위 부동산에 관한 공사대금 채권자에게 그 점유를 이전함으로써 그로 하여금 유치권을 취득하게 한 경우, 그와 같은 점유의 이전은 목적물의 교환가치를 감소시킬 우려가 있는 처분행위에 해당하여 민사집행법 제92조 제1항, 제83조 제4항에 따른 압류의 처분금지효에 저촉되므로 점유자로서는 위 유치권을 내세워 그 부동산에 관한 경매절차의 매수인에게 대항할 수 없다.

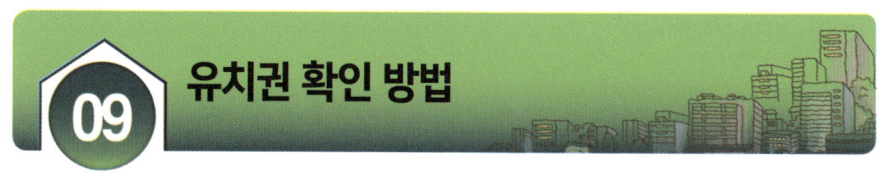

09 유치권 확인 방법

경매 입찰 대상 부동산에 유치권이 신고 접수되었다. 유치권 진위여부를 파악하지 못하는 사람들은 입찰에 참여하지 못한다.

이런 물건들은 유치권 진위여부를 파악해야 입찰에 참여할 수 있다.

간단한 상가, 주택, 공장 등 유치권을 확인할 수 있는 방법은 아래와 같다.

현황조사서 점유 확인

현황조사서에는 점유 관계가 기재되어 있다. 현황조사는 경매개시결정등기 이후 조사를 실시하여 점유 관계를 집행관이 조사를 한다.

만약 현황 조사서에 소유자 또는 임차인의 점유가 기재되어 있으면, 유치권은 성립하기 어렵다. 이유는 유치권은 점유를 하고 있어야 하기 때문이다. 이때 유치권자가 점유를 하고 있었으면 현황조사서에 나타나야 한다.

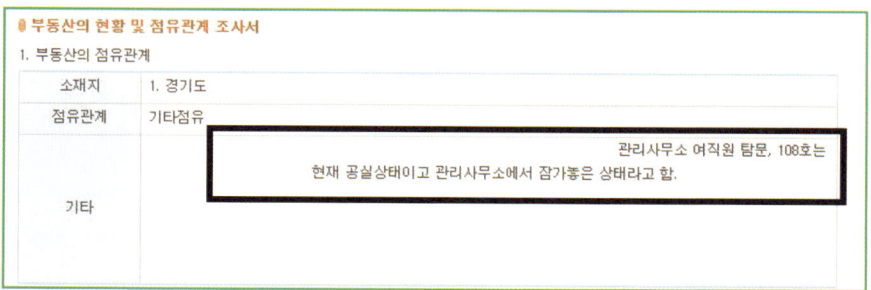

위 현황조사서를 보면 현재 공실로 기재되어 있다. 이것은 유치권자가 점유를 하지 않았다는 명백한 증거다. 이런 경우 인도명령을 통해 유치권자를 명도할 수 있다.

부동산의 현황 및 점유관계 조사서		
1. 부동산의 점유관계		
소재지	1. 경기도 안성시 000-00	
점유관계	미상	
기타	점유자를 만나지 못하여 조사불능.	

그러나 현황조사서에 점유 관계가 명확하지 않은 경우도 있다.

위 현황조사서처럼 점유의 관계가 명확하지 않고 점유관계를 미상으로 표기하는 경우도 많다. 미상이란 누가 점유를 하는지 확인이 되지 않는다는 것이다.

그럼 현장에 방문하여 유치권 점유관계를 파악해야 한다. 또 감정평가서에 사진을 확인하여 감정평가 당시 점유의 흔적이 있었는지 확인해야 한다.

현황조사서와 감정평가서 사진은 유치권자를 상대로 인도명령 신청할 때 중요 자료로 활용될 때가 많다.

유치권자가 점유하지 않으면 유치권은 성립하지 않는다. 유치권자가 점유를 하고 있으면, 언제부터 점유를 시작하였는지, 해당 부동산에 발생한 채권이 있는지, 채권금액은 얼마인지, 점유는 어떻게 하고 있는지 등을 파악하여 입찰에 참여해야 한다.

유치권물건이 경매로 진행되면 유치권 문제로 낙찰가격이 떨어지는 경우가 많다.

이런 유치권을 해결할 수 있다면 경매로 진행되는 부동산을 싸게 낙찰 받을 수 있는 기회가 찾아온다.

10 유치권 경매 사례

◆ 허위 유치권

위 경매 사건은 아파트형 공장 경매사건이다.

경매개시결정등기가 기입된 2014.08.14 이후 유치권 신고가 접수된 사건이다.

경매사건에 유치권이 접수되면, 허위 유치권인지 아니면 진짜 유치권인지 파악한 후 경매 입찰에 참여해야 한다.

유치권을 신고 접수하는 이유는 채권을 변제 받을 때까지 해당 부동산을 유치하기 위한 것이고, 허위 유치권일 경우에는 낙찰 받을 목적으로 유치권을 신고하여 다른 사람들의 입찰 참여를 방해하기 위한 목적이 많다.

허위 유치권일 경우 인도명령 또는 인도 소송을 통해 부동산을 인도 받아야 하고 진짜 유치권일 경우에는 채권을 변제 받을 때까지 유치할 수 있는 권리가 있어, 낙찰자가 유치권 금액을 변제해 주고 부동산을 인도 받아야 한다.

임차인현황
· 말소기준권리: 2006.05.30 · 배당요구종기: 2014.06.23
===== 임차인이 없으며 전부를 소유자가 점유 사용합니다. =====

기타사항	☞ 소유자가 전부 점유 사용하고 있으며 임대차 없음. ☞ 소유자 총무이사 설명하다

등기부현황

구분	접수일자	권리종류	권리자	채권금액	비고	말소
갑구 2	2006-05-30	소유권이전(매매)				
을구 3	2006-05-30	근저당	갑	510,900,000원	말소기준등기	말소
을구 4	2011-01-27	근저당	갑	650,000,000원		말소
갑구 3	2014-04-04	강제경매	을	청구금액: 9,400,000원		말소
갑구 4	2014-04-17	강제경매	병	청구금액: 74,239,220원		말소
갑구 5	2014-04-21	압류				말소
갑구 6	2014-04-21	가압류		47,104,156원		말소
갑구 7	2014-04-22	근저당		1,572,500,000원		말소
갑구 8	2014-05-20	가압류		100,000,000원		말소
갑구 9	2014-06-18	가압류		2,000,000,000원		말소
갑구 10	2014-06-25	가압류		119,386,997원		말소
갑구 11	2014-07-22	가압류		12,875,020원		말소
갑구 12	2014-08-05	압류				말소
갑구 14	2014-08-07	압류				말소
갑구 15	2014-08-14	임의경매	갑	청구금액: 1,160,900,000원		말소

주의사항	☞ 유치권신고 있음-2014.12.12.자로 주식회사 이시스이엔지로부터 135,600,000원, 하나인테리어로부터 55,000,000원 각 유치권신고 있으나 성립여부는 불분명함 ▶ 매각허가에 의하여 소멸되지 아니하는 것 : 토지별도등기(을구19번 지상권등기) ▶ 토지별도등기(을구19번 지상권등기)는 말소되지 않고 인수됨 ☞ 전기세,수도세등의 연체금을 인수할 수도 있사오니 현장 답사시 최종금액을 확인하시기 바라며, 산업폐기물의 방치여부도 체크하시기 바랍니다.

이시스이엔지, 하나인테리어로부터 유치권이 신고 접수되었다.

유치권 신고가 접수되면 유치권이 성립되는지 파악한 후 입찰을 결정해야 한다.

유치권의 성립요건 중에는 경매개시결정등기 이전부터 점유가 되어야 하는 부분이 있다.

그럼 유치권 신고를 한 업체가 해당 경매물건으로부터 받을 채권이 있는지, 언제부터 유치하고 있으며 현재도 유치권에 기한 점유 중인지 확인해야 한다.

유치권 경매사건은 집행관이 작성한 현황조사서부터 확인해야 한다.

현황조사서상에 점유 관계를 보면 누가 점유를 하고 있는지 기재되어 있는 경우가 많다.

누가 점유하는지 명확하게 기재되어 있으면, 현황조사 당시 유치권자가 점유하지 않고 있다는 사실이 입증이 되는 것이다. 유치권은 채권을 변제 받을 때까지 점유를 해야 하기 때문에 유치권이 성립하지 않는다는 이야기다.

아래 현황조사서를 보면, 소유자가 전부 점유 사용하고 있다라고 기재되어 있다.

이는 유치권자가 점유하지 않고 소유자가 점유 중이라는 이야기다.

유치권이 성립하려면 해당 부동산에 발생한 채권으로 경매개시결정 등기 이전부터 점유를 시작해야 한다. 그러나 현황조사서에는 소유자가 점유 중으로 조사되어 있어 유치권자는 점유하지 않고 있다는 이야기다.

이 사건은 유치권이 성립하지 않는다.

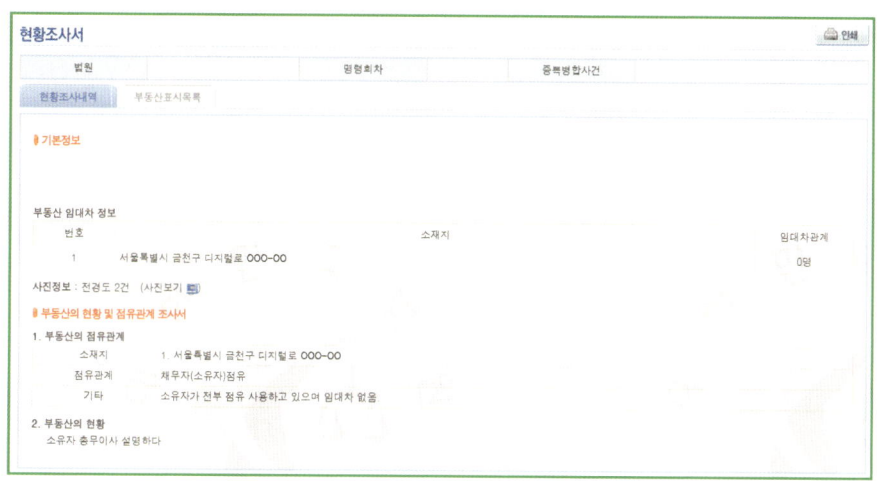

이런 유치권들은 거의 허위 유치권들이 많다.

누군가 유치권 신고서를 허위내용으로 작성하여 법원에 제출한다. 이는 다른 사람들이 입찰을 못하게 하는 수단으로 악용되어 허위유치권 신고한 사람이 낙찰을 받을 목적으로 하는 경우가 많다.

위 경매 사건의 유치권 신고자들도 허위 유치권자들이다. 해당 경매물건을 방문하여 직원에게 문의 결과 유치권 신고한 업체를 모른다고 했다. 또한 점유하지도 않았다.

이렇게 경매 사건에서는 허위로 유치권 신고서를 제출하는 경우가 많다.

유치권 권리 신고서

사건: 6070 부동산 임의 경매

채권자: 아이앤 컴퍼니

채무자: 태연이엔지

소유자: 태연이엔지

귀원 부동산 임의 경매 사건에 관하여 ㈜이시스이엔지는 채무자겸 소요자에게 천장 및 바닥 공사 (방수공사)와 전기공사, 단열공사등의 공사를 하였기에 신고합니다.

유치권 신고 내용

1. 신고내역: 천정및바닥공사 (방수공사), 전기공사, 단열공사등
2. 신고금액: 일금 일억 삼천오백 육십만원 (135,600,000원)

118231

㈜이시스이엔지  (110111-3197111)

유치권 권리 신고서

사건: 부동산 임의 경매

채권자: 아이앤컴퍼니

채무자: 대연이엔지

소유자: 대연이엔지

귀원 부동산 임의 경매 사건에 관하여 신고인 ㈜ 하나인테리어는 인테리어의 공사를 하였기에 신고합니다.

. 신고금액: 일금 오천 오백 육십만원(55.000.000원)

서울 영등포구 대림동 660-7 하나인테리어

위 경매사건의 유치권 신고서다. 유치권 신고한 두 업체는 유령 회사이다. 즉 허위유치권 신고서인 것이다.

유치권신고가 접수되면 해당 경매물건지를 방문하여 유치권자가 점유 중인지 확인해야 하며, 유치권자가 점유 중이면 유치권자의 점유시기와 해당 부동산에서 받을 채권이 있는지 확인해야 한다.

◈ 성립 안되는 유치권

경기도 용인시 처인구 양지면 000-0

감정가	2,184,232,450원
최저가	1,070,274,000원 (49%)
매각가	1,564,010,000원 (72%)
물건용도	공장
진행단계	낙찰
입찰일	매각기일 2017.06.23 (10:30)

구분	입찰기일	최저매각가격	결과
1차	2017-04-14	2,184,232,450원	유찰
2차	2017-05-23	1,528,963,000원	유찰
3차	2017-06-23	1,070,274,000원	
	낙찰 : 1,564,010,000원 (71.6%)		
	매각결정기일 : 2017.06.30 - 매각허가결정		

건물면적	1239.37㎡	토지면적	3193㎡	매각물건	토지·건물 일괄매각
소유자		채무자		채권자	

▌임차인현황 · 말소기준권리: 2015.03.20 · 배당요구종기: 2016.12.21

임차인	점유부분	전입/확정/배당	보증금/차임	배당예상금액	기타	대항력
갑	점포 2층 1239.37㎡	사업자등록: 2016.05.09 확 정 일: 미상 배당요구일: 없음	보 50,000,000원 월 5,000,000원 환산 55,000만원	배당금 없음		없음
을	점포 1층 1239.37㎡	사업자등록: 2016.08.04 확 정 일: 미상 배당요구일: 없음	보 50,000,000원 월 5,000,000원 환산 55,000만원	배당금 없음		없음
기타사항	임차인수: 2명 , 임차보증금합계: 100,000,000원, 월세합계: 10,000,000원 ☞임차내용은 임차인의 진술 및 상가건물임대차 현황서상의 내용을 기재한 것임					

주의 사항	☞**유치권신고** 있음-2017. 5. 11.자로 주식회사 0000 000 로부터, 이 사건에 대하여 부동산 1층 내부 및 외부 공사 등으로 69,00,000원의 유치권신고가 있으나 그 성립여부는 불분명함 ☞전기세, 수도세등의 면체금을 인수할 수도 있사오니 현장 답사시 최종금액을 확인하시기 바라며, 산업폐기물의 방치여부도 체크하시기 바랍니다.

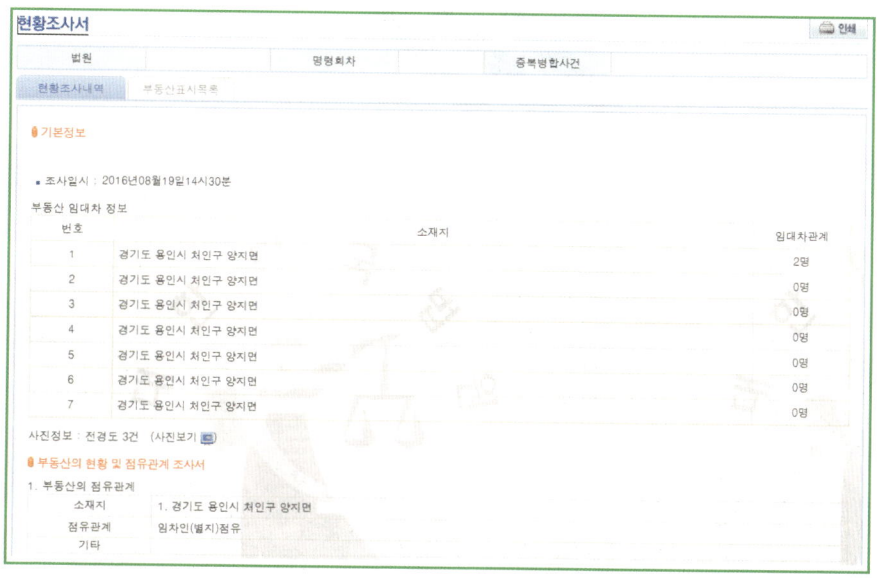

유치권이 신고된 경매 사건이다. 현황조사서를 보면 임차인이 점유 중에 있었고, 유치권 신고는 임차인이 임차부동산의 수리비 및 설치비 등 유익비 명목으로 유치권을 주장한 사건이다. 해당 부동산은 유치권자를 상대로 인도명령 신청하여 결정문을 받았고, 유치권자가 인도를 거부하여 강제집행하여 부동산을 인도받았다.

임차인이 상가건물에 시설비를 들였다고 하더라도 그 시설비에 대해서는 유치권 성립을 부정하고 있다(대법원1975. 4. 22선고 73다2010판결). 이는 임대인과 임차인간 상가임대차계약서 작성시 원상회복 조항으로 인해 계약이 종료되면 원상회복해야 되는 계약 조항이 있기 때문이다.

임차인이 인테리어 시설비 등으로 유치권 신고를 종종 하는 경우가 있는데, 임차인은 계약서의 원상회복 규정으로 인해 유치권이 성립하지 않는다. 이는 유익비 상환청구 의무가 없다는 이유이기도 하다.

PART
25

공유물의 지분경매와
법정지상권

01 무엇을 지분이라 하나?

　지분경매라 함은 하나의 부동산을 2명 이상이 소유하고 있을 때 그 중 한명 또는 여러명의 지분이 경매로 나온 것을 말한다.
　지분 경매로 진행되는 물건의 종류는 다양하게 진행되고 있다.
　지분 경매는 다수의 사람들이 관심을 갖지 않는다. 그래서 지분경매의 평균 낙찰가율은 일반 경매에 비해 저렴하게 낙찰되고 있다.

02 지분을 피하는 이유는?

　지분은 소유권 중 일부가 매각되는 물건이다. 이런 지분이 경매가 나오면 소유권을 완전하게 취득하는 것이 아니기 때문에 취득을 꺼려 한다.
　소유권의 일부만 취득하면 재산권 행사가 쉽지 않기 때문이다.
　또한 경매나 공매에는 우선매수 청구권제도가 있어 지분권자에게 우선매수할 수 있도록 매수권을 부여한다. 이러한 이유로 지분입찰을 피하는 것이다.

03 지분의 문제를 해결할 수 있어야만 투자할 수 있다!

지분으로 경매가 나오는 물건은 일반 경매 물건에 비해 낮게 낙찰되기 때문에 수익성이 좋다. 그럼 수익을 어떻게 낼 것인가?

지분은 소유권을 공유하는 물건이다. 이 소유권을 단일화 또는 복잡한 지분관계를 정리한다면, 정상적인 가격에 매각이 되기 때문에, 매매에 대한 차익이 발생하는 수익성 물건이다. 이런 지분을 낮은 가격에 취득하여 지분에 대한 소유권을 정리한다면, 정말 매력적인 투자가 될 것이다.

04 공유자 우선매수 제도

공유지분의 경매에 있어 공유자가 매각 기일까지 매수신청의 보증금을 제공하고 최고가매수신고인과 같은 가격으로 우선 매수하겠다고 신고한 경우 법원은 그 공유자에게 매각을 허가해 주어야 하는 제도이다.

민사집행법 140조1항에 소정의 매각 기일까지의 의미는 입찰의 종결을 선언하기 전까지로 해석되므로 당일 해당사건의 매각종료를 선언하기 전까지 신청이 가능하다.

공유자는 최고가매수인의 가격에 우선매수청구를 해야 하며, 현장에서 입찰보증금을 납부하여만 우선매수할 수 있다.

공유자가 공유지분의 우선매수신고를 한 경우 최고가매수인을 차순위 매수인으로 본다.

공유자가 우선매수신고를 하였으나 다른 입찰자가 없는 경우 최저매각 가격을 최고 매수 가격으로 보아 공유자에게 우선매수를 인정한다.

공유자 2인이 우선매수청구를 한 경우 지분의 비율에 따라 지분을 매수한다.

공유자 우선매수를 할 수 없는 경우

- 공유물 분할에 의한 형식적 경매에서는 지분전체가 경매로 진행되어 공유자 우선 매수 신청이 인정되지 않는다.
- 일괄매각으로 진행되는 경매절차에서 일부 지분에 대한 공유자는 우선매수 신청을 할 수 없다.
- 구분소유적 공유관계에 있는 자는 다른 공유지분에 대해서 우선매수 신청이 되지 않는다.
- 집합건물에서 구분소유자의 대지권으로 그 부지에 공유지분으로 등기된 경우 우선매수 신청을 하지 못한다.

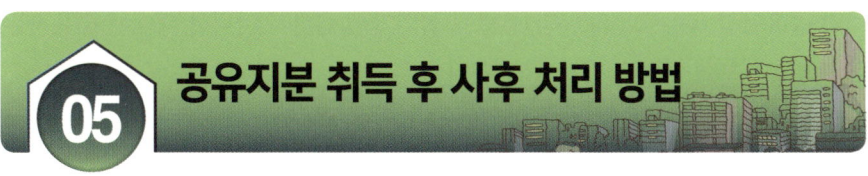

05 공유지분 취득 후 사후 처리 방법

공유지분을 취득하면 공유물에 대한 소유권을 정리하여야만 정상적인 시장에 매매가 가능하다. 그럼 어떻게 정리할 것인가?

공유물을 처분하려면 공유자 전원의 합의가 있어야 한다.

공유자 전원의 합의가 되지 않을 경우에는 다른 공유자에게 취득한 지분을 매도하던지, 아니면 타 지분권을 매입하여 소유권을 정리해야 된다.

소유권이 정리가 되지 않을 경우에는 법원에 소송을 제기하여 강제적으로 소유권을 정리하여야만 수익 구조를 만들 수 있다.

지분의 소유권을 정리하기 위해서는 공유물분할청구 소송을 제기하여야 한다.

◈ 현물분할

① 공유지분은 현물분할을 원칙으로 한다
② 현물분할은 물리적 분할로, 토지에서 많이 이용하는 방법인데 한 필지의 토지를 측량해 각 소유 지분만큼 분할하는 방법이다.

◈ 가액분할

① 이는 합의에 의해 특정한 공유자 한 사람이 전체 지분을 소유하는 방식이다.
② 매각 지분에 대한 합리적인 가격을 정해 그 금액을 기준으로 어느 한쪽이 매입하면 된다. 그러나 공유자간 매입에 대한 합의가 되지 않을 경우 법원은 소제기 대상 부동산을 경매를 진행시켜 매각한다.
이때 매각 금액으로 지분 비율에 따라 배당을 실시한다.
이 방법이 공유물 분할에 가장 적합하고 바른 방법이다.

◈ 소송

각 공유자간 공유지분의 분할 방법에 협의가 성립하지 아니한 때에는 공유자는 법원에 공유물의 분할을 청구할 수 있다.

공유물 분할 청구 소송결과 현물분할이 불가능할 경우 공유물 전부에 대해 형식적 경매를 실행하게 되는데, 이때에는 공유자의 우선매수권을 인정하지 않고 있다.

분할에 의한 청구 소송이 진행되면 법원은 조정에 의한 분할, 판결에 의한 분할, 경매로 매각하여 매각대금을 공유자 지분 비율로 나누어 주는 판결을 하게 된다.

현물 분할은 경제적 가치가 하락될 수 있고, 가격 분할 또한 시세보다 낮게 낙찰이 될 수도 있어 현물 분할이나 경매 절차보다는 합의에 의한 어느 한쪽이 다른 지분을 매수하거나, 일반 거래로 매각하여 지분별로 가액을 나누어 진행하는 것이 대부분이다.

06 공유물의 취득 관리

지분 경매는 지분권자의 지분이 경매로 나오는 비율에 따라 취득하는 것이기 때문에 취득시 지분비율이 중요하다고 볼 수 있다.

지분 비율에 따라 권리행사가 제한되기 때문이다.

◈ 공유물의 사용 수익

공유물의 사용 수익은 자기 지분에 제약되므로 구체적인 사용 수익 방법에 대해 공유자간의 합의가 필요하다. 만약 어느 1인이 합의 없이 공유물을 사용할 경우, 다른 공유자의 사용, 수익을 침해하는 것으로 불법행위로 손해를 배상할 의무가 있다.

◈ 공유물의 처분 변경

공유물의 처분 변경은 다른 공유자의 동의 없이 공유물을 처분하거나, 변경할 수 없다(민법 제264조).

각자의 지분을 자유롭게 처분할 수 있지만, 전체 지분에 대해서는 합의가 이루어져야 한다.

◈ 공유물의 관리 행위

공유물의 관리 행위는 공유자 지분의 과반수로 결정되지만, 보존 행위는 각 공유자가 단독으로 할 수 있다.

1) 관리행위

관리 행위는 공유물의 처분이나 변경에 이르지 않을 정도의 이용이나 개량하는 행위를 말한다.

관리행위가 가능하려면 지분 취득시 과반수 이상을 취득해야 한다. 즉 과반수 이상 지분을 취득하면 타 지분권자 동의 없이 부동산에 대한 개량, 임대차 계약, 사용 등을 할 수 있다.

부동산에 관한 관리행위로는 과반수지분을 가진 자가 공유자 사이에 공유물관리법에 의하여 협의가 미리 없었다 하여도 공유물 관리에 대한 사항을 단독으로 처리할 수 있고, 공유토지에 과반수 이상의 지분을 가진 자가 그 공유토지의 특정된 한 부분을 배타적으로 사용, 수익할 것을 정하는 것도 공유물의 관리방법으로서 적법하다.

2) 보존행위

공유물의 보존행위는 공유물의 멸실, 훼손을 방지하고 그 현상을 유지하기 위한 행위이다. 지분 취득 시 과반수 미만을 취득하면 보존 행위만 할 수 있다.

권리의 가치를 현상대로 유지시키는 것이 보존행위이다.

07 공유지분의 법정지상권

지분으로 토지 또는 건물만 매각되는 사례가 많다. 이런 경우에도 지상권 유무를 확인해야 한다. 토지 또는 건물 어느 한쪽이 전체로 매각되는 것과 달리 지분으로 매각되는 일이 발생한다. 지분으로 건물 또는 토지 어느 한쪽만 매각될 경우 지상권 성립 유무를 확인하여 보자

◆ 공유관계에서 법정지상권이 성립하는 경우

(1) 공유관계의 법정지상권 성립

○ 토지는 갑 소유이며 건물은 갑, 을, 병 공유 사례

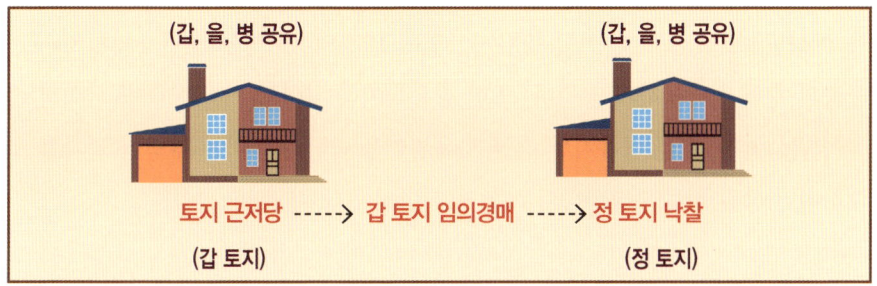

갑의 단독 토지에 건물은 갑, 을, 병 공유 관계에 있다. 토지에 근저당이 설정되어 토지만매각이 되어 정이 낙찰 받았다. 지상권은 성립한다.

근저당 설정 당시 건물이 존재하였고, 근저당 설정당시 법정지상권 성립을 예상할 수 있었으며, 갑 토지소유자는 다른 건물 공유자를 위하여 토지 이용을 인정하고 있었던 점을 비추어 지상권은 취득한다고 봐야 한다(대법원 2010다67159 판결).

건물은 공유 관계이고 토지 근저당으로 경매가 되어 토지 소유자가 변경된 경우 법정지상권이 성립한다.

○ 토지가 갑의 소유이고 건물이 갑, 을, 병 공유물 중 건물 지분이 경매된 경우

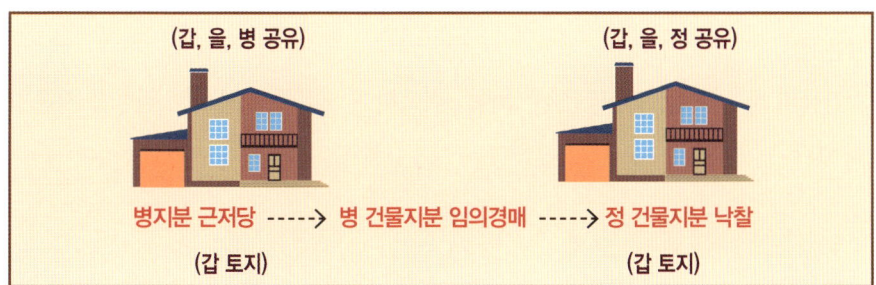

갑 단독 토지에 건물은 갑, 을, 병 공유 소유이다. 이중 병 지분이 경매되어 건물 공유 소유자는 갑, 을, 정으로 변경되었다. 병의 지분을 낙찰 받은 정은 지상권을 취득한다.

근저당설정 당시 갑, 을, 병 공유 관계에 있었고, 건물이 존재하여 지상권 성립을 예상할 수 있었으며, 건물 공유자 1인이 변경되어도 근저당권자에게 아무런 불측의 손해가 발생하지 않는다. 또한 공유물이라 하여 철거를 한다면 사회적 손실이 발생하며, 다른 공유자의 건물 사용권한을 박탈하게 하는 부당한 결과를 초래하여 지상권 성립이 타당하다고 본다(대법원 2003다17651판결).

○ **토지, 건물이 갑, 을, 병 소유로 토지지분 전체가 경매되는 경우**

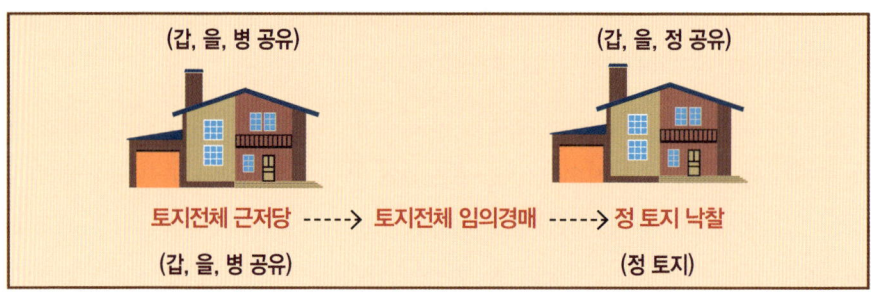

토지 전체 지분에 저당권이 설정된 후, 토지만 경매가 진행되어 토지 전체 지분을 정이 낙찰 받은 경우 법정지상권을 취득한다.

토지 전체 지분에 근저당이 설정되었으며, 근저당 설정 당시 건물이 존재하여 지상권을 인정해주어도 근저당권자에게 불측의 손해가 발생하지 않고, 토지와 건물 소유자가 달라졌다고 철거를 하게 되면 사회적 손실이 발생하여 철거를 할 수 없는 점.

건물의 공유자 갑, 을, 병은 지상권을 취득하여 지료를 지불하고 건물을 사용할 수 있다.

○ **구분소유적 공유 관계**

구분소유적 공유관계는 부동산의 소유를 지분으로 가지고 있지만, 전체 지분

중 각자 지분 부분을 특정하여 다른 지분과 독립적으로 소유하는 관계를 말한다.

1필지 중 분필로 나누어 각자 토지 소유권 등기를 하지 않고 공유 등기하여 각자 특정부분을 지정하여 사용하는 것을 구분소유권 공유 관계라 한다.

대법원 1988.8.23. 선고 86다59,86다카307 판결은, "한 필지의 토지 중 일부를 특정하여 매수하고 다만 그 소유권이전등기만은 한 필지 전체에 관하여 공유지분권이전등기를 한 경우에는 그 특정부분 이외의 부분에 관한 등기는 상호명의신탁을 하고 있는 것이라고 보아야 한다"고 하고, 대법원 1997. 3. 28. 선고 96다56139 판결은, "공유자간 공유물을 분할하기로 약정하고 그 때부터 자신의 소유로 분할된 각 부분을 특정하여 점유·사용하여 온 경우, 공유자들의 소유형태는 구분소유적 공유관계이다"라고 하여 구분소유적 공유관계를 인정하였다.

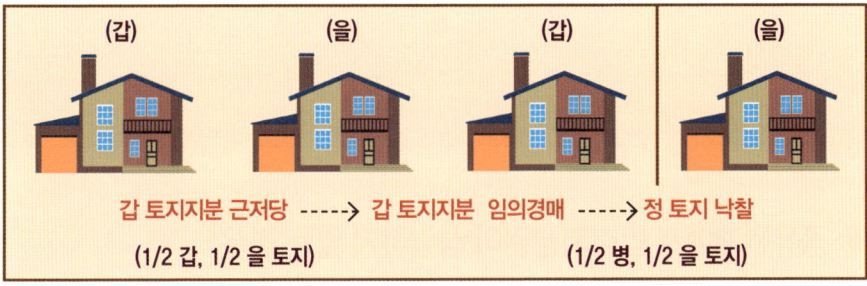

갑과 을은 등기상으로 공유 관계이지만 토지부분을 특정하여 각자 건물을 신축하여 점유한 경우에는 각 건물 소유자는 법정지상권을 취득한다(대법 2004다13533판결).

갑과 을은 구분소유적 공유관계이기 때문에 토지 지분이 매각이 되어 토지 지분의 소유권이 변동되어도 법정지상권을 취득한다.

대법원 2014. 9. 4 선고 2011다73038 판결 [건물등철거·건물철거등]

판시사항
토지공유자 한 사람이 다른 공유자 지분 과반수의 동의를 얻어 건물을 건축한 후 토지와 건물의 소유자가 달라진 경우, 관습법상의 법정지상권이 성립하는지 여부(소극)/ 이러한 법리는 민법 제366조의 법정지상권의 경우 및 토지와 건물 모두가 각각 공유에 속할 때 토지에 관한 공유자 일부의 지분만을 목적으로 하는 근저당권이 설정되었다가 경매로 그 지분을 제3자가 취득하게 된 경우에도 마찬가지인지 여부(적극)

판결요지
토지공유자의 한 사람이 다른 공유자의 지분 과반수의 동의를 얻어 건물을 건축한 후 토지와 건물의 소유자가 달라진 경우 토지에 관하여 관습법상의 법정지상권이 성립되는 것으로 보게 되면 이는 토지공유자의 1인으로 하여금 자신의 지분을 제외한 다른 공유자의 지분에 대하여서까지 지상권설정의 처분행위를 허용하는 셈이 되어 부당하다. 그리고 이러한 법리는 민법 제366조의 법정지상권의 경우에도 마찬가지로 적용되고, 나아가 토지와 건물 모두가 각각 공유에 속한 경우에 토지에 관한 공유자 일부의 지분만을 목적으로 하는 근저당권이 설정되었다가 경매로 인하여 그 지분을 제3자가 취득하게 된 경우에도 마찬가지로 적용된다.

◈ 공유관계에서 법정지상권이 성립하지 않는 경우

○ 토지가 공유 지분이고 건물이 단독소유인 경우, 법정지상권은 성립하지 않는다.

토지가 공유지분이고 건물이 단독소유인 경우 건물만의 저당에 따른 임의경매가 진행되어 낙찰자가 매각대금을 완납하면, 법정지상권이 성립하지 않는다.

법정지상권은 토지의 구체적이고 현실적인 사용권을 의미하기 때문에 토지의 공유지분은 분할이 되지 않는 한 한사람의 동일인으로 보지 않는다.

토지 공유자 1인으로 하여금 자신의 지분을 제외한 다른 공유자의 지분에 대하여서까지 지상권설정의 처분행위를 허용하는 셈이 되어 부당하다.

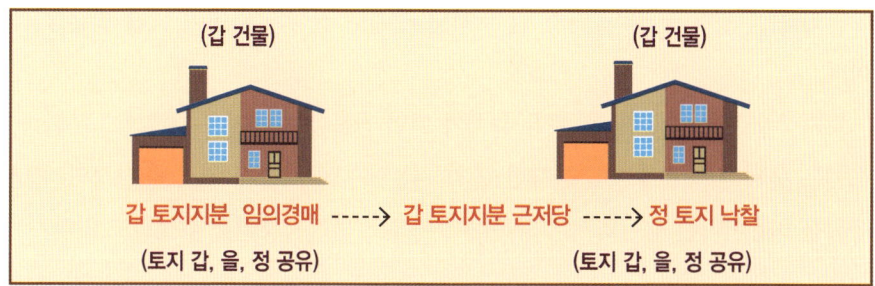

　토지가 공유지분으로 한 개 지분이 매각이 되면 갑의 건물은 법정지상권을 취득하지 못한다. 이는 토지의 소유구분이 명확하지 않기 때문이다. 법정지상권이 성립하려면 토지와 건물이 동일인 소유여야 하는데, 토지의 공유 부분이 명확하지 않기에 건물은 지상권 취득이 안된다.

대법원 1993. 4. 13 선고 92다55756 판결 [건물철거등]

판시사항

토지공유자의 한 사람이 다른 공유자의 지분 과반수의 동의를 얻어 건물을 건축한 후 토지와 건물의 소유자가 달라진 경우 관습법상의 법정지상권의 성부(소극)

판결요지

토지공유자의 한 사람이 다른 공유자의 지분 과반수의 동의를 얻어 건물을 건축한 후 토지와 건물의 소유자가 달라진 경우 토지에 관하여 관습법상의 법정지상권이 성립되는 것으로 보게 되면 이는 토지공유자의 1인으로 하여금 자신의 지분을 제외한 다른 공유자의 지분에 대하여서까지 지상권설정의 처분행위를 허용하는 셈이 되어 부당하다.

○ 토지가 갑, 을 공유이고 건물도 갑, 을 공유인 경우

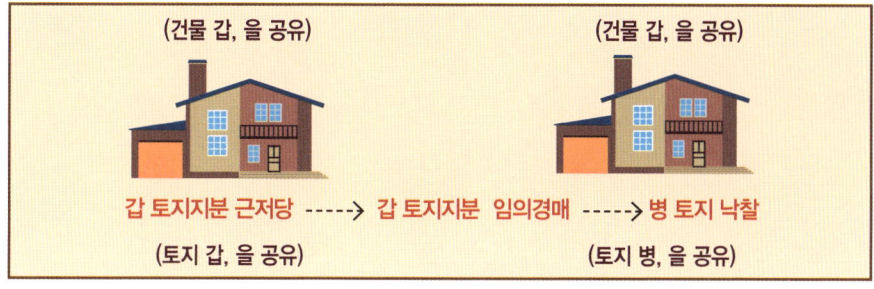

갑과 을은 공유관계이었다가 갑 토지만 경매로 진행되어 병이 낙찰 받은 사례이다.

토지낙찰로 토지가 병, 을 공유 관계가 되면 건물은 지상권을 취득하지 못한다.

이는 을의 지상권을 인정한다면 을의 지분에 대해서까지 지상권 설정의 처분행위를 허용한다는 셈이어서 부당하다는 이유로 법정지상권을 부정하고 있다.

○ **토지 지분이며 건물 전제 매각되는 사례**

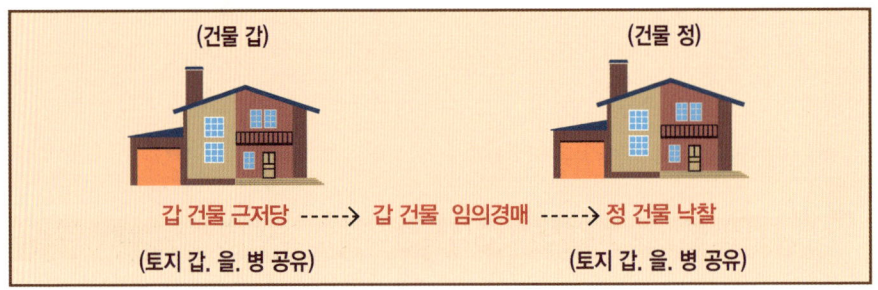

토지는 갑, 을, 병 공유 소유이며 건물은 갑 단독 소유로 건물 근저당 원인으로 임의경매되어 매각된 사례이다. 건물을 낙찰 받은 정은 법정지상권을 취득하지 못한다.

이는 토지 공유자와 건물소유자가 동일인이 되지 않아 지상권이 성립되지 않으며, 지상권을 인정해준다면 다른 지분권자의 권리를 침해하는 것이어서 지상권 성립이 되지 않는다. 지상권은 토지에 설정된 권리이다.

08 부동산 지분경매 입찰 사례

◈ 아파트 10분의 1지분경매 입찰물건

경기도 용인시 수지구 상현동 OOOO아파트 OOO동 OOO호

감정가	68,400,000원
최저가	23,461,000원 (34%)
매각가	23,462,000원 (34%)
물건용도	아파트
진행단계	낙찰
입찰일	매각기일 2013.12.11(10:30)

구분	입찰기일	최저매각가격	결과
1차	2013-09-06	68,400,000원	유찰
2차	2013-10-16	47,880,000원	유찰
3차	2013-11-13	33,516,000원	유찰
4차	**2013-12-11**	**23,461,000원**	
	낙찰 : 23,462,000원 (34.3%)		

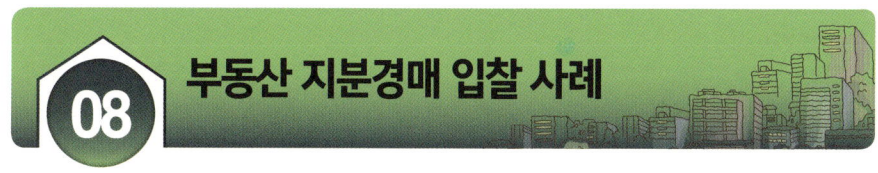

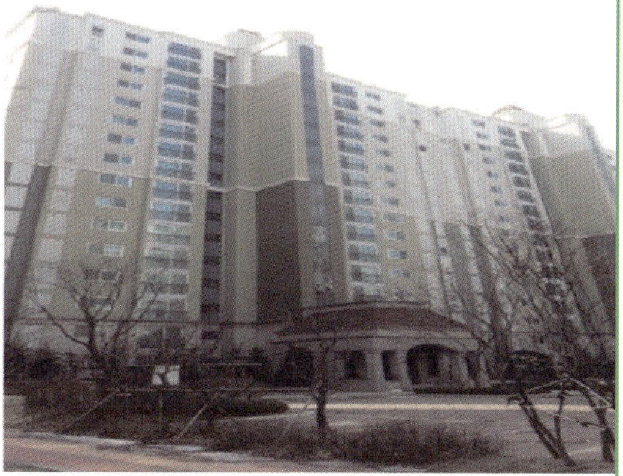

전용면적	15.81㎡	**대 지 권**	9.51㎡	**매각물건**	토지및건물 지분 매각
소 유 자		**채 무 자**		**채 권 자**	

물건현황 가격시점 : 2013.03.05 / 보존등기일 : 2009.12.09

구분	위치	사용승인	면적	이용상태	감정가격	기타
건1	상현동	09.10.29	15.81㎡	주거용	58,140,000원	☞ 전체면적 158.1064㎡중 주식회사 OOOO 지분 1/10 매각 * 16개동, 860세대 * 도시가스
토1	대지권	70481.5㎡ 중 9.5115㎡			10,260,000원	☞ 전체면적 95.1154㎡중 주식회사 OOOO 지분 1/10 매각
현황·위치·주변환경	* OOOO 초등학교 서측 인근에 위치하며, 주위는 중.대규모 아파트단지 및 근린생활시설 등이 혼재하는 지역임. * 본건까지 차량접근 용이하고 인근에 버스정류장 소재하는 등 제반 교통여건은 무난한 편임. * 부정형의 완경사지로서, 아파트 및 부대복리시설 건부지 등으로 이용중임. * 단지 내.외곽으로 상태 양호한 포장도로(왕복 2~4차선도로) 개설되어 있음.					

▮▮▮ 등기부현황

구분	접수일자	권리종류	권리자	채권금액	비고	말소
	2009-12-09	소유권보존	갑, 을	갑 1/10, 을 9/10		
	2012-09-28	갑 지분근저당	병	1,625,875,000원	말소기준등기	말소
	2012-10-10	갑 지분근저당	정	33,200,000원		말소
	2012-10-10	갑 지분근저당	기	29,000,000원		말소
	2012-10-10	갑 지분근저당	무	29,000,000원		말소
	2012-10-10	갑 지분근저당	술	10,100,000원		말소
	2013-01-14	갑 지분근저당	경	1,000,000,000원		말소
	2013-02-27	갑 지분 임의경매	병	청구금액: 33,200,000원		말소
	2013-05-01					말소

1/10 지분 경매 물건이다. 갑 1/10 지분이 경매로 진행된 사건이다.

갑의 1/10 지분을 취득하게 되면 보존행위자로 건물의 가치를 현상대로 유지시키는 역할만 할 수 있다. 실질적으로 권리 행사할 수 없는 것이 대부분이다.

현 점유자 상대로 인도명령을 신청할 수도 없다. 1/10의 지분을 취득하게 되면 9/10 지분권자에게 지분을 매각하던지, 아니면 협의에 의한 전체 매각으로 지분만큼 가액으로 나눠 수익을 만들면 된다.

1/10 지분을 34%대 낙찰을 받아 100%에 매각을 한다면 66% 수익이 발생하는 것이다.

지분을 시세대비 저렴하게 취득할 수 있다면 매각으로 수익이 발생한다.

반대 지분권자에게 매각하는 방법. 반대 지분을 매수하는 방법. 다른 지분권자와 협의하여 매각하는 방법 등을 통해 소유권을 단일화하면 된다.

그러나 다른 지분권자가 매각에 반대하여, 법원에 소송을 제기하면 가액 분할 및 현물 분할 또는 중재를 통해 지분을 해결하면 된다.

지분 경매를 하는 이유는 지분을 저렴하게 취득하여 지분을 해결하여 수익을 만들수 있기 때문이다. 그래서 지분이 경매로 나오면 소유권 행사를 하는데 제한적인 문제가 발생하여 정상적인 가격보다는 낮은 가격에 낙찰되는 경우가 많다.

낮은 가격에 취득하여 지분을 해결하여 수익을 내는 경매 투자 방법이다.

◆ 대지 2분의 1지분경매 입찰물건

지분 경매는 시세대비 저렴하게 취득해야 한다. 그래야 수익이 발생한다. 1/2 지분 경매이다. 건물은 매각제외 토지만 지분 경매 사건이다. 건물이 매각에서 제외되어 지상권 유무도 확인해야 된다. 1/2 토지만 낙찰 받을 경우 지상권이 성립하면 1/2에 대한 지료 청구만 가능하다. 지상권이 성립하지 않으면 지상건물 철거도 가능하다.

위 건물은 무허가 미등기 건물이다. 관습법상 법정지상권으로 건물은 원시취득자에 한해 지상권이 성립하고 승계취득인 경우에는 지상권은 성립되지 않는다.

1/2 지분을 가진 을 지분도 경매가 진행 중이다. 갑 지분을 낙찰 받은 병은 을 지분이 경매로 진행되면 공유자우선매수 청구하여 남은 지분을 취득할 수 있다.

PART
26

재개발과 재건축사업구역내 실전투자 비법

01 정비구역과 지구단위계획구역

◆ **정비구역**

정비사업을 계획적으로 시행하기 위하여 도시 및 주거환경 정비법에 따라 지정, 고시한 구역을 말한다. 정비사업은 도시기능을 회복시키기 위해 구역안에서 정비기반시설을 정비하고 주택 등 건축물을 개량하거나 건설하는 주거환경개선 사업, 주택재개발사업, 주택재건축사업 및 도시환경정비사업(재개발과 용어 통합)이 있다.

◆ **지구단위계획구역**

도시를 좀더 체계적이고 효율적으로 관리하기 위해 기반시설의 배치와 규모, 가구의 규모, 건축물의 용도, 건폐율, 용적율, 높이들을 제한하거나 유도하는 계획을 지구단위 계획이라 한다.

원칙적으로 지구단위계획구역의 지정에 대한 도시관리계획결정은 도시관리계획결정 고시일로부터 3년 이내에 당해 지구단위계획구역에 대한 지구단위계획을 세워야 하며, 그렇지 않을 경우 3년이 되는 다음날부터 효력을 상실하게 된다.

02 주택 재개발사업

 정비기반시설이 열악하고 노후·불량 건축물이 밀집한 지역에서 주거환경을 개선하기 위하여 시행하는 「도시 및 주거환경 정비법」에 의한 정비사업의 하나이다. 주택재개발은 지방자치단체의 계획에 따라 통합적인 도시재정비에 해당하는 공공개발적 성격이 강하다.

◈ 재개발 지정 요건

구분		정비구역 지정기준	지정요건
필수 항목	구역면적	사업면적의 10,000㎡ 이상	필수항목 + 선택항목 1개이상
	노후도	동수의 2/3 이상	
선택 항목	호수밀도	60호/10,000㎡	
	과소필지	과소필지 40%이상	
	주택접도율	40% 이하(조건부 50%)	
	노후도	연면적의 2/3이상(10% 완화가능)	

- 호수밀도 : (구역 내 주택호수/구역내토지면적)×100
- 과소필지 : 건축대지로서 효용을 다 할 수 없는 작은 토지
- 주택접도율 : (전체건축물 수/폭 4m 이상에 도로에 접하는 건축물의 수)×100

03 주택 재개발사업 진행 절차

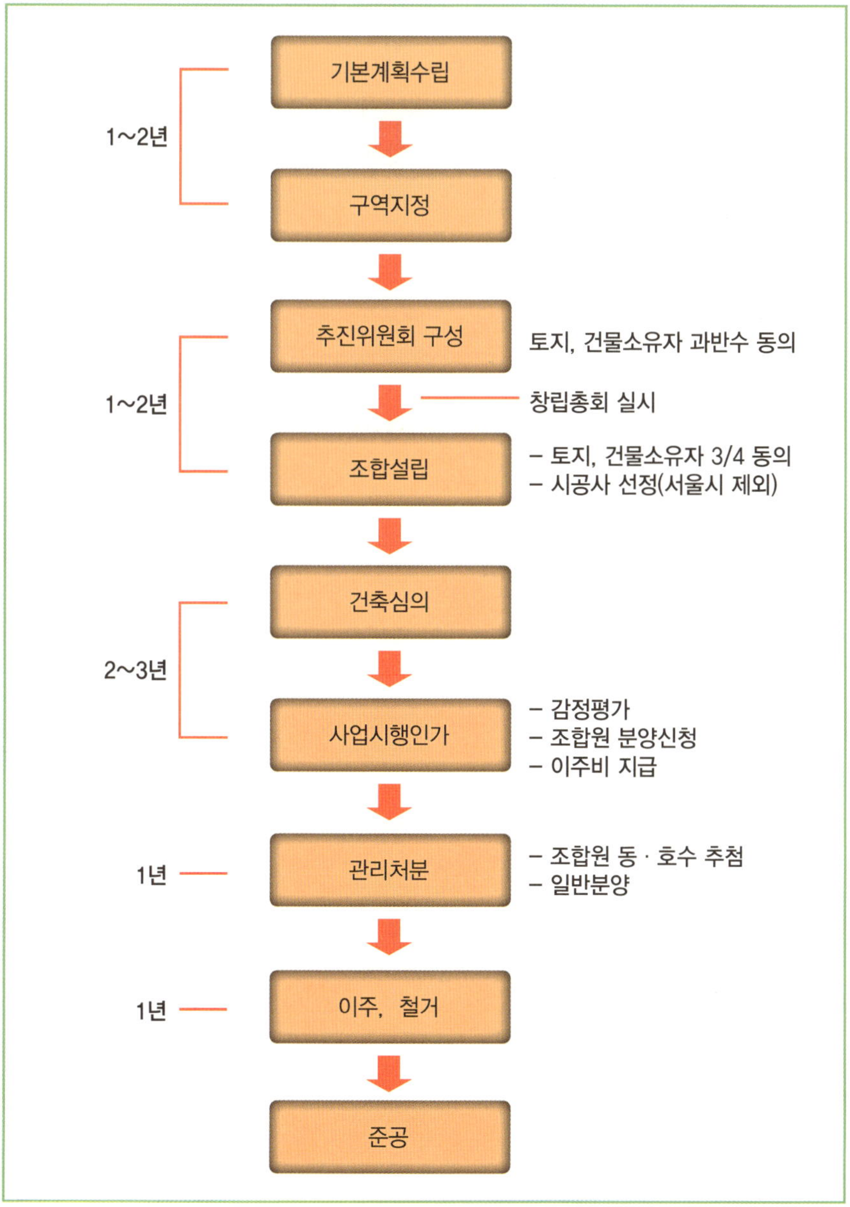

```
1~2년 ┌─ 기본계획수립
      │      ↓
      └─ 구역지정
              ↓
1~2년 ┌─ 추진위원회 구성 ── 토지, 건물소유자 과반수 동의
      │      ↓
      │              ─── 창립총회 실시
      └─ 조합설립 ── ─ 토지, 건물소유자 3/4 동의
                    ─ 시공사 선정(서울시 제외)
              ↓
2~3년 ┌─ 건축심의
      │      ↓
      │                ─ 감정평가
      └─ 사업시행인가 ─ 조합원 분양신청
                      ─ 이주비 지급
              ↓
1년 ── 관리처분 ─ ─ 조합원 동·호수 추첨
                 ─ 일반분양
              ↓
1년 ── 이주, 철거
              ↓
       준공
```

Part 26 재개발과 재건축사업구역내 실전투자 비법

1) 기본계획의 수립

① 특별시장·광역시장·특별자치시장·특별자치도지사 또는 시장은 관할 구역에 대하여 도시·주거환경정비기본계획(이하 "기본계획"이라 한다)을 10년 단위로 수립하여야 한다. 다만, 도지사가 대도시가 아닌 시로서 기본계획을 수립할 필요가 없다고 인정하는 시에 대하여는 기본계획을 수립하지 아니할 수 있다.

② 특별시장·광역시장·특별자치시장·특별자치도지사 또는 시장(이하 "기본계획의 수립권자"라 한다)은 기본계획에 대하여 5년마다 타당성 여부를 검토하여 그 결과를 기본계획에 반영하여야 한다.

2) 정비구역의 지정

기본계획에 적합한 범위에서 노후·불량건축물이 밀집하는 등 대통령령으로 정하는 요건에 해당하는 구역에 대하여 제16조에 따라 정비계획을 결정하여 정비구역을 지정(변경지정을 포함한다)할 수 있다.

3) 추진위원회 구성 및 승인

추진위원회는 토지 및 건물 소유자의 과반수 이상 동의를 얻어 위원장을 포함한 5인 이상의 위원회를 구성하고 시·군·구청장의 승인을 받아야 한다.

추진위원회 업무의 범위
- 정비사업전문관리업자의 선정 및 변경
- 설계자의 선정 및 변경
- 개략적인 정비사업 시행계획서의 작성
- 조합설립인가를 받기 위한 준비업무
- 추진위원회 운영규정의 작성
- 토지등소유자의 동의서의 접수
- 조합의 설립을 위한 창립총회의 개최

- 조합 정관의 초안 작성
- 그 밖에 추진위원회 운영규정으로 정하는 업무

4) 조합설립 인가

주택공사 등이 아닌 자가 정비사업을 시행하고자 하는 경우 토지 및 건물 소유자로 구성된 조합을 설립해야 한다.

추진위원회가 조합을 설립하고자 하는 때에는 전체 구분소유자의 3/4 이상 및 토지면적의 3/4 이상의 토지소유자의 동의를 얻어 시장·군수의 인가를 받아야 한다.

5) 조합설립 후 시공사 선정

추진위원장 또는 사업시행자(청산인을 포함한다)는 이 법 또는 다른 법령에 특별한 규정이 있는 경우를 제외하고는 계약(공사, 용역, 물품구매 및 제조 등을 포함한다. 이하 같다)을 체결하려면 일반경쟁에 부쳐야 한다. 다만, 계약규모, 재난의 발생 등 대통령령으로 정하는 경우에는 입찰 참가자를 지명하여 경쟁에 부치거나 수의계약으로 할 수 있다.

6) 사업시행 인가

조합설립 인가를 받은 다음에는 사업시행 인가를 받아야 한다.

사업시행 인가는 조합이 추진하고 있는 주택건설 사업에 관한 일체의 사업 내용을 최종적으로 확정하는 단계이다.

사업시행인가 후 감정평가와 조합원 분양 신청을 실시한다.

분양통지
분양통지는 사업시행인가 고시일부터 60일 이내 통지 및 공고함.

분양신청
통지 후 30일 이상 60일이내 신청한다. 이때 신청하지 않으면 현금청산자가 된다.

감정평가

조합원의 토지와 건축물을 사업시행인가 고시일을 기준으로 한 가격을 말한다.

재개발, 도시환경정비사업은 시장이 선정 계약한 2인 이상 감정평가업자의 평가금액을 산출하여 평균가로 계산한다.

7) 관리처분계획인가!

재개발 절차 중 마지막 단계이다. 관리처분은 기존주택과 신규주택을 맞바꾸는 행정적인 승인을 받는 절차이다. 이때 조합원 동, 호수 추첨을 하며, 관리처분 인가 후 일반 분양에 들어 가게 된다.

사업시행자는 제72조에 따른 분양신청기간이 종료된 때에는 분양신청의 현황을 기초로 다음 각 호의 사항이 포함된 관리처분계획을 수립하여 시장. 군수 등의 인가를 받아야 하며, 관리처분계획을 변경, 중지 또는 폐지하려는 경우에도 또한 같다. 다만, 대통령령으로 정하는 경미한 사항을 변경하려는 경우에는 시장, 군수 등에게 신고하여야 한다.

8) 이주 및 착공

이주대책 대상자에게 가구원수에 따라 4개월분의 주거이전비를 지급하고, 정비구역내 상가세입자는 4개월분 휴업보상금을 지급하고 이주를 시작하게 된다.

이주가 끝나면 철거에 들어간다.

04 재개발사업구역 내에 투자하는 방법

◆ 재개발 물건 고르는 법

1) 역세권 및 입지가 좋은 곳을 선택해야 한다.

입지가 좋은 곳은 주변 지역의 주택 가격이 높은 곳이다. 재개발 일반 분양은 주변 주택 가격을 반영하여 분양하기 때문이다.

주변 주택가격이 높으면 재개발로 공급된 아파트의 가격은 주변 가격에 비해 높아지거나 같아지기 때문에 재개발하는 지역의 입지가 좋아야 한다.

재개발 지역이 좋으면 프리미엄은 타 지역에 비해 높기 때문이다. 프리미엄이 높아지면 투자의 수익이 높아지기 때문에 재개발 지역에서는 입지가 중요하다.

2) 재개발 지역은 건물 또는 토지만 취득해도 조합원 자격을 취득할 수 있다.

서울의 경우 재개발 지역에서 토지를 90㎡ 이상 취득하면 조합원이 될 수 있다.

또는 건물만 취득하여도 조합원 자격을 받을 수 있다. 경매로 재개발 지역의 토지 또는 토지, 건물이 같이 매각되는 경우가 있다.

재개발 지역에서 경매가 진행되면 매각 대상 부동산 소유자가 조합원인지 확인 후 입찰에 참여해야 한다. 재개발은 조합원 지위가 승계되기 때문에 조합원 물건을 낙찰 받으면 조합원 지위를 승계 받을 수 있다.

3) 재개발의 미래 가치와 사업성 판단을 해야 한다

재개발은 조합원의 건물 및 토지로 구역내 진행하는 사업이다. 조합원의 수와 일반분양의 가구 수를 확인해야 한다. 일반분양 세대로 사업비를 충당하기 때문에 일반 분양세대가 많아야 비례율이 높아지고 조합원 분담금이 적게 나가기 때문이다.

4) 재개발 투자 시기를 선택해야 한다

재개발의 수익은 초기 투자 시에 수익이 가장 많이 발생하지만, 사업이 진행여부에 대한 위험 부담이 있고, 사업 개시 시기가 결정이 되지 않아 장기간 투자 기간이 소요될 수 있다.

사업이 진행된 단계에서 투자하면 재개발 사업은 안정적으로 진행되지만 투자 금액이 초기보다 많이 들어가는 단점이 있다.

재개발은 사업단계가 진행되어 다음 단계로 넘어가면 가격도 상승한다.

재개발 투자는 두가지이다. 주거를 목적으로 취득하는 것이고 다른 하나는 중간에 매매하여 프리미엄을 받아 수익을 내는 방식이다.

투자의 방향을 설정하면 어느 단계에 투자할 것인지 결정하기가 쉽다.

◆ 간단한 재개발 투자 수익 계산법

재개발 지역에서 3억원의 주택을 보유하고 있다고 가정하자.

재개발 지역의 분양가는 조합원 분양가와 일반 분양가 둘로 나누어져 있다.

구분	금액	구분
조합원 주택가격(기존주택)	3억	감정평가액
조합원 분양가	4억	30평대
차이	1억	
조합원 권리가액	3억6천만원	비례율 120% × 감정가
조합원 추가 분담금	4천만원	권리가액 3억6천만원

조합원 분양가격이 4억이라 가정하면, 조합원 주택가격에 새로 분양 받을 주택 가격의 차이는 1억이 발생한다. 여기에 재개발 사업으로 인한 수익이 발생하면 조합원에게 비례율로 돌려준다. 감정가액×비례율을 곱하면 조합원의 권리가액 결정되고, 이 권리가액에서 조합원 분양가를 빼면 추가 분담금이 결정된다.

☞ **조합원 권리가액 : 감정평가 금액×비례율**

☞ 조합원 추가분담금 : 조합원 분양가 - 권리가액

☞ 비례율

용어	수식/설명
비례율	(종후자산평가액 - 총 사업비) / 총 종전평가액 × 100
종후자산평가액	사업이 완료된 후 조합이 얻게 되는 조합원 분양수입과 일반 분양수입을 합한 비용
총 사업비	공사비를 비롯한 모든 기타 사업비를 더한 비용
총 종전평가액	부동산가격 공시 및 감정평가에 관한 법률에 따른 감정평가업자 중 시장·군수가 선정·계약한 감정평가업자 2인 이상이 평가한 금액을 산술 평균하여 산정

추가분담금과 주택구입가격을 더하면 총 투자금이 결정이 된다. 여기에서 일반 분양가를 빼면 일반 분양가보다 얼마나 저렴하게 투자되었는지 확인할 수 있다.

또 재개발 후 아파트의 예상 가격에 투자 금액을 빼면 앞으로 발생할 기대 수익금이 어느 정도인지 예상할 수 있다.

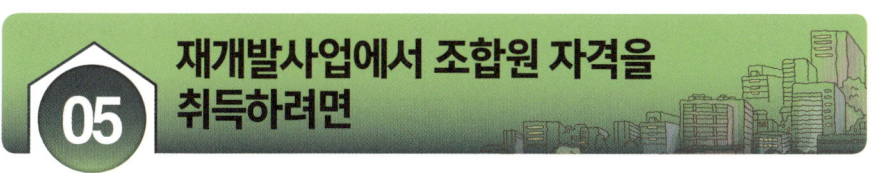

05 재개발사업에서 조합원 자격을 취득하려면

◆ 재개발지역 조합 자격

1) 토지와 건물 전체 소유자

가. 타인소유 토지위에 건물만 소유하는 경우

국·공유지에 주택을 소유한 자는 등기된 건물이던 미등기 무허가 건물이든 건물면적과 상관없이 분양권이 인정된다.

다만 서울시 구조례 적용대상이면 2003년 12월 31일 전에 서울시 신조례 대상이면 권리산정일 이전에 토지와 건물이 분리되어 있는 경우에만 인정된다.

　토지 90㎡ 이상을 단독 또는 공유지분으로 소유한 경우, 종전 토지의 면적이 90㎡ 이상이면서 권리산정일 이전 단독으로 소유권이 분리되어 있거나 공유지분으로 등기가 되어 있는 경우 분양 대상자가 된다.

　토지가 30~90㎡ 미만인 토지 소유자는 권리산정일 이전 분리가 되어야 하고 세대원 전원이 공사완료 고시일까지 무주택자이어야 한다.

　30~90㎡ 토지 소유자는 구조례만 적용되고, 신조례 적용 대상에서는 현금청산자가 된다. (서울시 신조례 2010년7월16일)

구분	토지.건물소유	건물만소유	토지만소유		무허가건축물
			90㎡ 이상	30㎡ ~ 90㎡ 미만	
소유권분리 (분할/지분등기)	해당없음	2003.12.30일 이전만 해당	2003.12.30일 이전만 해당	2003.12.30일 이전만 해당	해당없음
토지만 보유	해당없음	해당없음	90㎡ 이상	30㎡ ~ 90㎡ 이상	해당없음
무주택자	해당없음	해당없음	해당없음	세대원전원 무주택만허용	해당없음
도로	해당없음	해당없음	90㎡ 이상	해당없음	해당없음
기타				서울 구조례만 적용	

주) 도표 : 서울시 조례기준

2) 권리가액이 분양용 최소규모 공동주택 1가구의 추산액 이상인 자

　종전 토지 면적이 90㎡ 미만이라도 권리가액이 분양용 최소규모 공동주택 1가구의 추산액 이상인 자는 분양자격이 주어진다. 또 분양 신청자가 동일한 세대인 경우 권리가액은 세대원 전원의 가액을 합하여 산정할 수 있다.

3) 무허가 건축물 보유자

- 무허가 건축물을 보유하는 경우 아래 조건 중 하나에 부합하면 분양자격이 주어지며 무허가 건축물 대장에 등록되어 있어야 한다(1981년12월31일 현재기준).

- 1981년 촬영한 제2차 항공사진에 나타나 있어야 함.
- 재산세 납부대장 등 공부상 1981년 12월 31일 이전에 건축하였다는 확증이 있는 무허가 건물이어야 한다.

◈ 주택의 구분 등기시 분양대상 조합원 자격(서울시 조례기준)

1) 단독주택 구분등기 및 지분등기(1990년 4월 21일 이전 등기)

1990년4월21일 이전 단독주택을 지분 및 구분 등기시 등기한 세대는 각각 1인 조합원 자격으로 인정한다.

2) 다가구 주택의 구분등기 및 지분등기(1997년 1월 15일 이전 등기)

1997년1월15일 이전 세대별 지분 또는 구분등기되어 있을 경우 등기한 세대별로 1인 조합원 자격을 인정한다.

3) 다가구 주택을 다세대 주택으로 전환시(2003년 12월 30일 이전 등기)

2003년 12월 30일 이전 다가구 주택을 다세대로 전환한 주택을 보유하였을 경우 세대별 각 1인 조합원 자격을 인정한다. 그러나 기준 시점 이전 전환 다세대의 경우 전용면적 60㎡ 이하로 분양 배정한다.

단 전환 다세대주택의 전용 면적이 60㎡ 이상일 경우에는 분양 면적에 제한을 받지 않는다.

4) 기존 건물을 철거 후 다세대로 신축하는 경우

서울시는 2008년 7월 이후부터 서울시에서 새로 건축되는 전용면적 60㎡ 이하 다세대 주택은 재개발할 때 입주권을 주지 아니하고 현금청산한다.

서울시 조례 2008.7.30 이전까지 경기도조례 2008.07.25 이전까지 건축허가를 받아 지으면 면적 상관없이 입주권이 인정된다.

서울시에서는 건축허가를 2008.7.30 이전에 받아서 다세대를 60㎡ 미만으로 신축한 경우 수인의 분양신청자는 1인의 분양제한자로 제한한다.

그러나 2008.07.30 후 신축 다세대가 60㎡ 미만일지라도 신축 아파트 최소분양 평형이 신축 다세대평형 미만일 경우에는 분양권 대상이 된다.

신축다세대가 아파트 최소분양 평형일 경우 분양대상자격 제한의 예외를 두고 있다.

◈ 재개발사업의 특수한 사례에서 분양자격 유무

1) 구분소유적 공유관계와 분양권

서울시 조례에 의하면 하나의 주택 또는 한 필지 토지를 수인이 소유하는 경우에는 분양권 1개만 주고 있다.

다만 권리산정일 이전 2003년12월30일 이전부터 공유지분으로 소유한 대지지분이 90㎡ 이상인 자는 그러하지 않는다.

2) 협동주택의 분양권

협동주택이란 서울시 주거개량사업을 통해 80년대 중후반까지 서울시내에 지어진 주거 형태로 다세대 주택이라는 제도가 만들어지기 전에 협동주택으로 지어진 주택을 말한다. 이러한 협동주택은 등기부등본 표제부에 협동주택으로 표기되어 있다.

협동주택은 다세대 개념으로 각 세대별로 분양대상자가 된다.

3) 주거용으로 사용되는 근린상가 오피스텔

2008년7월30일 이전에 준공을 마친 근린생활시설의 건축물 중 사실상 주거용으로 사용한 건축물은 분양자격을 주도록 하였다.

다만 소유자가 재개발사업지정일 이후부터 관리처분계획일 이전까지 무주택인 경우에만 적용한다. 그리고 이러한 분양 자격은 승계한 자에게도 인정하고 있다.

4) 재개발지역에서 건물이 철거되고 대지지분만 경매로 진행되는 경우

재개발지역에서 건물이 멸실이 되고 토지만 경매로 나오는 경우, 멸실되어 소유권 이전이 불가능한 건물에 대한 조합원 권리는 넘겨 받을 수 없다.

따라서 종전 건물 소유자가 건물분 조합원의 권리를 가지게 되므로 토지 낙찰자와 공동 조합원이 된다.

06 가로주택정비사업

2012년 도시 및 주거환경 정비법이 개정되면서 도입된 정비사업이다.

노후·불량 건축물이 밀집한 가로구역에서 종전의 가로를 유지하면서 소규모로 주거환경을 개선하기 위하여 시행하는 「빈집 및 소규모주택 정비」에 의한 정비사업의 하나이다.

재개발 요건이 안되어 재개발을 못하는 지역, 재개발 사업이 취소되어 재진행이 안되는 지역들이 가로주택 정비사업 추진을 하고 있는 곳이 많아지고 있다.

◈ 사업대상지의 조건

가로구역으로 다음 세 가지 요건 모두 충족
- 사업시행구역 면적이 10,000㎡ 미만(공공성 요건 충족 시 20,000㎡까지 확대)
- 노후·불량 건축물 수가 해당 사업시행구역 전체 건축물 수의 2/3 이상

- 기존주택 수가 단독주택 10호 또는 공동주택 20세대(단독+공동 포함) 이상

◈ 사업시행 범위

출처 : 국토교통부

◈ 사업비 지원
주택도시기금 융자 및 도시재생 뉴딜사업으로 재정 지원
- (기금) 사업별 규모에 따라 총사업비의 50% 융자(금리 1.5%), 연면적 또는 세대수의 20% 이상을 공공임대주택으로 공급 시 융자 한도 상향(70%), 공공 참여시 한도 추가 상향(90%)
- (재정) 도시재생 뉴딜사업 구역 내에서 또는 도시재생인정사업(도시재생법 제26조의2)으로 선정되어 주차장 등 공용시설을 가로주택 정비사업과 함께 건축 시 건축비 지원

◈ 가로주택정비 활성화에 따른 제도 개선(1999년12월)
- 공공성 요건 충족 시 가로주택정비사업 <u>사업시행면적의 한도인 10,000㎡를 20,000㎡까지 확대</u>하는 빈집 및 소규모주택 정비에 관한특례법 시행령 개정 안이 국무회의를 2000년3월 10일에 통과하여 3월17일 시행을 앞두고 있다.
* 공공성 요건 충족 시 분양가 상한제 제외를 위한 주택법 개정안 발의('19.12)

※ 공공성 요건(4가지 요건 모두 충족 필요)
① (사업주체) LH, SH 등 공기업이 공동시행자로 사업 참여
② (확정지분제) 조합원은 적정 추가분담금을 보장받고 공공이 사업손익 부담

→ 공공이 정비사업으로부터 나오는 일반분양 가격의 결정권 확보

(저렴주택공급) 공공이 시세보다 저렴한 분양주택 및 공공임대주택(10%) 공급

(난개발 방지) 지역여건에 부합한 체계적인 사업계획이 수립될 수 있도록 10,000㎡ 이상 개발사업의 경우 지구단위계획 등 수립 및 도계위 심의 의무화

□ **공공 참여형 가로주택정비사업을 시행하는 경우 다음과 같은 추가적인 장점이 있다.**

- 전체 세대수 또는 전체 연면적의 20% 이상을 공공임대주택으로 공급하는 경우 국토계획법에 따른 법적 상한 용적률까지 건축이 가능하며, 층수제한도 완화된다.
  * 서울시 제2종일반주거지역 내의 경우 7층에서 최대 15층
- 안정적인 사업비* 조달, 견실한 시공사 선정 및 책임준공, 미분양 리스크 해소를 위한 공공의 매입확약 등으로 사업 위험요소도 크게 낮출 수 있다.
  * (조합단독) 총 사업비의 50%까지 융자 → (공공참여 및 공공임대 20% 이상 공급 시) 총사업비의 최대 90%까지 융자
- 또한, 이주비 융자금액도 종전자산 또는 권역별 평균전세가격의 70%*까지 지원(3억원 한도, 연 1.5% 이율)하여 종전 자산 평가액이 과소한 토지 등 소유자에게도 현실적인 이주비를 지원받을 수 있다.
  * 공공이 참여하지 않는 경우에는 종전자산의 70%까지만 이주비 융자 가능

◈ 소규모 주택정비사업보완(2020년5월)

1) 모든 소규모 주택정비사업 추가 지원

① 용적률 완화 조건 개선 (소규모정비법 및 서울시 조례 개정)
- 용적률 상향을 위한 최소 조건을 공적임대 20% 공급 → 공공임대 10%로 완화하고, 공공임대 공급량에 비례하여 용적률 상향 허용

② 주차장 설치의무 완화 (소규모정비법 시행령 개정)
- 소규모 정비사업 추진시 공용주차장을 함께 건설하면 의무확보 주차면수의 50%까지 설치를 면제하여 조합의 사업비 절감 지원

2) 공공참여 가로주택정비사업 추가 지원

① 분양가상한제 제외범위 확대 (주택법 시행령 개정)
- 제외 범위를 "공공성 요건*을 충족하는 10,000㎡ 이상 사업" → "공공이 참여하고 공공임대를 10% 이상 공급하는 모든 사업"으로 확대
  * (12.16 대책) 공공참여 + 확정지분제 + 저렴주택공급 + 지구단위계획 수립

② 기금융자 금리 인하 (주택도시기금 기금운용계획 변경)
- 공공이 참여하고 공공임대를 10% 이상 공급하는 가로주택정비 사업에 대해서는 기금융자 금리를 年1.5%→ 年1.2%로 인하

3) 공공기여 시 소규모 재건축 지원 신설(소규모정비법 및 서울시 조례개정)

- 증가 용적률의 50%를 소형 공공임대로 기부채납 시 도시규제 완화*
- 층수제한 완화, 중정형 인동거리 완화, 용도지역 상향 등 지원

◆ 역세권 민간 주택사업 활성화

(현황) 역세권은 직주 근접의 우수한 주거단지 조성이 가능하나 시장영향 및 무질서한 개발 우려가 있어 계획적 관리가 필요

(개선방안) 역(승강장 기준) 350m 내 주거지역(2·3종 및 준주거)에서 도시계획 수립 하에 추진하는 민간사업은 용도지역 상향 지원

* 역세권 범위를 '22년까지 한시적 확대(250m → 350m)
* 재개발 사업(舊도시환경정비사업에 한정)의 정비계획, 주택건설사업의 지구단위계획 등

- 다만, 공공성 확보를 위해 용도지역 상향시 증가하는 용적률의 1/2을 공공임대주택으로 공급 (토지 기부채납 + 건축물 표준건축비 매입)

07 재건축사업이란?

정비기반시설은 양호하나 노후·불량 건축물이 밀집한 지역에서 주거환경을 개선하기 위하여 시행하는 사업을 말한다. 아파트가 건립되어 있는 지역의 경우 연립, 다세대가 밀집한 지역보다는 도로나 학교 등 기반시설이 양호하기 때문에 보통 재건축사업으로 개발을 한다.

◆ 개발 지정 요건

- 공동주택 지역 재건축
- 건축물의 멸실로 붕괴 등 안전사고 우려가 있는 지역
- 노후, 불량건축물로 300세대 이상 이거나 그 부지 면적이 10,000㎡ 이상인 곳

◆ 재건축사업의 투자

1) 용적율이 낮은 곳에 투자해라

그래야 추가적으로 공급할 수 있는 세대수가 많아 일반 분양이 많아진다.
일반 분양이 많아 지면 사업 수익성이 좋아 추가 분담금이 줄어든다.

2) 매입시기를 정해야 한다.

투기과열지구는 원칙적으로 조합설립 이후 양도가 되지 않는다. 투기과열지구

재건축 투자는 조합설립 이전에 투자를 해야 한다.

입지도 중요하지만 단지의 규모가 커야 한다. 또한 주변 시설이 좋은 곳을 찾아야 한다.

대지지분이 넓은 곳에 투자해라. 토지면적에 비해 세대수가 많으면 대지 지분이 적어 사업수익성이 떨어진다.

◈ 재건축사업 투자에서 주의할 점

재건축은 재개발 사업에 비해 규제가 많다.

투기 과열지구내 재건축 사업구역에서는 조합 설립 후 원칙적으로 조합원 지위가 양도가 되지 않는다. 투기과열지역 내에서는 조합설립 이전에만 투자 가능하고 이후는 사실상 투자가 힘들다고 봐야 한다. 그러나 경매에서는 이 제한을 받지 않는다. 재건축 지역의 조합원 부동산이 경매로 진행될 경우에는 조합원 지위가 승계되기 때문이다.

☞ 투기과열지역내 조합원지위 양도 규정

① 세대원 전원이 다른 도시로 이사하거나 근무, 생업, 치료(건강상 1년 이상 치료가 필요한 경우에 한함), 취학, 결혼 등의 사유가 있을 때
② 상속받은 주택으로 세대원 전원이 이사를 할 경우
③ 해외 이주 혹은 2년 이상 체류할 경우
④ 국가 지자체 금융기관 등에 의한 경·공매로 소유권이 이전될 경우
⑤ 10년 이상 보유하고 5년 이상 거주한 1가구 1주택자일 경우

2017년 8.2부동산대책에는 투기과열지구 내에서 재건축/재개발 사업을 분양받은 사람은 분양 받은 후 5년 이내에는 투기과열지구의 조합원 분양이나 일반분양을 받을 수 없도록 하는 재당첨 금지 규제 조항이 포함되어 있다.

2020년 6월17일 부동산 대책에는 수도권 투기과열지구의 재건축단지에서는 조합원 분양신청시까지, 2년 이상 거주해야 조합원 분양신청이 가능하다.

도시 및 주거환경정비법 개정 후에(20년12월) 최초 조합설립인가 신청 사업부터 적용한다.

◈ **재건축사업 진행 절차**

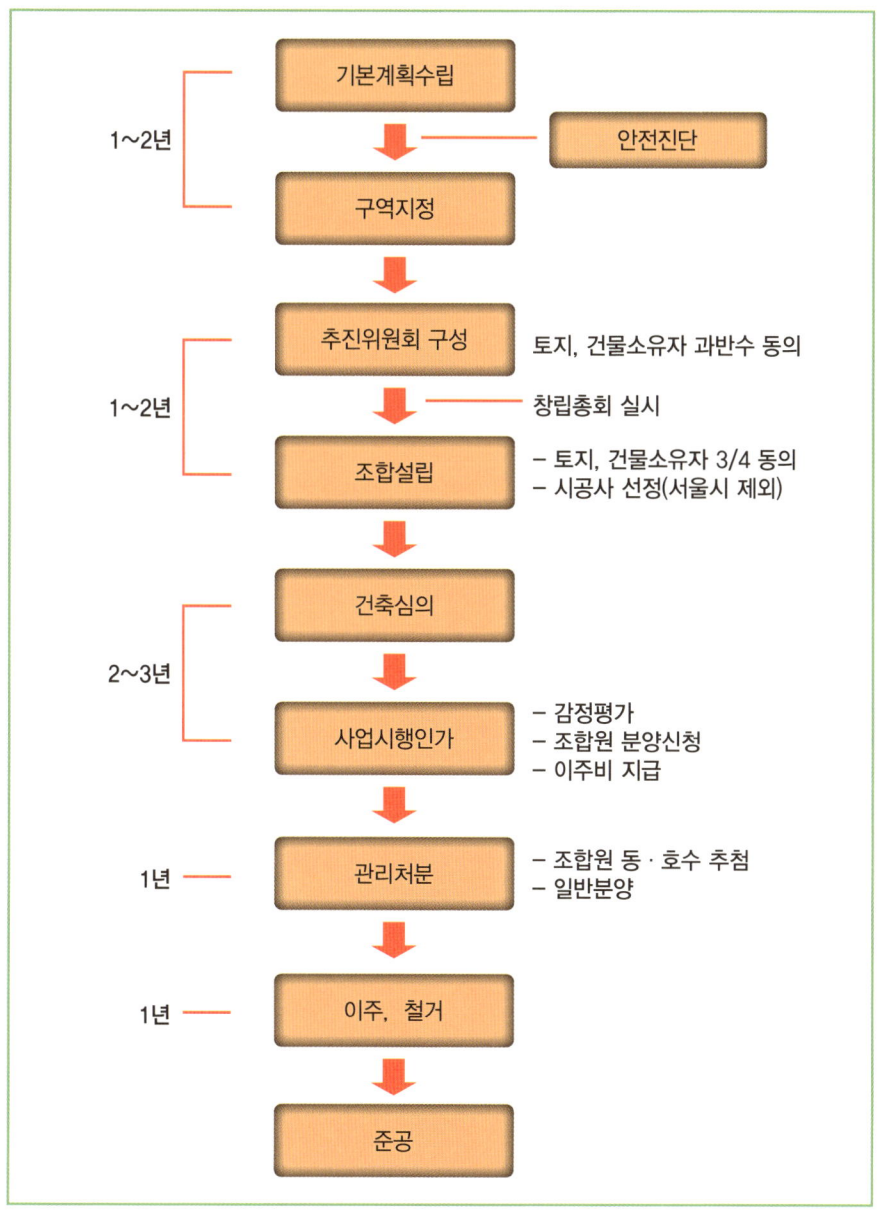

1) 기본계획의 수립

① 특별시장·광역시장·특별자치시장·특별자치도지사 또는 시장은 관할 구역에 대하여 도시·주거환경정비기본계획(이하 "기본계획"이라 한다)을 10년 단위로 수립하여야 한다. 다만, 도지사가 대도시가 아닌 시로서 기본계획을 수립할 필요가 없다고 인정하는 시에 대하여는 기본계획을 수립하지 아니할 수 있다.

② 특별시장·광역시장·특별자치시장·특별자치도지사 또는 시장(이하 "기본계획의 수립권자"라 한다)은 기본계획에 대하여 5년마다 타당성 여부를 검토하여 그 결과를 기본계획에 반영하여야 한다.

2) 재건축사업의 안전진단

주택의 노후·불량 정도에 따라 구조의 안전성 여부, 보수비용 및 주변여건 등을 조사해 재건축 가능 여부를 판단하는 작업. 재건축추진조합 측이 해당 시장이나 군수, 자치구청장 등에게 신청하며 신청을 받은 자치단체장은 안전진단을 실시할 기관을 지정해야 한다.

평가항목은 지반상태를 비롯해 균열, 노후화, 건물마감, 주차, 일조, 소음환경, 도시미관 등이다. 예비진단을 통과할 경우 정밀안전진단을 실시할 수 있다. 대상 건축물은 A등급부터 E등급까지 평가 결과가 세분화된다. E급은 즉시 재건축이 승인되지만 A~D등급은 건물 마감 및 설비성능, 주거환경 평가 등을 거친 뒤 다시 경제성이 검토된다. 재건축 이전보다 경제성이 없다고 판단되면 D급: 리모델링이나 조건부 재건축(재건축 시기조정), A~B급: 일상적 유지관리 등으로 분류돼 재건축 시행시기가 최종 조정된다.

3) 정비구역의 지정

안전진단이 통과된 후 기본계획에 적합한 범위에서 노후·불량건축물이 밀집하는 등 대통령령으로 정하는 요건에 해당하는 구역에 대하여 제16조에 따라 정비계획을 결정하여 정비구역을 지정(변경지정을 포함한다)할 수 있다.

4) 추진위원회 구성 및 승인

추진위원회는 토지 및 건물 소유자의 과반수 이상 동의를 얻어 위원장을 포함한 5인 이상의 위원회를 구성하고 시·군·구청장의 승인을 받아야 한다.

– 업무의 범위

- 정비사업전문관리업자의 선정 및 변경
- 설계자의 선정 및 변경
- 개략적인 정비사업 시행계획서의 작성
- 조합설립 인가를 받기 위한 준비업무
- 추진위원회 운영규정의 작성
- 토지등소유자의 동의서의 접수
- 조합의 설립을 위한 창립총회의 개최
- 조합 정관의 초안 작성
- 그 밖에 추진위원회 운영규정으로 정하는 업무

5) 조합설립 인가

주택공사 등이 아닌 자가 정비사업을 시행하고자 하는 경우 토지 및 건물 소유자로 구성된 조합을 설립해야 한다

주택재건축사업의 추진위원회가 조합을 설립하고자 하는 때에는 단지 내 공동주택의 각 동별 구분소유자의 과반수 동의와 단지 내 전체 구분소유자의 4분의 3 이상 및 토지면적의 4분의 3 이상의 토지소유자의 동의를 얻어 시장·군수의 인가를 받아야 한다.

재건축사업은 조합설립에 동의하는 자만이 조합원이 되고, 동의하지 않는 자는 조합원이 될 수 없다.

6) 조합설립 후 시공사 선정

추진위원장 또는 사업시행자(청산인을 포함한다)는 이 법 또는 다른 법령에 특별한 규정이 있는 경우를 제외하고는 계약(공사, 용역, 물품구매 및 제조 등을 포함한다. 이하 같다)을 체결하려면 <u>일반경쟁에 부쳐야 한다.</u> 다만, 계약규모, 재난의 발생 등 대통령령으로 정하는 경우에는 입찰 참가자를 지명(指名)하여 경쟁에 부치거나 수의계약(隨意契約)으로 할 수 있다.

7) 사업시행 인가

조합설립 인가를 받은 다음에는 사업시행 인가를 받아야 한다.

사업시행 인가는 조합이 추진하고 있는 주택건설 사업에 관한 일체의 사업 내용을 최종적으로 확정하는 단계이다.

사업시행 인가 후 감정평가와 조합원 분양 신청을 실시한다.

8) 관리처분계획인가!

재건축 절차 중 마지막 단계이다.

사업시행자는 제72조에 따른 분양신청기간이 종료된 때에는 분양신청의 현황을 기초로 다음 각 호의 사항이 포함된 관리처분계획을 수립하여 시장·군수 등의 인가를 받아야 하며, 관리처분계획을 변경, 중지 또는 폐지하려는 경우에도 또한 같다. 다만, 대통령령으로 정하는 경미한 사항을 변경하려는 경우에는 시장·군수 등에게 신고하여야 한다. 〈개정 2018. 1. 16.〉

9) 철거 및 이주

◈ 재건축사업에서 조합원 자격

재건축은 정비구역 내 건축물과 그 부속토지 모두를 소유하고 있어야 하고 재건축 사업에 동의한 자만이 조합원 자격을 취득한다.

재건축에서는 토지 또는 주택만 보유한 자는 조합원이 될 수 없고, 조합설립에 동의하지 않는 사람도 조합원이 될 수 없다. 조합원 자격을 취득하지 못하면 현금청산된다.

◈ 재건축사업에서 분양권

토지 등 소유자에게는 소유한 주택의 수만큼 공급한다.

과밀억제권에 위치하지 아니한 재건축사업의 토지 등 소유자

과밀억제권역에서 투기과열지구가 아닌 재건축 사업은 3주택 공급

종전 자산평가액 또는 주거전용면적의 범위 내에서 2주택 공급

과밀억제권 내 투기과열지역내에서는 종전자산평가액 또는 주거전용 면적의 범위 내에서 2개 분양권을 공급받을 수 있다.

1+1 입주권 제도라 하는데 내가 가지고 있던 종전 주택의 자산평가액 또는 종전 주택의 주거전용면적이 크다면 그 범위 내에서 2개의 분양권을 받을 수 있다.

다만 2개의 입주권 중 1개는 전용면적 80㎡ 이상과 1개는 전용 면적 60㎡ 이하의 소형 주택이어야 한다.

이때 추가로 받은 소형 주택 60㎡ 이하의 소형주택은 이전 고시일로부터 3년 이내 전매가 금지된다.

이런 1+1으로 분양 받은 아파트는 3년이 지나기 전에는 각각 분리해서 매각할 수 없고, 2주택을 함께 매각해야 한다.

◈ 재건축과 초과이익 환수제 및 부과대상

2006년 시행되었으나 주택시장 침체 등으로 인해 2013년부터 2017년까지 유예되었다가 2018년 1월부터 다시 시행되는 정책이다.

2018년도부터 전국 모든 재건축 단지는 초과이익환수제가 적용된다.

2018년1월2일까지 관리처분 인가 신청을 하지 못한 재건축 단지는 초과이익 환수 대상이다. 2017년12월31일까지 관리처분 인가를 신청한 재건축 사업장은 제외된다.

◈ 재건축 초과이익 환수 방법

재건축 초과이익환수제는 최초 조합설립추진위원회의 승인일(부과개시시점)부터 준공인가일(부과종료시점)까지의 주택상승금액에 정상주택가격상승분(재건축을 하지 않았을 경우의 자연 상승분)과 개발비용을 제하고 남는 금액에 대해서 과세를 하는 것인데, 부과 개시와 종료시점의 가격은 한국감정원의 고시가격을 기준으로 한다.

남는 금액이 3,000만원까지는 부과하지 않고 그 이상의 금액 부분에 대해서는 금액별로 차등 부과하며 그 금액이 1억 1천만 원을 초과하는 경우에는 초과금액의 50%까지 부과한다.

▶ 부과 개시시점 : 최초 조합설립추진위원회 승인일
▶ 부과 종료시점 : 준공인가일
▶ 부과기준 : 재건축 종료시점(준공인가일)의 주택가액 - 개시시점(추진위원회 설립 승인)의 주택가액 - 정상주택가격 상승분 - 개발비용

재건축 부담금 부과율

조합원 1인당 평균이익	부과율 및 부담금 산식
3천만원 ~ 5천만원	3천만원 초과금액의 20%
5천만원 ~ 7천만원	200만원 + 5천만원 초과금액의 20%
7천만원 ~ 9천만원	600만원 + 7천만원 초과금액의 30%
9천만원 ~ 1억1천만원	1200만원 + 9천만원 초과금액의 40%
1억1천만원 초과	2000만원 + 1억1천만원 초과금액의 50%

예) 재건축 부담금은 얼마일까?

재건축으로 2억5천만원 이익이 발생하면

2천만원 + 초과이익(2억5천만원) − 1억1천만원 × 50% = 9천만원

9천만원이 초과이익 환수로 세금이 발생한다

◈ 간단한 재건축 수익계산법

재개발에서는 사업수익에 따라 비례율이 결정되고, 재건축에서는 사업 수익성에 따라 무상지분율이 결정된다.

대지지분이 20평인 15평 아파트를 보유하고 있고, 무상지분율이 150% 인 경우 30평까지 무상으로 받을 수 있다. 여기에 35평 아파트를 분양 받을 경우 5평에 대해 추가 분담금을 납부해야 한다.

20평(대지지분) × 무상지분율(150%) = 30평

분양신청 35평(평당2천만원) : 분양가 7억

추가 분담금 : 30평(지분율)−35평(분양신청평형) =5평(5평 × 2천만원)=1억원

이렇게 계산하여 보면 재건축 총 투자금액이 나오고 향후 재건축 분양 후 예상 시세를 빼 보면 재건축 투자 수익금을 추정할 수 있다.

☞ 무상 지분율

재건축사업 중에서도 지분제 사업에만 해당된다.

무상지분율은 시공사가 대지지분을 기준으로 어느 정도의 평형을 추가부담금 없이 조합원 등에게 부여될 수 있는가를 나타내는 비율이다.

− 무상지분율 계산하는 방법

총수입(총 분양수입) − 총 지출비용(총 사업비) = 순이익(개발이익)

개발이익 / 3.3㎡당 평균 분양가 = 개발이익 평수(전체 무상지분 면적)

무상지분율 = 전체무상지분 면적 / 총 대지면적 × 100

같은 대지지분이라고 하더라도 무상지분율이 높을수록 무상으로 배정받을 수 있는 면적이 커질수록 수익성이 높아진다.

08 재개발, 재건축사업구역 내에서 경매투자 사례

◈ 토지만 공매로 매각된 사례

경기도 덕소 재개발 지역의 토지 공매 물건이다. 재개발 지역에서는 건물 또는 토지를 일정 면적 이상 취득하면 조합원이 될 수 있다.

토지를 낙찰 받으면 관리처분 이전까지는 주택으로 포함되지 않는 장점이 있다. 또한 주택이 아닌 토지를 취득하니 규제 지역이라 해도 대출에 영향을 미치지 않는다.

그래서 재개발 지역의 토지가 경매 또는 공매로 진행되면 장점이 있다.

토지를 낙찰 받을 경우 시조례에서 정한 일정 면적 이상을 취득해야만 조합원 자격을 취득할 수 있다. 서울기준 90㎡ 이상 취득하면 조합원 자격이 주어진다.

재개발 지역내에 경매 또는 공매가 진행되는 건물, 토지가 있을 경우 현재 소유자의 조합원 유무를 확인하고 입찰해야 한다. 낙찰로 조합원의 자격을 승계 받을 수 있는지 조합 사무실에 확인해야 하며, 재개발 진행이 어느 단계까지 진행됐는지도 파악을 하고 입찰에 참여해야 한다.

◆ 재개발사업구역 내에서 주택이 경매로 매각된 사례

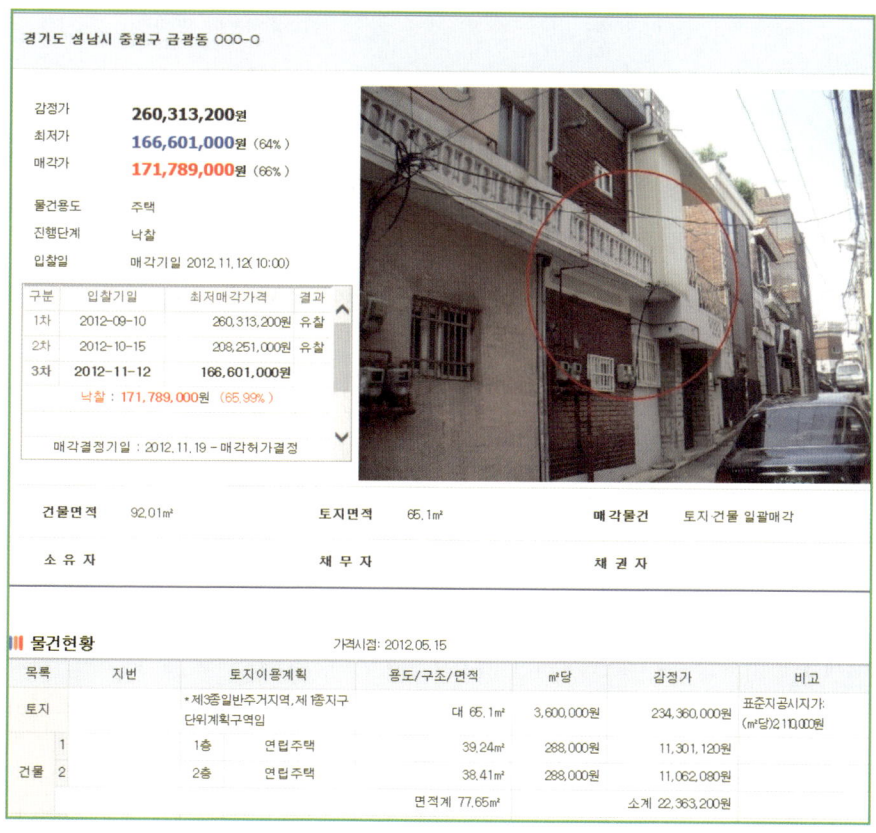

임차인현황

말소기준권리: 2008.09.11 · 배당요구종기: 2012.07.09

임차인	점유부분	전입/확정/배당	보증금/차임	배당예상금액	기타	대항력
	주거용 미상	전 입 일: 2000.09.19 확 정 일: 미상 배당요구일: 없음	미상	배당금 없음		
	주거용 1층전부	전 입 일: 2009.04.07 확 정 일: 2009.04.07 배당요구일: 2012.05.02	보15,000,000원	소액임차	임차권등기자, 경매신청인	없음

기타사항: 임차인수: 2명, 임차보증금합계: 15,000,000원

건물등기부

구분	접수일자	권리종류	권리자	채권금액	비고	말소
	2006-04-06	소유권이전(매매)				
	2008-09-11	근저당	경	182,000,000원		말소
	2010-03-16	가압류	병	20,000,000원		말소
	2010-03-17	가압류	신	10,000,000원		말소
	2010-11-26	가압류	구	3,900,000원		말소
	2011-06-16	주택임차권(1층전부)	을	15,000,000원	전입:2009.04.07 확정:2009.04.07 차 임 금250,000원	말소
	2011-09-30	가압류		7,000,000원		말소
	2012-05-02	강제경매	무	청구금액: 12,000,000원		말소
	2012-05-08	임의경매	정 은행	청구금액: 140,000,000원		말소

경기 성남지역 재개발 경매 물건이다.

2층 주택에 말소기준 등기 이전 대항력 임차인이 있지만 거주를 하지 않아 인수하는 권리는 없다.

사업시행인가 후 낙찰 받은 물건으로, 조합설립 이후 단계라면 현 소유자의 조합원 승계 관련 사항을 조합사무실에 문의 후 입찰에 참여해야 한다.

만약 조합원이 아니면 조합원 지위를 승계 받지 못하여 현금 청산자가 되기 때문이다.

재개발 지역 경매 입찰 물건은 사업단계가 어디까지 진행되었는지 확인해야 한다. 재개발의 수익은 초기에 투자해서 준공까지 보유해야 큰 수익을 볼 수 있다.

그러나 투자를 한곳에 오래 보유하는 것보다 여러 물건을 회전시키면 수익이 더 커질 수 있다.

재개발투자의 큰 매력은 초기에 적은 자금을 투자하여 큰 수익을 내는 것이다. 개발이 진행되면 단계별로 금액이 상승하기 때문이다. 재개발은 헌집을 철거하고

새집을 공급하는 사업이다. 즉 헌집 가격이 신규아파트로 변하면 가격이 얼마나 상승하는지 가늠할 수 있다. 서울에 2억짜리 빌라가 재개발로 인해 8억으로 가격 상승한 지역들이 여러 곳 있다. 재개발은 적은 돈으로 투자하여 큰 수익을 만드는 투자 방식이다.

◆ 앞으로 재개발과 재건축사업의 전망

간략하게 말하자면 재개발, 재건축의 투자는 아직까지 수익성이 좋다.

특히 서울 같은 경우에는 주택 공급이 부족하여 향후 재개발, 재건축을 지속적으로 진행할 것으로 판단된다.

정부는 집값안정을 위해 여러 차례 부동산 정책을 발표하였지만, 서울 지역은 아직까지 수요보다 공급이 부족한 실정이다. 이로 인해 정부의 수요억제 정책에도 불구하고 서울만 가격이 상승하고 있다.

정부에서 3기 신도시 30만 가구와 2020.08.04 서울권역 중심 13만 가구 추가 공급 계획을 발표하였지만, 향후 서울지역의 주택 공급에 대한 현실성이 떨어지고, 수요에 대한 공급이 되지 않아 서울 지역의 주택가격은 안정되지 않고 있는 게 현실이다.

서울지역에 주택을 공급하려면 정비구역을 확대 지정하여 주택을 공급하는 방법 밖에 없다. 서울은 타 지역처럼 유휴 부지가 없어 단기간 신규 주택 공급이 어렵다. 주택의 수를 늘리려면 기존 주택을 재개발, 재건축하여 신규 주택공급을 늘리는 방법 밖에 없다.

서울의 주택 노후도는 현재 심각하다 2018년 기준 30년 이상 노후된 주택의 비율이 40%를 넘어섰다. 노후 주택이 많아 신규주택의 수요도 증가하고 있다. 수요가 증가하면 공급을 통해 주택시장을 안정화시켜야 한다. 수요억제 정책이 제대로 되지 않아 정부도 공급에 눈을 돌리기 시작했다.

이제 정부도 서울에 공급을 해야 되는 절박한 실정을 알고 규제와 공급정책을 병행하기 시작했다. 서울지역의 주택 수요가 해소되야 전국주택 가격을 안정화시킬 수 있다.

주택 수요를 해소시키기 위해서는 공급을 늘려야 하고, 공급을 늘리기 위한 방법으로는 재개발, 재건축을 확대해야 한다.

주택가격 안정을 위해 서울지역 주택 공급이 시급하다. 정부도 서울지역 주택 공급을 늘릴 것으로 예상된다. 공급을 늘리는 방법은 한가지 방법 밖에 없다.

서울에 아파트를 구입한다면 많은 투자자금이 필요하다. 그러나 재개발, 재건축을 보고 미리 투자한다면 많은 투자 이익을 실현할 수 있다. 물론 시간이 많이 걸리는 것은 단점이지만 구역이 지정되고, 단계별 사업이 진행되면 가격은 많이 상승한다.

재개발, 재건축 예정 지역에 투자를 하다면, 성공적인 투자가 될 것이다.

현재 주택에 투자 계획이 있다면, 서울지역에 집중해라. 돈이 있으면 맞추어 집을 사면 되지만 자금이 넉넉하지 않으면 재개발, 재건축이 가능한 지역에 투자를 해라.

재개발, 재건축을 활성화하여 공급 정책으로 전환될 것으로 예상되기 때문이다.

재개발, 재건축 투자는 적은 투자금액으로 신규 아파트를 분양 받을 수 있는 부동산 투자 방식이다. 장기적으로 보고 투자한다면 좋은 결과가 있을 것으로 판단된다.

PART
27

수도권 교통망 추진 계획

수도권 광역철도망 GTX

◆ 수도권 GTX

수도권 외곽에서 서울 도심의 주요 거점을 연결하는 수도권 광역급행철도로, 2007년 경기도가 국토부(당시 국토해양부)에 제안해 추진됐다. 기존 수도권 지하철이 지하 20m 내 외에서 시속 30~40km로 운행되는 것에 비해 GTX는 지하 40~50m의 공간을 활용, 노선을 직선화하고 시속 100km 이상(최고 시속 200km)으로 운행하는 신개념 광역교통수단이다.

서울 도심권과 서울 위성도시를 빠른 시간 내에 연결하는 것이 목적이다.

GTX의 노선은 수도권 집중화를 분산시키고 위성도시의 개발 및 기업 유치 등을 통해 경쟁력 있는 자족도시로 만들어 도시를 활성화하는데 목표가 있다.

GTX 노선은 3개 노선이 확정이 되었고, 1개 노선이 추가 지정 예정에 있다.

◆ GTX 영향이 부동산에 미치는 효과

GTX로 인해 부동산의 지각변동이 예상된다.

첫번째 주거지 선택의 폭이 넓어져 수도권GTX 역 주변은 수요 증가로 인해 부동산 가격 상승 및 지역이 발전될 전망이다.

두번째 강남의 빨대 효과가 나타날 것이다. 교통혁명으로 인해 서울로 쇼핑과 문화생활이 집중되어 서울 역세권의 상권은 더욱더 커질 것으로 전망된다.

세번째 GTX 비영향권 지방과 GTX역세권 지역은 부동산 시장의 지역간 차이가 가속화될 것으로 예상된다.

노선	A노선	B노선	C노선
구간	파주운정 – 동탄	인천송도 – 마석	양주덕정 – 수원
역사	10개	13개	10개
시간	일산~서울역(52분→) 14분	송도~서울역(82분→)27분	수원~삼성역(78분→)22분

02 GTX A노선

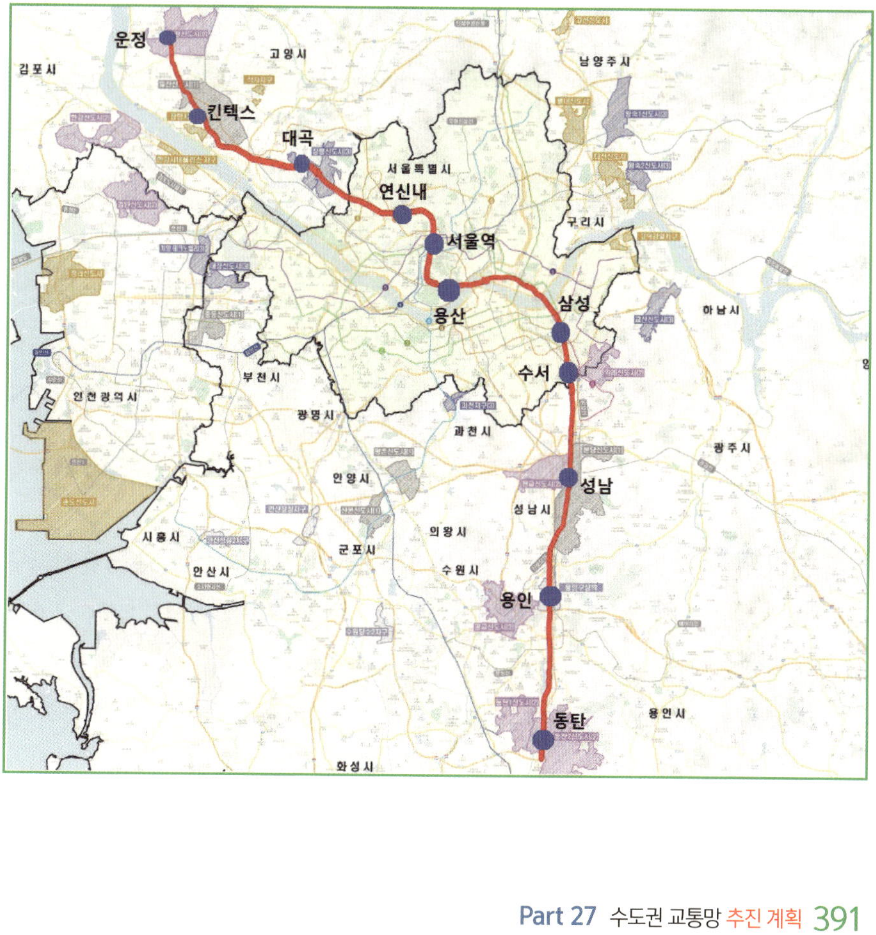

Part 27 수도권 교통망 추진 계획

경기도 파주시에서 출발하여 서울특별시 은평구·중구·강남구와 경기도 성남시·용인시를 거쳐 화성시까지 10개 역으로 83.1km를 운행된다. 동탄역~삼성역까지 77분 ▶19분, 일산~서울역까지 80분 ▶ 20분으로 단축된다.

2017년 3월 삼성역~동탄역 구간이 재정사업으로 착공을 일부 시작, 일산~삼성역은 정부 40%, 민간 60% 분담하는 민간사업으로 진행된다.

2018년에 착공한 뒤 2023년에 개통할 예정이다.

◆ 운정역

운정3지구 상업지역에 GTX역사가 들어 선다. 미분양이 속출하던, 운정지구는 GTX호재로 인해 미분양이 해소가 되고, 획기적인 교통개선으로 주택가격이 상승하고 있다.

특히 GTX역사가 들어설 운정 역세권 지역의 주거지역은 투자 가치가 있어 관심을 가져 볼만하다.

◎ 파주 운정 신도시

- 사업면적 : 16,477,000㎡
- 사업규모 : 205,000명/78,000세대
- 사업기간 : 2003~2023-12

◆ 킨텍스역

　킨텍스 예정역은 킨텍스 4거리로 일산신도시에 정차하는 GTX역이다. 서울역까지 20분 소요된다.

　일산 킨텍스역은 국내 최대 규모의 컨벤션 전시시설인 킨텍스가 위치해 있고, 방송영상밸리, CJ라이브시티, 청년스마트타운 등 대규모 개발사업들도 인근에서 계획 진행되고 있다.

　일산 JDS 지구의 핵심지역으로 업무시설 중심으로 자족복합도시로 개발을 계획하고 있다.

(100만평 개발)한류월드, 테마파크, 방송영상밸리, 일산테크노밸리, 제3킨텍스 전시장 등 대규모 공영개발 사업이 진행 중이다. 향후 김포와 인천검단까지 인천 2호선으로 연결이 된다.

◈ JDS지구(장항, 대화, 송포)

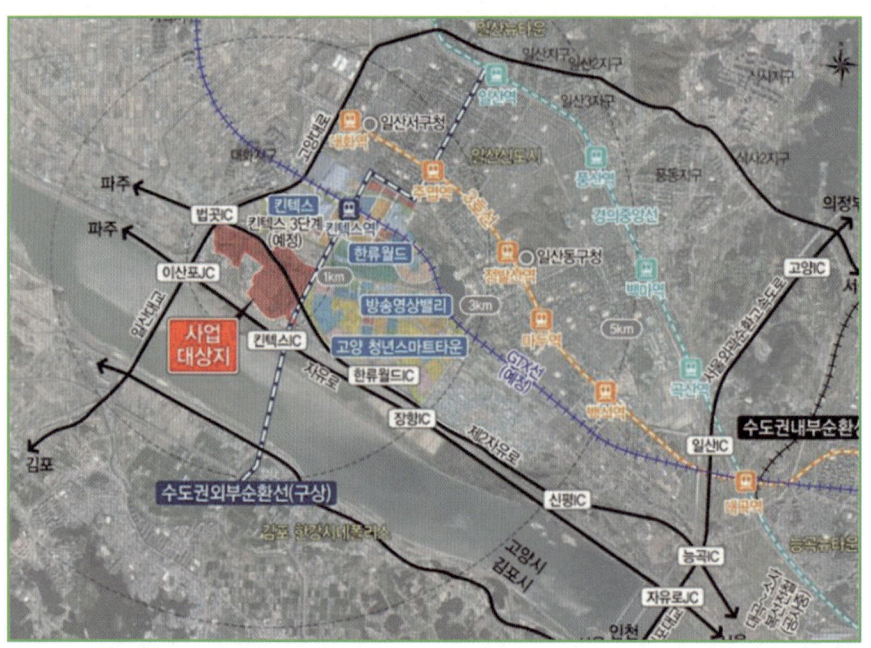

자료 : 고양시청

일산 JDS지구는 일산신도시 1.8배 면적의 대규모 개발 사업이다. 방송영상 밸리, 스마트타운, 테크노밸리 및 주거복합단지로 조성이 된다. 공공주택은 1만2천세대가 공급될 계획이다. 토지보상으로 약 2조7천억원이 풀릴 것으로 예상이 되며 JDS지구가 자족도시의 기능을 수행하도록 2035년 고양시 기본계획을 수립 중에 있다. JDS사업은 정부주도 개발사업으로 진행될 예정이다

◆ 대곡역

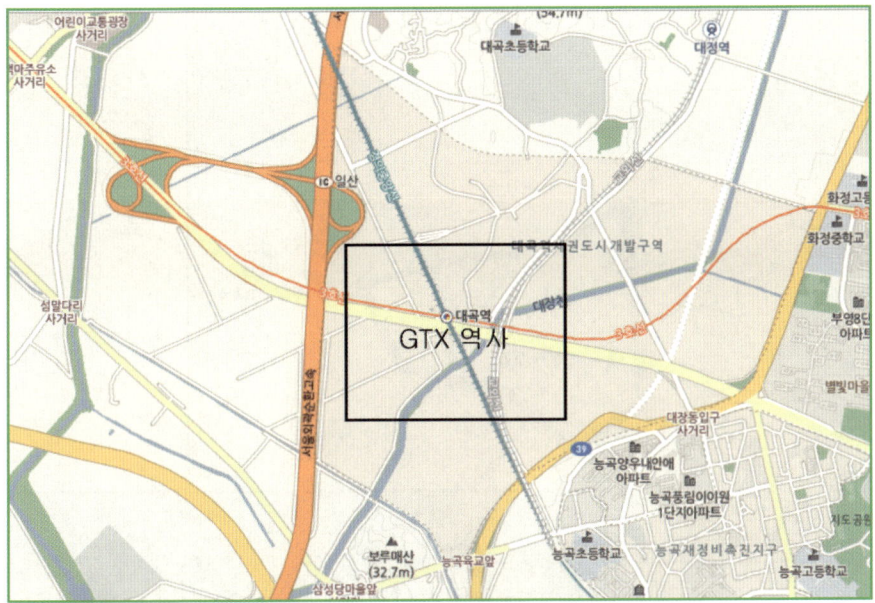

　대곡역은 지하철3호선과 경의 중앙선이 연결되어 있다. 2021년 소사–원시선과 개통되어 대곡역까지 연장될 예정이다.
　또한 GTX노선이 신설되어 4개 호선이 대곡역으로 연결될 예정으로 교통이 크게 좋아진다.
　또한 대곡역 일대 54만평의 역세권 일대를 1조8천억을 투입하여 역세권 개발사업이 추진될 예정에 있다.
　인근 능곡동에는 재개발사업이 6개 구역으로 진행되며 4구역은 해제된 상태이다.
　2024년까지 입주 예정이며 전체 9,700세대 규모의 신규 아파트가 공급된다.

◆ 대곡 역세권 개발

자료 : 고양시청

2020년 개발제한구역을 해제하여 54만평 도시개발이 추진된다.

개발제한구역을 해제하고 2025년까지 복합환승센터 건립과 첨단지식산업단지, 상업지구, 업무, 주거시설 등 첨단 자족도시로 조성하는 사업이다.

2020년10월 실시 계획인가 예정이며 2023년 착공에 들어가 2026년 단지 조성에 들어갈 계획에 있다. 총 예산은 1조8천억원이 투입될 예정이다. 그러나 사업 파트너로 나섰던 한국철도시설공단이 사업참여를 포기하여 사업지연이 불가피해졌다. 현재 LH에 사업참여 제안을 한 상태이며 타당성 조사를 다시 해야 되는 상황이다.

◆ 연신내역

　GTX연신내역은 기존 지하철 노선과 연계되는 장점이 있다. 현재 연신내역은 기존 3, 6호선 출입구를 이용해 연계시킬 것으로 예상된다. 연신내역은 GTX까지 들어서면 트리플 역세권이 된다.

　GTX로 삼성역까지 이용하면 10분대에 강남까지 도달한다. 연신내 일대는 주택밀집 지역이다. 현재 갈현 1구역이 재개발이 진행되지만, 빌라, 다세대 지역이 많아 재개발이 쉽지는 않은 지역이다.

　현재 부분적으로 지역주택조합사업이 진행되고 있다.

　GTX개통으로 향후 개발 압력을 계속 받을 것으로 예상되며, 수요 또한 증가할 것으로 예상된다.

◆ 서울역

　GTX서울역은 기존역과 연계하여 사용한다. 서울역 개발은 서울 - 용산역간 지하화, 서울역 복합환승센터 건립, 서울역 북부역세권 개발 등의 개발계획이 있다.

　북부역세권 개발은 철도용지에 1조3천억을 들여 컨벤션센터, 업무시설 등 40층 규모의 호텔, 쇼핑센터를 건설한다. 현재 서울역을 이용하는 노선은 총 7개 노선이다.

　향후 5개 노선이 추가될 예정이다(KT×-수색광명, GTX-B, GTX-A, 신분당선, 신안산선).

　이로 인해 북부 역세권개발과 함께 전노선을 지하화하고 지상에 판매, 호텔, 관광, 업무시설을 건설해야 된다는 이야기가 있다.

　향후 서울역의 철도량이 증가되면 역사 전체가 지하화 될 가능성이 높다.

자료 : 서울시

◆ 삼성역

자료 : 서울시

GTX삼성역은 GTX A, C노선이 겹치는 GTX더블역세권이다.

2호선을 연계한 환승역이 들어선다. 삼성역은 GTX핵심 수혜지로 강남역을 능가할 잠재력을 가지고 있다. 현대 글로벌비지니스센터와 영동대로 복합환승센터 등 집중력 있는 시설이 들어선다. GTX로 인해 위성도시의 교통이 획기적으로 개선이 되면 강남을 능가할 수 있는 상권이 형성될 것으로 예상된다. GTX-A, GTX-C, 위례신사선, 지하철 9호선 등이 추가 연결되어 삼성역의 유동인구 증가로 인해 강남의 중심이 될 것으로 예상된다.

이로 인해 삼성동에 위치한 아파트와 상업시설의 가치가 상승세를 이루고 있다.

◆ **영동대로 복합 환승센터**

자료 : 국토교통부

영동대로 복합 환승센터 개발사업이 4개 공구로 나누어 2019년 발주된다.

1조7천억을 투입하여 지하 6층 연면적 4,800평 규모로 건립된다. 코엑스와 현대글로벌 비지니스센터 사이에 대형광장도 조성된다.

환승센터에는 쇼핑몰, 문화공간, 주변 건물과 연결되는 통로 등이 조성되어 유명 명소로 자리 잡을 것으로 예상된다.

2019년 발주되어 2023년 개통을 목표로 두고 있다. 하루 이용객 60만명 이상 예상되며 세계적인 규모의 대중교통 hub로 재탄생된다.

◈ 수서역

GTX수서역은 SRT, GTX, 3호선, 수서-광주선.분당선. 5개 철도 노선이 된다. 한국철도시설공단은 SRT 수서역 일원 102,208㎡ 규모의 철도부지를 대상으로 고밀도 복합개발사업 추진하기 위한 민간사업자 공모를 실시하였다.

입체적 환승센터를 구축하고, 환승센터와 연계한 판매·숙박·업무·문화집회 등의 지원시설을 건립해 고속철도 중심의 랜드마크로 건립 계획에 있다.

수서 역세권 개발이 내년 착공 계획 중에 있다. 수서 역세권 사업개발은 업무·유통·주거시설의 복합도시로 6,700억원을 투입하여 건설한다.

◆ 수서역세권 개발

자료 : 강남구청

수서역세권 지구는 수서고속철도(SRT) 수서역 일대 386,390㎡ 규모다. 그린벨트로 묶여 있다가 공공주택지구로 지정됐다.

환승센터구역, 상업구역, 역세권 주거생활구역 등 3개 구역으로 개발되며 행복주택 1,900가구 포함 총 2,530세대가 공급된다.

2021년 기반시설 완료 후 2025년 완공 계획에 있다.

◆ 성남역

　성남 GTX역은 판교역과 이매역 중간 위치하고 있고 양 방향으로 750m 떨어진 거리에 역사가 위치하여 있다. 신분당선, 분당선, 경강선 등과 환승 가능한 위치이다.
　성남시는 GTX와 연계방침으로 성남 1, 2호선을 계획하여 GTX노선과 연계하는 연결 계획을 수립하고 있다.

◆ **용인역**

GTX구성역은 경부고속도로와 구성역 사이에 위치한다.

구성역과 환승출입구가 연결되고 고속도로 건너편에 출입구가 생긴다.

GTX 고속도로 건너편 보정동 지역은 도시개발이 추진될 예정이다.

경기용인 플랫폼시티 개발 계획이 있다.

토지이용계획에는 1만1088세대가 들어설 주거용지 36만여㎡ 외에 첨단산업용지 44만㎡, 상업용지 21만㎡, 공원·녹지 85만㎡를 포함한 도시기반용지 158만㎡와 핵심시설 등이 들어서는 복합용지 15만㎡ 등이 반영됐다. 시는 GTX 용인역과 분당선 구성역이 교차하는 더블역세권 일대를 복합용지로 분류해 수도권 남부 교통의 핵심거점이 될 복합환승센터를 조성할 예정이다. 특히, 14만㎡를 차지해 용산역 복합환승센터(약 13만㎡)보다도 넓은 이곳 복합용지에는 호텔·컨벤션센터·문화시설·복합쇼핑몰을 갖춘 용인 플렉스(PLE×)를 조성해 MICE 산업의 새로운 중심으로 육성하는 방안도 구상하고 있다.

◈ 용인 플랫폼시티

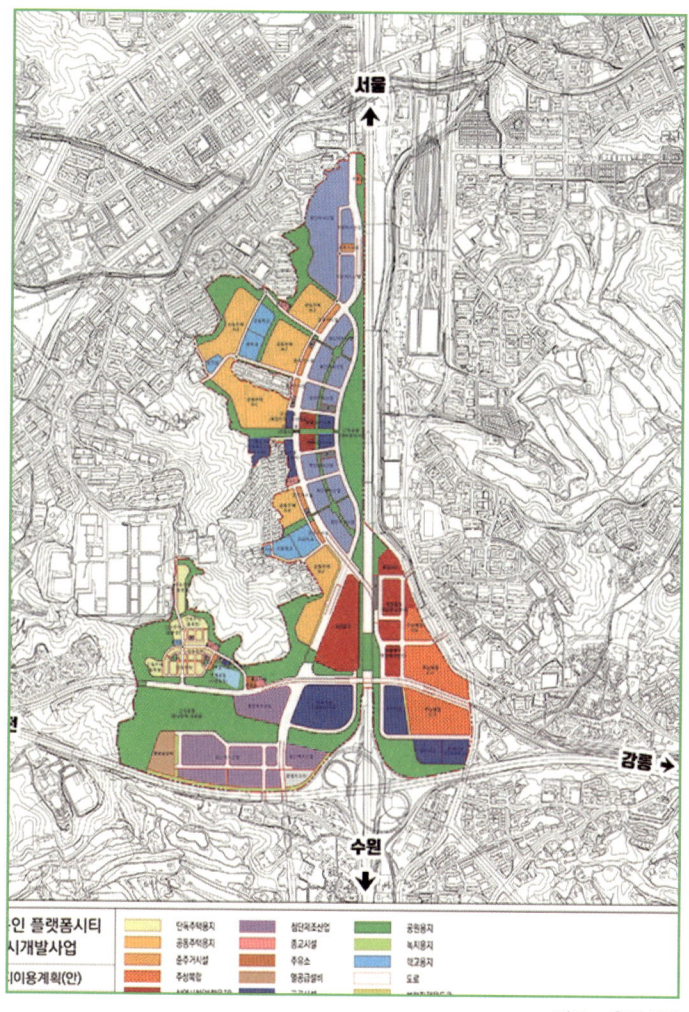

자료 : 용인시청

사업개요

- 위치 : 용인시 기흥구 보정동, 마북동, 신갈동 일원
- 면적 : 2,756,853㎡(83만평)
- 계획인구 : 26,136인(11,151세대)
- 시행자 : 경기도, 용인시, 경기도시공사, 용인도시공사 예정

◆ 동탄역

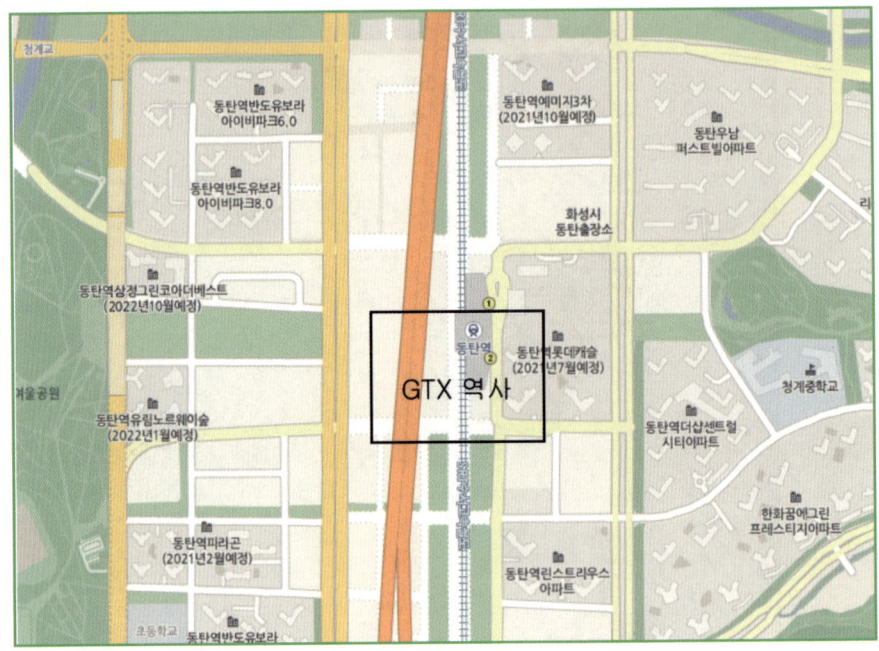

　동탄 GTX는 SRT역과 같은 위치에 광역환승센터를 만들어 운영한다.

　동탄역은 현재 SRT역이지만 GTX역과 인덕원선. 화성트램을 연결한 복합환승센터로 운영된다.

　화성2기 신도시는 SRT. GTX. 인덕원선 등으로 교통이 크게 개선될 지역이다.

　동탄1기는 GTX와 연계하여 동탄 및 인근 지역에 트램을 설치하여 GTX와 연결하여 교통을 개선하려는 계획을 화성시에서 추진하고 있다.

03 GTX B 노선

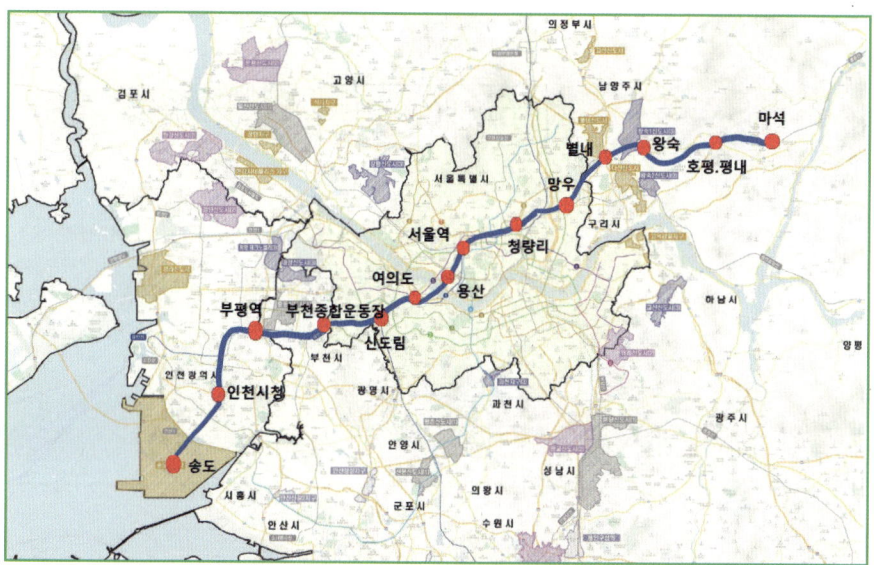

경기도 마석에서 출발하여 서울시 중랑구를 거쳐 인천 송도 국제도시까지 13개 역으로 계획되어 있다.

송도역~청량리역 구간(48.7km)으로 추진되었다가 2014년 예비 타당성 조사에서 무산될 뻔 하였으나, 2018년 8월 청량리역~마석역 구간(31.4km)을 연장하는 방안으로 결정되었다. 송도역~서울역까지 기존 82분 ▶ 27분. 2020년 착공하여 2025년 개통할 예정이다.

◆ 송도역

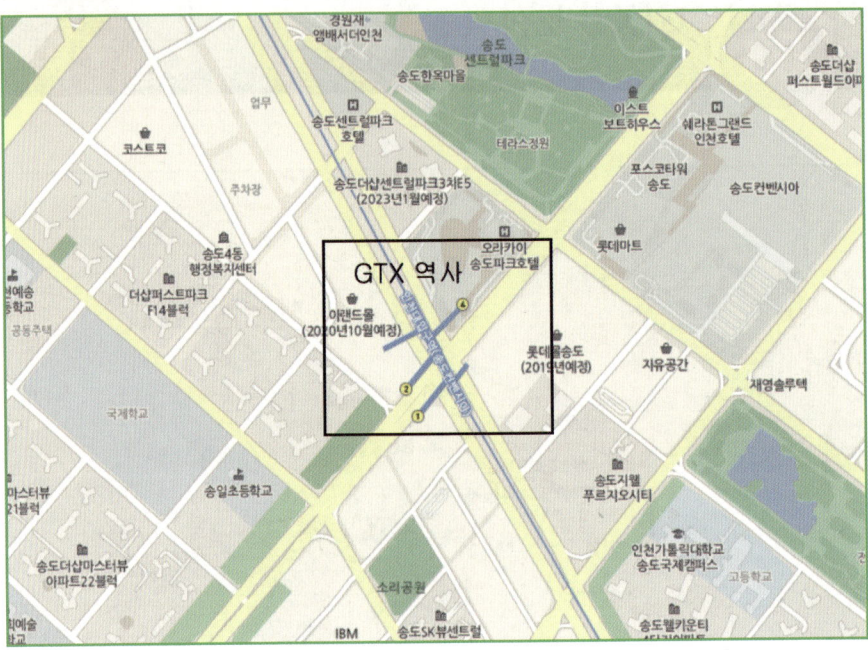

　GTX송도역은 아직 결정되지 않았지만 인천대입구역과 센트럴파크역 중 하나가 되지 않을까 생각된다. GTX B 노선 중 가장 수혜를 입을 지역은 송도이다. 송도역에서 서울역까지 27분이면 도달한다.

　또한 송도 내부에 GTX와 연계한 트램을 구상하고 있다. 트램은 총 길이 7.4km 15개 정거장으로 구상되고 있다. 송도는 롯데몰과 신세계몰 그리고 이랜드몰까지 계획이 되어 있어 상업시설이 잘 갖추어져 있고 국제학교. 대학교등 교육환경이 좋은 지역이다.

　GTX-B노선이 들어서면 교통까지 겸비하게 되어 인천에서 최대 수혜지역으로 예상된다.

◈ 인천시청역

　GTX인천시청역은 기존역과 연계하여 운영될 것으로 예상된다. 인천시청역은 인천 1, 2호선의 더블역세권이며, GTX가 들어서면 복합 환승역으로 변경될 전망이다. 역이 위치한 구월동은 시청, 기업, 판매시설, 편의 시설이 집중된 곳으로 인천의 중심지이다.
　인천시청역 주변으로 재개발 진행이 많이 되고 있으며, 주안10구역, 4구역, 백운주택, 주원삼거리, 간석성락, 상인천초교, 주안9구역 등 많은 지역들이 재개발 진행 중에 있다.
　GTX-B노선 확정으로 인해 인천 지역의 주택 가격이 상승하였고, 재개발 프리미엄의 가격도 많이 상승하였다.

◆ 부평역

　GTX 부평역은 부평역 북쪽에 위치할 예정이며, 경인1호선과 인천1호선의 부평역과 연결 운영될 예정이다.

　부평역에서 여의도역까지는 12분 소요 예상되며 부평역 인근 재개발도 진행되고 있다.

　GTX로 인해 구도심인 부평을 한단계 끌어 올리는 효과가 있을 것으로 판단된다.

　부평역 인근 재개발 프리미엄은 타 인천지역보다 높은 편이다. 최고 2억원까지 형성되어 있다.

　부평역은 인천 동쪽에 위치한 중심상업지역이다. 유동 인구가 많은 지역이다.

　GTX교통의 발달로 서울과 접근성이 좋아져 인근 노후 지역의 재개발이 가속화될 전망이다.

◈ 부천종합운동장역

　GTX부천운동장역은 지하철7호선 역사와 연계하여 운영 예정이다. 종합운동장역은 2021년 개통될 소사원시선, GTX선과 함께 3개 호선이 집중되는 트리플역세권이 된다.
　종합운동장역에서 여의도까지 8분, 서울역까지 14분에 도달한다.
　또한 종합운동장 역세권 도시개발사업에도 큰 변화를 가져오게 되며, 역곡 공공주택사업에 큰 탄력을 가져올 전망이다.
　부천대장 3기 신도시와 S-BRT노선이 계획되어 있고, 복합 환승센터 계획이 예정되어 있는 등 종합운동장역 일원이 지역 발전의 핵이 될 전망이다.

◆ 신도림역

　GTX 신도림역은 지하철 2호선과 경인선 1호선, GTX노선의 환승역이 된다.
　2호선은 서울교통지역 핵심지역을 순환하는 가장 중요한 라인이다. 신도림역은 GTX와 2호선의 환승 노선인 것이다.
　신도림역은 환승객 수를 포함한 전국도시철도 이용률이 1위이다.
　역을 이용하는 유동 인구가 많다는 것이다. 유동인구의 증가는 대중교통을 이용한 지하철과의 환승과 주변상업지역의 발달로 인해 증가된 것으로 판단된다.
　GTX역사가 들어서면 여의도-용산-서울역을 연결하는 중요 지역이 될 것이다.
　또한 신도림 239번지 일대 재개발, 운전면허시험장 부지개발, CJ 부지개발, 십자도로 일대 관정재단 부지개발 등 일대 개발계획이 진행되고 있다.

◆ 여의도역

GTX여의도역은 5호선, 9호선 환승역인 여의도역에 정차할 것으로 예상된다.

여의도역은 신안산선까지 연결되어 향후 4개노선이 경유하는 역사로 변경된다.

신안산선은 2019년 착공하여 2024년에 개통 예정이다.

여의도는 18년7월 박원순시장이 여의도 전체를 신도시에 버금가는 곳으로 만들겠다는 청사진을 밝혔다.

구체적인 개발계획(여의도 마스터플랜)은 발표를 뒤로 미뤘지만 발표 이후 여의도가 있는 영등포는 물론 서울 주택시장에 큰 바람을 일으켜 국토부에서 제동을 걸어 현재는 잠정 중단된 상태이다. 여의도 통합개발은 적잖은 시간이 소요될 것으로 보인다.

그러나 언제든 어떤 식이든 개발은 될 것으로 보인다.

◈ 용산역

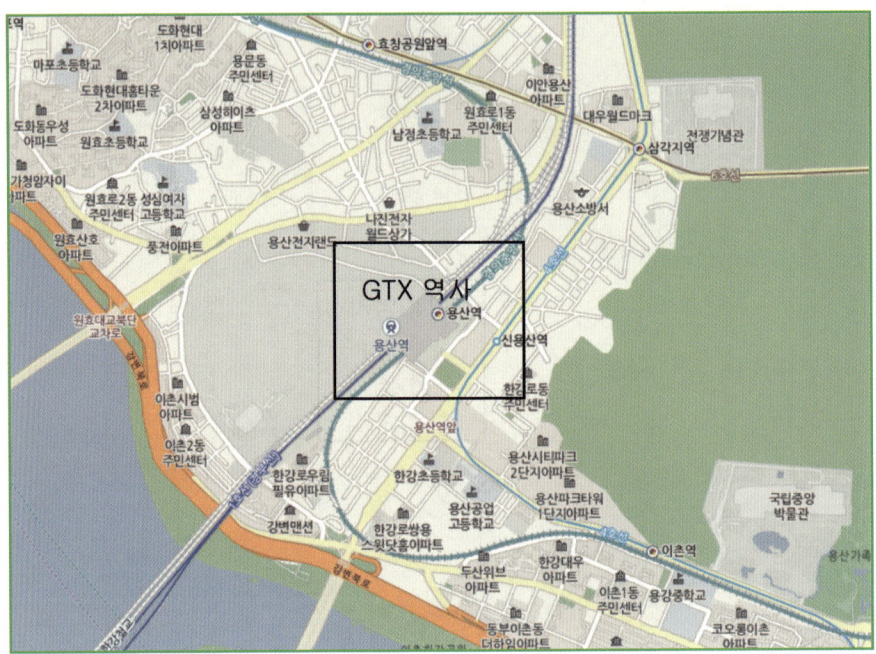

　GTX 용산역은 현 용산역과 연계된다. 또 용산역은 용산철도부지에 국제업무지구조성이 계획되어 있다.

　또한 신분당선이 연결될 예정이다. 용산지역은 초대형 개발 계획이 본격화됨에 따라 향후 국내 최대의 주상복합 지역으로 부상될 것으로 예상된다.

　용산역 부지 국제업무지구개발사업이 시작되면 용산 GTX역의 효용성은 크게 증대될 것으로 판단된다.

　대규모 개발이라 용산역 일대가 관광, IT, 문화, 비즈니스 허브로 개발된다. 또 용산기지 이전 부지는 공원화 사업이 진행될 예정이어서 용산역은 통합역사로 탈바꿈될 것이다.

◆ **용산국제업무도시**

자료 : 서울시

　용산 국제 업무 지구는 용산역 코레일부지 17만평에 국제업무지구와 상업시설을 조성하는 사업이다. 31조 규모의 초대형 사업이었으나 2008년 글로벌금융위기로 사업자금이 조달되지 못해 사업이 전면 중단되었다.
　사업 진행이 중단되면서 사업 참여사 간의 분쟁이 시작되었고 19년 12월 소송이 코레일 승소로 마무리되었다.
　이로서 용산의 개발은 다시 탄력을 받게 되었고, 국제업무지구가 개발되면 용산 개발이 탄력을 받을 것이다.

◆ 서울역

　GTX서울역은 기존역과 연계하여 사용한다. 서울역 개발은 서울 - 용산역 간 지하화, 서울역 복합환승센터 건립, 서울역 북부역세권 개발 등 개발계획이 있다.

　북부역세권 개발은 철도용지에 1조3천억을 들여 컨벤션센터, 업무시설 등 40층 규모의 호텔, 쇼핑센터를 건설한다. 현재 서울역을 이용하는 노선은 총7개 노선이다.

　향후 5개노선이 추가될 예정이다(KTX-수색광명, GTX-B, GTX-A, 신분당선, 신안산선).

　이로 인해 북부역세권 개발과 함께 전노선을 지하화하고 지상에 판매, 호텔, 관광, 업무시설을 건설해야 된다는 이야기가 있다.

　향후 서울역의 철도량이 증가되면 역사 전체가 지하화될 가능성이 높다.

자료 : 서울시

◆ 청량리역

GTX 청량리역은 GTX-B, GTX-C 노선이 겹치는 구간이다. 청량리역은 경의중앙선, 경춘선, 경원선, 분당선, 지하철1호선, IT×, KT× 등의 노선이 운행 중이다.

기존 청량리역을 연계하는 방향으로 역사가 선정될 것으로 예상된다.

또 청량리 일대 5,000억 도시재생뉴딜 사업이 추진된다.

홍릉일대를 바이오, 의료거점으로 만들고 주변 대학, 연구기관, 기업, 병원을 연계하는 바이오 클러스터를 조성하는 사업이다.

청량리역 주변 재개발로 65층 초고층 주상복합 아파트, 호텔, 쇼핑몰 등이 들어설 계획이며(2023년 입주예정), 주변 전농동도 재개발이 진행 중에 있다.

◆ 망우역

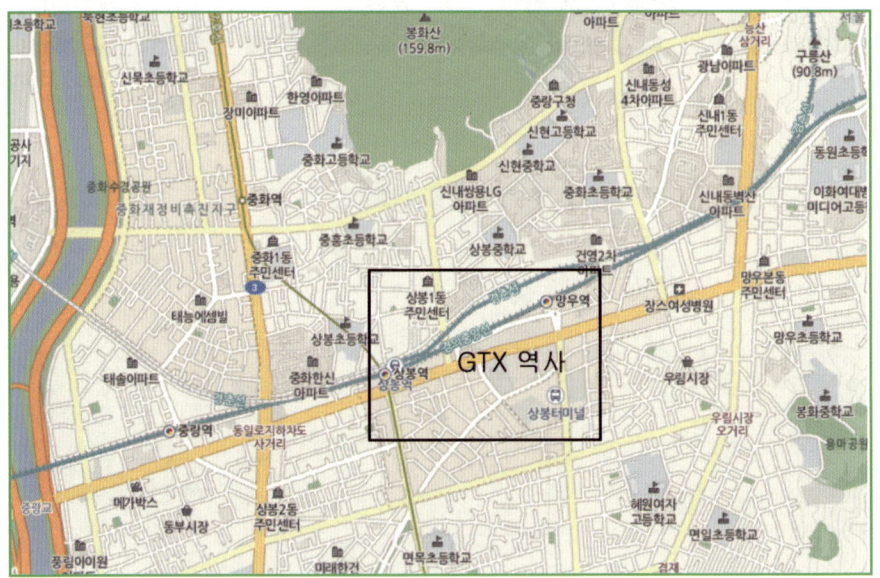

GTX 망우역은 상봉역 방향 왼쪽에 상봉역과 망우역 중간에 역사가 위치한다. 상봉역과 망우역을 연결하여 2개 역사를 연결 예정이다.

그리고 상봉 터미널을 망우복합역사로 이전할 계획이며, 망우 복합역사는 최고 48층 규모의 주거복합 3개동과 복합쇼핑몰이 건립될 예정이다.

청량리역부터 마석까지 기존 경의중앙선을 이용하여 사용한다(지상구간). 망우역 주변으로는 중랑구 재개발로 중화뉴타운과 상봉균형발전 촉진지구가 개발 계획 중에 있다.

상봉은 7, 9구역. 중화뉴타운은 1, 3구역이 추진 중이며 나머지 구역은 모두 해제된 상태이다. GTX 복합역사가 들어서면 재개발이 가속화될 전망이다.

◆ 별내역

GTX 별내역은 경춘선을 이용하여 지상으로 연결된다. 별내지구는 8호선 과4호선 연장이 확정되어 경춘선, 4호선, 8호선, GTX 노선까지 교통이 크게 개선된다.

기존 경춘선에서 3개 철도 노선이 추가되며 경기 동북부지역의 교통 요충지가 될 것이다.

8호선은 2022년 개통 예정이며 잠실까지 10정거장으로 20분대 진입이 가능하다.

4호선은 2021년 개통 예정이다.

GTX가 개통되면 별내에서 서울역까지 소요시간은 11분 예상된다.

이처럼 별내는 남양주 지역의 교통 요충지로 변화될 예정이다. 갈매, 다산, 왕숙지구 개발이 완료되면 대규모 주거 단지가 형성이 되고 별내의 가치는 한층 더 높아질 것으로 보인다.

◆ 왕숙신도시

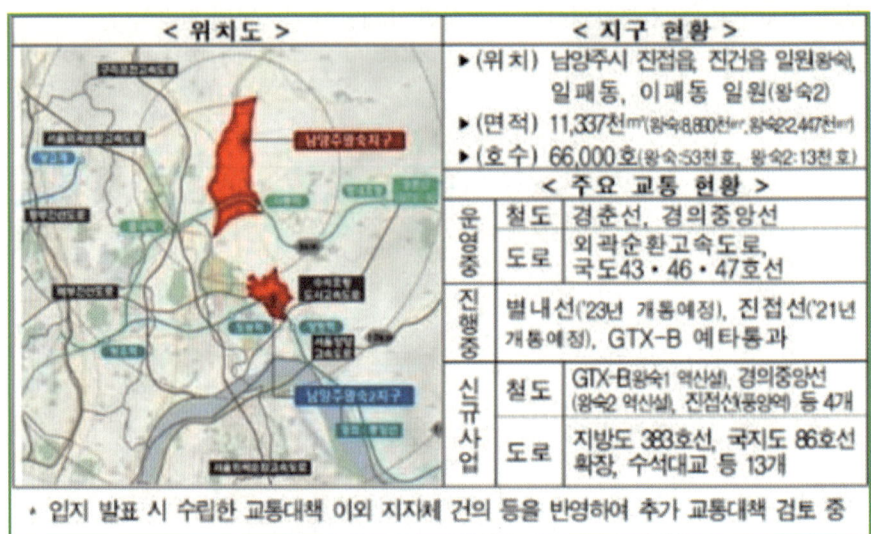

자료 : 국토교통부

왕숙신도시는 3기 신도시 중 가장 규모가 크다.

3기 신도시공급 물량의 12만2000가구의 절반인 6만6000가구 규모가 이곳에 들어선다. 이미 조성된 다산 도시의 2배가 넘는 규모다.

별내신도시의 경우 4, 8호선이 2022년 준공 목표로 진행 중에 있고 3기 왕숙신도시 발표와 함께 GTX노선이 별내역에서 왕숙신도시까지 연장되었다.

◆ 평내호평역

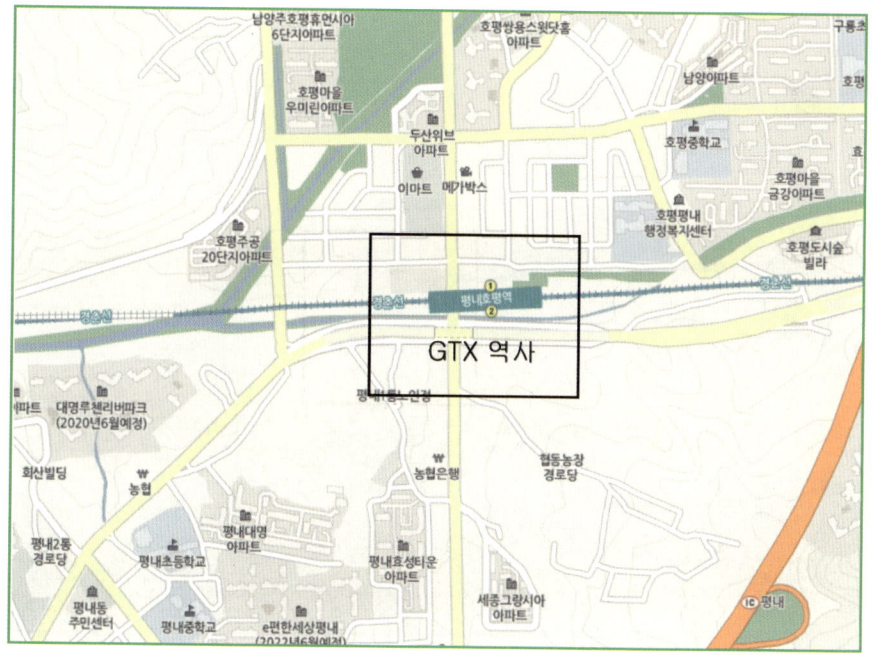

남양주의 대표주거지로 꼽히던 평내동과 호평동은 2004년 택지지구가 조성되면서 1만3천가구가 공급이 되었다.

평내호평역에서 서울역까지는 17분 소요되며, 기존 평내호평역을 GTX역사와 같이 운영 될 예정이다.

평내호평지구는 평내IC와 동호평IC가 자리 잡고 있어 도시고속도로와 경춘북로를 통해 20분내로 서울 진입이 가능하다.

◆ 마석역

GTX B노선 종착역은 마석역이다. 마석역에서 서울역까지는 23분 소요된다.

마석역은 지하철 6호선 연장도 추진하고 있다. 신내-구리-왕숙지구 & 2지구를 통해 마석까지 연장하는 노선이다.

또 마석역 남쪽으로 제2외곽순환고속도로가 2020년 개통 예정이다.

이러한 호재들이 겹치면서 마석역 일대 토지 가격이 상승했다. 마석역 주변의 상가를 지을 수 있는 토지는 호가가 오르고 매물도 자취를 감췄다.

마석역 주변 상업용지는 평당 1,700만원에서 2019년 2,500만원까지 상승했다.

04 GTX C 노선

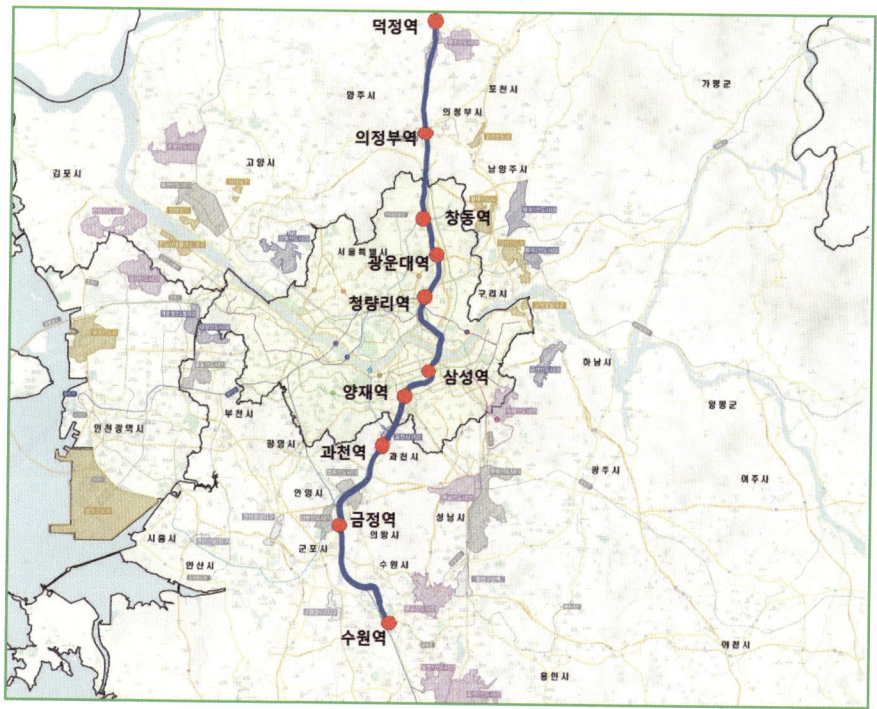

경기도 양주시에서 출발하여 서울시 도봉구에서 출발하여 수원시까지 74.2㎞ 서울 동부권을 중심으로 경기도 남북 축을 가로지르는 노선으로 수도권 동북부 및 남부지역 광역 교통망 개선에 크게 기여할 전망이다.

의정부 ~ 삼성역까지 73분 ▶16분, 수원역 ~ 삼성역까지 78분 ▶ 22분.

내년 초 기본계획 수립 용역에 착수할 계획으로 후속절차가 차질 없이 추진될 경우 이르면 2021년 말 착공될 것으로 예상된다.

◆ 수원역

　GTX C노선의 출발점 수원역이다. 수원역은 수인선, 분당선, 1호선, KTX 등 여러 노선이 경유하는 역사이다.

　수원에서 삼성역 구간은 78분에서 22분으로 단축된다. 또한 수원역 주변으로 역세권 개발 및 재개발이 진행 중이며, GTX C 확정으로 인해 재개발 지역의 프리미엄이 크게 상승하였다.

　수원역은 경기남부의 교통 중심지이다. GTX로 인해 수도권 진입 시간이 크게 단축되어 큰 호재로 작용하고 있다. 그래서 수원의 주택가격이 많이 상승했다.

　수원시는 GTX와 연계한 트램도 추진하고 있다.

◈ 금정역

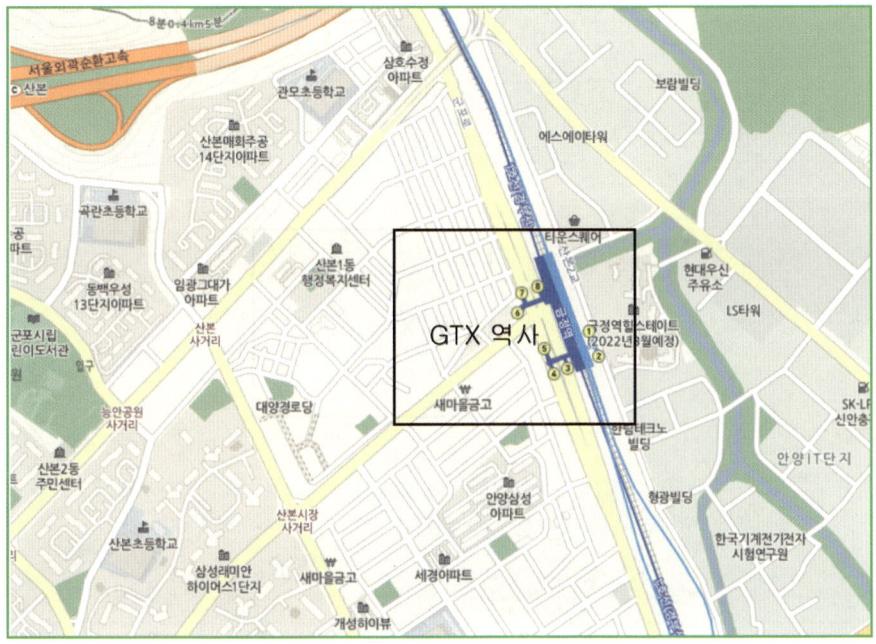

　금정역은 1호선과 4호선의 환승역이다. 여기 GTX노선이 들어와 트리플역세권이 되어, 산본지구는 큰 수혜를 볼 전망이다.
　금정역에서 삼성역까지 20분 소요 예상된다. 군포시는 노후화된 금정역을 환승센터로 공사할 예정이다.
　금정역 서쪽으로는 산본 신도시가 위치하여 있다.
　산본신도시의 경우 가격이 GTX로 인해 상승하였고 금정역 일대 역세권 재개발도 추진 중에 있다.

◆ 과천역

과천GTX역은 지하철 4호선과 환승되는 복합 환승센터로 건립된다.

과천은 과천위례선을 과천청사역까지 연장하여 GTX와 연결 예정이다.

과천위례선은 과천에서 강남 남쪽을 지나 위례신도시로 연결되는 노선이다. 과천에서 양재역까지는 3분, 삼성까지는 7분이 소요 예정이다.

과천은 현재 대규모 재건축이 진행 중이며 3기 신도시가 확정되어 7,000여세대가 공급된다.

또 과천의 교통난 해소를 위해 과천대로와 헌릉간 연결도로신설, 과천 이수간 복합터널, 과천~송파간 민자도로가 연장 계획에 있다.

또 과천3기 신도시가 예정되어 있어 과천지구 47만평에 7천가구가 건설된다.

과천신도시내에는 4호선이 지나가며, 과천위례선이 신도시를 경유하여 역사가 신설될 예정이다.

3기 과천 신도시에는 IT산업, 첨단R&D 복합쇼핑 테마파크, 주거시설이 들어선다.

선바위역 주변으로 공동주택이 들어서고 나머지 지역은 IT산업, 첨단R&D 산업을 유치시킬 예정이다.

◈ 양재역

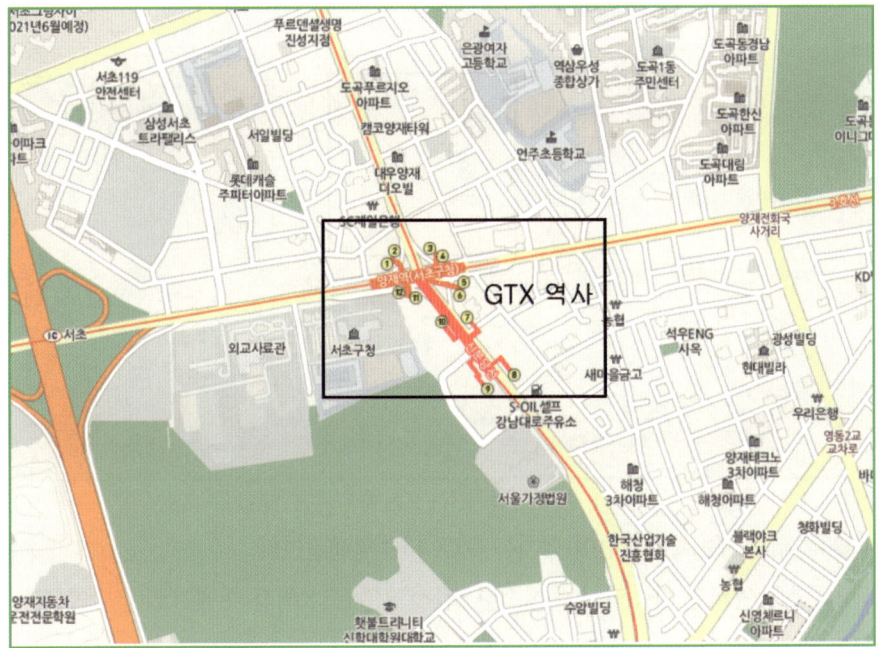

양재역은 신분당선과 3호선의 환승역이다.

GTX가 양재역에 들어선다. GTX와 함께 트리플역세권이 되는 환승역이 된다.

서울시는 양재역 일대에 광역 환승기능을 도입하고 공공청사 복합개발계획을 마련하는 등 강남 도심의 새 중심지로 육성하는 방안이 추진된다.

또 기존 지구단위계획 대상지역을 2배 이상 확대하고 상업지역을 늘려 이 일대를 활성화한다는 계획이다.

◈ 삼성역

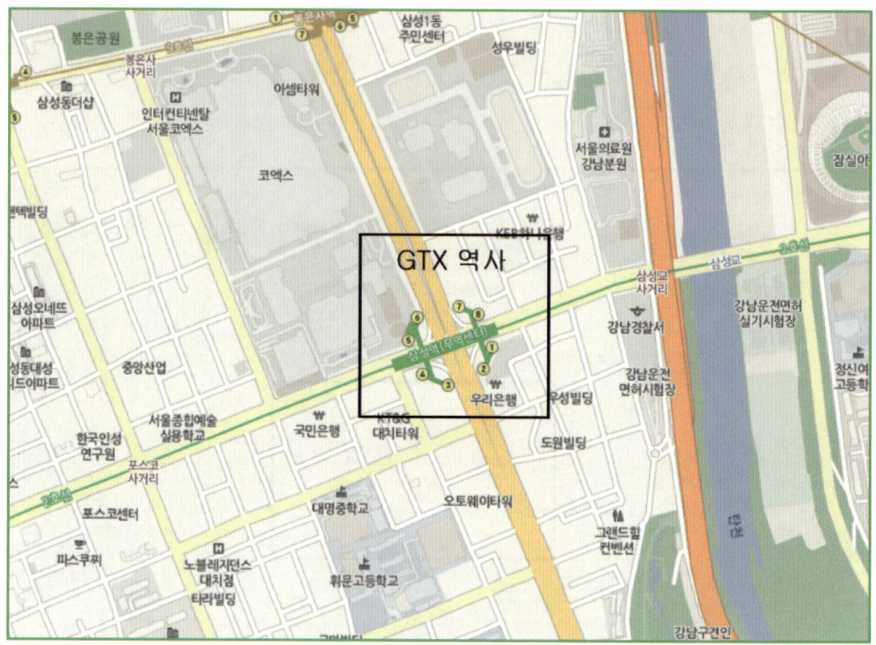

GTX삼성역은 A, C노선이 겹치는 GTX 더블역세권이다.

2호선을 연계한 환승역이 들어선다. 삼성역은 GTX핵심 수혜지로 강남역을 능가할 잠재력을 가지고 있다. 현대 글로벌비지니스센터와 영동대로 복합환승센터 등 집중력 있는 시설이 들어선다. GTX로 인해 위성도시로부터의 교통이 획기적으로 개선이 되면 강남을 능가할 수 있는 상권이 형성될 것으로 예상된다. GTX-A, GTX-C, 위례신사선, 지하철 9호선 등이 추가 연결되어 삼성역의 유동인구 증가로 인해 강남의 중심이 될 것으로 예상된다.

이로 인해 삼성동에 위치한 아파트와 상업시설의 가치가 상승세를 이루고 있다.

◆ 청량리역

　GTX 청량리역은 GTX-B, GTX-C 노선이 겹치는 구간이다. 청량역은 경의중앙선, 경춘선, 경원선, 분당선, 지하철1호선, IT×, KT× 등 노선이 운행 중이다.

　기존 청량리역을 연계하는 방향으로 역사가 선정될 것으로 예상된다. 또 청량리 일대 5,000억 도시재생뉴딜 사업이 추진된다.

　홍릉일대를 바이오, 의료거점으로 만들고 주변 대학, 연구기관, 기업, 병원을 연계하는 바이오 클러스터를 조성하는 사업이다.

　청량리역 주변 재개발로 65층 초고층 주상복합 아파트, 호텔, 쇼핑몰 등이 들어설 계획이며(2023년 입주예정), 주변 전농동도 재개발이 진행 중에 있다.

◆ 광운대역

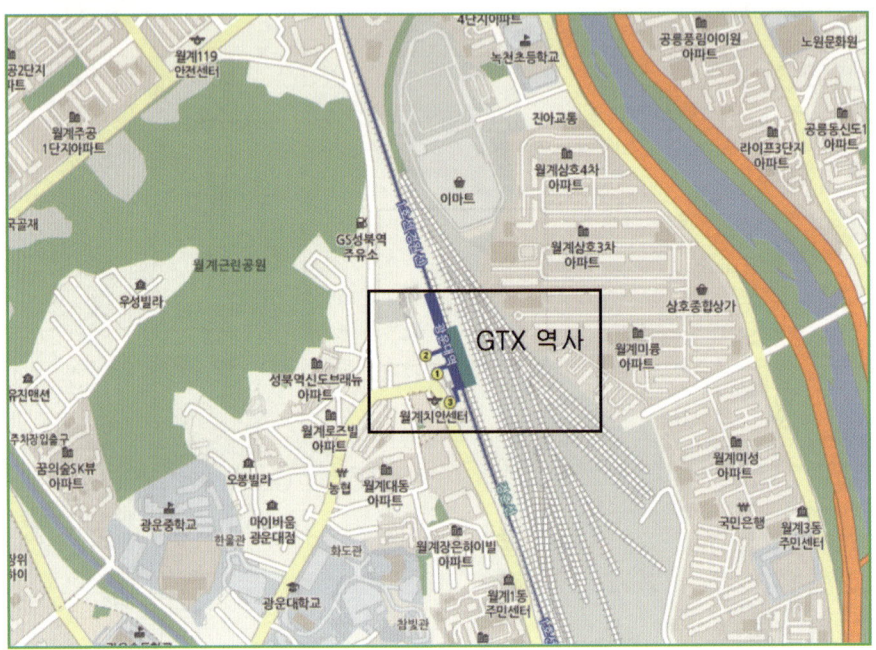

광운대역은 1호선과 경춘선이 연결되며 GTX역사가 들어선다. 광운대역은 코레일 부지와 함께 철도 유휴 부지를 보유하고 있다.

이 부지를 GTX 역사와 함께 역세권 개발사업을 할 계획이다.

49층 복합시설로 주거시설과 상업시설, 창업지원센터 등과 함께 조성된다.

서울시와 코레일은 15만㎡ 규모의 광운대역세권 물류시설 용지 개발계획을 수립하기 위한 사전협상에 착수했다. 시는 올해 하반기까지 협상을 마무리 짓고 내년 상반기 관련 행정절차를 거쳐 2021년 착공에 돌입한다는 계획이다.

◆ 광운역세권 개발

자료 : 서울시

■ 사업자(코레일) 제안 개발계획(안)

구분	대지면적	규모	건축면적	건폐율	연면적	용적률
복합용지	75,418.1	지상46(복합)/35층(APT) (2,466세대)	31,057.2	41.2	301,604	399.9
지구중심용지	19,324.1	지상40층	11,497.8	59.5	115,325	596.8

'광운대역세권 개발사업'은 광운대역 일대 물류부지(토지면적 150,320㎡)에 업무·판매, 컨벤션, 영화관 등을 포함하는 최고 46층짜리 복합건물과 2,466세대 규모의 주상복합 아파트 단지를 짓는 사업이다(연면적 40만㎡). 2021년 착공 계획에 있다.

◆ 장위 뉴타운

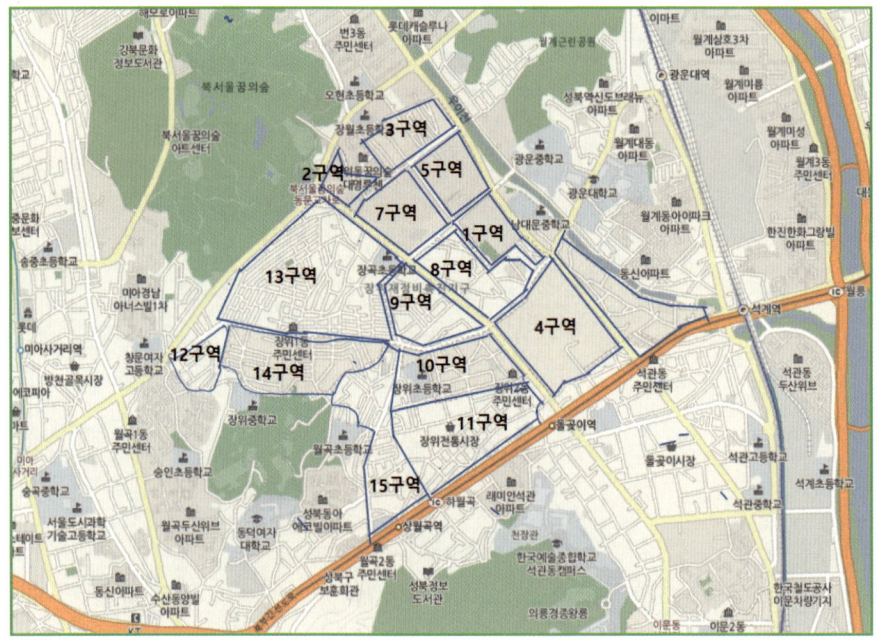

  장위뉴타운은 당초 186만7851㎡ 부지 15개 구역에 23,846가구가 들어서는 계획으로 출발했다. 서울에서 진행되는 26개 뉴타운 중 최대 규모다.
  2008년 글로벌 금융위기 이후 사업은 지지부진했다. 그 결과 15개구역 중 8·9·11·12·13·15구역 등 6개 구역이 정비구역에서 해제되며 반쪽짜리 사업이 되었다. 그 중 8·11·15구역은 재추진 중이다.
  장위동은 GTX노선 및 동북선 경전철 등 교통 인프라 확충도 진행 중이다.

◆ **창동역**

창동역은 GTX와 4호선과 1호선이 지나는 트리플 역세권이 된다.

창동역은 창동도시개발구역 실시인가를 고시하여 복합환승센터 건립을 추진하고 있다.

1지구와 2지구를 나누어 창업 및 문화산업단지와 복합환승센터가 들어선다.

서울시는 2만석 규모의 공연시설인 서울아레나와 창동차량기지부지 개발을 함께 진행하려는 사업계획을 가지고 있다.

◆ 창동역 복합 환승센터

자료 : 서울시

　서울 동북권 최대 개발사업인 창동 역세권 개발사업이 시작된다.

　GTX와 연계한 복합 환승센터이다. 총 2만7423㎡ 규모로 1지구에 창업 및 문화산업단지(1만746㎡)를, 2지구에 복합환승센터(8370㎡)를 건립하는 것이 주요 골자다.

　총 6085억원(토지비 포함)을 투입하는 창업 및 문화산업단지는 16층과 49층 건물 두 개 동을 연결하는 형태로 들어선다. 연면적은 14만9673㎡다.

　창업창작레지던스 공간 700실, 문화 관련 오피스 300실, 2500명을 수용할 수 있는 창업 준비 공간 등으로 구성한다

◆ 의정부역

　GTX 의정부역은 삼성역까지 74분 걸리던 시간이 16분으로 크게 단축된다.
　또한 7호선이 의정부를 거쳐 양주시까지 연장된다. 2019년 착공 예정이며 2024년 말 완공 예정이다.
　의정부는 의정부 경전철, 1호선, 7호선, GTX가 연결되는 교통망이 구축된다. 이로 인해 아파트 거래량이 18년 대비 2배 증가되었다.
　의정부는 노후 아파트 비율이 높은 곳이다. 의정부 내 아파트의 89%(8만3천가구)가 지은지 10년이 지났다. 이로 인해 신규 아파트의 공급이 본격화되면서 매수가 늘어가는 추세이다. 참고로 2024년에는 SRT가 의정부까지 연장되어 의정부시는 크게 교통이 개선될 예정이다.

◆ 동부간선도로 지하화

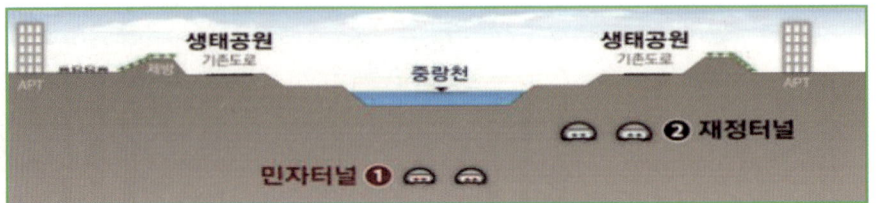

자료 : 서울시

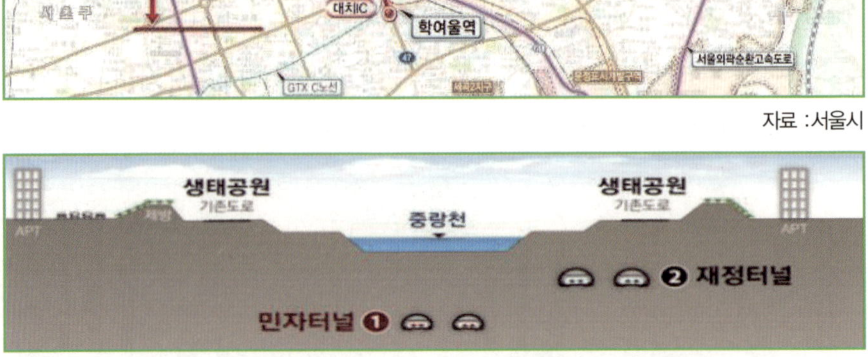

○ 서울시, '동부간선도로 지하화' 본격화… '26년 개통 예정
- 민간투자사업 추진…서울 시의회 도시안전건설위원회 사업시행 동의 완료
- 올해 12월 제3자공고→'20년 우선협상대상자 선정→'21년 협약체결→'26년 개통 목표
- 상습 교통정체 해소 및 중랑천 생태하천 복원으로 동북권 경제 중심지 탈바꿈 기대

◈ 덕정역

GTX덕정역은 1호선과 연계하여 환승한다. 덕정역 이전 덕계역 사이에 1호선 회정역을 추가로 신설하는 계획도 있다. 여기에 7호선이 옥정 신도시까지 연장된다.

덕정역 일대 덕정동 지역(14만6636㎡)은 노후 건축물 비율이 68.8%에 달하고 인근 신도시 개발 등으로 인해 상업과 주거기능의 쇠퇴가 진행되고 있으나 수도권 광역급행철 GTX-C노선 추진 확정 등으로 경기북부의 광역교통 거점으

로 급부상하고 있는 지역이다.

　양주시는 이 일대 167억의 사업비를 4년간 투입하여 상권거점 커뮤니티센터 등 교통·상권 개선 거점 조성, 생활SOC 등 기초생활 인프라 확충, 공동체 회복을 위한 도시재생 사업을 본격적으로 추진 진행할 예정이다.

◆ 양주 택지개발 지구

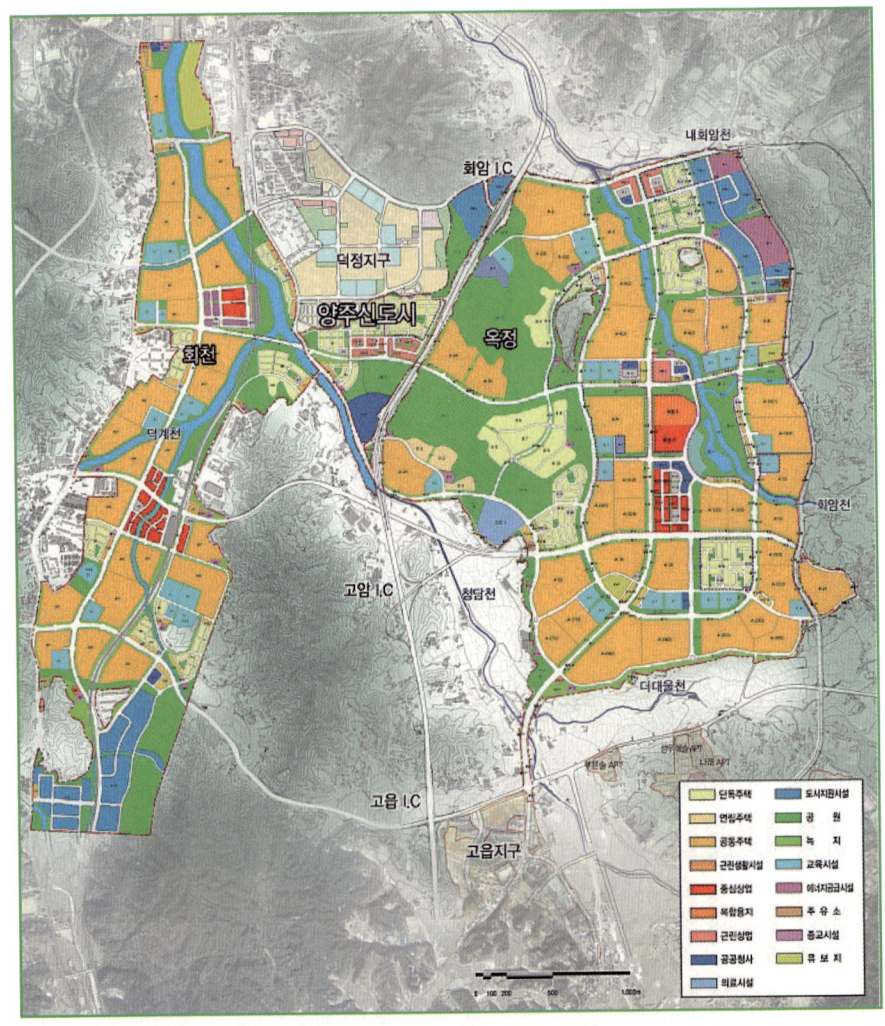

옥정지구와 더불어 양주회천지구는 양주신도시로 2기 신도시이다.

회천지구는 2만1천세대 공급 계획이 있고 옥정지구는 4만1천세대를 공급할 계획이다. 수용인구는 옥정이 106,351명이며 회천이 56,973명이다.

양주신도시는 판교 1.2배, 위례신도시 1.7배 규모이며 경기북부에서는 가장 큰 신도시이나 지리적 위치 교통여건등으로 아직 개발이 완료되지 못하였다.

그러나 GTX개통과 더불어 개발에 탄력이 붙을 전망이다.

회천 지구는 동측방향에 덕정역이 있으며 남측방향으로 덕계역이 위치한다.

GTX C노선 덕정역이 개통되면 강남삼성까지 19분대에 진입가능하게 될 예정이다.

회천지구는 GTX확정으로 분양에 들어갈 예정이다.

PART 28

수도권 2030광역철도 계획

2030 광역철도 추진 배경

　수도권 2030광역 교통 비젼은 현재 철도 노선의 2배를 확충하는 계획이다.
　교통이 열악한 도시기능이 저하되어 있는 2기신도시의 원활한 도시 기능을 회복하기 위해 교통망을 확충하여 도시기능을 개선하는데 목적이 있다.
　또한 3기 신도시의 조성과 교통망 확충으로 신도시 도시기능을 빠르게 정착시키는데 있다. 대도시와 광역거점을 30분대로 연결하는 철도망을 구축하여 서울과 접근성을 원활하게 하는 것이 목표이며, 서울 주택시장 수요를 위성도시로 분산하는 데에 큰 목적이 있다.

광역철도 추진 계획

1) 세계적 수준의 급행 광역교통망 구축
- 주요거점을 30분대에 연결하는 광역철도망구축
- 수도권 광역급행철도 A노선('23), 신안산선('24)은 계획대로 차질없이 준공
- 수도권 광역급행철도 B · C노선은 조기 착공을 적극 추진

2) 광역급행 철도 수혜범위 확대를 위해서 서부권 등 신규노선 검토

3) 대도시권 철도네트워크 구축

- (동서축) 수인선('20), 월곶-판교('25), 제2경인선 신설검토 등
- (남북축) 대곡-소사('21), 별내선('23), 인덕원-동탄('26), 7호선 양주('24) · 포천 연장('28) 등

4) 도시철도 확충

- 인천1호선 송도('20) · 검단('24)연장, 7호선 청라 연장('27)

5) 트램, 트레인등 신교통수단 도입

- GTX 거점역 중심의 연계교통수단, 지방 대도시와 신도시의 신규 대중교통 수단 등으로 트램을 활용
  (연계강화형) 성남트램→GTX A 성남역, 화성동탄트램→GTX A 동탄역 등

03 동북권 철도계획

◆ 별내선

자료 : 서울시

지하철 8호선 암사역에서 남양주시 별내지구까지(별내선) 12.9km가 연장되며 2023년 준공 예정이다.

별내선은 구리시와 남양주시 별내동을 서울시 강동구 암사동과 바로 연결해 서울 강남지역으로 출퇴근하는 수도권 동북부 주민들의 대중교통 편의를 크게 증진시킬 것으로 기대된다. 특히 별내선이 완공되면 잠실까지 약 26분 소요되며, 현재보다 절반인 약 22분 정도 시간이 단축돼 서울 강남권 접근성이 좋아진다.

서울시는 2017년 착공에 들어가 2023년 완공계획이다.

◈ 진접선(4호선 연장)

　4호선 진접선은 서울 당고개역에서 출발해 남양주시 별내~오남~진접을 연결하는 14.9km 길이의 연장선으로 차량기지를 비롯해 3개 역이 신설될 예정이다.
　2014년 12월 착공에 들어가 2021년 개통 예정이다.
　3기 신도시 지정으로 4호선 진접선 연장 노선에 풍양역이 신설 예정에 있다.
　전철이 개통되면 진접지구에서 당고개역까지 이동 시간이 1시간에서 14분으로 줄어들고 서울역까지도 50분이면 진입 가능하다.

◆ 7호선 연장

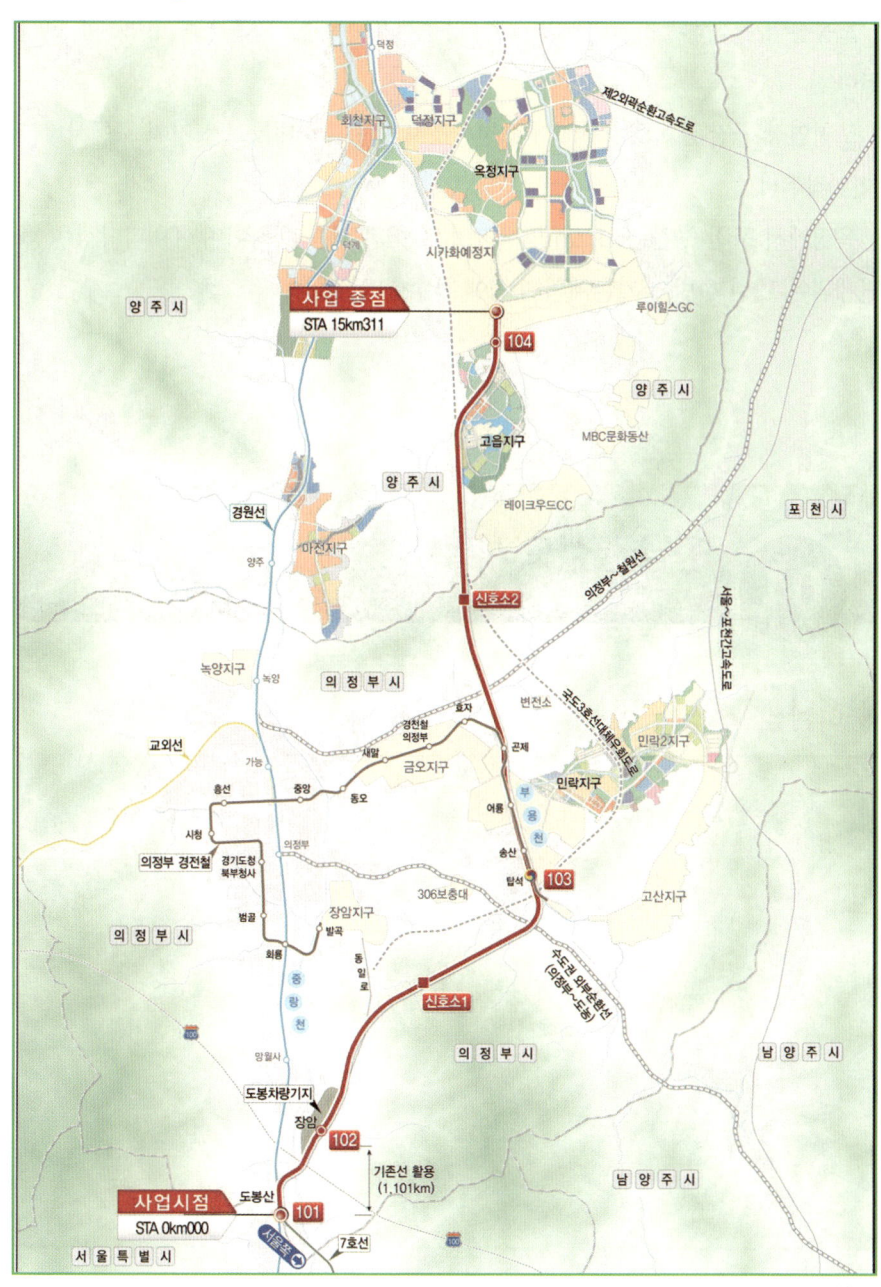

자료 : 서울시

7호선 북부노선 연장사업은 2024년 말 개통을 목표로 추진되고 있다.

도봉산역~의정부 장암역~탑석역~양주시계~옥정, 고읍지구 15.3㎞에 건설된다.

포천연장 구간은 옥정지구에서 포천송우지구 - 대진대학교를 거쳐 포천시청까지 연장된다.

옥정에서 포천 구간은 19km 연장하여 2026년 개통 예정이며 예비타당성 통과 면제되어 19년 하반기 기본계획 수립에 착수했다.

04 동남권 철도 계획

◆ 하남선 5호선 연장

연장되는 5호선 노선은 상일동에서 시청을 지나 검단산역을 가는 구간이다.

5호선 하남 연장선은 2014년까지 사업계획을 승인받고 2015년 착공에 들어가 2020년 개통 예정이다. 하남 연장선은 하남시에서 서울 강남지역까지 약 30분대로 접근이 가능하게 되며 종로까지는 약 40분대 접근이 가능해진다.

◆ **동탄인덕원선**

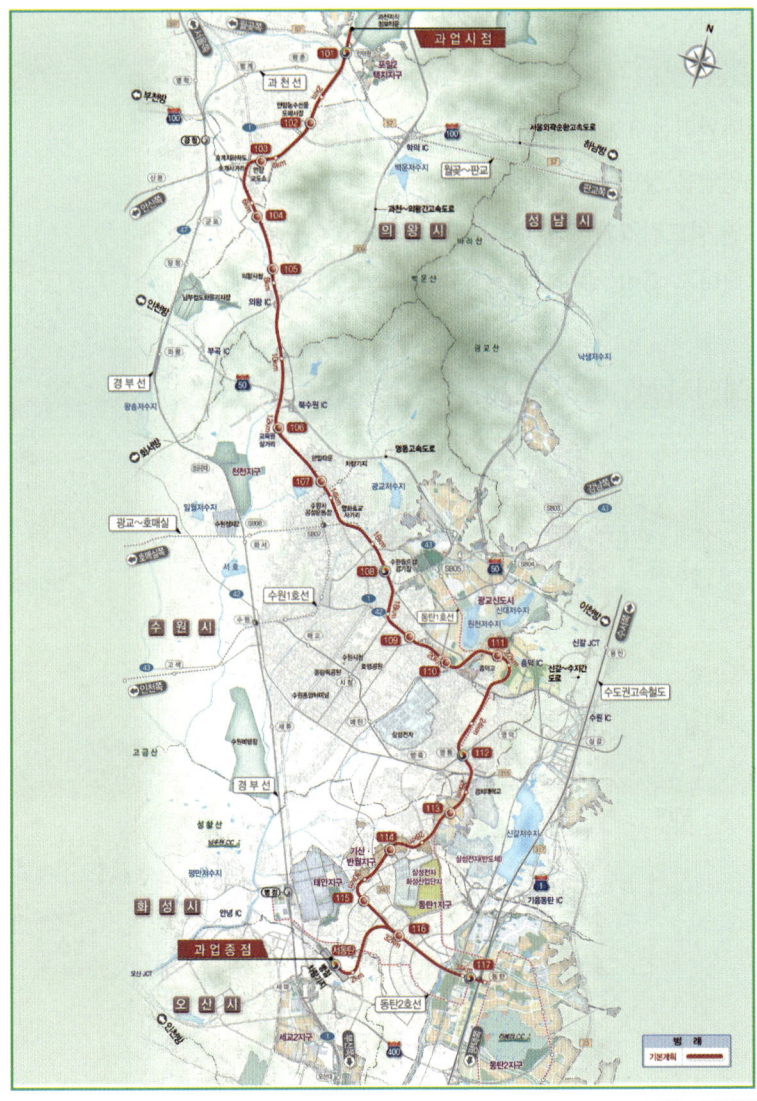

자료 : 용인시

인덕원~동탄 복선전철사업은 인덕원역과 분당선 영통역, SRT 동탄역을 연결해 수도권 서남부 주민들의 고속철도 접근성을 향상하고, 광교 · 영통 · 동탄 등 대규모 택지개발지역 교통여건을 획기적으로 개선하는 사업이다. 구간 길이 37.1km에 18개의 역이 들어서는 인덕원역에서 화성동탄까지 이어지는 인덕원-복선 지하철 구간이다.

인덕원선은 21년 착공하여 2026년 개통을 목표로 추진중에 있다.

▶ 환승구간

- 인덕원역은 4호선, 월곶판교선, 과천선 연결
- 조원역은 장안구청, 수원 1호선 트램 연결
- 수원 월드컵경기장역은 신분당선 연결
- 흥덕역은 용인 경전철 연결. 영통역은 분당선 연결

◈ 위례신사선

자료 : 서울시

위례신사선은 서울 강남구 신사동과 경기도 위례신도시를 잇는 14.8㎞ 경전철(11개역)이다. 위례중앙광장과 송파구 가락동, 강남구 삼성동을 지나 3호선 신사역까지 연결된다.

위례신사선은 2021년 착공에 들어갈 예정이며 2026년 완공 예정이다.

위례신사선이 개통되면 위례신도시에서 신사역까지 이동시간이 1시간에서 20분 안팎으로 줄어들며, 지하철 3호선 신사역. 2호선 삼성역 등 강남 주요 역에서 환승할 수 있다.

◈ 과천위례선

자료 : 과천시

수년째 표류하던 위례과천선(위례신도시~경기 과천)이 국가시행사업으로 확정됐다.

위례과천선은 위례신도시와 지하철 4호선 경마공원역 사이 15.22㎞를 연결하는 광역전철이다. 서울 강남, 서초, 송파, 경기과천 등 지방자치단체 4곳을 연결한다.

현재 노선은 확정되지 않았지만 과천경마장 - 우면 - 양재시민의숲 - 구룡 - 자곡 - 복정유통단지를 연결하는 계획을 가지고 있다.

여기에 과천시 요청으로 정부종합청사역까지 연장을 추진 중에 있다.

◈ 3호선 연장(오금 ~ 덕풍)

　송파오금에서 하남덕풍을 거처 상일동까지 연결되는 3호선 연장은 하남과 3기 신도시 교산지구의 교통을 개선하기 위한 연장 노선이다.

　3호선 연장은 예비타당성 조사가 면제된 구간이다. 3호선이 연장되면 송파는 10분대에 진입 가능하며, 수서까지 20분, 강남역까지 30분대 진입이 가능하다.

　덕풍역은 5호선과 3호선의 더블 역세권이 되며, 두 노선 개통시 하남 지역은, 서울 접근성 및 대중교통이 획기적으로 개선된다.

◈ 9호선 연장(하남미사)

　9호선 하남 연장사업은 강동구 고덕2동 샘터공원에서 미사강변까지 연결돼 고덕에서 현재 건설 중인 복선전철과 환승되는 노선으로 2016년 신규사업으로 반영되었지만 사업성이 떨어져 예비타당성 조사를 받아야 한다.
　9호선 연장사업의 핵심은 하남을 지나 다산, 진접, 3기신도시 왕숙을 연장하는 것이다.

◈ **신분당선 연장(강남~신사)**

자료 : 국토교통부

　신분당선 용산 연장사업은 용산과 강남을 연결하는 노선이다.

　국토부는 신사~강남 구간(3개역사 2.5km)을 1단계로 2023년 개통 예정이며, 용산 미군기지를 통과하는 한강 북측구간(용산~신사)은 미군기지 이전 이후 2단계로 2025년 개통 예정에 있다.

　개통 시 광교에서 신사까지 16분(현행56분→40분), 광교에서 용산까지 36분(현행83분→47분) 단축된다.

◈ 성남 1호선

성남시의 트램 계획으로, 판교와 분당을 잇는 2호선. 성남 구시가지와 판교를 잇는 1호선 노선이 계획되어 있다.

성남 1호선은 판교역에서 성남산업단지를 연결하는 13개역 구간이며, 공사비는 2,340억원이 투입된다.

☞ 성남1호선구간

101 판교역 – 102 GTX역 – 103 벌말사거리 – 104 성남종합운동장(탄천운동장) – 105 야탑역 – 106 성남시청 – 107 모란역 – 108 중원구청 – 109 하대원동주민센터 – 110 중원청소년수련원 – 111 대원사거리 – 112 상대원동주민센터 – 113 성남산업단지

◈ 성남 2호선

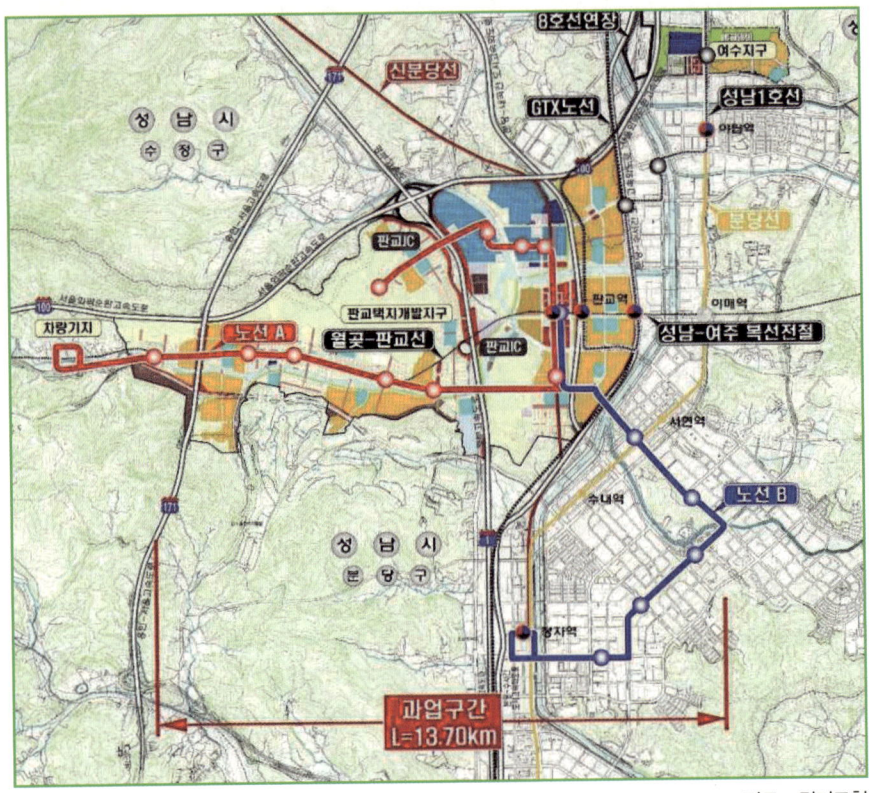

자료 : 경기도청

2호선은 판교차량기지에서 판교지구와 정자역까지 연결되는 노선이며 공사비는 3,468억원이 투입된다.

이 두 노선은 모두 트램 방식으로 진행된다.

☞ 성남2호선노선구간

A노선

101 상산운 - 102 중산운 - 103 산운사거리 - 104 판교공원 - 105 낙생원

201 백현동- 202 판교역 - 203 봇들교 - 204 봇들사거리 - 205 코리아바이오파크 - 206 판교원마을

B노선

202 판교역 – 201 백현마을 – 301 분당구청 – 302 분당중앙공원 – 303 샛별마을 – 304 푸른마을 – 305 정든/한솔마을 – 306 정자역

◈ 화성시 트램

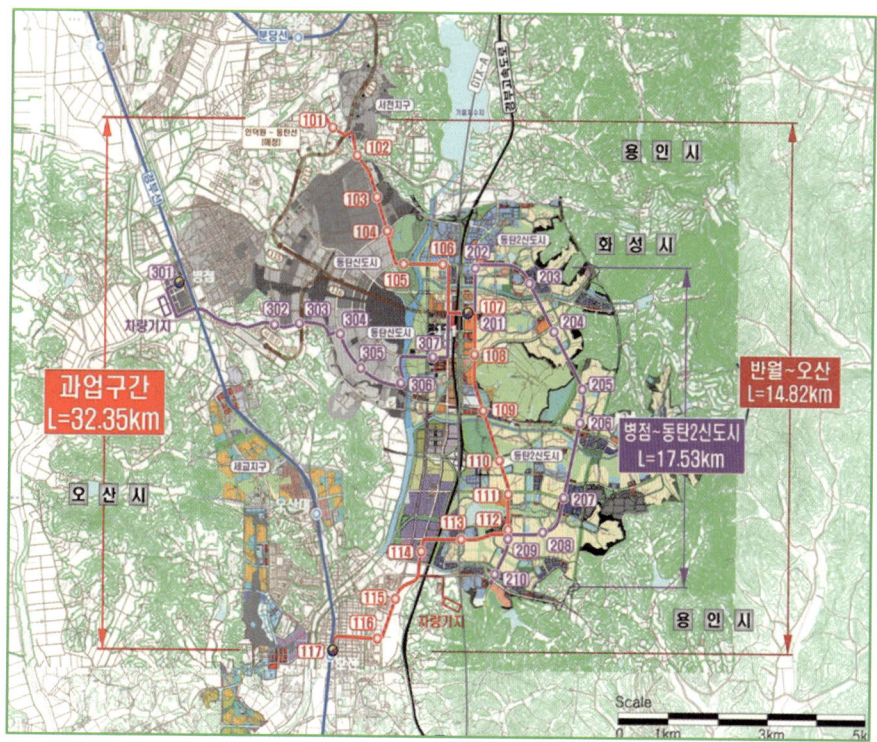

자료 : 경기도

　동탄 도시철도(트램) 사업은 총 사업비 9,967억원을 투입해 화성 반월~오산(14.82km), 병점역~동탄2신도시(17.53km) 2개 구간 32.35km에 걸쳐 정거장 34개소와 트램을 도입하는 사업이다.

　2027년 완공 계획에 있고 주요 경유지는 반월~오산구간 17개소, 병점~동탄2신도시 17개소 계획에 있다.

　2019년5월 수립된 경기도 도시철도망 구축계획 노선으로 타당성 평가 및 기본계획 수립 결과에 따라 변경될 수 있음.

05 서남권 철도계획

◆ 신안산선

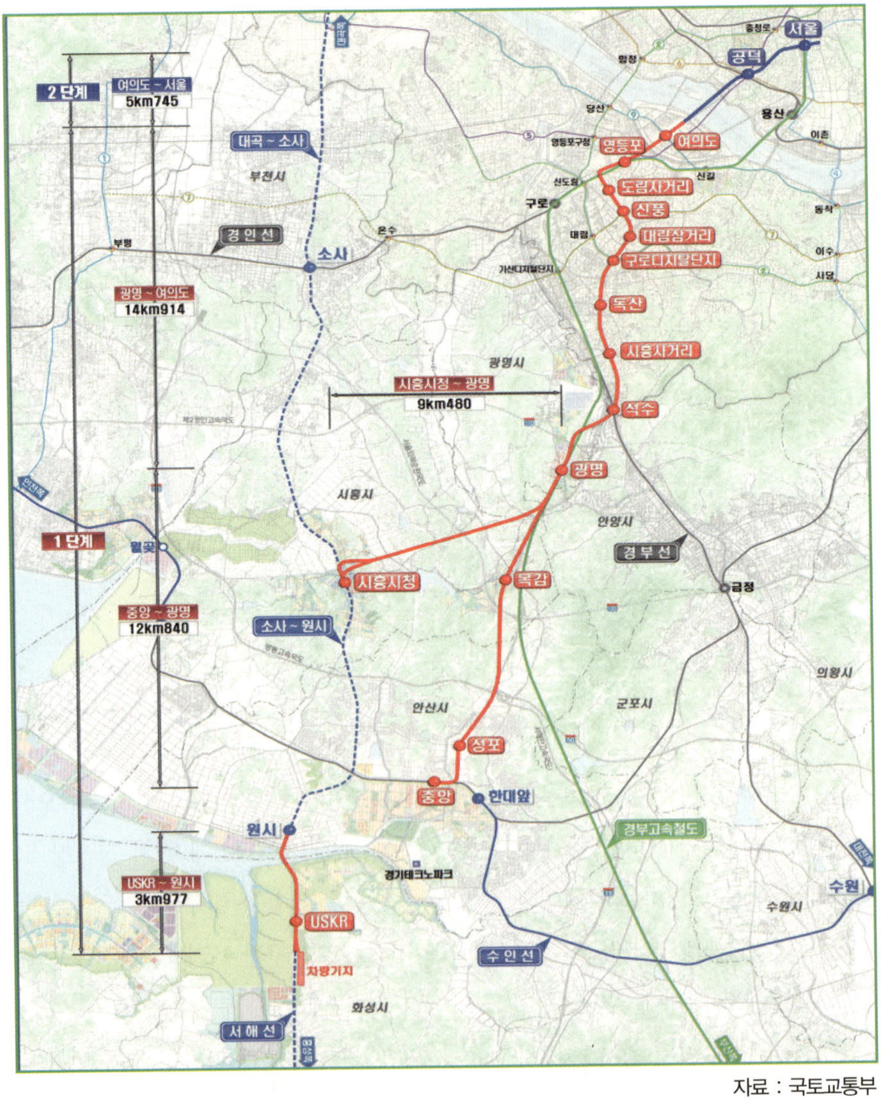

자료 : 국토교통부

신안산선은 안산·시흥~여의도 44.7km를 잇는 노선으로 정거장 15곳이 새로 설치된다.

지하 40m 이하 대심도에 건설돼 최대 시속 110km로 운행되는 고속철도다.

원시~여의도는 69분에서 36분으로 단축된다.

신안산선의 원시~시흥시청 구간은 소사~원시선과 노선을 공유하며, 시흥시청 ~광명구간은 월곶~판교선과 노선을 함께 사용하여 환승이 가능하다.

2024년 말 개통을 목표로 본격적으로 공사를 진행하게 된다.

◈ **월판선**

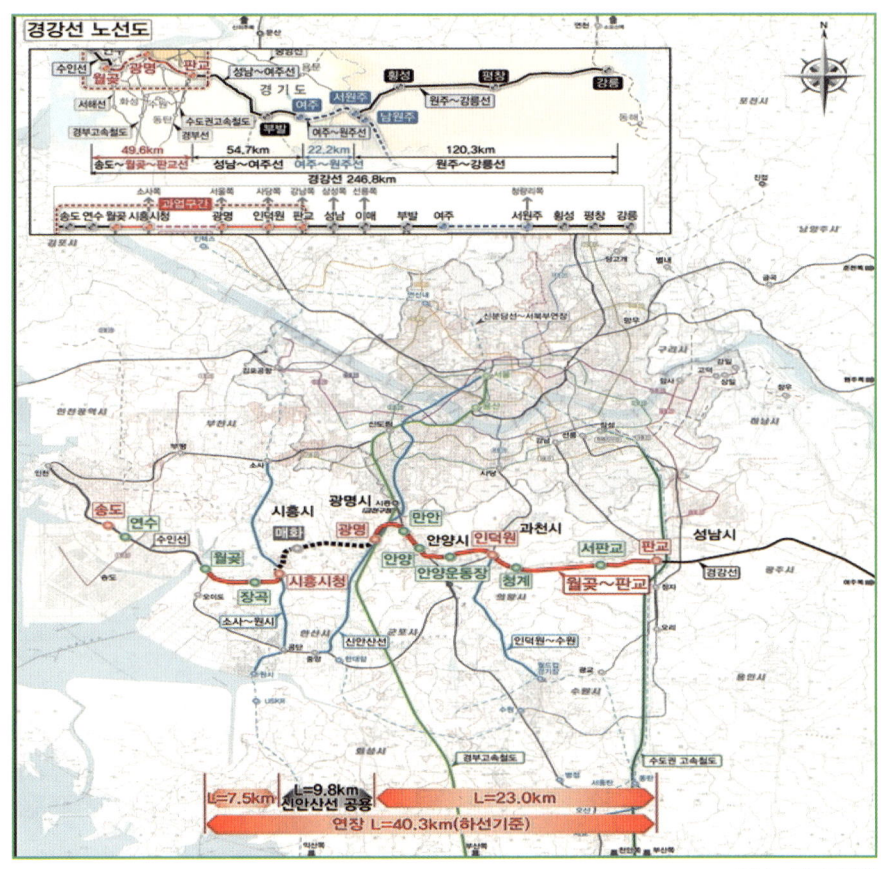

자료 : 국토교통부

월곶-판교선은 인천송도에서 강원도 강릉을 연결하는 동서간 노선이다.

월판선은 광명역KTx역을 이용할 수 있고 주요 노선과 환승이 가능해 교통편의성이 크게 높아질 전망이다.

현재는 월곶에서 판교까지 이동시 지하철역 33개 총 65km를 달려 2시간 이상 소요된다. 반면 월판선이 개통된다면 시흥 월곶에서 약 30분이내로 판교에 도착할 수 있게 된다. 동서철도망 구간 중 경강선(성남~여주)구간은 2016년 9월 개통됐고, 원주강릉선은 2017년 12월 개통됐다. 인천송도에서 강릉까지 버스로 약 4시간이 소요되지만, 이 노선이 이어지면 경강선(판교~강원) 연계를 통해 1시간 50분만에 이동할 수 있게 된다.

월판선은 2021년 착공 예정이며 2026년 개통 예정에 있다.

◈ 수인선

자료 : 국토교통부

수인선은 2020년말 인천 ~ 수원 전구간이 개통된다.

3개 구간으로 나뉘어서 공사가 진행되었고 1단계는 2012년에 개통이 되었고 2단계는 2016년에 개통이 되었다.

안산에서 수원을 연결하는 3단계는 2017년 개통 예정이었으나 2020년 개통된다.

이로서 수원과 인천을 연결하는 수인선이 완공을 앞두고 있다.

◆ 원종 홍대선

부천 원종에서 강서구 화곡동, 강서구청역, 가양역을 거쳐 상암, DMC, 홍대입구역까지 연결되는 노선이다.

제3차 국가철도망 구축계획에서 처음 포함된 노선으로 2016년 6월 27일부로 확정고시되었다. 부천 고강동이나, 신월동은 지리적으로 서울과 가깝거나 서울이었음에도 불구하고 철도 노선이 없어, 서울 주요 업무지구까지 진입하려면 많은 시간이 걸리는데, 원종-홍대선이 개통되면 시간이 크게 단축된다.

애초 2014년 사업 시작하여 2023년 마무리 예정이었으나, 연기되어 현재 계획은 2026년 공사를 시작하여 2030년 완공 예정에 있다.

◆ 인천 2호선

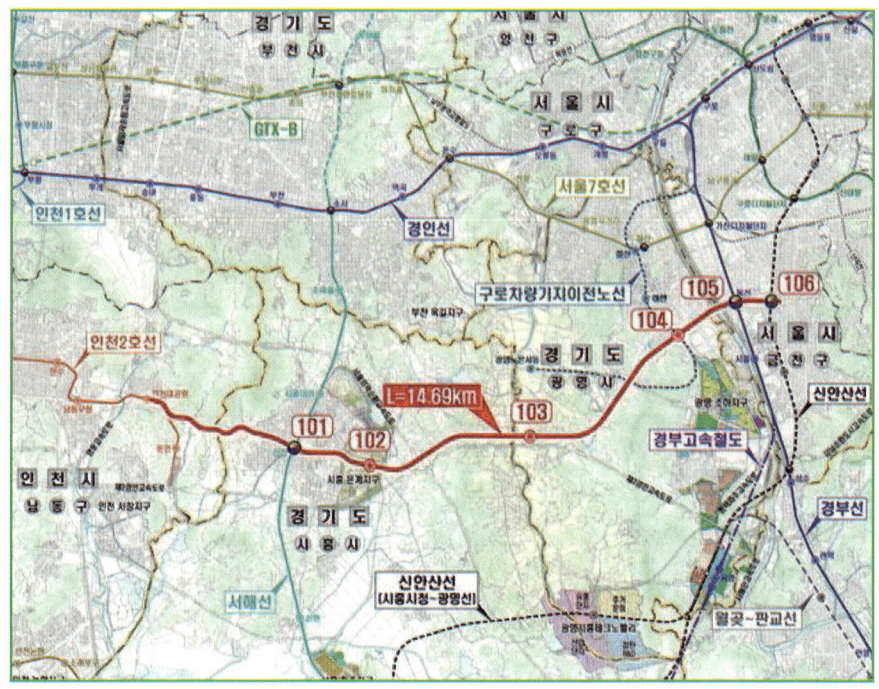

자료 : 시흥시청

인천2호선 연장은 인천대공원역에서 신안산선을 연결하는 노선이다.

노선은 3개안으로 결정되지 않았지만 독산역으로 연결되는 안이 유력하다.

독산역 연결은 총6개 역사가 신설될 예정이며, 아직 역사가 결정되지 않았다.

2호선 연장은 인천대공원역(운연역 연장아님)~신천역(서해선)~은계지구~능촌사거리 인근~하안역(구로차량기지 이전노선)~독산역(1호선)~독산역(신안산선) 등이 예정되어 있다.

◆ 7호선 연장(인천 청라지구)

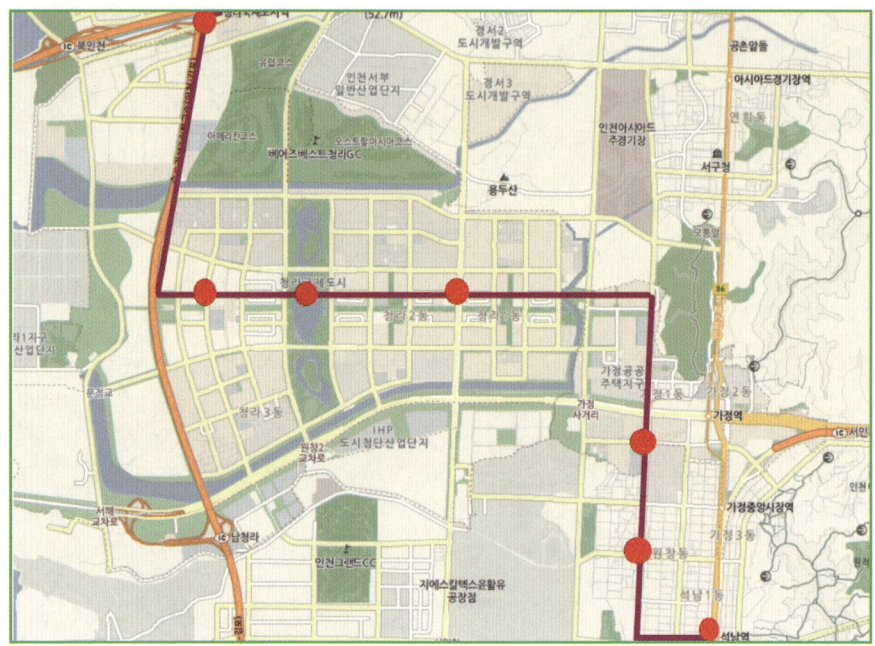

자료 : 국토교통부

　서울 7호선은 장암역에서 부평구청역까지 총 57.1㎞를 운행하고 있으며, 부평구청역에서 석남역까지의 연장선(4.2㎞)은 2020년 말 개통 예정이다.

　7호선 청라국제도시 연장사업은 연장 10.7㎞에 정거장 6개소를 건설하는 사업으로 총 사업비는 1조2977억원으로 서구 석남동에서 공항철도 청라국제도시역을 연결한다.

　서울 7호선이 석남역에 이어 청라국제도시역까지 연장되면 청라에서 구로까지 현재 78분에서 42분으로, 36분 단축되고 강남까지는 환승 없이 한 번에 오갈 수 있는 등 서울 접근성이 크게 개선될 것으로 기대된다. 7호선 청라역 연장사업은 2027년 개통 예정이다.

◈ 제2경인선

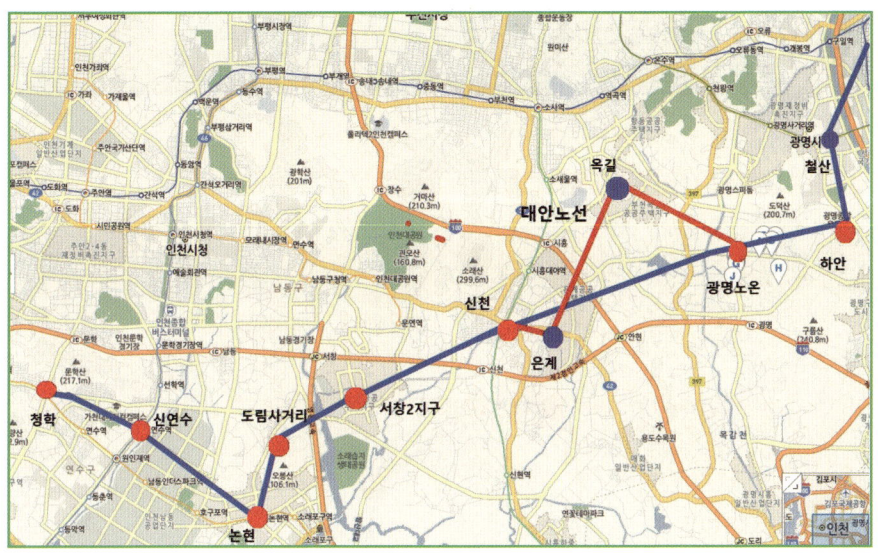

　제2경인선 광역철도는 광명 노온사동에서 인천 청학을 연결하는 총 18.5km의 대규모 사업이다. 총 사업비는 1조1446억원이다.

　제2경인선이 개통되면 인천 연수구 청학역~서울 노량진역(35.2km)까지 지하철 이동 소요시간이 80분에서 40분으로 단축된다. 총 9곳의 환승역이 생겨 서울 강남권 진입이 한결 수월해지며, 인천 논현동에서 구로까지 20분대 이동 가능하다.

　2024년 하반기 착공을 목표로 사업 추진 중이며, 현재 예비 타당성 조사 중이다.

　시흥시 요청으로 신천역에서 옥길로 연결되는 변경 노선이 제출되었지만 아직 노선이 확정되지는 않았다.

06 서북권 철도 계획

◆ 인천 1호선(검단연장)

　인천1호선 검단 연장 사업은 총 7,277억원이 투입되며 인천시가 720억원(약 10%)를 부담하고 시행자인 인천도시공사와 LH공사가 6,557억원(약 90%)를 부담하여 연장하는 사업이다.

　연장 노선은 인천계양역 ~ 경인아라뱃길 ~ 검단신도시를 연결하는 3개 정류장, 총 6.9km로 2024년 완공을 목표로 진행될 예정이다.

◈ 인천 2호선(검단, 일산 연장)

　인천2호선은 인천 서구 검단 오류역에서 남동구 운연역을 연결하는 29.2㎞ 구간에 건설돼 2016년 7월 개통됐다.

　국토부는 인천2호선을 불로지구~걸포북변역~킨텍스역~주엽역~일산역 등 약 12㎞ 연장해 GTX-A노선(파주~동탄 노선)과 연결할 예정이었지만 이번에 일산역을 거쳐 탄현역까지 15㎞로 연장계획을 확정했다.

　인천2호선의 연장 노선이 기존 경의중앙선 일산역에서 탄현역까지 늘어나는 등 1기 신도시 일산의 교통문제를 해결하기 위한 방안으로 본격 추진되었다.

◈ 김포한강선 예상노선

한강선 김포연장은 방화차량기지에서 김포시 양촌읍까지 연결하는 노선이다.

김포시는 그동안 자체적으로 철도망 구축용역을 통해 경제성을 확보할 수 있는 최적의 노선(방화차량기지에서 한강시네폴리스 및 검단신도시, 한강신도시 경유)을 제출한 점에 높게 평가한 것으로 분석된다.

그동안 김포시는 지하철이 없어 많은 시민이 불편을 겪어왔다. 9월28일 김포도시철도 개통에 이어 이번 발표로 향후 동서남북 철도망 구축 등 대중교통망 확충에 일대 혁신적인 변화가 예상된다.

◈ 3호선 연장 예상노선(파주운정)

  지하철3호선 파주 연장은 고양 대화역에서 파주 운정 신도시까지 7.6km 연장 사업으로 8천383억이 투입된다.

  파주운정시도시 주변 도시의 열악한 교통 여건을 획기적으로 개선될 것으로 기대된다.

  대화역에서 3개 정거장이 신설될 것으로 예상되며 3호선 연장과 더불어 운정신도시는 GTX. 경의중앙선. 3호선까지 3개 철도노선을 이용할 수 있어 교통이 크게 개선되는 지역이다.

◆ 고양선 예상노선(새절~고양시청)

자료 : 국토교통부

3기 신도시 등 수도권 주택 30만호 공급 계획을 발표하면서 새절역(6호선, 서부선)부터 고양시청까지 14.5㎞ 구간에 지하철을 신설해 7개역을 신설하는 고양선이 확정되었다. 향후 일산 식사지구까지 연장을 검토 중에 있다.

또한 예비타당성조사 면제로 다른 구간보다 사업기간이 2~3년 단축될 것으로 예상된다.

사업구간

새절역[6호선 환승, 서부선 연장]~항동지구~고양창릉신도시 남동쪽~고양창릉신도시 중심부(덕양로-화랑로 교차점, GTX-A 지나가지만 환승역 아님)~고양창릉신도시 서쪽~화정지구~대곡역[3호선, 경의중앙선, 대곡소사선, GTX-A선 환승]~고양시청(7개역)

◆ 대곡소사선

자료 : 국토교통부

부천시 소사역에서 고양시 대곡역까지 18.4km를 연결하는 '대곡~소사 복선전철 공사'는 현재 순조롭게 진행되고 있다.

대곡~소사선(서해선)의 개통 예정시점인 2021년7월에 맞춰 이 노선의 일산역 연장도 동시에 이뤄질 전망이다.

대곡~소사선의 개통이 일산 주민들에게 관심을 끄는 이유는 일산역까지 12.2km 연장되는 것이 확정됐기 때문이다.

대곡~소사선의 일산역 연장사업은 기존 경의선 선로를 활용하기 때문에 사업비가 크게 절감된다. 대곡[3호선.경의]~능곡[경의]~김포공항[5, 9호선, 공항철도, 김포도시철도]~원종~부천종합운동장[7호선]~소사[1호선] 5개역 (16분 소요)으로 신설된다.

07 대도심권 2030철도 계획

◈ 부산, 울산권

자료 국토교통부

– 부산, 울산권 철도 예정노선

사업명	사업구간	구간(Km)	추진현황	향후계획	비고
사상~하단선	사상역~하단역	6.9	공사중	'23준공	내부교통망보완
양산도시철도	부산노포동~양산북정동	11.4	공사중	'24준공	양산축보완
부산~울산 복선전철	일광역~태화강역	37.2	공사중	'21준공	울산축보완
부전~마산 복선전철	부전역~진례역	32.7	공사중	'20준공	김해축보완
용호선(트램)	경성대~이기대삼거리	1.9	기본계획 수립중	'22준공	내부교통망보완
하단~녹산선	부산하단~녹산	14.4	예타중	예타결과에따라 조치	내부교통망보완
BRT	육호광장~가음정사거리(창원)	18	기본구상 용역중	용역완료후 설계착수	교통편의향상

◆ 대구권

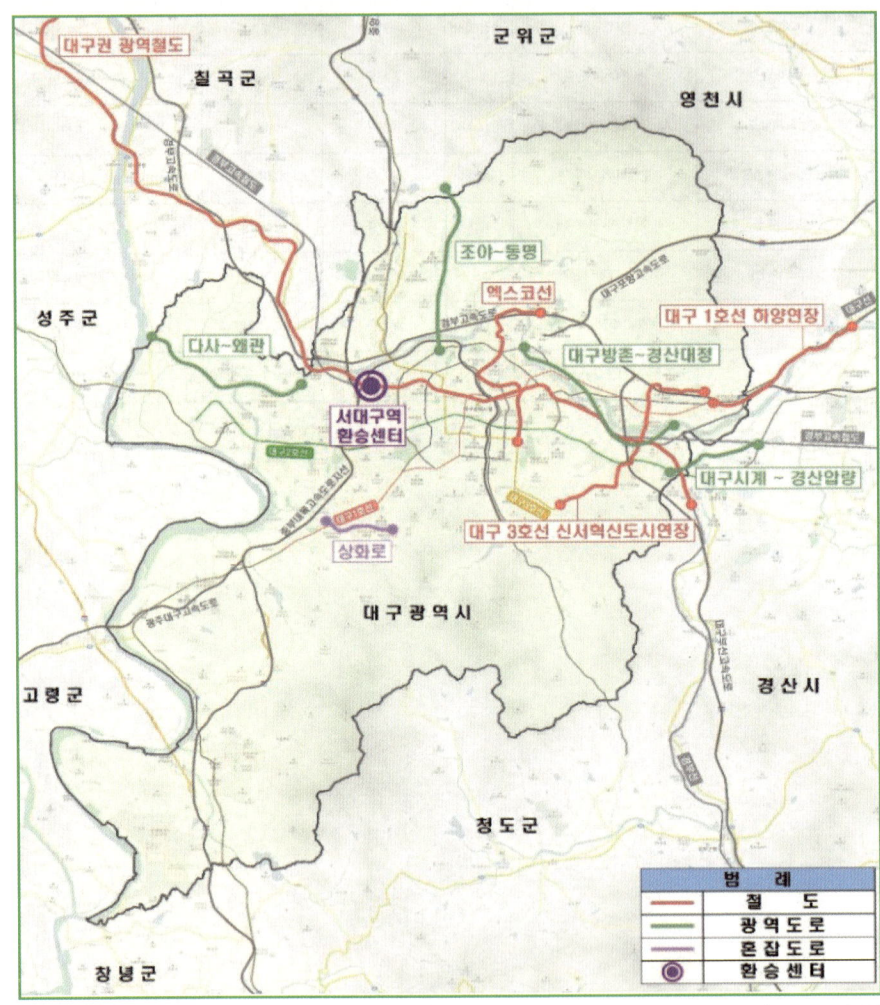

자료 국토교통부

- 대구권 철도 예정노선

사업명	사업구간	구간(Km)	추진형황	향후계획	비고
대구권 광역철도	구미~경산	61.8	공사중	'23준공	경산축보완
대구1호선 하양연장	안심역~하양역	8.9	공사중	'23준공	영천축보완
도시철도 엑스코선	수성구민운동장역~이시아폴리스	12.4	예타중	예타결과에따라 조치	내부교통망보완
대구3호선 선서혁신도시 연장	용지역~신서혁신도시	13	사업재기획 용역중	예타등을거쳐 조치	혁신도시접근성 강화

◆ 광주권

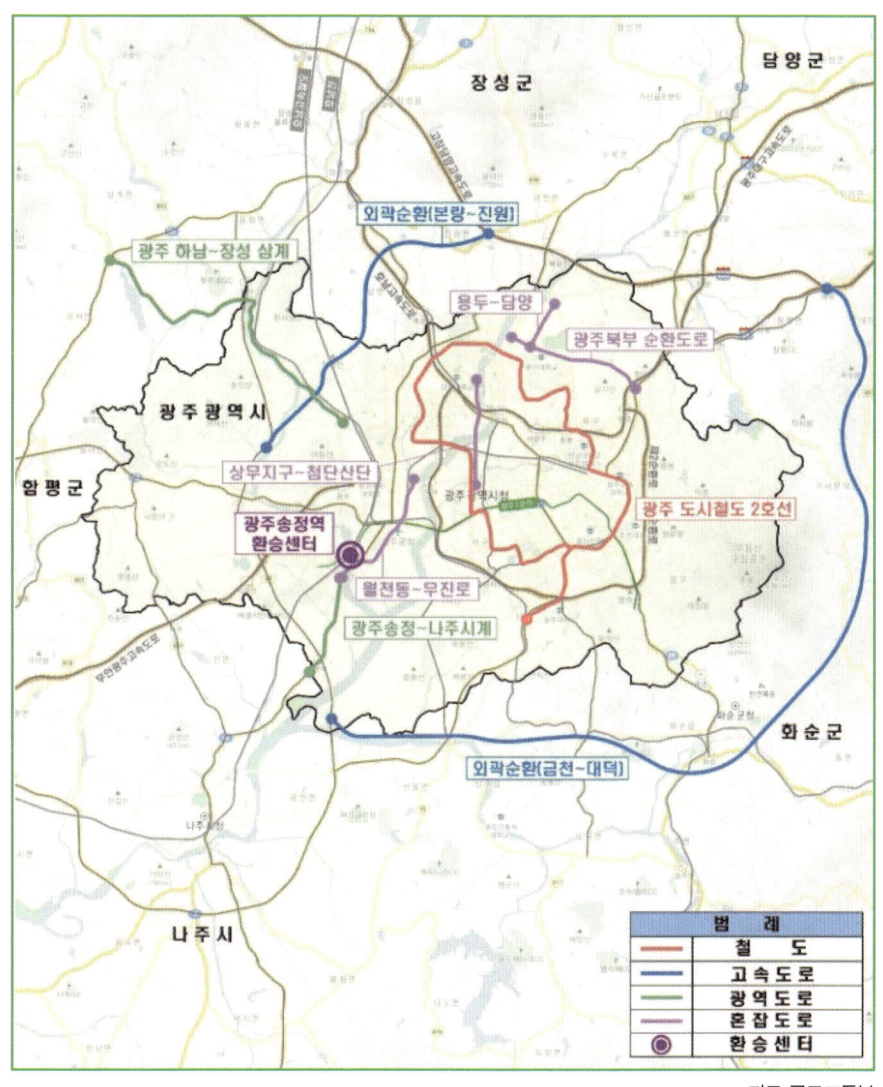

자료 국토교통부

– 광주권 철도 예상 노선

사업명	사업구간	구간(Km)	추진현황	향후계획	비고
광주2호선신설	시청~광주역~시청	41.8	1단계 공사중	'25준공	순환망보완

◆ 대전권

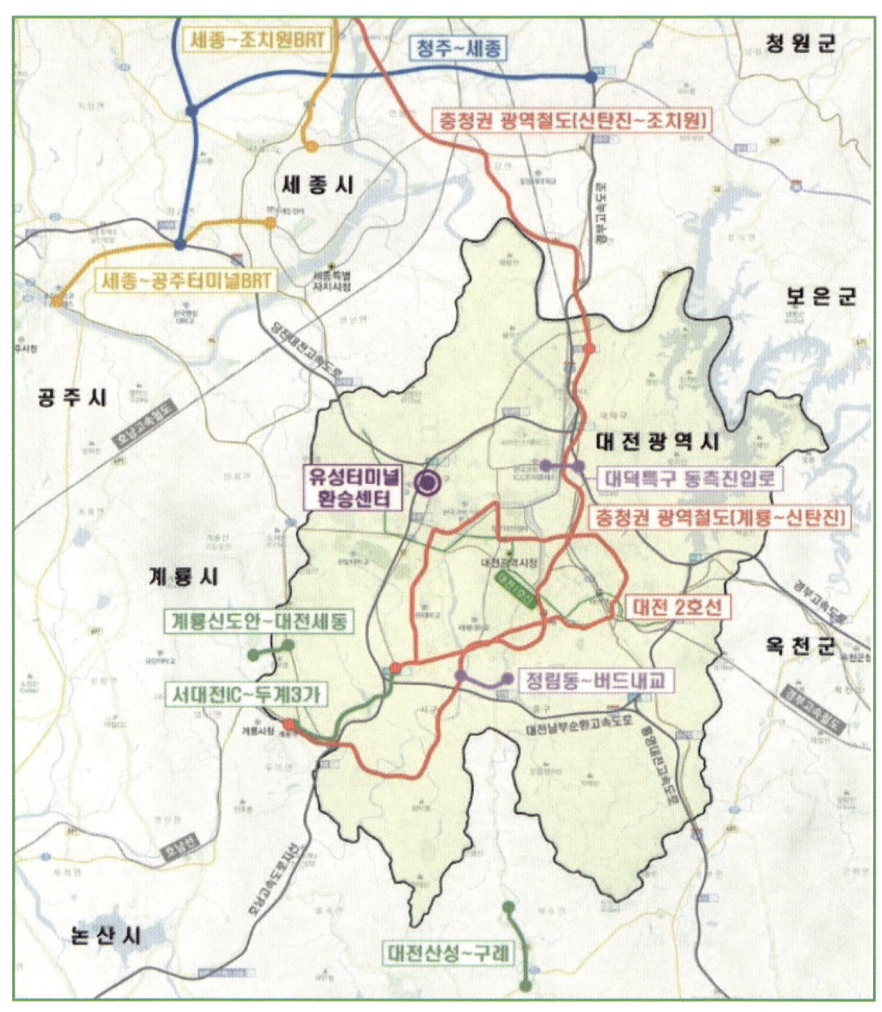

자료 국토교통부

- 대전권 철도 예정 노선

충청권 광역철도신설(1단계)	계룡~신탄진	35.4	설계중	'23준공	계룡·세종축보완
충청권 광역철도신설(2단계)	신탄진~조치원	22.5	용역중	예타등 후 거쳐조치	계룡·세종축보완
대전2호선신설(트램)	정부대전청사~서대전~대전청사	36.6	'19.1타재면제,	'25준공	대전순환망보완
BRT	세종-공주터미널	14.3	사전타당성 검토중	예타등 후 거쳐조치	세종·공주축보완
BRT	세종-조치원	15.7	제1차BRT 계획반영	예타등 후 거쳐조치	세종축보완

PART
29

경매 입찰 시 주의 사항과 입찰서를 제출하는 방법

01 입찰하는 방법

경매는 기일 입찰방식이다. 해당 법원에 정해진 일자와 시간에 맞추어 법원에서 현장 입찰을 실시한다. 법원마다 입찰 시간이 다르다. 보통 오전10시부터 시작하는 법원과 10시30분부터 시작하는 법원이 있다.

입찰시간은 보통 1시간 10분을 준다. 10시부터 입찰이 시작되면 11시 10분까지 입찰서를 제출해야 된다.

02 입찰할 때 필요한 서류

◈ 본인 입찰 시

- 신분증
- 도장(도장인 없을 시 인장 가능)

◈ 대리인이 입찰 시

- 본인의 인감증명, 인감도장, 위임장
- 대리인 : 신분증, 도장

03 입찰서 작성 시 주의 사항

- 입찰서 작성시 사건번호와 입찰금액을 작성 후 재확인해야 된다. 금액을 오기하는 경우가 있기 때문이다.
- 입찰가격 작성시 정자로 작성해야 하며 제3자가 알아볼 수 있게 정확하게 기재해야 한다.
- 간혹 숫자를 알아볼 수 없을 경우 입찰자에게 불리한 쪽으로 판단하여 결정한다.
- 입찰가격은 수정하면 안된다. 한번 적은 금액에 덧쓰거나 수정을 하면 입찰무효 처리가 된다.

04 입찰서를 작성하는 방법

```
[전산양식 A3360] 기일입찰표(흰색)    용지규격 210mm×297mm(A4용지)
(앞면)
                    기 일 입 찰 표

    지방법원  집행관  귀하              입찰기일 2020년 00월 00일
  사건              2020 타 경 00000 호       물건   ※물건번호가 여러개 있는 경우에는
  번호                                    번호     꼭 기재

          성  명    홍길동 ㊞         전화번호   010-0000-0000
    본인  주민(사업자) 000000-0000000  법인등록
 입       등록번호                    번  호
 찰       주  소    서울시 00구 00동 00번길00
 자
          성  명              ㊞       본인과의 관계
    대리인 주민등록
          번  호                     전화번호    -
          주  소

        천백십천백십        천백십  백십천백십
 입찰  억억억억만만만천백십일  보증 억억억만만만천백십일
 가격       3 5 5 0 0 0 0 0 0 원  금액   4 3 1 9 0 0 0 0 원

 보증의  □ 현금·자기앞수표     보증을 반환 받았습니다.
 제공방법 □ 보증서                  입찰자    홍길동 ㊞
```

◆ 본인이 입찰할 경우(본인란 기재사항 마킹부분 기재)

　본인이 입찰할 경우에는 사건번호, 입찰기일, 본인 란에 인적사항을 기재하고 보증금액과 입찰금액을 작성하면 된다. ㊞ 란에는 도장을 찍으면 된다.

　본인 입찰시 신분증을 지참하여야 한다. 물건번호가 있을 경우 물건번호를 기재한다.

◈ 대리인 입찰할 경우

대리인은 본인이 법원에 참석하지 못할 경우 대리로 입찰을 하는 것이다.

본인란에 입찰자 인적 사항을 기재하고 대리인란에 대리로 입찰하는 인적사항을 기재한다. 대리인이 입찰에 참여할 경우 본인의 인감증명서를 입찰서와 같이 제출해야 한다. 대리인 입찰시 위임장에 본인의 인감도장을 날인해야 한다. 대리인은 신분증을 지참하고 입찰에 참여해야 한다.

(뒷면)

위 임 장

대리인	성 명	갑순이 (인)	직 업	
	주민등록번호	000000-0000000	전화번호	010-0000-0000
	주 소	서울시 000구 0000동 00번길 00		

위 사람을 대리인으로 정하고 다음 사항을 위임함.

다 음

지방법원 2020 타경 00000 호 부동산
경매사건에 관한 입찰행위 일체

본인 1	성 명	홍길동 (인)	직 업	
	주민등록번호	000000-0000000	전화번호	010-0000-0000
	주 소	경기도 000시 0000구 000동 000-00		
본인 2	성 명	(인)	직 업	
	주민등록번호	-	전화번호	
	주 소			
본인 3	성 명	(인)	직 업	
	주민등록번호	-	전화번호	
	주 소			

입찰서 뒷면의 위임장이다. 위임장은 대리인이 입찰할 경우 본인의 위임장을 작성하여야 한다. 대리인란에는 대리인의 인적 사항을 기재하고 본인란에는 본인의 인적사항을 기재하여 인감도장을 날인한다.

05 매수보증금 및 입찰 봉투 작성

◆ **매수신청 보증금 봉투 작성**

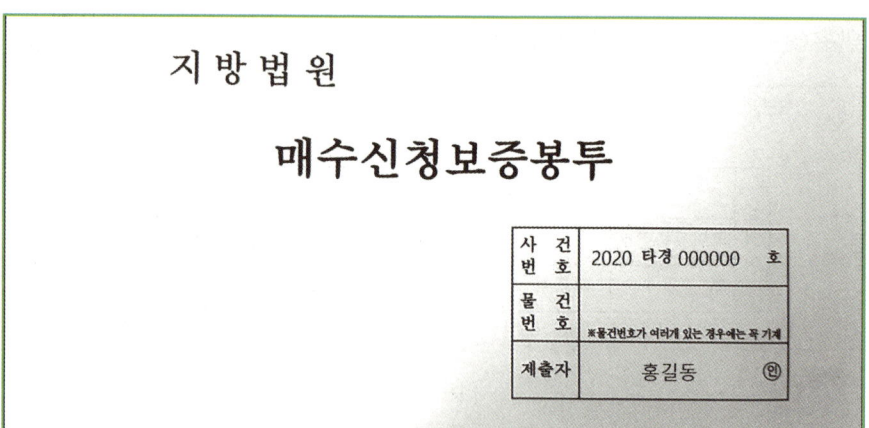

사건번호, 물건번호, 제출자를 기재하고 ㊞ 란에 도장을 날인한다.

매수 보증금은 최저가의 10%이며 재매각 물건에 대해서 최저가의 20~30%로 입찰시 매수신청보증금 봉투에 보증금을 넣고 입찰서와 같이 제출한다.

◆ **입찰봉투 작성**

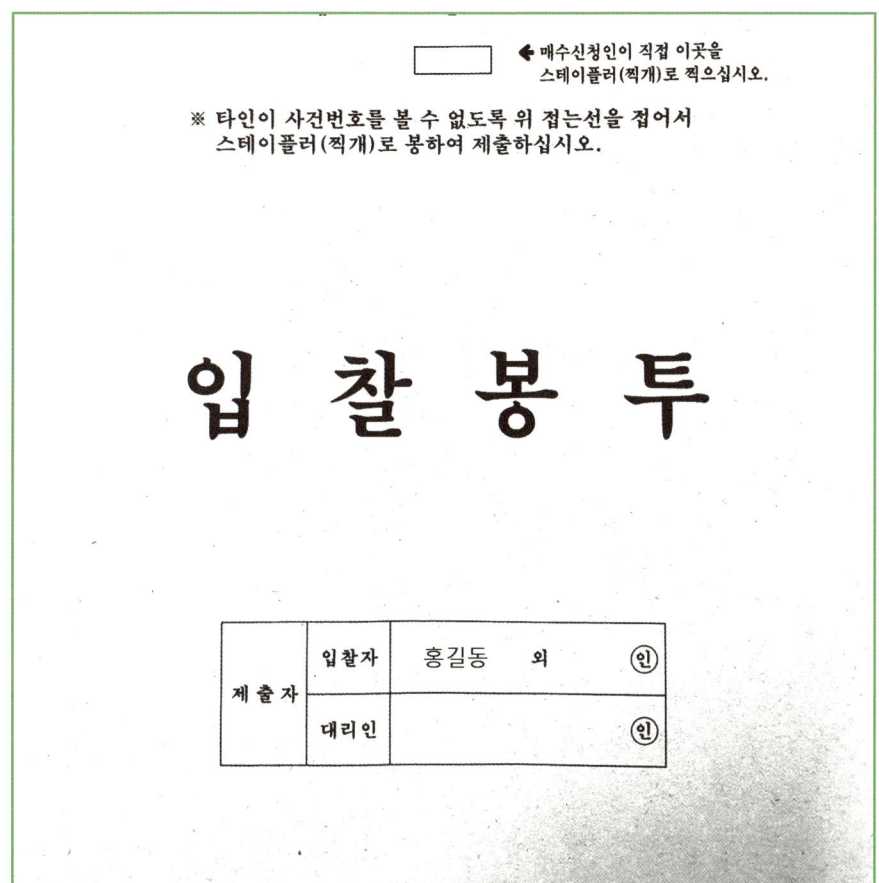

기일입찰서와 매수신청보증금 봉투를 작성하여 입찰 봉투안에 넣고 신분증과 같이 제출하면 된다.

입찰 봉투의 제출자란에 본인은 입찰자에, 대리인은 대리인란에 성명을 기재하고 도장을 날인한다.

대리인 입찰시에는 본인과 대리인 이름을 같이 기재하고 대리인란에 대리인 도장을 날인한다.

입찰봉투 뒷면 부분에는 사건번호를 기재하고, 물건번호가 있을 경우 물건 번호를 기재한다.

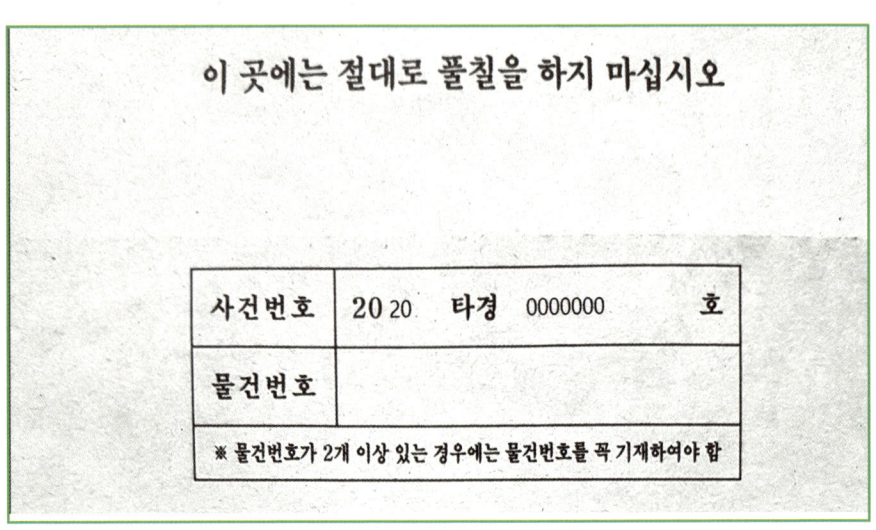

06 공동입찰신고서를 작성하는 방법

공동입찰신고서는 공동으로 소유권을 취득하기 위해서 작성하는 입찰서이다. 공동으로 입찰하기 위해서는 공유자 전체 공동 입찰서를 작성해야 한다.

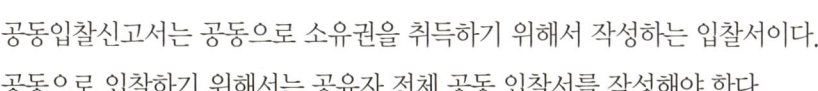

또한 공동 입찰자는 지분을 기재해야 한다.

공동입찰자 중 법원 입찰에 참석하지 않는 사람은 공동입찰서에 인감을 날인해야 한다.

입찰자 중 대리인에게 위임하는 사람은 인감이 날인된 위임장과 인감증명서가 필요하다.

◆ 공동입찰자 입찰 법정에 참석 시

[전산양식 A3360] 기일입찰표(흰색)   용지규격 210mm×297mm(A4용지)
(앞면)

기 일 입 찰 표

지방법원 집행관 귀하   입찰기일 2020년00월00일

사건번호	2020 타 경 00000 호	물건번호	※물건번호가 여러개 있는 경우에는 꼭 기재

입찰자	본인	성 명	공동입찰서와 같음 ㊞	전화번호	
		주민(사업자)등록번호		법인등록번호	
		주 소			
	대리인	성 명		본인과의 관계	
		주민등록번호		전화번호	-
		주 소			

입찰가격: 3 5 5 0 0 0 0 0 0 원
보증금액: 4 3 1 9 0 0 0 0 원

보증의 제공방법: □ 현금자기앞수표 □ 보증서

보증을 반환 받았습니다.
입찰자 갑돌이 ㊞

주의사항.
1. 입찰표는 물건마다 별도의 용지를 사용하십시오, 다만, 일괄입찰시에는 1매의 용지를 사용하십시오.
2. 한 사건에서 입찰물건이 여러개 있고 그 물건들이 개별적으로 입찰에 부쳐진 경우에는 사건번호외에 물건번호를 기재하십시오.
3. 입찰자가 법인인 경우에는 본인의 성명란에 법인의 명칭과 대표자의 지위 및 성명을, 주민 등록란에는 입찰자가 개인인 경우에는 주민등록번호를, 법인인 경우에는 사업자등록번호를 기재하고, 대표자의 자격을 증명하는 서면(법인의 등기사항증명서)을 제출하여야 합니다.
4. 주소는 주민 등록상의 주소를, 법인은 등기기록상의 본점소재지를 기재하시고, 신분확인상 필요하오니 주민 등록증을 꼭 지참하십시오.
5. **입찰가격은 수정할 수 없으므로, 수정을 요하는 때에는 새 용지를 사용하십시오.**
6. 대리인이 입찰하는 때에는 입찰란에 본인과 대리인의 인적사항 및 본인과의 관계 등을 모두 기재하는 외에 본인의 <u>위임장(입찰표 뒷면을 사용)</u>과 인감증명을 제출하십시오.
7. 위임장, 인감증명 및 자격증명서는 이 입찰표에 첨부하십시오.

공동입찰시 입찰자는 공동입찰서를 작성하였기 때문에 기일 입찰서 본인란에 "공동입찰서와 같음"이라 기재하고 입찰보증액과 입찰가격을 작성하여 제출한다. 이 경우 공동 입찰자는 법원입찰에 전원 참석해야 한다.

◆ 공동입찰자 중 갑돌이 대리 입찰 시

[전산양식 A3360] 기일입찰표(흰색) 용지규격 210mm×297mm(A4용지)
(앞면)

기 일 입 찰 표

지방법원 집행관 귀하   입찰기일 2020년 00월 00일

| 사건번호 | 2020 타경 00000 호 | | 물건번호 | ※물건번호가 여러개 있는 경우에는 꼭 기재 |

입찰자

본인
- 성 명: 공동입찰서와 같음 ㉞
- 전화번호:
- 주민(사업자)등록번호:
- 법인등록번호:
- 주 소:

대리인
- 성 명: 갑순이 ㊞
- 본인과의 관계: 지인
- 주민등록번호: 000000-0000000
- 전화번호: -
- 주 소: 서울시 000구 000동 000-00

입찰가격: 355,000,000 원
보증금액: 431,900,000 원

보증의 제공방법: ☐ 현금자기앞수표 ☐ 보증서

보증을 반환 받았습니다.
입찰자 갑순이 ㊞

주의사항.
1. 입찰표는 물건마다 별도의 용지를 사용하십시오, 다만, 일괄입찰시에는 1매의 용지를 사용하십시오.
2. 한 사건에서 입찰물건이 여러개 있고 그 물건들이 개별적으로 입찰에 부쳐진 경우에는 사건번호외에 물건번호를 기재하십시오.
3. 입찰자가 법인인 경우에는 본인의 성명란에 법인의 명칭과 대표자의 지위 및 성명을, 주민등록란에는 입찰자가 개인인 경우에는 주민등록번호를, 법인인 경우에는 사업자등록번호를 기재하고, 대표자의 자격을 증명하는 서면(법인의 등기사항증명서)을 제출하여야 합니다.
4. 주소는 주민등록상의 주소를, 법인은 등기기록상의 본점소재지를 기재하시고, 신분확인상 필요하오니 주민등록증을 꼭 지참하십시오.
5. **입찰가격은 수정할 수 없으므로, 수정을 요하는 때에는 새 용지를 사용하십시오.**
6. 대리인이 입찰하는 때에는 입찰자란에 본인과 대리인의 인적사항 및 본인과의 관계 등을 모두 기재하는 외에 본인의 위임장(입찰표 뒷면을 사용)과 인감증명을 제출하십시오.
7. 위임장, 인감증명 및 자격증명서는 이 입찰표에 첨부하십시오.

공동입찰자 중 한사람이 또는 입찰 참여 못한 본인은 대리인에게 위임해야 하며 대리인 입찰시 본인의 인감증명서를 첨부하여야 한다. 또한 본인은 위임장에 인감도장을 날인해야 된다.

〈본인 대리 입찰위임장 작성〉

입찰에 참석하지 않은 갑돌이는 대리인에게 인감이 날인된 위임장을 작성해 주고 인감증명서를 줘야 한다. 입찰에 참여하지 않은 본인은 위임장에 인감도장이 날인되야 하고 입찰서에는 대리인 도장이 날인되면 된다.